南京市建邺区部门街道志丛书

南苑街道志

NAN YUAN JIE DAO ZHI

南京市建邺区人民政府南苑街道办事处　编

中国文史出版社

CHINA CULTURAL AND HISTORICAL PRESS

图书在版编目 (CIP) 数据

南苑街道志 / 南京市建邺区人民政府南苑街道办事处编 . -- 北京：中国文史出版社，2024. 12.

（南京市建邺区部门街道志丛书）.

ISBN 978-7-5205-4935-6

Ⅰ . K295.35

中国国家版本馆 CIP 数据核字第 2024ZU5448 号

责任编辑：薛媛媛

出版发行：**中国文史出版社**

社　　址：北京市海淀区西八里庄路 69 号院

邮　　编：100142

电　　话：010-81136606　81136602　81136603（发行部）

传　　真：010-81136655

印　　装：廊坊市瀚源印刷有限公司

经　　销：全国新华书店

开　　本：780mm × 1092mm　16 开

印　　张：33.5

字　　数：521 千字

版　　次：2024 年 12 月第 1 版

印　　次：2024 年 12 月第 1 次印刷

定　　价：200.00 元

建邺区地方志编纂委员会

《南苑街道志》编纂委员会名单

（2002—2022）

主　任	郭震环	掌少波				
副主任	司明秀	杨　莉	周志林	葛　冬	赵国平	孙东亮
	李世民	虞　欣	李　一	朱徽宁	朱　栋	滕衍福
	董　兵	王元媛	朱　磊	王进保	王德虎	孟　蕾
	叶建军	徐建伟				
委　员	林陈平	谭秀来	李　亮	陈志云	邰晓进	吴顺彬
	谢夏春	张　建	商正达	朱　涛	钱　忠	焦　瑞
	潘兆俊	欧阳军	陈　坦	许德平	裘建良	徐　忠
	郭翠华	李　晶	尹同财	张海燕	范　璐	徐姗姗
	胡　燕	朱　青	车卫玲	王　伟	陈健华	陶　荣

《南苑街道志》编纂人员名单

（2002—2022）

主　编	郭震环	掌少波				
编写人员	陆正园	张文娟	丰染群	林　佳	高　玉	汪健伟
	王　珺	杜圣洁	赵晓梅	陶梓馨	甘俊梅	戴　玮
	施秋雨	王　婕	张杨燕	王　霞	冯　楚	曹沁怡
	常　宁	尹　南	袁　幸	叶　丹	徐冬兰	高　腾
	陈思萌	刘　绳	沈　俊	岳　鑫	史乐乐	赵金梅
	金　干					
特邀编审	傅庭龙	庄会柏				
工作人员	陆正园	张文娟				

序

首编《南苑街道志》，在区委、区政府关心重视与区地方志办公室具体指导下，历时2年余，经编写人员辛勤编纂、精心琢磨，终修成书。《南苑街道志》详细记录了南苑地区自然、地理、政治、经济、文化、社会等方面的历史和现状，是南苑街道社会主义精神文明建设又一成果，也为广大读者了解南苑、热爱南苑、奋斗南苑，提供了丰富翔实的资料和文化传承。

历史上南苑辖区为沙洲一部分，形成于三国东吴时期。西晋永嘉元年（307），"洛阳三俊"之顾荣将军手拿"麈扇"指挥追击叛军陈敏，史称"麈扇渡溃军"（"麈扇渡"即现在的毛公渡）。东晋时，沙洲扩大并相对稳定，洲上林木蔚然，白鹭翔集，谓之白鹭洲。唐代大诗人李白游历古白鹭洲，写下《宿白鹭洲寄杨江宁》等传世之作。明洪武年间，毗邻外秦淮河建造的赛虹桥，为三拱石桥，曾名赛工桥、赛公桥。抗日战争时期，中国军民在此与日寇一仗，毙敌500余名。

南京解放后，南苑隶属关系多有更迭。1995年由雨花台区划入建邺区（属原兴隆街道）。2002年1月，由原兴隆街道析置南苑街道，并以境内南苑新村而得名。南苑街道成立后，在党的十六大、十七大、十八大、十九大、二十大和习近平新时代中国特色社会主义思想等党的创新理论指引下，伴随着河西新城的发展，走过了一条不平凡的奋进之路。20年来，南苑人敢想敢干敢争先，用勤劳写下了骄傲，用创新谱写了辉煌。街道"红治苑"党建品牌矩阵、"一社一品"、省级"红色物业"示范点等党建引领基层治理成效不断深化，国泰民安社区创全国先进基层党组织、庐山社区"双红峰"区域化党建品牌、吉庆社区雨花石科普馆及国学堂、学习型家庭影响力不断扩大。与此同时，南苑街道先后配合完成所街、华商大市场、南河风光带等20多处重点拆迁任务，配合建成集庆门大街景观路、应天大街、虹苑东路、吉山路等20多条街巷道路，配合完成安康、安民、健园等20余个老旧小区出新改造，84个居民小区合并调整。

随着河西新城的快速发展，街道辖区成为河西成熟街区，内有金鹰世界、乐基广场、绿溢国际广场等高端综合体和所街、文体路等美食一条街；有江苏省档案馆、江苏省科学历史文化中心、江苏省科学技术协会、江苏省现代美术馆等文化艺术单位；有江苏城市职业学院（应天路校区）、金陵中学河西分校、南京高等职业技术学校等大中专院校；有中烟集团南京卷烟厂、江苏智能制造新都市产业园、江苏舜天产业园、应天智汇产业园等园区企业；还有方便群众出行的地铁2号线、7号线，25条公交线路以及绿色单车等。

编纂《南苑街道志》是一项浩大的文化工程。在编纂过程中，得到了编纂人员和各界人士的热心参与，在此一并致谢。愿《南苑街道志》伴随着我们在解放思想，开拓进取，聚焦区委"两个建成"奋斗目标，建设"幸福新南苑"，推进高质量发展过程中，发挥存史、资政、育人的作用。

南苑街道党工委书记　　　　　　　郭震环
南苑街道党工委副书记、办事处主任　掌少波

凡　例

一、本志以马列主义、毛泽东思想、邓小平理论、"三个代表"重要思想、科学发展观、习近平新时代中国特色社会主义思想为编纂指南。坚持辩证唯物主义和历史唯物主义的观点，实事求是地论述南苑街道自然与社会的历史和现状。

二、本志为南苑街道首部志书。上限自2002年街道成立之日始，下限至2022年12月。图照延至2024年。

三、本志由图照、凡例、序、概述、大事记、综录等部分组成，专志为主体，横分门类，纵写史实，设章、节、目、子目4个层次，但子目不列入志书的目录。

四、本志论述南苑街道2022年管辖区域，驻街道境内单位，酌情入志。有关涉密内容本志均未记载。

五、本志在"人物与荣誉"一章中，以简述入志的人物多为生长、生活、工作或长期留居在境内，且有较大贡献或影响，并以生年为序排列，而人大代表、政协委员及先进集体、先进个人则以名录留志，以示后人。

六、本志对街道历届党政机关及社区负责人在各章节中列表或随文反映。街道党工委限正、副书记，人大街道工委限正、副主任，街道办事处限正、副主任（含正、副调研员），政协街道工委限正、副主任，街道纪工委限书记，统战限统战员，人武部限部长；机关各科室、各社区负责人限正职或主持工作的副职；其他人物采取以事系人的方法，在相关志文中论述。

七、本志中出现的"江苏省委""南京市委""建邺区委""街道党工委""社区党委"均指中国共产党的地方组织。

八、本志资料源于档案、建邺年鉴、书刊专著等，限于篇幅，不注出处。

目　　录

第一章　行政区划　自然地理

第二章　人口与计划生育

第三章　中共南苑街道地方组织

第四章　人大　办事处　政协

第五章　社会团体

第六章 工业农业

第七章 商业 服务业

第八章　财政　税收　金融

第九章　城市建设与管理

第十章 环境保护

第十一章 安全生产

第十二章　道路　交通　桥梁

第十三章　人武人防退役军人服务

第十四章　公安司法综合治理

第十五章 水电燃气邮政（快递）电信

第十六章 劳动和社会保障

第十七章 社会事务

第十八章 教育卫生

第十九章　文化体育

第二十章 "五节"传统习俗与新时令俗

第二十一章 地名

第二十二章　方言　谚语　歇后语

第二十三章　人物与荣誉

综　　录

概　述

南苑街道位于建邺区中偏东部，东临外秦淮河、南河，南至梦都大街，西至江东中路，北至集庆门大街。下辖国泰民安社区、虹苑社区、兴达社区、爱达社区、健园社区、话园社区、鹭鸣苑社区、吉庆社区、庐山社区、怡康社区、泰山路社区、黄山路社区共12个社区，84个居民小区，面积7.82平方千米，常住人口约13.4万人。20年来，街道以"创首位街道、争一流业绩"为目标，带领广大党员、干部、职工、群众，在党的十六大、十七大、十八大、十九大、二十大和习近平新时代中国特色社会主义思想等党的创新理论指引下，特别是近年来通过打造"红治苑"党建品牌矩阵，不断强化党建引领能力，持续探索基层治理新路径，努力提升辖区居民幸福感、获得感和安全感。街道、社区先后荣获全国学习型社区示范街道、全国先进基层党组织、江苏省2003—2006年平安创建先进、江苏省文明社区等殊荣。

一、以持续增强党建引领为抓手，加强政治建设，创发展南苑

2002年1月，南苑街道党工委成立后，以党的建设工作为引领，先后开展"转变作风年、依法行政年"活动，开展解放思想的大讨论、争创"一流领导班子"活动，召开"惠民工程""基石工程""双带工程"三大工程现场会，加强"一会一站一中心"建设，创建示范社区、特色社区和明星社区工作，开展"我为党旗添光彩，我为十运做奉献"，开展"走千户、访万人"和"五个一"活动。开展党的群众路线教育实践活动，抓好"三严三实"专题教育，开展"党旗在心中、服务在手中、实干惠民生、宜居在南苑"主题

实践活动。围绕"两学一做"学习教育，落实"七个一"要求。鼓励支持各个社区探索"一社一特"的特色党建。率先在建邺区打造"五微"共享社区首个线下体验店——建邺"五微"驿站吉庆·话园站。召开"红治苑"党建品牌矩阵发布会，实施三年行动计划，打造凤凰文化广场楼宇党建新模式，建设"庐山恋小剧场"和"宁小蜂驿站"，优化升级"梅友堂书记工作室"、雨花石科普馆和智障儿童阳光心室。金隅紫京府、国泰民安小区创省级"红色物业"示范点。成立南苑地区党建工作联席会，开展"共产党员（户）挂牌""楼幢共产党员服务组挂牌""共产党员先锋楼挂牌"以及"助民、便民、乐民"等活动。认真贯彻落实科学发展观和"两个率先"要求，扎实做好党务公开、党代表常任制、非公党建、党员议事会等特色工作。全面推行社区党建属地化管理，完善基层党建服务体系。街道成立党员服务中心，社区成立党员服务站，整合"党员志愿者服务队"，成立36个各类服务组织。建立党员承诺制、无职党员设岗定责、党员责任区等机制。创建"基层党建示范点"，开展"党旗在社区高高飘扬"活动。建立街道"两代表一委员"工作室，探索打造社区品牌特色。引入"互联网+"理念，创建"南苑家园"社区党建移动智慧平台。不定期举办社区书记论坛，举办入党积极分子培训班、党员骨干培训班等，选树区级党员教育实境课堂、党支部书记工作室等。打造"红色伙伴"区域党建联盟，探索建立"红领荟"商企公益联盟。选聘河西管委会、江苏省第二中医院、南京卷烟厂等6家党组织为南苑街道"大工委"成员单位。

人大工委工作在党建引领下，每年组织代表视察南苑街道，听取经济和社会发展目标任务完成情况报告。通过建立"人大代表之家"和社区"人大代表工作室"，持续规范"一家一室"建设，推进年度10件民生实事项目，率先在建邺区建立南苑街道议政代表会制度等，促进人大工作质量不断提升。政协工作通过建立南苑街道"两代表一委员"活动室，健全《社情民意联系和收集工作制度》，举办"协商民主在基层"主题活动，设立"政协委员工作室"等，提升协商议事质量。统战工作是开展创建"星级商会"、建立社区民族之家、打造"一家亲"工作站和"少数民族之家"、创建"红石榴家园"以及发挥工商联桥梁纽带作用等。同时，不断完善《党工委议事规则》和民主决策机制，实行推荐区管后备干部、科级干部任用、重点项目立项建设等。纪检工作通过修订完善《南苑街道"三重一大"事项监管实施细则》《南苑街道财务管理规定》《南苑街道为民服务专项资金管理使用办法》

《南苑街道小型工程建设项目管理实施办法》等规定，扎紧制度笼子，推动监督关口前移，遏制苗头性、倾向性问题发生。其间，爱达社区二十四孝图廉政文化墙、国泰民安社区廉政文化走廊、话园社区红色珍藏馆和吉庆社区雨花石科普馆吸引众多居民驻足观看。

二、以河西开发为契机、产业转型为抓手，加强经济建设，创繁荣南苑

街道成立伊始，仍有部分农业和养殖业，伴随着城市化进程加快，农业用地、养殖用地急剧下降，产业规模日渐收缩归零。随着产业结构转型，街道大力发展工业，坚持"招商与引税并举，税源经济与产业培育同抓"思路，全员抓好招商引税，每年引入新办企业100至200家不等，税收保持高速增长态势。规模以上工业企业数量，2004—2008年均保持在20家以上。2010年底，建邺区实行社区体制改革，所辖区域企业及招商引企工作全部交由南京河西中央商务区、南京新城科技园及南京江东商贸区3家管理。2019年，经济工作重回街道，以服务经济、协税护税为重点，建立工作机制，开启全面动员+全程服务模式，设立企业服务办公室，与江苏智能制造新都市产业园、欧洲城等载体方运营商开展合作。是年，新注册企业540家。2021—2022年，新注册企业609家，签约项目54个，签约投资总额17.52亿元。其中，仅2022年新注册500万元以上的工业企业就达31家。

由南京钢锯厂（智汇园）、南京电线电缆厂（弘辉园）、南京集成电路研究所（振业园）3家老牌企业组成应天智汇产业园。江苏智能制造新都市产业园集聚了以新能源及新能源汽车为主的企业60余家。国家电子商务示范基地舜天产业园重点引进电子商务信息、交易、支付、物流以及相关软件研发、数据处理和投融资企业，打造国家电子商务示范园区。

因产业升级，南京兴隆陶瓷城、应天水产品批发市场、南京所街肉类批发交易市场等相继搬迁停，河西金鹰世界、乐基广场、绿溢国际广场、红星美凯龙河西进口商场等商业载体先后建成。至2022年底，辖区有金融单位33家，其中银行23家、保险公司4家、证券公司6家；有2000余家洗浴、美发、医美、宾馆、酒店、修配、洗染等服务行业经营户。

三、以开发建设为主、实施建管并举，加强城市管理，创美丽南苑

2002年1月南苑街道成立，正逢河西新城大开发、大建设，街道迅速融入建设之中，成立拆迁领导小组，由街道主要领导任组长，下设拆迁办公室。配合建邺区有关部门先后完成所街、华商大市场、南河风光带等20余处重点工程的拆迁任务；完成鹭鸣苑5号地块征收；对第二机床厂宿舍楼151户居民实施整体搬迁；拆除黄山路29号、四松庵片区多处违建，取缔拆迁地块无证经营户。征收整治泰歧钢管厂、木工机械厂、湖西街56号等6大地块。至2022年，辖区先后建成的城市地标建筑——江苏省档案馆、金鹰世界、弘瑞广场、欧洲城·凯旋明珠商业广场、乐基广场等幢幢大厦，鳞次栉比、高大气派、美轮美奂。

2002年街道成立后，以创建南京市市容卫生优胜街道为目标，联合公安、交警、工商等部门取缔主次干道占道经营，对所街一条街、厂圩街、湖西街沿街门头进行出新改造。迎"十运会"，开展城市环境"十大"整治行动。2014年10月率先在全市成立综合行政执法大队，承接事权下放条款。完成集庆门大街景观路、应天大街、虹苑东路等20条道路整治；完成厂圩街等10条背街小巷整治。配合市有关部门完成怡康街积淹水片区及所街改造等重点工程。完成兴宏园等4个老旧小区环境综合整治项目，完成兴达、国泰民安片区6个小区立面"四统一"，完成话园片区和健园片区环境综合整治工作。以"1+1+N"模式（1套综合管理平台+1套数据中台+N个应用）构建成整个精靓系统，推进城市管理的制度创新和模式创新。

加强物业管理，为老旧小区保洁配备专业"绿马甲"，每名专职保洁员配备手推保洁车1辆、绿色保洁马甲1件。将居民小区物业管理纳入城市综合管理体系中，对无物业管理的老旧居民小区，与社区签订托底协议；对新建商品房小区，由街道物管办督促自管单位负起物管责任，奖励前3名。在国泰民安社区的城开怡家、兴达社区的兴达新寓、庐山社区的兴宏园、爱达社区的鸿仁名居和怡康社区的新百花园5个小区试点启动垃圾分类工作。

常态化开展安全隐患大排查大整治行动，针对重点区域、重点生产经

营单位、重点公共场所等进行拉网式、全覆盖安全检查，开展整治爱达小区八达公司烂尾楼、空中坠物安全隐患等多项行动。深入排查老旧房屋安全隐患，跟踪监测安如村、爱达花园等危房。全面清理吉庆家园49户56间住人地下室。关闭江东旧货市场。扎实开展小区火灾隐患排查整治，定期组织辖区仓储市场、产业园区安全检查，序时推进虹苑菜场沿线房屋、115地块、华冠装饰市场安全隐患排查整改，坚决防范遏制安全事故发生。

强化环境治理，按照"不留死角、不留盲区、不留隐患"的要求，派员巡查，禁止运输车辆带泥上路，防止抛洒滴漏发生。每天检查辖区内所有建筑工地噪声扰民、烟尘污染，并强行干预。对餐饮油烟污染开展专项治理，安装油烟净化器和油污预处理装置率达100%。2017年南苑街道设立河长制办公室，配备河道网格员11名，对侵占河道、超标排污、非法排口、违章搭建、乱倒垃圾、养殖种菜、破坏绿化者等予以教育、罚款，严重者依法处置。至2022年，每年整治15～20次，处理河道环保督察7～10件，日常交办件50～60件。

20年的治理，20年的付出，一个河畅、水清、岸绿、景美的南苑，让人们心旷神怡、遐想联翩。

四、以"邻里节"助推文体双飞，加强文化建设，创快乐南苑

南苑街道成立后，建有南苑街道文化站（后更名文体站），面积2000平方米。内设图书馆（含电子阅览室、休息资源共享工程）、书画室、器乐排练室、形体房（含体质监测中心）、乒乓球室、桌球室、棋牌室等8个活动室。藏书2万余册，订购报纸杂志30余种。下辖12个社区建有文体活动室，与街道图书馆通联通借网络建成。街道在图书馆还设有"南苑国学馆"，活动内容包括"国学书香""国学美展""国学大讲堂"。2013年自开馆以来阅读、展览、讲座三线并举，每年进馆接受文化熏陶者达2000人次。其间，南苑街道文化站获江苏省五星级文化站称号，南苑街道图书馆获"十佳"图书馆称号。

南苑街道成立20年来，以"精彩365，快乐每一天"为理念，街道文化站、社区文化室及46支团队活跃在辖区内。随着群众文化活动的开展，南

苑街道不断整合辖区学校、企事业单位及共建部队文化资源，于2005年首创"邻里节"文化品牌，并在以后的日子里，围绕"和睦邻里，和谐社会，人文南苑"为主题，通过街道、社区月月开展活动，季季组织演出，且形式多样、内容丰富，展现了南苑人的精神面貌和风采；在重大节日和传统节日期间，南苑街道举办"歌颂祖国，唱响南苑"社区红歌赛、"不负韶华，腾飞新南苑"迎新文艺会演、"九九重阳节，浓浓敬老情"越剧专场演出和"缤纷建邺，到此莫愁"文化嘉年华广场系列活动。南苑街道举办的"千秋伟业，百年芳华"庆祝中国共产党成立100周年书画摄影展，参加省文联组织的书法家"写福，送福，送春联"活动，健园社区举办喜迎"七一"书画展，怡康社区举办书画笔友会，国泰民安社区举办民间艺术品展，吉庆社区举办雨花石展，泰山路社区举办母亲节插花表演，黄山路社区举办"欢乐童年，梦想飞扬"儿童节义卖等活动，吸引了无数群众和广大青少年参与、观赏。

街道成立20年来重视体育工作。每年组队参加南京市、建邺区举办的万人长跑、万人健步走活动和万人太极拳展演，参加南京市、建邺区举办的广场舞、健身腰鼓、自行车及篮球、羽毛球、乒乓球等比赛活动。辖区内12个晨（晚）练点和69条健身路径，每天都吸引街道、社区29支体育团队及居民群众广泛参加健身舞、健身操、太极剑、扇子舞等体育锻炼。与此同时，街道每年还组织居民群众参加国民体质监测，仅以2021年700人和2022年753人监测为例，合格率均达标。而辖区内286名社区体育指导员（其中国家级社区体育指导员2名、一级社区体育指导员11名、二级社区体育指导员47名、三级社区体育指导员226名）常年活跃在12个晨（晚）练点，开展辅导、培训等活动，推动了群众体育活动开展和健康水平提高。至2022年，街道有体育团队29支、556人，其中太极拳队71人。有健身路径69条、健身器材626件。南苑街道分别荣获全国体育健身示范点、国家级体育俱乐部示范街道和全国体育工作先进单位等殊荣。

五、坚持以人为本服务理念，助推社会建设，创和谐南苑

街道成立初期，综合治理办公室及社会治安综合治理委员会相继成立。

打造"综合行政执法智慧化管理系统",大巡防体系建立完善。建成"一站式"流动人口管理站。成立"夕阳红""小天使""流动人口"3支禁毒志愿者队伍。推进社区治理一体化平台建设,落实综治信访包案制度和领导接访制度,强化"五包一"工作责任制。配齐配强街道134名网格员,依托手机终端"一体化平台",通过一日双巡来做好基础信息维护、社情民意收集、矛盾纠纷化解、安全隐患防控等工作。网格办通过"南京市建邺区网格化社会治理联动指挥平台",实现街道各职能部门三级工单流转,扎实推进"社区治理一体化平台"建设。抓好"精网微格"试点工作,在人员选聘、管理服务、工作制度等方面创新突破。打造"老朱福馨工作室""马大姐工作室""新枫桥"试验田。

2003年8月,南苑街道司法所成立,开展包含悬挂横幅、发放材料、接待咨询等内容的法律服务进社区活动,2006年被授予南京市"四五"普法工作先进集体称号;2012年,健园社区"民族之家"法律援助站先后接待全国民族工作会议代表考察调研,并创成南京市"六五"普法先进集体;"七五"普法期间,创新普法宣传形式,扩展法制教育范围,做好重点对象法制宣传教育工作;"八五"普法期间,开展普法宣传广场文艺活动,完善和落实"一社区一法律顾问"制度,实施基层治理网格"法律明白人"培养工程。

落实《南苑街道"宜居幸福圈"服务配套设施规划》,协调八达开发公司新建爱达·南河人行桥;陆续完成国泰民安社区3A级居家养老服务中心、健园社区、怡康社区和吉庆社区等办公房维修改造。实施以为老服务、就业促进等"十大民生工程"。积极做好帮困帮扶工作,推进一助一工程。打造并提升"一室三区"的街道社会管理服务中心综合服务水平,设置12个"一站式"服务窗口。打造泰山路国际社区。与江苏省第二中医院开展共建,为辖区60周岁以上老人建立健康档案、开展义诊,设置社区流动门诊。探索老年人生命监测"云守护"体系,推动"小爱育儿园"建设,街道所辖12个社区均建有居民养老服务中心(点)。街道因开展城乡居民最低生活保障工作出色,被南京市政府授予城市居民最低生活保障工作先进单位。因开展各类救助工作出色,先后被南京市政府授予社会救助示范街道,被国家民政部授予全国社会救助示范街道。

回顾历史,心潮澎湃;展望未来,豪情满怀。南苑街道将按照党的二十大确定的目标任务,锚定"两个建成",弘扬"四敢"导向,以"红治苑"党建品牌矩阵引领推动建设发展,以战斗姿态迎接挑战,以奋力拼搏开辟未来,在全面推进中国式现代化建邺新实践中作出"南苑贡献"。

大　事　记

2002 年

1月16日　中共南京市建邺区委南苑街道工作委员会成立（简称南苑街道党工委），为中国共产党南京市建邺区委员会派出机构。吴乐云任南苑街道党工委书记，张跃根、傅毅彬任南苑街道党工委副书记。

1月19日　南京市建邺区人民政府南苑街道办事处成立（简称南苑街道办事处）。张跃根、王伟月、张有馀、张兴春、徐荣生、王天喜、张鉴冰任南苑街道办事处副主任，张跃根主持工作。

1月31日　江苏省计生委率国家RTI试点项目组到南苑街道对被检查的20名育龄妇女进行回访。

2月1日　南苑街道开展为流动人口"四送"（科技、卫生、文化、法律）服务活动。

2月5日　南苑街道与驻宁部队南空29团结成双拥共建单位。

2月22日　中国共产主义青年团南京市建邺区南苑街道工作委员会（简称南苑街道团工委）成立，陆正园任副书记，主持工作。

2月25日　兴隆街道所街村流动人口民兵连更名为南苑街道所街村流动人口民兵连。

3月1日　南苑街道组织流动人口民兵连、社区志愿者与共建部队官兵在南湖广场举办"学雷锋、树新风"双拥服务日活动，活动安排10余个服务项目，接待群众150余人次。

3月2日　参加江苏省计生工作研讨会的13个城市分管卫生工作的市领导，在南京市计生委领导陪同下到南苑街道所街流管站参观学习。

3月7日　南苑街道妇女联合会（简称南苑街道妇联）成立，王伟月任主席。

同日　建邺区地税局南苑个体代征点成立，办公地点在南苑街道驻地。

3月15日　南苑街道召开创建国家卫生城暨创建绿色人居环境社区动员大会。

3月21日　南苑街道召开域内21家企事业单位和6个社委会、1个村委会社会治安综合治理大会，并分别签订目标责任书。

3月22日　南苑街道总工会联合会代表大会（简称南苑街道总工会）召开，傅毅彬任工会主席。

3月26日　南京军区政委尹祖文一行视察所街流动人口民兵连。

4月17日　南苑街道召开禁毒大会，会上南苑街道与6个社委会、1个村委会及13家企事业单位签订禁毒责任书。

4月23日　江苏省军区副司令员苏海彬一行视察所街流动人口民兵连。

4月26日　南苑街道科学技术协会（简称南苑街道科协）成立，王伟月任主席。会上通过科协章程。江苏省科协部长马启洲、南京市科协部长沈平、建邺区副区长郑立志参加成立大会。

4月28日　在建邺区召开的社区建设观摩推进大会上，南苑街道安如社区、虹苑一社区被授予示范社区称号。同时参会人员参观兴达社区并出席兴达广场落成典礼，观看广场文艺演出。

4月29日　所街流动人口民兵连与南空29团机务四中队结成共建单位。

5月11日　南苑街道将新招聘的6名社委会工作人员放到社区实习，以提高管理能力和水平。

5月17日　南苑街道残疾人联合会（简称南苑街道残联）成立，王伟月任主席。

同日　南苑街道残疾人民俗艺术团成立，有8名成员。

5月26日　南苑街道与建邺区计生局在兴达广场联合举办全国计生协会成立22周年庆祝活动，组织160余名中学生观看《少男少女》性知识电教片，开展青春期性知识、男性健康知识咨询。

5月27日　南苑街道计划生育协会成立（简称南苑街道计生协），召开首届会员代表大会，王伟月任主席。

同日　南苑街道与南京第二压缩机厂签订所街村三组土地征收补偿协议。

6月5日　南苑街道兴达社区被评为南京市首批绿色人居环境社区。

6月19日　南京市领导一行到南苑街道兴达社区调研社区建设情况。

6月20日　南苑街道与鑫宏开发公司签订所街村二组土地征收补偿协议的补充协议。

6月25日　南苑街道参加建邺区首届社区文艺创作调演，获优秀组织奖，"残疾人民俗艺术团"获特别奖。

同日　南苑街道流动人口民兵连被评为南京军区"三落实"先进单位。

6月28日　南苑街道与百新房地产开发公司签订位于石家庄一组土地征收补偿协议。

7月1日　南苑街道政务受理中心正式对外服务，办公地点在南苑街道驻地。

7月10日　南京市领导携相关部门一行视察南苑路早点车出新和疏导棚情况。

7月18日　南苑街道关心下一代工作委员会（简称南苑街道关工委）成立，王伟月任主席。

7月20日　南苑街道辖区内已婚育龄妇女信息系统登记、录入、核对工作完成，并接受南京市计生委考核评估。

7月21日　南苑街道区域内21家企事业单位、仓储、娱乐场所、农贸市场开展的消防、安全生产大检查，查出隐患20余家，需整改的10余家。

7月28日　南苑街道与共建单位南空29团携手建立"国防科技教育基地"。

8月31日　南苑街道举办为期3天的全体社委会干部（含应聘实习人员）业务培训，邀请南京市、建邺区职能部门业务人员授课，到鼓楼、白下、秦淮3个区有关社区交流学习。

9月15日　南苑街道健园社区居民委员会正式成立，召开首届社区成员代表大会。

9月23日　南苑街道"扶贫济困"对口支援陕西汉口地区，募集衣被7009件。

9月24日　张跃根任南苑街道办事处主任，翟晓黎任南苑街道办事处副主任。

10月24日　江苏省计生委在所街村开展流动人口使用药具情况调查，有100名流动人口已婚育龄妇女参加。

10月　南苑街道国泰民康社区作为建邺区电子台账试点单位，用近一个月时间完成已婚育龄妇女信息全部录入工作。

11月2日　南苑街道兴达社区举办"招聘进社区"活动，现场为70余名下岗职工解决再就业。

11月10日　中央电视台在晚7：00《新闻联播》中报道南苑街道兴达社区居民喜迎党的十六大召开实况。

11月15日　南京市首届人大代表竞选演说在虹苑一社区举行，3名代表候选人参加竞选。

11月28日　南苑街道11个选区同时进行人大代表选举，共选出建邺区人大代表23名（含建邺区联合提名的6人）。

12月8日　南苑街道协助南京电视台在兴达广场举办《夺冠》节目录制工作，并获南京市文明办和南京电视台共同颁发的优秀组织奖。

12月10日　南苑街道图书馆通过南京市"十佳万册图书馆"验收。

12月26日　马欣任南苑街道党工委副书记、南苑街道办事处主任。

12月26日　傅毅彬任南苑街道办事处副主任。

同日　王文宁任南苑街道人武部部长。

12月30日　南苑街道接受建邺区"三位一体"考核，获全区第一名。

2003 年

1月15日　南苑街道外来务工维权站成立。

2月27日　"全国文化信息网资源共享工程——江苏文化网"开通仪式在兴达广场举行。

2月26日　所街村一组撤组。

4月8日　国家计生委领导一行视察南苑街道计划生育工作。

4月9日　联合国人口基金会驻华代表孙萨拉女士考察南苑街道计划生育工作。

4月30日　南苑街道鹭鸣苑社区成立。

8月1日　南苑街道工商联分会成立，傅毅彬任主席。

8月3日　国家民政部领导一行到南苑街道视察南苑街道兴达社区老年协会工作。

8月4日　向阳村王一组撤组。

8月5日　张玉宝任南苑街道办事处副主任。

8月6日　南京市委领导一行视察南苑街道政务受理中心。

8月25日　全国创建国家级卫生城市检查组一行到南苑街道检查创建工作。

8月27日　南苑街道吉庆社区成立。

10月8日　南苑街道文化站成立。

10月20日　全国创建国家级绿色环保城市检查组到南苑街道检查环保工作。

11月15日　建邺区市容局在南苑街道健园社区开展"城管进社区、服务千万家"现场授牌服务活动。

11月28日　南苑街道健园社区建立青少年法制教育基地。

12月6日　江苏省计生委对所街流动人口国家项目RTI综合防治工作进行终期评估，对130名目标人群进行问卷调查。

2004 年

1月8日　南苑街道举办为期3天的党员冬训，南苑街道、村、社区150人参加。会上全体成员为辖区内困难群体捐款约2万元。

2月18日　南京市台联协会在兴达社区举办对台宣传报告会，台胞、少数民族同胞以及基层统战工作者等50余人参加活动。

2月20日　南苑街道流动人口禁毒志愿者队伍成立，并举行授旗仪式。

2月26日　王伟月任南苑街道调研员。秦惠莲任南苑街道办事处副主任。

3月2日　建邺区"五路一园一带"北部整合综合整治工程正式启动。南苑街道配合建邺区老城综合改造办公室对厂圩街实施出新改造，拆除商业疏导房58间，其中南苑街道门面房36间，拆除违建60余处，计200余平方米。

3月27日　国泰民康社区党总支在莫愁职业中学召开成立大会。

3月30日　江苏省社区统战工作座谈会代表实地调研兴达社区统战工作。

4月8日　南苑街道举行邻里中心建设奠基典礼，并有项目合作单位领导及部分施工人员和社区居民等参加。

4月19日　建邺区老城环境综合整治五条道路之一（湖西街）拓宽改造

正式启动。南苑街道对湖西街实施出新改造，协助拆除居民13户，沿街工企单位3家，门面房25间，计8300余平方米。

4月21日　中央电视台《焦点访谈》《人民日报》等新闻媒体对所街流动人口服务站工作进行专题采访报道。

5月15日　南苑街道配合建邺区新区建设办公室对江东中路实施出新改造，南苑街道拆除自有12间门面房，计300余平方米。

5月24日　南苑街道党工委在国泰民康社区举行安康村7栋获全国"文明楼栋"授牌仪式暨现场交流会。

6月4日　南苑街道"小天使"禁毒宣传队在爱达花园小学成立，由40名小学生组成。

6月8日　建邺区妇联在安如社区举办建邺区私托站管理经验交流会，建邺区各街道分管社会事务的副主任、社会事务科科长30余人参加。会上南苑街道安如社区和靓宝宝私托站作介绍发言。

同日　南苑街道文化活动站更名为南苑街道文体活动站。

6月18日　中央电视台《新闻联播》栏目报道南苑街道"小天使"禁毒宣传队禁毒宣传实况。

7月6日　配合建邺区城镇建设综合开发总公司实施健园小区出新，拆除违章搭建151处，约2000平方米。

7月9日　建邺区"南苑杯"全民健身周启动仪式在兴达社区举行，各街道居民群众表演扇子舞、拳操等健身项目，约有2000名群众观看。

7月22日　南苑街道举办流动人口子女国防知识夏令营，60余名中小学生实地参观南空29团军营，官兵讲解有关飞机构造等知识。

7月24日　南京市开展"迎十会、创造美好环境"拆违专项整治行动启动。南苑街道拆除违章搭建356处，约5.5万平方米，并对被拆违的8户、8名群众进行妥善安置。

同日　南苑街道邀请南京市中医药大学20名台湾籍毕业生到兴达社区为辖区内台胞、台属及社区居民开展义诊活动。

8月25日　张远桃任南苑街道办事处主任助理。孙东亮任南苑街道副处级统战员。

9月2日　南苑街道自筹资金20余万元，对虹苑五村小区实施出新改造，拆除违建18处，计190余平方米，新建400余平方米的停车棚和1000余平方米的花坛。

9月15日 南苑街道党工委在南湖高级中学召开建邺区第九次党员代表大会南苑街道选区选举大会。14名候选人选举产生代表12名，大会分2个选区进行，有516名党员代表参加选举。

9月27日 江苏省文明委主办、江苏省妇联承办的"江苏省家庭道德宣传实践暨争做合格父母，培养合格人才"活动启动仪式在兴达广场举行，活动现场100对父母与2～6岁幼儿开展亲子活动，育婴专家现场答疑辅导。

9月29日 南苑街道在兴达广场举行"夕阳红"禁毒志愿者40人队伍成立仪式。

10月25日 南苑街道启动全国第一次经济普查工作，并抽调普查员40名对辖区内各类经济组织开展调查登记。

10月27日 南苑街道党工委组织第二届科级干部竞争上岗演讲大会，15名竞争者发表竞职演说，南苑街道干部职工及社区主任、村干部约150人现场测评打分。

12月21日 南苑街道《构建群防群治格局，筑建禁毒防毒铁壁》文章入选全国禁毒工作经验交流会材料汇编。

12月23日 陈大连任建邺区人大南苑街道工委主任。

2005 年

1月17日 南苑街道在南湖高级中学召开党员冬训动员大会，约500名地区党员参加。

2月8日 南苑街道开展困难党员慰问活动，走访66名困难党员，送去慰问金1.09万元。

3月7日 南京市委领导率各区主要领导到南苑街道视察。

3月9日 建邺区委领导一行检查南苑街道健园社区小区出新进展情况。

3月15日 南苑街道在兴达广场举办"创文明城市，迎十运盛会暨南苑街道邻里节"启动仪式。

3月20日 马欣任南苑街道党工委书记，张鉴冰任副书记。吴乐云任调研员。

3月22日 傅毅彬任南苑街道办事处主任，严宝强任南苑街道办事处副主任。

3月22日　南苑街道庐山社区成立。

4月6日　南苑街道机关职工工会成立。

4月18日　南京市侨联领导一行到结对共建单位南苑街道话园社区党支部过组织生活。

4月30日　南苑街道国泰民安社区"公推直选"党委班子成员民主推荐会，建邺区委组织部有关领导参加会议。

5月21日　国泰民安社区"公推直选"党委成立大会在莫愁职校举行，142名社区党员参加，南京市、建邺区相关部门领导参加。

6月26日　南苑街道在兴达广场举行"社区杜绝毒品"启动仪式，江苏省委政法委、江苏省公安厅领导参加。

7月7日　陈时祥任南苑街道办事处主任助理（挂职）。

8月12日　南苑街道虹苑社区党总支成立。

9月9日　南苑街道健园社区党总支成立。

9月16日　南苑街道召开党工委领导班子民主生活会，建邺区委领导到会点评并对下一阶段先进性教育工作提出要求。

9月22日　江苏省军区区县武装部部长培训班120余名学员实地参观南苑街道社区民兵连建设工作。

10月7日　第十五届全国城区体育工作研讨会120余名参会代表参观南苑街道体育综合楼、社区健身广场及附属配套设施。

10月13日　全国群众体育先进表彰大会150余名代表参观南苑街道兴达社区体育综合楼、健身广场及附属配套设施。

10月28日　南苑街道组织开展500名党员看河西、看奥体活动。

12月10日　李龙海任南苑街道办事处副主任。

2006 年

1月19日　南苑街道召开党员干部政治理论培训大会。

3月24日　建邺区领导一行到南苑街道调研社区中心建设情况。

4月3日　南京市首家社区服务平台在南苑街道社区中心揭牌。

同日　江苏省民政厅领导一行到南苑街道检查社区中心建设情况。

4月12日　南京市领导一行到南苑街道检查"双拆"工作。

4月30日　南苑街道社区义工服务站挂牌成立。

5月8日　建邺区委、区政府及相关部门领导一行到南苑街道调研指导上半年工作。

5月17日　南京市委领导一行到南苑街道检查指导工作。

6月6日　南苑街道党工委接受江苏省残联关于残疾人基层组织建设验收。

6月20日　吴凤勤任南苑街道办事处副主任。

6月21日　江苏省档案局领导一行到南苑街道检查指导档案工作。

6月27日　建邺区委领导一行到国泰民安社区调研社区党建工作。

同日　南京市人大领导一行到南苑街道健园社区视察民族宗教工作。

6月28日　南京市委领导一行到南苑街道国泰民安社区调研社区党建工作。

6月30日　赵国平任南苑街道助理调研员。

7月1日　南苑街道举办庆祝建党85周年歌咏大会。

7月14日　建邺区委领导一行到南苑街道进行社区工作调研。

8月31日　江苏省巡视组一行到南苑街道检查工作。

10月18日　建邺区政府领导一行到南苑街道调研。

10月20日　南京市警备区领导一行到南苑街道视察民兵预备役工作。

11月22日　建邺区委领导一行到南苑街道调研。

12月16日　傅毅彬任南苑街道党工委书记，邓力群、严宝强任南苑街道党工委副书记。

12月16日　李烽炜任南苑街道党工委副书记，兼南苑街道纪工委书记。

12月28日　邓力群任南苑街道办事处主任，宋炜、李世民任南苑街道办事处副主任。

12月31日　江苏省委领导一行到南苑街道国泰民安社区视察。

2007 年

2月26日　南京市委领导一行到南苑街道指导工作。

3月7日　南京市妇联领导一行视察南苑街道兴达社区妇女创业工作。

3月19日　建邺区委领导一行率区有关部门领导到南苑街道开展调研。

3月21日　江苏省委领导一行到国泰民安社区慰问困难党员。

5月22日　建邺区委领导一行检查南苑街道小区出新工作。

8月24日　南京市警备区领导一行视察南苑街道民兵连工作。

9月14日　建邺区委领导一行到南苑街道检查指导小区出新工作。

11月8日　南京市环保局有关领导视察南苑街道创绿工作。

11月30日　姜国忠任南苑街道党工委副书记。张有馀任南苑街道副调研员。

同日　姜国忠、赵国平任南苑街道办事处副主任。

12月31日　南京市领导一行到南苑街道视察。

同月　南苑街道被国家计生协会授予"全国计划生育工作先进单位"称号。

同月　南苑街道被南京市委、市政府授予文明单位称号。

2008 年

1月3日　南苑街道在一楼广场举行建邺区创建"和平社区"表彰会暨和平文化墙揭幕仪式。

1月18日　南京市"职工书屋"建设工作现场推进会在南苑街道召开。

1月23日　党旗在社区四季飘扬——党员"奉献社区、服务群众"活动启动仪式在南苑街道国泰民安社区举行。

4月2日　建邺区注册志愿者动员招募现场会暨南苑街道"社区青年文化节"启动仪式在南苑街道举行。

4月10日　唐坤任南苑街道办事处副主任。

7月27日　台湾台南县代表团参观南苑街道。

10月29日　南京市名城会与会代表团调研南苑街道社区文化建设工作。

11月19日　南京市社区教育示范南苑街道观摩会在南苑街道举办。

12月12日　陈瑛任南苑街道党工委书记。

同日　姜国忠任南苑街道办事处主任，莫肖斌、王富贵任南苑街道办事处副主任。

2009 年

1月8日　建邺区委领导一行到南苑街道慰问国泰民安社区老党员和低保户。

2月3日　南苑街道推行"一委一居一站一办多中心"为格局的社区管理体制改革。

5月11日　中央政治局常委、中央精神文明建设指导委员会主任李长春一行到国泰民安社区视察社区工作。

6月24日　《中国民族报》记者到健园社区走访，并与社区少数民族居民现场互动。

7月15日　南京市委领导一行到南苑街道视察健园社区民族工作。

10月17日　民政部、江苏省民政厅领导一行到南苑街道考察社会救助工作。

10月20日　"新南京人服务中心"在南苑街道成立，国家人社部农民工工作司领导为创建"新南京人服务中心"授牌，江苏省人力资源和社会保障厅、南京市劳动保障局有关领导参加揭牌。

10月27日　建邺区委、区政府领导一行到南苑街道国泰民安社区调研管理体制改革。

同日　南京市爱德社会组织培育中心在南苑街道成立。

2010 年

4月30日　南苑街道组织机关和社区为青海省玉树市地震灾区捐款8万余元。

6月1日　金超、王文宁任南苑街道办事处副主任。

6月29日　中组部组织二局及江苏省委、南京市委组织部和建邺区委有关领导一行共同参加南苑街道国泰民安社区"三报告一评议"活动，并现场听取工作汇报和居民提问。

7月21日　江苏省科协科普部考察兴达社区科普馆运作情况，并认可社区科普馆联合建设的模式。

9月18日　江苏省、南京市科协联合在兴达广场举办科普日活动。

9月30日　应天智汇产业园（一期）开园。

11月17日　建邺区委领导一行到南苑街道调研体制改革工作。

12月29日　施月华任南苑街道党工委副书记，兼南苑街道纪工委书记。

2011 年

1月19日　南苑街道召开2010年度总结表彰大会。

1月20日　江苏省委组织部领导一行考察国泰民安社区远程教育示范点。

2月17日　邵绘春任南苑街道党工委书记，王宗培任南苑街道副调研员。

3月1日　南苑街道召开"全国基层政权工作暨社区体制改革与创新"推进会。

3月9日　江苏省、南京市专题联合调研组一行来南苑街道视察国泰民安社区工作。

5月20日　国家关工委主任顾秀莲一行到南苑街道视察兴达社区关心下一代工作。

6月14日　南苑街道召开机关作风建设暨民生工作大会。

7月12日　兴达社区代表江苏省接受国家关于开展《中国妇女发展纲要（2001—2010年）》和《中国儿童发展纲要（2001—2010年）》评估检查。评估检查组由国家人力资源和社会保障部党组成员、纪检组组长袁彦鹏一行11人组成。

11月1日　试行南苑街道"大科制"改革。

11月4日　南苑街道举办"唱响金秋，为青奥加油"广场活动。

11月11日　南苑街道通过江苏省三星级档案室复查。

11月15日　南京白话传承人刘奎龙老先生在南苑街道大会议室为南苑街道群众义演。

11月29日　曹明任南苑街道党工委书记。

同日　范慰民任南苑街道办事处副主任。

2012 年

2月3日　余德洲任南苑街道副调研员。

2月8日　南苑街道举办"百梅绽放迎青奥，南苑盛歌颂河西"大型广场活动。

2月10日　刘东海任建邺区人大南苑街道工委副主任。

2月17日　南苑街道举办"春风行动"就业援助专场招聘会。

4月26日　南苑街道举办苏果超市专场招聘会。

5月26日　联合国儿童基金委员会有关人员一行检查南苑街道兴达社区妇女儿童之家工作。

5月　南苑街道怡康社区陈德福家庭获南京市百个幸福家庭故事征集评选"二十佳"称号。

6月6日　南苑街道话园社区与江苏省农机协会共同举办主题为"文明迎青奥、我与青奥共成长"活动。

同日　江苏省农机院与建邺区青少年校外社会实践基地成立并揭牌。

6月13日　南京市人口计生委纪检处领导一行到南苑街道国泰民安社区视察人口计生法规执行情况。

6月28日　高峰任南苑街道党工委副书记、南苑街道办事处主任。

同日　王宗培任南苑街道党工委副书记，兼任南苑街道纪工委书记。

7月11日　南苑街道开展以"平安进万家"为主题的综治平安创建活动。

7月20日　李一任南苑街道办事处副主任，刘璐任南苑街道办事处见习副主任。

8月12日　南苑街道组织开展动迁拆违，治乱整破工作。

8月17日　南京市关工委在南苑街道兴达社区召开暑期青少年主题教育现场会，并视察社区青少年教育工作。

9月12日　南苑街道接待南京、淮安两地流动人口双向检查两市流管工作组。

9月18日　南京市安监局考评组对南苑街道"南京市安全街道"创建工作进行考核。

10月19日　南苑街道举办庆祝南京市第26个老人节活动，并携手江苏电视台"老年961"频道举办江苏首届老年春晚文艺会演选拔赛。

10月30日　南苑街道组织召开提升公众安全感专项工作联席会议。

11月21日 南京市食安委考核组一行到南苑街道对"南京市食品安全示范街道"进行验收。

11月 南苑街道兴达社区成功创建国家级"防震减灾示范社区"。

2013 年

1月9日 南京市物管办到南苑街道检查话园社区宇园小区物管工作。

2月26日 国家信访局信访督查组到南苑街道国泰民安社区视察基层信访工作。

3月4日 南苑街道召开南苑地区安全工作会议暨创建江苏省级"安全社区"动员部署大会。

3月13日 江苏省及南京市科协领导一行到南苑街道兴达社区视察科普工作。

4月11日 江苏省委第二巡视组及南京市纪委领导参观"爱达社区5分钟便民综合服务圈"。

4月19日 徐新斌任南苑街道党工委副书记、南苑街道办事处主任。

同日 王灏晓任南苑街道办事处副主任。

同日 陈大连任南苑街道调研员。王文宁转正处级。

4月26日 江苏省委、南京市委、建邺区委统战部一行到南苑街道健园社区调研民族工作。

5月13日 全国人大内务司法委员会与江苏省、南京市人大领导一行到南苑街道兴达社区调研社区儿童保护体系与网络项目运行情况。

5月 江苏省安监局考评组到南苑街道对安全社区创建工作进行考核。

6月18日 江苏省文明社区考评组到国泰民安社区检查指导文明社区创建工作。

6月 南苑街道获江苏省安全社区称号。

7月3日 南苑街道内设机构优化调整为4个综合办公室,分别为:党政办公室(挂人才工作科牌子)、社区建设与社会保障科、城市发展科(挂安全生产办公室牌子)、社会安全与综合治理科(挂综合治理办公室牌子)。司法所为建邺区司法局在南苑街道的派出机构,实行司法局和南苑街道双重管理。

7月6日　高云霄任南苑街道见习副主任。

8月21日　南京市文明办督察组到国泰民安社区检查指导"道德讲堂"开讲工作。

8月23日　南京市福利院到话园社区慰问困难家庭。

9月14日　江苏广电总台与电视传媒中心领导及建邺区领导共同走进吉庆社区参加"倾听服务，众人大走访"座谈会。

10月11日　南京市计生委领导一行调研南苑街道爱达社区亲子育儿乐园工作。

10月　经所街村、向阳村村民代表大会同意，南苑街道党工委研究决定，撤销所街和向阳2个行政村建制及所属村民小组建制。

12月6日　中国成人教育理事会领导一行调研南苑街道吉庆社区文化教育工作。

12月18日　滕衍福任南苑街道副调研员。

2014 年

1月26日　陈琚任南苑街道党工委书记。

3月13日　南苑街道联合建邺区消防大队、区武装部举行消防演练，参加人员有南苑街道和社区、相关公司、小区物业、生产经营单位及部分居民代表260余人。

3月14日　南京市委办公厅、南京市民政局领导一行到南苑街道国泰民安社区参观快乐驿站、道德讲堂、"一站式"服务大厅等。

3月17日　中办调研室、民政部基层政权和社区建设司、中国社会科学院、江苏省委、南京市委办公厅组成联合调研组到国泰民安社区参观考察。

3月20日　南京市政府有关领导一行到南苑街道吉庆社区指导人口计生工作，了解社区0~3岁儿童早期教育情况。

4月11日　南京市计生委督察组一行到南苑街道吉庆社区对社区人口和家庭公共服务体系建设及奖励经费工作进行督察。

4月16日　南京市人大常委会农业和农村工作委员会、南京市委督导三组、南京市委组织部领导一行到南苑街道国泰民安社区调研考察。

4月25日　江苏省文化厅社文处领导一行调研南苑街道吉庆社区文化建

设情况。

4月29日　南苑街道泰山社区筹备组、黄山社区筹备组成立。

6月11日　南京市计生协会领导一行到吉庆社区、爱达社区参观并指导人口计划生育协会工作。

6月23日　南京市司法局领导一行到南苑街道国泰民安社区开展"进社区网格，为群众服务"活动。

7月28日　国务院妇儿工委课题组成员和天津南开大学教授一行调研南苑街道吉庆社区妇幼工作。

9月17日　南京市建邺区南苑街道文化体育活动中心建成。

9月25日　江苏省政府有关领导一行参观南苑街道国泰民安社区美特康智能居家养老中心。

10月14日　在江苏省民主立法联系点第一次会议上，南苑街道党工委被指定为江苏省15家民主立法联系点单位之一。

11月18日　江苏省委领导一行参加南苑街道兴达社区公益服务活动，参观兴达社区"希望来吧"并了解未成年人学习辅导、娱乐活动及义务支教志愿者来源情况。

11月20日　南京市委有关领导及南京市督察办领导一行督察南苑街道兴达社区减负情况，参观社区群众文化活动场所并听取社区减负工作介绍。

11月25日　南苑街道综合行政执法大队成立并揭牌。

11月27日　南京市民政局社会救助处领导一行参观南苑街道慈善超市，了解超市成立后日常管理及群众反映。

2015 年

1月29日　江苏省劳动和社会保障厅领导一行验收南苑街道健园社区创建江苏省级充分就业示范社区工作。

2月10日　南京市有关部门检查验收南苑街道鹭鸣苑社区出新小区雨污分流管网。

3月10日　建邺区四套班子领导及区各部门相关人员100余人参观调研南苑街道爱达社区，听取社区文化长廊和民生工程情况介绍。

4月9日　南京市"12345"政务热线领导一行指导南苑街道爱达社区

工作。

4月20日 南苑街道虹苑社区新办公用房改造完成，社区服务中心面积约900平方米。

4月24日 南苑街道平安志愿者工作站成立，站点设在南苑街道综治办。

5月12日 南京市消防支队领导检查南苑街道所辖南京际华三五○三服装有限公司、江苏舜天西服有限公司2家劳动密集型企业消防安全保障情况。

6月3日 江苏省、南京市安监局有关领导一行调查南苑街道驻地用人单位职业卫生情况。

7月29日 南京市安委办督导组检查南苑街道上半年安全生产工作。

11月30日 王文宁任南苑街道调研员。叶建军任南苑街道副调研员。

12月22日 虞欣任南苑街道办事处副主任。

2016 年

1月20日 江苏省妇联领导一行参加南苑街道兴达社区迎新春慰问文艺会演活动，表彰社区"十佳"党员。

1月27日 江苏省红十字会领导一行慰问南苑街道虹苑社区困难家庭。

1月28日 南京市委统战部领导一行慰问南苑街道健园社区困难群众。

6月27日 南京市委统战部领导一行慰问南苑街道兴达社区革命烈士项英的外甥女，现年82岁的老党员项继陈。

6月29日 审计署党校"两学一做"示范教育班一行90余人到南苑街道国泰民安社区开展"两学一做"交流学习活动。

7月14日 中央环保督察组领导督察南苑街道夏季城市治理、环境综合专项整治行动。

10月13日 王灏晓任南苑街道纪工委书记。

10月27日 余德洲任南苑街道办事处副主任。

11月10日 司明秀任建邺区人大南苑街道工委主任。

11月15日 泰山路社区、黄山路社区成立。

2017 年

2月15日 南京市委领导一行视察南苑街道爱达花园小区综合整治情况。

3月2日 南苑街道召开党员干部大走访暨党风廉政建设大会。

3月9日 陈怀健任南苑街道党工委副书记。余德洲任南苑街道人武部部长。虞欣兼任南苑街道宣传委员。

4月5日 胡有璋任南苑街道副调研员。

4月23日 "学史立志、崇德向善"暨优秀传统文化进校园主题教育启动仪式在南苑街道举行。活动由建邺区委、建邺区政府主办，建邺区关工委、建邺区文明办与南苑街道党工委共同承办，南京市、建邺区有关领导，驻区单位和学校代表，会演人员与社区居民约500人参加。

4月28日 南苑街道便民服务中心正式成立。

5月4日 江苏省民政厅领导一行参观怡康社区"三委一中心"社区管理体制改革成果展，并参加"建邺区现代社区研究院"揭牌仪式。

5月27日 杨莉任建邺区政协南苑街道工委主任。

6月7日 南京市残联领导一行参观并指导南苑残疾人之家运行管理。

7月27日 全国社区治理和服务创新实验区中期评估督导组专家及江苏省、南京市民政部门领导实地考察南苑街道国泰民安社区工作。

8月5日 叶建军兼任南苑街道综合行政检查执法大队队长。

8月29日 南京警备区领导一行调研南苑街道虹苑社区征兵工作。

11月27日 江苏省、南京市档案馆专家组对南苑街道档案室工作规范管理进行测评，评定南苑街道档案室工作达到江苏省五星级标准。

2018 年

2月6日 所街、向阳综合管理办公室成立。

3月7日 江苏省住建厅、南京市房产局领导一行视察爱达花园小区综合整治和增设电梯项目进展情况。

4月3日 江苏省新闻出版局、南京市文广新局领导一行调研南苑街道国泰民安社区文化工作。

4月20日　南京市民宗局调研南苑街道虹苑社区民族宗教工作，了解"红石榴"工作站建立情况。

5月6日　高云霄任南苑街道副调研员。

5月7日　南苑街道积极配合国家生态环境部、住建部"黑臭水体整治专项行动"督察河道工作组，完成督察清单整改。

7月5日　南苑街道积极配合中央环保督察组督察工作，完成环保督察"回头看"清单整改。

8月3日　史宏伟任南苑街道纪工委书记。

10月22日　国家住建部工作组视察爱达花园小区环境综合整治情况和小区既有住宅增设电梯项目进展情况。

11月9日　江苏省"书香城区"项目检查组对国泰民安社区"24小时自助图书馆"进行实地测评。

12月10日　南京市城治办对南苑街道城市治理标准化示范单元思园小区进行实地检查验收。

12月　南苑街道档案工作达到《江苏省机关团体企业事业单位档案工作规范》五星级标准，江苏省档案局授牌。

2019 年

1月18日　南京市残联领导一行慰问南苑街道国泰民安社区特困残疾人。

1月30日　南苑街道企业服务工作领导小组成立，赵国平任办公室主任，吴顺彬任副主任。

2月20日　刘雪涛任南苑街道党工委副书记、南苑街道办事处主任。

同日　孙东亮任南苑街道宣传委员。

同日　赵国平、李世民、史宏伟任南苑街道调研员。

4月27日　花蕾任南苑街道办事处副主任。

同日　周志林任南苑街道办事处副主任，兼任南苑街道人武部部长。

6月1日　胡有璋、叶建军任南苑街道二级调研员。高云霄、滕衍福任南苑街道四级调研员。

6月12日　南京市委党校第五期新任区管干部进修班考察组一行参观南苑街道国泰民安社区五大中心，了解"456"党建工作法（2013年开始实施的以"四进家门""五措梯进""六个一遍"为主要内容的党员干部改进工作作风、密切联系群众的工作法），参观"24小时书屋"、廉政文化墙等社区特色项目。

6月28日　南苑街道在莫愁职校大礼堂召开"不忘初心、牢记使命"建党98周年纪念大会。

7月4日　建邺区委领导一行调研南苑街道工作。

7月14日　江苏省政协、南京市政协领导一行视察南苑街道话园社区"委员之家"建设，听取政协委员履职情况汇报。

7月12日　南苑街道退役军人服务站成立并挂牌，南苑街道人武部部长周志林任站长。

10月29日　南京市委第二巡回指导组调研南苑街道庐山社区主题教育活动。

10月31日　江苏省作家协会有关人员一行参观庐山社区党建阵地、校外辅导站、图书室以及"桂香园"教育实践基地等共建项目。

12月23日　刘天鹏任南苑街道党工委书记。

12月23日　陈理任南苑街道党工委副书记、南苑街道办事处主任。

2020 年

1月18日　南苑街道举办迎新春文艺晚会。

1月19日　南苑街道召开"不忘初心、牢记使命"主题教育总结大会。

同日　南京市残联领导一行走访慰问南苑街道健园社区困难残疾人。

1月22日　南苑街道召开疫情防控工作紧急会议。

1月29日　爱达花园小区17幢57号1106室发生家庭聚集性疫情被隔离。

同日　南京市领导一行指导爱达花园小区疫情防控工作。

2月13日　爱达花园小区17幢57号1106室居民解除居家隔离。

3月13日　南京市安监局、地震局、气象局相关领导及专家对国泰民安社区创建全国防灾减灾示范社区进行初审。

4月1日　南京市领导一行检查南苑街道幸福河河道治理情况。

6月19日　南京市、建邺区退役军人事务局领导—行参观调研南苑街道南京星光物业管理公司退役军人之家。

7月17日　南苑街道联合南京市公安局交通管理局第四大队组建"警格+网格"管理体系。

7月29日　建邺区少年法学院成立大会在南苑街道召开。

8月17日　国务院安全生产督导组检查南苑街道桔子酒店安全工作。

8月27日　南苑街道党工委书记刘天鹏、纪工委书记史宏伟参加南京市委提级巡察工作见面会。

8月30日　南京市委提级巡察工作动员会在南苑街道召开。

9月17日　国家文明城市创建检查工作组到南苑街道庐山社区、泰山路社区开展入户调查，检查南京市文明城市创建工作。

10月10日　江苏省生态环境厅领导—行检查南苑街道文体路餐饮油烟治理情况。

同日　江苏省、南京市领导—行调研南苑街道全国人口普查工作。

10月15日　国家疾控中心研究员余晴率国务院督查组检查南苑街道庐山社区疫情防控工作。

10月20日　南京市住房保障和房产局领导与各区房产（住建）局分管负责人考察金隅紫京府红色物业创建工作。

10月23日　郑军任南苑街道党工委副书记、南苑街道办事处主任。

同日　周志林任南苑街道党工委副书记。

10月31日　南苑街道党工委与江苏省第二中医院党委举行共建仪式，江苏省、南京市卫健委与建邺区相关领导出席。

11月6日　南苑街道召开南京市委提级巡察正式反馈工作会议，南京市委第三巡察组现场检查整改情况，列出问题清单，提出整改要求和期限。

11月20日　虞欣任南苑街道三级调研员。

12月8日　南京市民政局工作组对南苑街道泰山路社区国际社区创建工作进行验收。

12月18日　郭震环任南苑街道党工委书记。

同日　滕衍福、葛冬任南苑街道办事处副主任。

2021 年

2月3日　南京市委疫情防控督导组检查南苑街道疫情防控工作。

2月7日　南苑街道召开服务经济发展誓师大会。

3月5日　汪江任南苑街道办事处副主任。

3月5日　南京市委组织部领导一行调研怡康社区党委、居委会换届工作。

3月15日　南苑街道党工委召开党史学习教育动员部署会。

3月23日　建邺区领导一行调研南苑街道全面工作。

3月31日　南京市退役军人局领导一行调研南苑街道退役军人工作。

同月　南苑街道开展辖区内12个社区居委会换届选举工作。

4月12日　江苏省委组织部信息中心党支部与南苑街道泰山路社区开展党建共建活动。

4月20日　南苑街道组织党员参观王荷波纪念馆。

10月20日　王元媛任南苑街道办事处副主任。

12月　南苑街道关工委被江苏省关心下一代工作委员会授予先进集体称号。

同月　南苑街道被南京市精神文明建设指导委员会授予文明单位称号。

2022 年

1月18日　江苏省红十字会到南苑街道怡康社区开展春节慰问活动，走访慰问困难群众、独居老人、抗美援朝老兵等36人。

1月21日　南苑街道泰山路社区乔迁新办公房。区相关部门、驻区相关单位负责人参加乔迁剪彩仪式。

1月27日　江苏省科协到南苑街道庐山社区开展春节慰问活动。

同日　掌少波任南苑街道党工委副书记、南苑街道办事处主任。

同日　徐建伟任南苑街道办事处副主任。

1月28日　江苏省文联有关人员一行到南苑街道庐山社区开展春节慰问活动。

1月30日　建邺区委领导一行到南苑街道泰山路社区开展春节慰问，走访慰问困难群众。

2月10日　南苑街道召开"深化作风建设服务经济发展推进会"。

2月22日　南苑街道党工委召开务虚会，科长以上人员参会。

3月17日　建邺区委、区政府领导一行到南苑街道检查疫情防控工作。

4月29日　南苑街道召开"网格微治理"会议。

同日　举行"'五老'（老干部、老战士、老专家、老教师、老模范）在行动"启动仪式。

5月11日　建邺区委领导一行调研南苑街道庐山社区"微网格"治理试点工作。

5月26日　葛冬任南苑街道纪工委书记。

同日　朱磊任南苑街道办事处副主任。

5月26日　南苑街道召开"红治苑"党建品牌矩阵发布会。

同日　南苑街道召开"议政代表会"第一次会议。

5月27日　江苏省委政法委调研组一行调研南苑街道庐山社区网格化社会治理工作。

6月1日　建邺区领导一行指导南苑街道虹苑社区60岁以上老人接种疫苗工作。

6月15日　江苏省、南京市和建邺区金融监管局、中国人民银行南京分行在兴达广场举办"守住钱袋子幸福兴达人"专场宣传活动。南京市地方金融监管局、市财政局、市公安局、区金融监管局、南苑街道相关领导和金融机构代表、志愿者和部分社区群众参加。

8月11日　江苏省委举办的街道党工委书记示范培训班成员参观南苑街道庐山社区、泰山路社区基层党建工作。

9月3日　中共鞍山市铁西区考察团参观南苑街道泰山路社区"红色物业"建设。

9月27日　江苏省委督导组督导南苑街道党的二十大维稳安保工作。

10月10日　南苑街道爱达社区"小爱育儿园"开园。

10月16日　南苑街道党工委、各社区党委组织收听收看党的二十大开幕式。

11月3日　南京市委领导一行调研庐山社区基层党建工作。

11月26日　南京市委领导一行视察乐基广场、所街菜场核酸检测和保供等工作。

第一章　行政区划　自然地理

　　南苑街道是2002年区划调整后，从建邺区兴隆街道剥离出来的一部分。是年1月19日，南苑街道办事处成立，面积7.82平方千米。至2022年20年间，南苑街道下辖的居（村）民委员会和社区居民委员会有过10次大小不同变动。其中，2014年南苑街道实施社区调整方案，确定国泰民安社区、虹苑社区、兴达社区、爱达社区、健园社区、话园社区、鹭鸣苑社区、吉庆社区、庐山社区、怡康社区10个社区和泰山社区筹备组、黄山社区筹备组（2016年泰山路社区、黄山路社区成立）为南苑街道下属单位，所辖范围至2022年未变。

　　南苑区域属长江洲地，多为泥沙堆积，土壤肥沃。又因受北热带湿润气候影响，季风显著，四季分明，天气炎热，雨水充沛，为农业发展提供便利。尤其蔬菜生产喜人。域内形成的大小水塘或小河，一些成了鱼虾养殖基地，一些成了留鸟、候鸟栖息地。

　　2002年南苑街道成立后，加快城市化建设的步伐，将一个"都市中的乡镇"建设成为环境优美、宜居宜乐的幸福家园。

第一节　行政区划

　　南苑街道因辖区内南苑新村得名。辖区位于东经118°43′57″~118°45′59″，北纬31°59′58″~32°01′42″。地处建邺区中偏东部，东临外秦淮河、南河，南至梦都大街，西至江东中路，北至集庆门大街。2002年成立初，南苑街道办事处驻湖西街48号，2016年搬至南湖路58号。电话区号025，邮政编码210017，距建邺区政府约3.7千米。

　　1995年4月，南苑街道隶属建邺区兴隆街道一部分。2002年1月19日，南苑街道办事处成立，面积7.82平方千米。下设国泰民安社区、安如社区、虹苑一社区、虹苑二社区、兴达社区、爱达社区6个社区居民委员会和所街村民委员会。10月，组建健园社区、话园社区2个社区居民委员会。2003年3月，组建庐山社区居民委员会，向阳村由兴隆街道划入南苑街道。同时成立所街实业公司、江东实业总公司向阳公司。6月，组建鹭鸣苑社区居民委员会。8月，组建吉庆社区居民委员会。2005年3月，安如社区居民委员会并入国泰民康社区居民委员会，更名为国泰民安社区居民委员会。2007年6月，组建怡康社区居民委员会。至2011年末，辖所街村、向阳村2个行政村和国泰民安社区、虹苑社区、兴达社区、爱达社区、健园社区、话园社区、鹭鸣苑社区、吉庆社区、庐山社区、怡康社区10个社区。2013年10月，向阳村和所街村拆迁。2014年10月，成立泰山社区筹备组、黄山社区筹备组。2016年12月，成立泰山路社区居民委员会、黄山路社区居民委员会。2018年2月，所街实业公司、江东实业总公司向阳公司注销，成立所街综合管理办公室和向阳综合管理办公室。至2022年，南苑街道办事处下辖国泰民安社区、虹苑社区、兴达社区、爱达社区、健园社区、话园社区、鹭鸣苑社区、吉庆社区、庐山社区、怡康社区、泰山路社区、黄山路社区12个社区，84个居民小区，面积7.82平方千米，常住人口13.38万人，户籍人口7.8万人。

附：2014年4月29日，南苑街道社区区划调整方案（摘录）：

一、2013年、2014年南苑街道社区调整前后地域状况比照

国泰民安社区：

2013年调整前，东面至南湖路，西面至湖西街，南面至所叶西路，北面至集庆门大街。

2014年调整后，东、西、北三面边界线不变，东面与话园社区交界，西面与鹭鸣苑社区交界，南面缩至幸福河与吉庆社区交界。

鹭鸣苑社区：

2013年调整前，东面至湖西街，西面至江东中路，南面至所叶西路，北面至集庆门大街。

2014年调整后，东、西、北三面边界线不变，南面延伸至应天大街与兴达社区交界，东面分别与吉庆社区、国泰民安社区交界。

吉庆社区：

2013年调整前，东面至南河，西面至南湖路，南面至应天西路，北面至幸福河。

2014年调整后，东、南、北三面边界线不变，西面延伸至湖西街，南面分别与怡康社区、虹苑社区、兴达社区交界，西面与鹭鸣苑社区交界，北面分别与健园、话园、国泰民安社区交界。

兴达社区：

2013年调整前，东面至黄山路，西面至江东中路，南面东半段至兴隆大街，西半段至怡康街，北面至应天大街。

2014年调整后，东、西、北三面边界线不变。南面至怡康街，东面与虹苑社区交界，南面与黄山社区筹备组交界，北面与鹭鸣苑社区、吉庆社区交界。

怡康社区：

2013年调整前，东面至南河，西面南半段至黄山路，北半段至泰山路，南至兴隆大街，北至应天大街。

2014年调整后，东、北两面边界线不变。西面至泰山路与虹苑社区交界，南面至怡康街与泰山社区筹备组交界，北面与吉庆社区交界。

庐山社区：

2013年调整前，东面至黄山路，西面至江东中路，南面至梦都大街，北面东半段至兴隆大街，西半段至怡康街。

2014年调整后，西、南两面边界线不变，东面南半段至黄山路，北半段至庐山路与黄山社区筹备组交界，北面东半段至兴隆大街，西半段至怡康街分别与黄山社区筹备组、兴达社区交界。

泰山社区筹备组：

2013年组建前，地域属怡康社区和原向阳村管辖。

2014年组建后，东面至南河与雨花台区交界，西面至泰山路与黄山社区筹备组交界，南面至梦都大街与新城科技园交界，北至怡康街与怡康社区交界。

黄山社区筹备组：

2013年组建前，地域属怡康、兴达社区和原向阳村管辖。

2014年组建后，东面至泰山路与泰山社区筹备组交界，西面南半段至黄山路，北半段至庐山路与庐山社区交界，南面东半段至梦都大街，西半段至兴隆大街分别与新城科技园、庐山社区交界，北面至怡康街，分别与兴达社区、虹苑社区交界。

爱达、健园、话园、虹苑共4个社区维持现状，地域及住户等情况未变。

二、2013年、2014年南苑街道社区调整前后居民小区及住户情况比照

国泰民安社区：

2013年调整前共5182户，其中安国村743户、安泰村899户、安民村702户、安康村804户、安如村1170户、金虹花园516户、城开怡家348户。

2014年调整后共4834户，其中，安国村743户、安泰村899户、安民村702户、安康村804户、安如村1170户、金虹花园516户。

鹭鸣苑社区：

2013年调整前共3079户，其中银轮花园391户、中北品阁188户、凤鸣苑279户、缤纷家园172户、金地名京1301户、湖西街34号63户、42号182户、44号177户、48号260户、50号66户。

2014年调整后共4179户，其中银轮花园391户、中北品阁188户、凤鸣苑279户、缤纷家园172户、金地名京1301户、湖西街34号63户、42号182户、44号177户、48号260户、50号66户、华润悦府1100户。

吉庆社区：

2013年调整前共3683户，其中吉庆家园1171户、铂领公寓316户、贡园856户、集成电路40户、香缇丽舍530户、思园480户、金轮141户、海苑华庭149户。

2014年调整后共4113户，其中吉庆家园1171户、铂领公寓316户、贡园856户、集成电路40户、香缇丽舍530户、思园480户、金轮141户、海苑华庭149户、城开怡家348户、3503厂宿舍40户、城市学院教工公寓42户。

兴达社区：

2013年调整前共4354户，其中兴达新寓1387户、金陵世家374户、苏建豪庭67户、华隆新寓880户、弘瑞广场682户、横塘西苑320户、盛世公馆335户、天成苑309户。

2014年调整后共4045户，其中兴达新寓1387户、金陵世家374户、苏建豪庭67户、华隆新寓880户、弘瑞广场682户、横塘西苑320户、盛世公馆335户。

怡康社区：

2013年调整前共3727户，其中怡康新寓721户、新百花园835户、双润

居99户、枫桥绿岛137户、腾达雅苑754户、艳阳居521户、城西纺织公寓485户、兴隆纺织175户。

2014年调整后共2492户，其中怡康新寓721户、新百花园835户、双润居99户、枫桥绿岛137户、和记黄埔涟城一期700户。

庐山社区：

2013年调整前共2351户，其中兴宏园592户、凯旋丽都625户、铂金时代342户、凤凰和熙一期792户。

2014年调整后共2351户，其中兴宏园592户、凯旋丽都625户、铂金时代342户、凤凰和熙一期792户。

泰山社区筹备组：

2014年组建后共2325户，其中城西纺织公寓485户、兴隆纺织175户、和记黄埔涟城（二期）700户、雍华府965户。

黄山社区筹备：

2014年组建后共1584户，其中天成苑309户、艳阳居521户、腾达雅苑754户。

爱达、健园、话园、虹苑共4个社区维持现状，居民小区及住户情况未变。

爱达社区：

2014年共3184户，其中兰花园892户、紫藤园954户、江南名府890户、鸿仁名居252户、西城映象196户。

健园社区：

2014年共3345户，其中健园小区1098户、台园小区888户、发园小区168户、趣园小区132户、澄园小区324户、晔园小区679户、尚文东苑56户。

话园社区：

2014年共3484户，其中真园896户、开园475户、庆园144户、宇园414户、南湖春晓280户、沿河49号144户、农机大院142户、话园746户、尚文西苑88户、利星公寓154户。

虹苑社区：

2014年共3650户，其中天都芳庭409户、虹苑1村753户、2村573户、3村581户、4村531户、5村803户。

图1-1 2014年南苑街道社区区域分布图

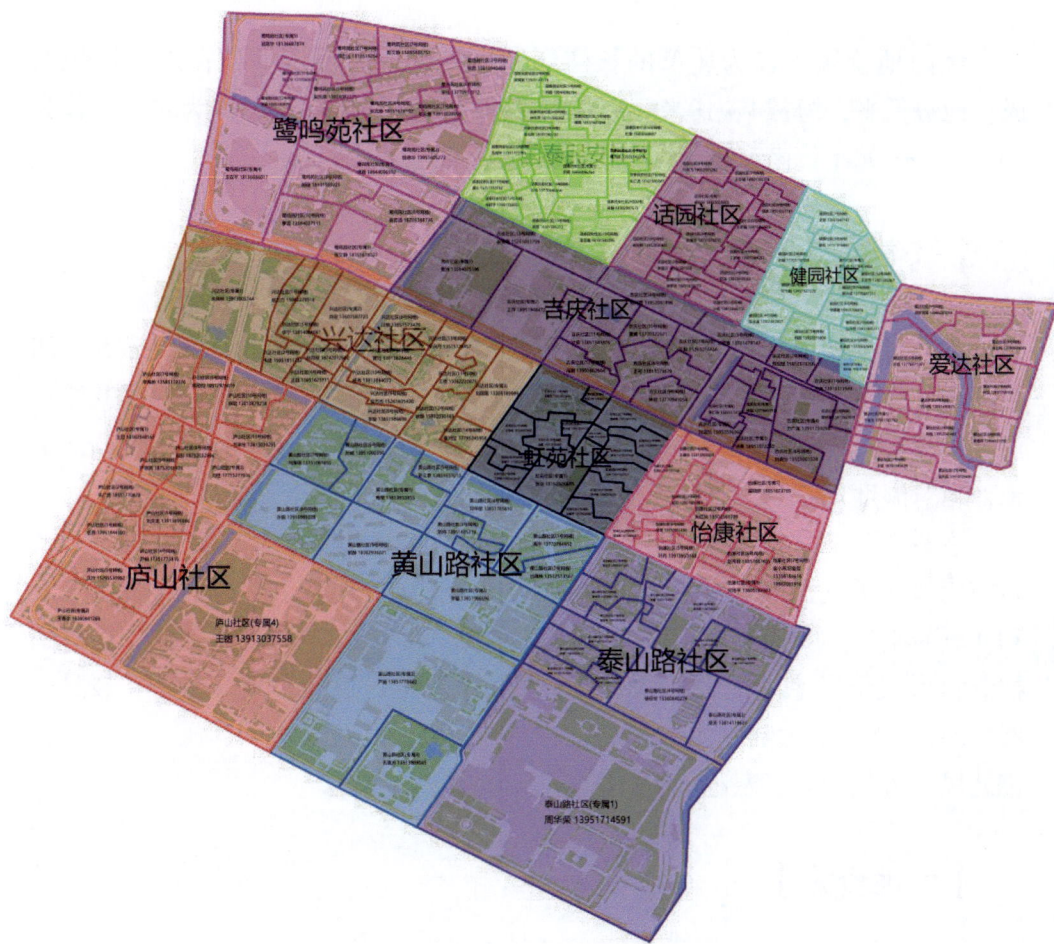

图1-2　2020年南苑街道社区区域分布图

第二节　自然地理

【地质地貌】

境内地貌属于较为典型的长江洲地，是由近代长江泥沙在岸线堆积而成，地势低平，海拔4～10米。沿江洲地土质疏松肥沃，均已辟为农田。曾为20世纪80—90年代南京市近郊重要的常年蔬菜基地之一。

【气候特征】

南苑地区属北亚热带湿润气候，处于西风环流控制之下，季风显著，四季分明。年平均日照4117小时，年平均温度15.5℃，年极端最高气温38℃，最低气温-14.2℃，无霜期224天。常年平均降雨117天，平均降雨量1106.5毫米，相对湿度76%。

春季（3—5月）以风和日丽天气为主，多东北风偏东风；夏季（6—8月）多东南风，天气炎热，雨水充沛。每年6月下旬到7月上旬受太平洋暖湿气流和北方冷空气影响形成一年一度的梅雨季节。秋季（9—11月）受北方冷气团控制，形成干燥凉爽天气。2003年、2006年发生过短期旱灾。冬季（12月—次年2月）受欧亚大陆气团的影响受西伯利亚高压（或蒙古国高压）控制，多偏北风，天气晴朗、寒冷、干燥。

【土地资源】

2002年1月南苑街道成立后，历经区划调整，土地面积为7.82平方千米。土地资源属于圩区洲地，土壤养分总量较多，但养分转化慢，有效性低，主要土种为黏质江灰菜园土。其中，中位青泥黏质江灰菜园土在土体30厘米处出现一个由于上层滞水而形成的有亚铁反应的还原层即青泥层，为南京传统"水八鲜"产区之一。2002年开始，南苑地区城市化建设步伐加快，农田、菜地基本归零。

【水资源】

地表水　南苑地区东望外秦淮河。境内主要河流有3000米长的南河、2000米长的幸福河和1500米长的怡康河等，水资源较为丰富。

地下水　南苑地区地下水资源较丰富。但是20世纪80年代受到城市生活污水的污染，水质有所下降。主要原因是排污管网建设滞后，大量生活废水未经处理直接排入河流、池塘中。21世纪始，通过截污、清淤等综合治理，地下水总磷、总氮、化学需氧量指标超过Ⅳ类水体标准。

【生物资源】

植被　在中国植被区划中，南京位于常绿阔叶林带北部边缘，是常绿阔叶林向落叶阔叶林过渡地区，植被类型属常绿阔叶与落叶阔叶混交林类型。加上长期人类农业生产活动，南苑地区典型原生植被已不复存在，取而代之的是人工植被，多以人工栽培植被为主。绿化多在快速公路防护林，街巷道路、小区院落、公园广场等地。现有栽培植被主要为绿化型。

动物　南苑地区动物区系归属东洋界华中区的东部丘陵平原亚区，种类分布和具体数据不详。渔业资源主要分布在境内池塘，为人工养殖，多为青鱼、草鱼、鲢鱼，也有鲫鱼、鳊鱼、草虾、黄鳝等。鸟类多分布在公园、绿化带，主要为留鸟和候鸟。

第二章 人口与计划生育

南苑街道成立于2002年，由兴隆街道江东中路以东地段析出。街道成立之初，辖区内居民大多数为拆迁安置人员。2022年，街道下辖12个社区，居民总户数52167户，常住人口133789人，其中男71007人、女62782人。

是年，南苑街道计划生育领导小组和计划生育办公室（简称南苑街道计生办）成立后，按照国家计划生育工作要求，围绕晚婚晚育避孕节育、控制人口增长等方面工作，开展咨询、宣传、培训等服务，保障每个家庭依法实行计划生育。

2016年，实施二孩放开政策，计生办通过开展婚育新风进万家、创建幸福家庭等活动，弘扬和培育健康、文明、进步的新型婚育观念。旨在保障国家计划生育政策实施，促进人口长期均衡发展并提高群众生育健康水平。

第一节　人　口

【人口总数】

2002年初，兴隆街道江东中路以东地段设南苑街道。2010年11月1日，第六次全国人口普查，南苑街道居民总户数15948户，常住人口48178人。2020年11月1日，第七次全国人口普查，南苑街道居民总户数53159户，常住人口139185人。2022年，南苑街道居民总户数52167户，常住人口133789人。

南苑街道第六次至第七次全国人口普查及2022年人口统计表

表2-1

数据来源	户数（户）	人数（人）	其中	
			男（人）	女（人）
2010年11月第六次全国人口普查	15948	48178	23989	24189
2020年11月第七次全国人口普查	53159	139185	73871	65314
2022年12月派出所提供数据	52167	133789	71007	62782

【人口分布】

南苑街道12个社区人口分布，是在2010年、2020年2次人口普查统计数据中摘录。

南苑街道第六次、第七次全国人口普查各社区人口分布状况统计表

表2-2

社 区	2010年11月第六次全国人口普查		2020年11月第七次全国人口普查		备 注
	户数（户）	人数（人）	户数（户）	人数（人）	
兴达社区	2490	7521	5617	13809	
虹苑社区	1650	4986	4359	12093	
爱达社区	1158	3498	3402	9215	
健园社区	1305	3943	3811	9746	
话园社区	1564	4726	3881	9816	
吉庆社区	1570	4743	5809	16776	
国泰民安社区	1491	4504	5540	14079	
庐山社区	1381	4173	5275	13286	
鹭鸣苑社区	1128	3407	5394	12640	

续表2-2

社 区	2010年11月第六次全国人口普查		2020年11月第七次全国人口普查		备 注
	户数（户）	人数（人）	户数（户）	人数（人）	
怡康社区	1553	4691	2883	8139	
所街村/泰山路社区	393	1186	4406	11277	泰山路社区2016年12月成立
向阳村/黄山路社区	265	800	2782	8309	黄山路社区2016年12月成立

【人口密度】

南苑街道人口密度根据第六次、第七次的2次全国人口普查统计数据记载，2010年密度最高的是话园社区，23628.1人/平方千米，最低的是向阳村/黄山路社区，482.1人/平方千米。2020年密度最高的是话园社区，49080人/平方千米，最低的是向阳村/黄山路社区，5005.4人/平方千米。

南苑街道第六次、第七次全国人口普查各社区人口密度统计表

表2-3   单位：人/平方千米

社 区	面积（平方千米）	2010年11月第六次全国人口普查		2020年11月第七次全国人口普查	
		人口（人）	密度	人口（人）	密度
兴达社区	1.25	7521	6016.9	13809	11047.2
虹苑社区	0.4	4986	12464.7	12093	30232.5
爱达社区	0.28	3498	12493.3	9215	32910.7
健园社区	0.2	3943	19713.6	9746	48730
话园社区	0.2	4726	23628.1	9816	49080
吉庆社区	0.6	4743	7905.0	16776	27960
国泰民安社区	0.4	4504	11261.1	14079	35197.5

续表2-3

社　区	面积（平方千米）	2010年11月第六次全国人口普查		2020年11月第七次全国人口普查	
		人口（人）	密度	人口（人）	密度
庐山社区	0.5	4173	8345.2	13286	26572
鹭鸣苑社区	0.6	3407	5678.4	12640	21066.7
怡康社区	0.5	4691	9381.9	8139	16278
所街村/泰山路社区	0.45	1186	2636.2	11277	25060
向阳村/黄山路社区	1.66	800	482.1	8309	5005.4

【人口自然变动】

南苑街道人口自然变动是根据2010年、2020年的2次人口普查统计及2022年派出所提供的数据中摘录。

南苑街道第六次、第七次全国人口普查及2022年人口自然变动情况统计表

表2-4　　　　　　　　　　　　　　　　　　　　　　　单位：人

数据来源	出生人口				死亡人口				自然增长人口			
	合计	男	女	出生率（%）	合计	男	女	死亡率（%）	合计	男	女	自然增长率（%）
2010年11月第六次全国人口普查	488	255	233	0.1	165	96	69	0.03	113	159	164	0.02
2020年11月第七次全国人口普查	563	295	268	0.12	376	220	156	0.03	187	75	112	0.01
2022年12月南苑派出所提供数据	608	329	279	0.05	486	286	200	0.04	122	43	79	0.01

【人口性别结构】

南苑街道人口性别的确认是根据2010年、2020年的2次人口普查统计及2022年派出所提供的数据中摘录。

南苑街道第六次、第七次全国人口普查及2022年人口性别比统计表

表2-5

数据来源	总户数（户）	总人口（人）	男（人）	女（人）	性别比（女=100）
2010年11月第六次全国人口普查	15948	48178	23989	24189	0.99
2020年11月第七次全国人口普查	53159	139185	73871	65314	1.13
2022年12月南苑派出所提供数据	52167	133789	71007	62782	1.13

第二节 计划生育

【机构队伍】

2002年2月，南苑街道计划生育领导小组和计划生育办公室成立。南苑街道分管计生工作的领导任组长，社会事务科负责人任办公室主任，设专职计生干部 2人。是年底，各居（村）委会及辖区企事业单位分别成立计划生育协会，有会员2662人，有计划生育专职干部35人，负责处理日常工作。

2022年南苑街道、社区计划生育协会统计表

表2-6   单位：人

名称	负责人	会员	计生专干
南苑街道计生协会	谭秀来	120	2
国泰民安社区计生协会	何蓓	50	1
庐山社区计生协会	车卫玲	20	1
虹苑社区计生协会	郭翠华	40	1
鹭鸣苑社区计生协会	胡燕	40	1
爱达社区计生协会	张海燕	30	1
黄山路社区计生协会	许娟	30	1
兴达社区计生协会	李璇	40	1
话园社区计生协会	徐姗姗	40	1
吉庆社区计生协会	朱青	40	1
怡康社区计生协会	金小燕	40	1
泰山路社区计生协会	陈健华	30	1
健园社区计生协会	范璐	30	1
合　计		550	14

【计划生育工作】

2002年，南苑街道召开计划生育领导小组会议，组织学习人口与计划生育法律、法规和人口理论。定期听取计划生育情况汇报，对南苑街道计划生育工作进行分析，提出指导意见，帮助解决计生工作中难点问题。2003年，南苑街道成立计划生育人口学校、计划生育会员之家。以创建计划生育示范街道、示范社区活动为主线，贯彻落实《中华人民共和国人口与计划生育法》《计划生育技术服务管理条例》《江苏省人口与计划生育条例》，建立和完善"依法管理、居（村）民自治、优质服务、政策推进、综合治理"的人口与

计划生育管理机制。南苑街道计划生育率达100%,节育措施落实率达99%。流动人口管理服务率达80%以上,知识普及率达98%,知情选择率和随访服务率达 90%,群众满意率达95%以上。合格居（村）委会达标率100%。所街村"双月服务"普及率达100%,社区居民已婚妇女查透环率达95%。驻地单位、社区继续全面实施RTI综合防治工程,普查及防治率均达80%以上。2004年,南苑街道深化社区计生改革,优化计划生育优质服务,依托社区建设完善"属地管理、单位负责、居民自治、社区服务"的管理机制,完成南京市下达的人口与计划生育目标任务。计划生育率达 100%,节育措施落实率达99%,知识普及率达90%以上,知情选择率达90%以上,随访服务率95%以上。南苑街道党政"一把手"亲自抓、负总责,分管领导具体抓,做到责任到位、措施到位、投入到位,全年用于计生经费达3～4万元。每季度1次例会制度,重大问题主要负责人亲自过问。年初,南苑街道负责人与驻区江苏省、南京市属单位负责人签订人口与计划生育目标责任书,与社区居委会主任签订人口与计划生育双向服务协议书,年终严格考核。2005年,社区制定群众一致签字认可的计生居民自治章程,建立多数人参与管理和自我管理的新型社区计划生育工作模式。南苑街道坚持观念创新,将"人文关怀"作为新时期计划生育工作新理念,努力从源头上抓好计划生育工作。

2006年,学习贯彻《中华人民共和国人口与计划生育法》《江苏省人口与计划生育条例》《南京市人口与计划生育规定》,继续完善"依法管理、居（村）民自治、优质服务、政策推进、综合治理"的人口与计划生育管理机制。南苑街道计划生育率达100%,节育措施落实率达99%,流动人口管理服务率达85%以上。知识普及率达98%,知情选择率100%,随访服务率100%,优质服务率达90%,群众满意率达95%以上。南苑街道与社区人口与计划生育信息网络系统运行良好,信息准确率达90%。2007年,南苑街道落实和谐家园工程宣传造势行动,并在爱达社区打造人口文化学校。2008年,南苑街道在人口学校开展人口计生宣传教育,定期举办计划生育、生殖健康和家庭保健知识讲座。2009年,组织社区计生专干利用公共信息栏、宣传橱窗等形式,开展男、女生殖健康知识讲座、预防艾滋病、关爱计划生育弱势人群及落实计划生育政策等活动。上门对育龄妇女进行面对面宣传避孕节育、优生优育,宣传生男生女顺其自然及关爱女孩、尊敬老人、夫妻恩爱、善教子女、家庭和睦等知识,让群众生活和谐美好。2010年,全年开展计划生育大型广场咨询服务3场,咨询者达2000余人次。

2011年，"五二九"计生协会会员活动日、"九二五"全民健身日，南苑街道举办主题为"文化邻里、文明婚育"等广场宣传活动，多次被省市有关主流媒体报道。2012年，开展青春健康教育项目活动10余场，制作计划生育宣传板若干块，利用社区黑板报、宣传栏书写张贴有关人口与计划生育法律法规、生殖保健知识等。举办辖区单位和社区计划生育专（兼）职干部培训班，邀请南京市、建邺区计生部门负责人、专家为学员们授课。2013年，全年为计生专干举办以会代训业务培训和参观学习。2014年，在纪念中国计生协会成立34周年和全国计生协会第16个纪念日之际，做好实施"两孩"政策组织动员和宣传倡导工作。2015年，在中国计生协会成立35周年之际，南苑街道计生办依托辖区早教机构，针对0~3岁幼儿开展亲子活动和开设家长育儿培训课程，组织开展"优生、优育、优教"计生关怀关爱行动。是年，社区人员围绕"婚育新风进万家"主题，在各社区开展文艺会演、志愿服务、有奖问答等活动，增强广大群众实行计划生育自觉性。

2016年，开始加大实施放开二孩政策的宣传，一对夫妇可以生育两个孩子，并且产假享有和一胎同等待遇。是年，南苑街道在中国计生协会成立36周年之际，开展广场纪念宣传服务活动，在"九二五"全民健身日举办"服务生育关怀、创建幸福家庭"为主题的健康知识讲座。2017年，在"五一五"国际家庭日期间，南苑街道计生协会联合街道妇联举办纪念国际家庭日暨开展流动人口健康宣传，100余名小朋友在家长带领下参与此活动。以纪念"五二九"计生协会会员活动日为契机，在南苑街道广场举办宣传活动，表彰由各社区选出的家庭代表，并慰问流动人口困难家庭代表及计生特别扶助家庭。开展幸福家庭创建宣传和广场咨询，使得创建活动家喻户晓。全年举办人口知识健康讲座2次。其中，女性健康专题讲座1次，参与人数300余人，开展宣传活动2次，发放各类计生宣传资料3000份，解答群众咨询1000人次。2018年，南苑街道建立常住人口、流动人口育龄妇女的登记、造册和随访记录等管理档案及台账。为育龄妇女提供医疗卫生、避孕节育、生殖健康和常见妇女病等防治服务。2019年，南苑街道将计划生育目标纳入南苑街道全年工作目标，实行"一票否决制"。2020年，南苑街道和12个社区计生协会有会员550人，有计划生育专职干部14人。

2021年，南苑街道开展"婚育新风进万家"活动。利用召开计生专干例会时间及下社区开展工作同时，宣传各项计划生育政策，尤其对新型婚育观念进行重点宣传，大力弘扬和培育健康、文明、进步的新型婚育观念。完善二胎全程优质服务措施和方法。全面实行并不断完善出生实名登记、二胎全程优质服务制度以及做好出生二胎性别比监测工作。成立志愿者服务队，开展生育关怀、宣传教育、生殖健康咨询、优生优育指导、计划生育家庭帮扶、权益维护和流动人口服务等工作。计生办联合南苑社区卫生服务中心对女性进行"两癌"筛查工作，查体2000余人。2022年，南苑街道党工委、南苑街道办事处主要负责人把计生工作放在首位，听取计生工作汇报，研究部署人口计生工作。社区党委书记、计生专干，皆了解计生形式、计生政策、社区计生工作情况和工作关键，明确计生工作任务目标，并和辖区各单位签署"人口和计划生育目标责任书"。

第三章 中共南苑街道地方组织

南苑街道成立后，街道党工委带领地区广大人民群众，贯彻党的十五大、十六大、十七大、十八大、十九大、二十大会议精神，不断加强基层党组织建设，发挥党员模范带头作用。围绕思想建设，开展"三个代表"重要思想、科学发展观、社会主义核心价值观、"三严三实""两学一做"和"不忘初心、牢记使命"的学习、教育，开展创建文明城市活动，涌现出一批先进典型人物。围绕党风廉政建设与教育，按照《党的纪律处分条例》《八项规定》等文件的要求，建立健全监督体系，推动监督关口前移，遏制苗头性、倾向性问题发生。对少数违规违纪的党员干部轻则批评、教育，重则党纪、政纪处分，对个别违法者予以法律制裁。开展少数民族工作调查，摸清少数民族居民族别、分布及人口相关底数。健全基层宗教组织网络建设，发挥哨点作用，重要节点期间做好辖区内一日两巡工作。组织统战对象开展各类文化、慰问、参观和联欢等活动。

第一节 街道党工委与基层党组织

【街道党工委】

2002年1月16日，中共南京市建邺区委南苑街道工作委员会成立（简称南苑街道党工委），为中国共产党南京市建邺区委员会派出机构。至2022年，历任书记吴乐云、马欣、傅毅彬、陈瑛、邵绘春、曹明、陈琀、刘天鹏、郭震环。下辖12个社区党委、1个党总支，共104个党支部，共有党员4078名。其中女性1502名，大专以上学历2208名，35岁以下569名。

2002—2022年南苑街道党工委负责人更迭表

表3-1

姓　名	职　务	任职时间（年、月）	备　注
吴乐云	书　记	2002.01—2005.03	
马　欣	书　记	2005.03—2006.12	
傅毅彬	书　记	2006.12—2008.12	
陈　瑛	书　记	2008.12—2011.02	
邵绘春	书　记	2011.02—2011.11	
曹　明	书　记	2011.11—2014.01	
陈　琏	书　记	2014.01—2019.12	
刘天鹏	书　记	2019.12—2020.12	
郭震环	书　记	2020.12—	
张跃根	副书记	2002.01—2002.12	
马　欣	副书记	2002.12—2005.03	
傅毅彬	副书记	2002.01—2006.12	
张鉴冰	副书记	2005.03—2006.12	
邓力群	副书记	2006.12—2008.12	
严宝强	副书记	2006.12—2007.11	
李烽炜	副书记	2006.12—2010.06	
姜国忠	副书记	2007.11—2012.06	
施月华	副书记	2010.12—2012.02	
高　峰	副书记	2012.06—2013.04	
王宗培	副书记	2012.06—2017.03	
徐新斌	副书记	2013.04—2018.11	
陈怀健	副书记	2017.03—2020.04	
刘雪涛	副书记	2019.02—2019.12	

续表3-1

姓　名	职　务	任职时间（年、月）	备　注
陈　理	副书记	2019.12—2020.09	
郑　军	副书记	2020.10—2022.01	
周志林	副书记	2020.10—	
掌少波	副书记	2022.01—	

【基层党组织】

国泰民安社区党委　2002年1月19日前，国泰民康社区党支部隶属兴隆街道党工委，后区划调整划归南苑街道党工委。2004年5月，成立国泰民康社区党总支。2005年3月，更名为国泰民安社区党总支。5月，成立国泰民安社区党委。

2002—2022年南苑街道国泰民安社区党委（总支、支部）负责人更迭表

表3-2

机构名称	姓　名	职　务	任职时间（年、月）	备　注
国泰民康社区党支部	马亚奇	书　记	2000.06—2004.05	2002年1月19日前隶属兴隆街道党工委
国泰民康社区党总支	朱华福	书　记	2004.05—2005.03	
国泰民安社区党总支	朱华福	书　记	2005.03—2005.05	
国泰民安社区党委	朱华福	书　记	2005.05—2009.03	
	王文宁	书　记	2009.03—2014.07	
	谭秀来	书　记	2014.12—2016.09	
	吴顺彬	书　记	2016.09—2019.05	
	李　晶	书　记	2019.05—	

虹苑社区党委　2002年1月19日前，虹苑一社区党支部、虹苑二社区党支部隶属兴隆街道党工委，2002年建邺区划调整划归南苑街道党工委。2005

年5月，虹苑一、二社区党支部合并为虹苑社区党支部。2006年6月，成立虹苑社区党总支。2010年3月，成立虹苑社区党委。

2002—2022年南苑街道虹苑社区党委（总支、支部）负责人更迭表

表3-3

机构名称	姓 名	职 务	任职时间（年、月）	备 注
虹苑一社区党支部	曹 晖	书 记	2000.06—2000.10	2002年1月19日前隶属兴隆街道党工委
	罗仕俊	书 记	2000.10—2001.12	
	蔡欲茂	书 记	2001.12—2002.11	
	苏简玮	书 记	2002.11—2004.12	
	蔡来宏	书 记	2004.12—2005.05	
虹苑二社区党支部	蔡欲茂	书 记	2000.06—2001.12	2002年1月19日前隶属兴隆街道党工委
	蔡来宏	书 记	2001.12—2004.12	
	刘禄琴	书 记	2004.12—2005.05	
虹苑社区党支部	蔡来宏	书 记	2005.05—2006.06	
虹苑社区党总支	蔡来宏	书 记	2006.06—2010.03	
虹苑社区党委	虞 欣	书 记	2010.03—2012.03	
	欧阳军	书 记	2012.03—2013.04	
	滕衍福	书 记	2013.04—2016.09	
	郭翠华	书 记	2016.09—	

兴达社区党委 2002年1月19日前，兴达社区党支部隶属兴隆街道党工委，后区划调整划归南苑街道党工委。2005年6月，成立兴达社区党总支。2009年7月，成立兴达社区党委。

2002—2022年南苑街道兴达社区党委（总支、支部）负责人更迭表

表3-4

机构名称	姓　名	职　务	任职时间（年、月）	备　注
兴达社区党支部	蔡来宏	书　记	2000.07—2002.03	2002年1月19日前隶属兴隆街道党工委
	朱华福	书　记	2002.03—2004.04	
	刘丽华	书　记	2004.04—2005.06	
兴达社区党总支	刘丽华	书　记	2005.06—2009.07	
兴达社区党委	刘丽华	书　记	2009.07—2009.12	
	孙东亮	书　记	2009.12—2010.01	
	金　超	书　记	2010.01—2012.01	
	范慰民	书　记	2012.01—2012.03	
	王宗培	书　记	2012.03—2012.08	
	刘　璐	书　记	2012.08—2016.09	
	陈志云	书　记	2016.09—2019.04	
	范　璐	居委会主任	2019.04—2021.05	主持工作
	夏安雅	书　记	2021.05—2021.06	
	尹同财	书　记	2021.06—	

爱达社区党委　2002年1月19日前，爱达社区党支部隶属兴隆街道党工委，后区划调整划归南苑街道党工委。2006年9月，成立爱达社区党总支。2010年3月，成立爱达社区党委。

2002—2022年南苑街道爱达社区党委（总支、支部）负责人更迭表

表3-5

机构名称	姓　名	职　务	任职时间（年、月）	备　注
爱达社区党支部	苏简伟	书　记	2001.06—2002.06	2002年1月19日前隶属兴隆街道党工委
	汪清双	书　记	2002.06—2006.09	
爱达社区党总支	汪清双	书　记	2006.09—2010.03	
爱达社区党委	孙东亮	书　记	2010.03—2014.12	
	谢夏春	书　记	2014.12—2016.02	
	张海燕	副书记	2016.02—2016.09	主持工作
	张海燕	书　记	2016.09—	

健园社区党委　2002年9月12日，成立健园社区党支部。2005年，成立健园社区党总支。2008年12月，成立健园社区党委。

2002—2022年南苑街道健园社区党委（总支、支部）负责人更迭表

表3-6

机构名称	姓　名	职　务	任职时间（年、月）	备　注
健园社区党支部	罗仕俊	书　记	2002.09—2004.08	
健园社区党总支	周晓红	书　记	2004.08—2008.12	
健园社区党委	周晓红	书　记	2008.12—2013.07	
	高云霄	书　记	2013.07—2019.05	
	尹同财	书　记	2019.05—2020.10	
	王　伟	书　记	2020.10—2021.05	
	范　璐	书　记	2021.05—	

话园社区党委　2002年1月10日，成立话园社区党支部。2006年5月，成立话园社区党总支。2010年3月，成立话园社区党委。

2002—2022年南苑街道话园社区党委（总支、支部）负责人更迭表

表3-7

机构名称	姓　名	职　务	任职时间（年、月）	备　注
话园社区党支部	杨晓红	书　记	2002.01—2006.05	
话园社区党总支	马维珍	书　记	2006.05—2010.03	
话园社区党委	余德洲	书　记	2010.03—2012.04	
	谭秀来	书　记	2012.04—2013.03	
	钱　忠	书　记	2013.03—2016.09	
	李　晶	书　记	2016.09—2019.05	
	王仲浩	书　记	2019.05—2020.10	
	徐姗姗	书　记	2020.10—	

鹭鸣苑社区党委　2006年5月，成立鹭鸣苑社区党总支。2010年3月，成立鹭鸣苑社区党委。

2006—2022年南苑街道鹭鸣苑社区党委（总支）负责人更迭表

表3-8

机构名称	姓　名	职　务	任职时间（年、月）	备　注
鹭鸣苑社区党总支	黄　韦	书　记	2006.05—2009.06	
	蔡财蓉	书　记	2009.06—2010.03	
鹭鸣苑社区党委	唐　坤	书　记	2010.03—2011.11	
	蔡财蓉	书　记	2011.11—2012.04	
	余德洲	书　记	2012.04—2016.09	
	朱　涛	书　记	2016.09—2017.02	
	胡　燕	书　记	2017.12—	

吉庆社区党委　2003年7月14日，成立吉庆社区党支部。2006年5月，成立吉庆社区党总支。2010年3月，成立吉庆社区党委。

2003—2022年南苑街道吉庆社区党委（总支、支部）负责人更迭表

表3-9

机构名称	姓 名	职 务	任职时间（年、月）	备 注
吉庆社区党支部	许金玲	书 记	2003.07—2006.05	
吉庆社区党总支	常 青	书 记	2006.05—2010.03	
吉庆社区党委	吴顺彬	书 记	2010.03—2016.09	
	高 波	书 记	2016.09—2020.10	
	朱 青	副书记	2020.10—2021.02	主持工作
		书 记	2021.02—	

庐山社区党委　2005年7月，成立庐山社区党支部。2012年8月，成立庐山社区党总支。2017年12月，成立庐山社区党委。

2002—2022年南苑街道庐山社区党委（总支、支部）负责人更迭表

表3-10

机构名称	姓 名	职 务	任职时间（年、月）	备 注
庐山社区党支部	刘禄琴	书 记	2005.07—2006.08	
	丁素琴	书 记	2006.08—2008.03	
	胡 燕	书 记	2008.03—2010.03	
	赵国平	书 记	2010.03—2010.08	
	潘亚平	书 记	2010.08—2012.08	
庐山社区党总支	潘亚平	书 记	2012.08—2017.12	
庐山社区党委	车卫玲	书 记	2017.12—	

怡康社区党委　2007年11月，成立怡康社区党总支，2010年3月，成立怡康社区党委。

2007—2022年南苑街道怡康社区党委（总支）负责人更迭表

表3-11

机构名称	姓　名	职　务	任职时间（年、月）	备　注
怡康社区党总支	计　曾	书　记	2007.11—2009.04	
	郭翠华	书　记	2009.04—2010.03	
怡康社区党委	王宗培	书　记	2010.03—2012.04	
	龚明祥	书　记	2012.04—2012.08	
	陈志云	书　记	2012.08—2016.09	
	夏安雅	书　记	2016.09—2021.05	
	王　伟	书　记	2021.05—	

泰山路社区党委　2016年12月，成立泰山路社区党委。

2016—2022年南苑街道泰山路社区党委负责人更迭表

表3-12

机构名称	姓　名	职　务	任职时间（年、月）	备　注
泰山路社区党委	常　青	书　记	2016.12—2017.12	
	陈健华	书　记	2017.12—	

黄山路社区党委　2016年12月，成立黄山路社区党委。

2016—2022年南苑街道黄山路社区党委负责人更迭表

表3-13

机构名称	姓　名	职　务	任职时间（年、月）	备　注
黄山路社区党委	车卫玲	书　记	2016.12—2017.12	
	陶　荣	书　记	2017.12—	

2022年南苑街道直属基层党组织一览表

表3-14

名　称	姓　名	职　务	党员数（名）	支部数（个）	备　注
国泰民安社区党委	李　晶	书　记	451	13	
虹苑社区党委	郭翠华	书　记	278	8	
兴达社区党委	尹同财	书　记	337	9	
爱达社区党委	张海燕	书　记	351	8	
健园社区党委	范　璐	书　记	293	7	
话园社区党委	徐姗姗	书　记	337	7	
鹭鸣苑社区党委	胡　燕	书　记	419	10	
吉庆社区党委	朱　青	书　记	434	10	
庐山社区党委	车卫玲	书　记	262	10	
怡康社区党委	王　伟	书　记	227	3	
泰山路社区党委	陈健华	书　记	219	4	
黄山路社区党委	陶　荣	书　记	196	6	
街道机关党总支	周志林	书　记	165	6	
星美医疗美容医院有限公司党支部	陈剑锋	书　记	6	1	
泛华建设集团有限公司南京设计分公司党支部	王　燕	书　记	94	1	
南苑街道社会组织联合党支部	任莎莎	书　记	9	1	

第二节　组织建设

【党员发展】

2002—2022年，南苑街道党工委共发展党员230名。其中，2002年，发展党员3名；2003年，发展党员7名；2004年，发展党员6名；2005年，发展党员8名；2006年，发展党员7名；2007年，发展党员9名；2008年，发展党员9名；2009年，发展党员9名；2010年，发展党员10名；2011年，发展党员16名；2012年，发展党员17名；2013年，发展党员14名；2014年，发展党员13名；2015年，发展党员11名；2016年，发展党员12名；2017年，发展党员11名；2018年，发展党员14名；2019年，发展党员13名；2020年，发展党员11名；2021年，发展党员23名；2022年，发展党员7名。

【基层党建与党员管理】

2002年，建立南苑党建网页，制作《奋进中的南苑》电教片，成立南苑地区党建工作联席会。开展"共产党员挂牌""楼幢共产党员服务组""共产党员户挂牌"等活动。是年，所街村流动人口民兵连获南京军区民兵工作"三落实"（组织落实、政治落实、军事落实）先进单位称号。2003年，为适应建邺河西新区社区建设，组织召开"惠民工程"（即帮民、安民、便民、育民、乐民的"五民工程"）、"基石工程"（即非公有经济组织的建党率达100%）和"双带工程"（党员带头致富，并带领群众致富）三大工程现场会。建立党建联席分会，召开党建联席分会、党建信息、党员电化教育、社区论坛等6次现场会。开展"共产党员先锋楼"挂牌，实现一人带一户、一户带一楼参与社区服务的模式。2004年，街道党工委为400余个"共产党员户"逐户挂牌，组织500余名党员"看河西看南京"，鼓励党员带头拆迁、捐款帮扶，开展地区先进党组织表彰、党建网上展评活动。国泰民康社区、兴达社区、爱达社区3个社区党支部创建为建邺区星级示范社区党组织。2005年，街道党工委以先进性教育为主要内容，精心组织实施，做到"规定动作"不走过场、不流于形式，"自选动作"有特色、有成效。建立长效机制，解决办理基层单位和居民提出的144件意见和建议，把先进性教育的成效落到实处。同时，还在党员中开展"我为党旗添光彩，我为十运做奉献""向建党84周年献礼""党员看河西"等活动。

2006年，南苑街道党工委在全体党员中开展"永葆先进性、争当六大员""遵守党章、执政为民"等主题教育活动。加强和完善"党建网站"建设，抓好党员电教片收看制度落实，南苑街道制作的电教片在建邺区党员电教片观摩推进会上获得二等奖。南苑街道成立党员服务中心，社区成立党员服务站，将以往设立的"党员志愿者服务队"等5个组织进行整合，成立各类服务组织36个。开展政策法规"宣传员"、花草树木"养护员"、治安防范"协管员"、关心下一代"辅导员"、邻里纠纷"调解员"、社区建设"信息员"活动。是年，流动人口党支部书记乔志田被评为"南京市劳动模范"，有1名党员因赌博受到党内警告处分。2007年，南苑街道党工委在党员中开展党的十七大学习，请专家教授开设辅导讲座3次，帮助党员理解党的十七大理论、政策等。针对社区党员不同层次、不同文化程度的实际，采取助学、送学、集中学等多种形式，加强对党员教育。注重对党员分类管理，抓好"三会一课"、党员电教片收看制度落实。2008年，南苑街道党工委建立健全党员先进性教育长效机制，落实党工委书记专题党课制度，开展党员主题教育实践活动和"创优争先"活动，指导社区、村对下岗失业党员、流动党员、农村党员进行分层次教育。建立由党校教师、专家学者、先进模范人物和领导干部等组成党员教育师资队伍。建立党员承诺制、无职党员设岗定责、党员责任区等机制。组织党员向汶川地震灾区缴纳"特殊党费"18.4万元。2009年，南苑街道党工委围绕"基层党建示范点"创建，开展"党旗在社区高高飘扬"活动。制定出台《南苑街道社区困难党员关爱机制实施意见》，做到党员有思想问题、生病住院、生活困难、意外灾害、长假归来、临终送别"六必访"。落实党风廉政建设责任制和党员干部廉政教育。2010年，出台《关于进一步加强社区党建工作的暂行规定》《社区党委议事决策工作流程》《社情民意收集和处理工作流程》《社区重大突发性事件处理工作流程》等规章制度，为社区规范性开展工作提供依据。年底"三报告一评议"南苑街道10个社区居民参与率平均达90.4%，对社区全面建设满意率平均达96.7%。各社区承诺10件实事都得到解决。怡康社区党委公开承诺相关做法先后被《新华日报》等媒体及南京市、建邺区《创先争优活动简报》刊载。围绕"惠民工程"建设，建立帮扶党员关爱机制和关爱基金。各社区建有30～50人党员信息员队伍，南苑街道建有由63名党员组成志愿者队伍。

2011年，推行党建工作"六化"，即组织设置区域化、服务活动品牌化、工作方法信息化、工作决策民主化、工作运行制度化、基础建设标准化。开展创先争优活动，把公开承诺、领导点评、群众评议等创先争优活动落到实处，其间，南苑街道493名在职党员、839名离退休党员参加公开承诺。试行将区域内6家非公企业党组织并入社区党委。结合建党90周年开展"党员社区展风采、立足岗位作奉献"为主题的系列活动，以红歌比赛、社区管理体制改革成果展、表彰先进等形式，选树周晓红、施兴凤、孟庆福等一批先进典型。打造国泰民安社区、兴达社区2个在江苏省乃至全国都有影响的特色社区。根据区委《关于中国共产党南京市建邺区第十次代表大会代表选举工作的通知》要求，南苑街道共设置6个选区，并于7月召开党员大会，以无记名投票方式，选举产生南苑街道出席中国共产党南京市建邺区第十次代表大会代表16名。南苑街道对所属930家非公企业进行调查摸底，已建立党组织的55家，有党员却没有建立党组织的8家，没有党员的276家，591家企业已迁出。同时，帮助1家社会组织、2家社区非公企业成立党支部。开展社区"三报告一评议"，群众参与率为100%，满意率为96%以上。2012年，围绕"三争一创"，打造"宜居幸福圈"，开展"走千户、访万人"活动，做好为老、为少、为困、为残等特殊群体的服务工作，退休党员刘礼友为社区老人免费做拐杖的事迹被区推广。是年，社区党建实行属地化管理，区域原有6家非公企业党组织并入社区党委。成立3家非公企业党支部、2家社会组织党支部和11家社区非公企业综合党支部。2013年，南苑街道党工委围绕"亚青青奥先锋行动"主题活动，在全体党员中组织开展"七个一"活动，即1次为"亚青尽责尽力、当好东道主"、1次"亚青青奥先锋行动"座谈会、1堂以"党员荣誉我维护、党员权利我珍视"的专题党课、1次履诺践诺行动、1次党代表社区行活动、1次先进典型表彰、1次党史宣传教育，兴达社区开展活动情况被《南京日报》刊载。组织南苑街道党代表到爱达社区走访视察，并撰写提案建议10余条。南苑街道党工委组织人员对区域内非公企业、事业单位和社区等党组织进行调查了解，确定南京艾森精细化工有限公司等5家党组织负责人为南苑街道党工委兼职委员，构建以南苑街道党工委为核心、辖区各单位党组织共同参与的城市基层区域化党建工作新格局。2014年，按照"照镜子、正衣冠、洗洗澡、治治病"要求，南苑街道9个社区党委、6个党总支、92个二级支部和2306名党员参加教育实践活动。开展"我是谁、为了谁、依靠谁"和"大干一百天，环境大扫除"专题讨论会6次，座谈交流会36次。组织开展"学习先进缅怀先辈"影片展播和"凭吊革命先烈、重温入党誓词"活动。共收集、梳理在"四风"方面存在的突出问题30条，南苑街道主要负责人到社区64人次，其他班子成员到社区220人次，征求居民群众意见57条，党员干部到社区980人次，办理实事120余件，帮助破解"难事""积案"26件。开展谈心活动，班子成员共开展谈心谈话189人次，其中主要负责人谈心谈话68人次，其他班子成员谈心谈话121人次。集中查摆出南苑街道领导班子在"四风"上存在的14个方面问题，共160余条，并针对存在问题进行原因剖析，制定14项整改措施。是年8月，来自江苏省、南京市、建邺区机关及企事业单位1120名在职党员到社区报到，为社区群众办实事、解难题20余项。其间，江苏省委组织部与怡康社区结成结对小组。2015年，围绕"三严三实"专题教育，深入排查问题。南苑街道党工委制定印发《南苑街道基层党建工作创新项目奖实施意见》《关于开展"党旗在心中、服务在手中、实干惠民生、宜居在南苑"主题实践活动实施方案》。组织1120名机关党员进社区认岗服务，每名党员认领一个以上岗位，为社区居民在教育、医疗、就业等方面开展服务，参加社区活动60余次，解决困难40余项。鹭鸣苑社区"四园一心"工作站、国泰民安社区"四个中心，四用服务"、兴达社区"七彩兴达党员志愿服务中心"等党建创新项目初显成效。引入"互联网+"理念，探索"互联网+基层党建"的新模式，以互联网为平台，整合南苑街道各类资源，将基层党建工作、民生服务工作与互联网相融合，打造党建服务的新模式。平台共设社区服务、社区活动、创业就业、知识更新、党建创新、党风廉政、乐享南苑、党员志愿者、积分有礼9大板块。

2016年，围绕"两学一做"学习教育制定实施方案，提出"十带头、十不要"行为规范，南苑街道班子成员执行双重组织生活制度，以普通党员身份带头参加学习教育。在"学"的方面，提出"七个一"的要求：上好一堂党课、组织一次理论辅导、开展一次典型教育、研读一些学习篇目、撰写一份党性分析、组织一次学习交流、解决一些具体问题。在"做"的方面，对照"四讲四有"党员标准，开展党员岗位之星评比活动，要求在职党员立足本职、爱岗敬业、创先争优，争做合格党员、优秀党员。2017年，南苑街道党工委开拓"互联网+基层党建"新路径，建立"南苑家园"党建智慧平台，实现基层党建工作向网上拓展延伸，平台已汇集不同领域党员和志愿者，粉丝量达1万余人，实现与居民群众的零距离互动。在建邺区委"'五微'服务"数字党建平台推出后，南苑街道党工委组织辖区党员上门入户宣传、现场扫描二维码、微信朋友圈传播，初步形成"工作在单位、服务在社区、奉献双岗位"的党员服务机制。至年底，平台累计发放微心愿927条，党员群众自愿认领微心愿并提供微服务927条，自愿认领服务100%。解决群众反映强烈问题28件，建立民情台账1000余份。2018年，对标旗帜鲜明讲政治的要求，精准落实"三会一课"、统一活动日、远教固定学习日等制度，练好党建"内功"。不定期举办社区书记论坛，举办入党积极分子培训班、"党的建设对标找差"培训班、"解放思想、对标找差"党员骨干培训班等多形式、分层次、全覆盖的学习，通过选树区级党员教育实境课堂、区级党支部书记工作室、"新时代先锋"先进基层党组织、"新时代先锋"优秀共产党员，实现以强带弱、以点带面的"头雁"效应。2019年，推进"不忘初心、牢记使命"主题教育，由班子成员、专家学者宣讲新思想，开展集中学习和交流研讨；按照"领导牵头、组团走访、上下联动，层层跟进"原则，制订调研计划，深入社区、居民小区、企事业单位、社会组织中，针对党的建设、民生服务、行政效能、社会治理、生态环保等重点内容开展调研活动；围绕"办事难不难，服务优不优，作风实不实"征询意见建议，问计问需于民。按照"老问题主动整改、新问题立行立改、难问题专项整改"原则，狠抓问题整改，以有效整改和务实作风提升主题教育实效。组织党员干部学习辖区内刘洪琴、张志多、冯明等先进榜样事迹，发挥身边先进典型引领作用。2020年，推选3名社区党委书记为区级优秀社区党委书记，推选52名党员为区、南苑街道两级优秀共产党员，强化先锋模范引领力。泰山路社区金隅紫京府创建为江苏省级红色物业示范点。在国泰民安社区试点，探索党建引领下国有物业服务机制建设。

2021年，学习贯彻习近平总书记关于党史学习教育的重要论述重要指示和党史学习教育总结会议精神，在党员中普及"熟悉目录、通读全文、重点感悟、注重实践""四步学习法"，学好习近平《论中国共产党历史》《毛泽东、邓小平、江泽民、胡锦涛关于中国共产党历史论述摘编》《习近平新时代中国特色社会主义思想学习问答》《中国共产党简史》4本书。2022年，举办"红治苑"党建品牌矩阵发布会，制定"红治苑"3年行动方案，明确3个系列10个方面33个项目。重新选聘河西管委会、江苏省第二中医院、南京卷烟厂等6家党组织为南苑街道"大工委"成员单位，召开区域化党建联席会，在新冠疫情防控、文明创建、服务经济等方面"同城共筑"。以辖区4家社会组织为基础，成立南苑街道社会组织联合党支部，破解组织覆盖不够全面、作用发挥不够充分等难题。延伸拓展庐山社区"红色伙伴"党建联盟，打造楼宇联合党支部，建立楼宇企业信息平台和"楼事楼议"规则，实现楼宇信息共享、阵地共享、文化共享、服务共享。在解决社区治理中"急难愁盼"等具体问题，经遴选确定"1+5"重点项目，定期调度，全力推进，南苑街道"微网格"项目被评选为市级重点项目。

第三节　思想建设

【中心组学习】

2002年，南苑街道党工委成立后，建立中心组理论学习制度。做到学习有计划，学前有准备、发言有记录、学习有笔记。并以学习《中共中央关于加强和改进党的作风建设的决定》为主要内容。全年共学习12次，交流研讨6次。2003年，组织中心组成员学习"三个代表"、党的十六届三中全会精神、新党章及郑培民和李元龙先进事迹等。通过学习交流，大家表示学以致用，多为群众办实事。2004年，组织学习科学发展观、党的十六届四中全会精神、《中共中央关于完善社会主义市场经济体制若干问题的决定》等内容。采取个人学和集中学相结合的方式，撰写学习笔记，真正将理论知识入脑入心。2005年，南苑街道党工委坚持中心组学习制度，并以学习贯彻科学发展观及江苏省、南京市、建邺区各级会议精神为主线，提升班子成员执政能力和领导水平。

2006年，南苑街道党工委组织中心组成员学习《中共中央关于国民经济和社会发展第十一个五年规划的建议》、党的十六届六中全会有关文件、胡锦涛在庆祝中国共产党成立85周年暨保持共产党员先进性教育大会上的讲话、《科学发展观学习读本》等，并开展研讨和交流。全年撰写研讨文章27篇，交流笔记30余篇。2007年，学习《中共中央关于构建社会主义和谐社会若干重大问题的决定》《十六大以来重要文献选编（中）》等。组织开展"四个一"创建学习型机关活动：制订一个学习计划、精读一本理论书籍、参加一次学习培训、提高一项业务技能，以提高政治素养，锤炼业务能力。2008年，学习贯彻党的十七大精神及《中共中央纪委关于严格禁止利用职务上的便利谋取不正当利益的若干规定》等文件精神。组织中心组成员开展研讨和交流，全年撰写研讨文章20余篇，交流笔记30余篇。2009年，结合学习实践科学发展观，完成12个社区换届和公推直选、4名大学生社工进社区、党员队伍建设等情况调研。2010年，重点学习党的十七届四中全会精神和区委《关于贯彻落实〈中共中央关于加强和改进新形势下党的建设若干重大问题的决定〉的实施意见》。在年度"调研月"活动中对学习实践科学发展观活动进行系统总结，梳理提炼特色经验。

2011年，围绕科学发展观和党的十七届五中、六中全会精神，先后学习《政府执行力》《创业的国度》《中国震撼》等辅导资料。开展解放思想大讨论和大调研活动，全年7次集中时间到科室、社区、驻区企业进行工作调研。2012年，学习党的十八大精神，坚持个人自学与集体学习相结合。结合干部"双提升"，参加区组织的"周末大讲堂"学习和"幸福都市建设、宜居幸福建设"专题讲座。2013年，学习习近平一系列重要讲话精神，制定党工委中心组学习意见，丰富学习内容，并参加区委组织的"弘扬优秀传统文化，建设社会主义文化强国""全面提高党的建设科学化水平""全面建设小康社会的政治宣言与行动纲领"等讲座。2014年，组织学习党的先进性和纯洁性，开展以"为民务实清廉"为主要内容的党的群众路线教育实践活动，坚持领导干部下基层，坚持实践党的群众路线，坚持开展批评与自我批评，着力整治形式主义、官僚主义、享乐主义、奢靡之风问题，使广大党员普遍受到一次马克思主义群众观点和党的群众路线教育，使党在群众心中的威信和形象进一步树立，党心民心进一步凝聚，形成推动改革发展的强大正能量。2015年，南苑街道中心组部分成员参加建邺区委举办的党工委成员培训班，聆听南京市委书记黄莉新"三严三实"专题党课，参观梅园新村，聆听践行"三严三实"推进作风建设的讲座。全年组织学习15次。

2016年，围绕建邺区委、区政府"改革攻坚年、党建深化年"的主题，开展"两学一做"学习教育，制定《南苑街道"两学一做"学习教育实施方案》和党员干部学习计划，下发各类教育读本书籍资料约万份，编印学习教育记录本2000册，每月邀请江苏省委、南京市委党校专家教授组织集中学习辅导。全年以党支部为单位，安排班子成员参加所在支部讨论和上党课120余场。2017年，开展党建述职评议考核，落实双向述职评议。制定中心组学习计划，确保计划和"两学一做"目标同向，领导干部以普通党员身份参加双重组织生活，坚持行政工作、党建工作同布置、同安排、同督导，带头到联系点参加主题党日活动、讲党课，带头遵守学习教育各项要求，带头做好表率，推进"两学一做"学习教育常态化、制度化。坚持精确拓展，推动"互联网+党建"。2018年，学习贯彻习近平新时代中国特色社会主义思想及党的十九大精神，聚焦"对标奋进年"工作主题，开展"不忘初心、牢记使命"主题教育。2019年，学习《中国共产党重大事项请示报告条例》、中共中央总书记习近平在中共中央政治局第十三次集体学习时的重要讲话精神、南京市委十四届七中全会精神、市政法委书记徐锦辉在全市扫黑除恶专项斗争视频培训会上的讲话精神和《中央和省委关于全面深化改革有关会议学习材料》等内容，全年南苑街道中心组共开展23次学习。2020年，围绕学习贯彻中共中央总书记习近平重要讲话精神，南苑街道中心组领学23次，开展集中学习研讨6次。

2021年，南苑街道中心组领学16次，主要负责同志围绕学习贯彻中共中央总书记习近平重要讲话精神、党的十九届六中全会精神等主题，开展研讨交流，领悟"两个确立"的决定性意义，做到学懂弄通做实。2022年，南苑街道中心组领学16次，围绕党的二十大精神、中共中央总书记习近平关于加强和改进人民信访工作的重要思想、安全生产工作及在省部级主要领导干部专题研讨班上的重要讲话精神等开展专题交流研讨，学以致用，将学习成果转化为推动工作的动力。

【宣传学习活动】

2002年，全年举办党员政治理论教育培训班5期，各种业务知识教育培训班7期，组织党务干部开展"学政治理论、学业务知识、学现代技能、创优质服务"的主题活动，做到"四个一"，即联系实际写一篇较有质量的研讨文章；研读一本党建业务书籍；学习一项现代办公技能；在优质服务上创一项特色。2003年，南苑街道组队参加建邺区组织的党的十六大报告《全面建设小康社会，开创中国特色社会主义事业新局面》和新党章为主要内容的知识竞赛。2004年，南苑街道党工委重点组织党员学习党的十六届三中、四中全会精神、《"三个代表"重要思想学习纲要》《中华人民共和国税法》《中华人民共和国行政许可法》等内容的学习，开展以"建文明新城区，做文明建邺人""七一颂党"为主题的纪念建党83周年和迎接建邺区党代会系列活动，举办各类政治理论辅导和业务知识培训5期，鼓励南苑街道10余名党员干部进行研究生、本科、大专在职学历学习。完成公车改革和驾驶员分流工作，制定车改后新的规章制度。2005年，南苑街道重点开展以先进性教育为主要内容的各项教育，在教育中，精心组织实施，做到"规定动作"不走过场、不流于形式，"自选动作"有特色、有成效。建立一系列长效机制，解决办理基层单位和居民提出的144件意见和建议，实现"两手抓、两不误、双推进"的工作目标。召开"创建文明南苑街道工作现场会"和"社区论坛工作推进会"，南苑街道三个文明建设情况被中央及江苏省、南京市媒体报道260余篇次，并获得南京市"文明街道"和"建设新南京先进单位"称号。

2006年，在建邺区第五届"学习节"活动期间，南苑街道广大党员干部参加由建邺区委宣传部组织的南京市委讲师团成员、南京市委党校教授陈俊杰作的专题辅导报告。2007年，在建邺区第五届"学习节"活动期间，南苑街道社区通过挂横幅、贴标语等形式在辖区居民中广泛宣传，同时，向社区居民发放"掀起读书热潮，让学习改变自己"倡议书，在各社区宣传栏开辟专版，鼓励居民分享自己的读书感悟。2008年，南苑街道开展庆祝改革开放30周年、解放思想大讨论、"学浙江、见行动"、奥运主题宣传等活动，形成系列化、层次化、规模化的宣传氛围。围绕"抗震救灾"发动机关干部、辖区居民踊跃捐款，帮助灾区共渡难关。2009年，组织副处级以上领导干部参加建邺区组织上海社会科学院院长助理屠启宇教授作题为"思考后危机时代城市转型与发展"的讲座。开展南京市公共文明指数测评工作，在南京市评比中取得较好成绩。2010年，开展领导班子深入学习实践科学发展观活动，制定《南苑街道领导班子深入学习实践科学发展观活动整改落实方案》，在活动过程中注重与具体工作相结合，学以致用，提升南苑街道党员干部理论修养和思想境界。

2011年，以学习党的十七届五中全会精神为重点，组织专家学者和党员干部，开展党的十七届五中全会和"十二五"规划巡回宣讲，结合创先争优活动，开展多层次、多形式党员群众学习教育实践活动。在深化学习型街道、社区中，依托各类学习型组织开展创建活动，形成具有新城特色的地域文化。围绕《2009年—2011年建邺区深化"文明新城"创建行动计划》，科学运用城市模块化管理成果，推进创建长效化，实现创建常态化，全面提升创建水平。做好全国文明城市复查和全市公共文明指数测评考核迎查工作，提高迎查工作执行力，落实问责机制，在全国文明城市复查中不丢分。针对不同人群，大力开展主题突出、特色鲜明的教育实践活动，全力提升市民素质和城市文明程度。以"迎接青奥会、建设新城区"为中心，紧抓"青奥会、亚青会"契机，开展"迎青奥、办亚青、讲文明、树新风"活动和奥林匹克精神教育。2012年，在党的十八大会议召开前，南苑街道和各社区制作20条横幅，悬挂在主次干道和辖区小区内。制定专题学习计划，分发到全体职工手中，南苑街道举办"双提升"培训班，举办亚太区域安全形势专题报告会、组织到外省市参观学习，全年集中学习交流8次。国泰民安社区组织党员学习党的十八大精神，邀请南京政治学院老师专题解读党的十八大报告，《南京日报》予以刊登报道。围绕全国文明指数测评工作，及时调整南苑街道文明指数测评工作领导小组，印发1万余份《致社区居民的一封信》，依托社区宣传栏、公示栏、社区网及召开居民代表大会等多种形式，加大宣传文明创建的力度。2013年，南苑街道党工委在学习党的十八大报告的同时，组织各社区、村党员、群众参加报告会，并结合"宜居幸福圈"服务配套设施建设：新建虹苑社区、健园社区、怡康社区、鹭鸣苑社区4分钟体育健身圈；新建吉庆社区健身休闲广场；建成有特色的吉庆社区雨花石科普馆；建成爱达社区廉政文化、"二十四孝图"、迎青奥亚青运动剪影文化长廊及300平方米市民休闲广场，为居民休息和娱乐提供便利。10个社区均成立"学雷锋志愿服务工作站"，并挂牌上墙。以空巢老人、留守儿童、残疾人、外来务工人员等为重点，以"迎青奥、迎亚青"和"三关爱（关爱他人、关爱社会、关爱自然）"为主题，开展50余次志愿服务活动，学习累计13场次。围绕全国文明指数复查，制定《南苑街道文明创建长效管理方案》，制作《中国梦》宣传栏展牌和《遵德守礼》提示牌等，向居民宣传争先创优意义所在。2014年，围绕贯彻落实党的十八届三中全会和全国、江苏省、南京市宣传思想工作会议精神，各社区、公司组织党员集中学习2次。组织青少年、老年居民参加第十届全民学习周培训，达标率为70%。话园社区和辖区学校联合开放"乐学堂"，引导广大居民群众参与读书活动。加强"学雷锋志愿服务工作站""城市志愿服务站"建设，开展各类志愿服务活动；落实《建邺区未成年人思想道德建设五年提升行动计划（2013—2015年）》，开展"做一个有道德的人""日行一善、月习一德"等主题实践活动；加强校外辅导站建设，开展80余次青少年暑期主题教育活动；加强"五老"志愿者队伍建设，开展"七彩的夏日""缤纷的冬日"寒暑假系列活动；将文明指数测评指标纳入南苑街道绩效考核，结合"大干一百天""再干两百天、环境再提升"等重点工作抓好文明创建长效管理措施的落实，促进文明创建工作由迎查型向常态化转型，全面提升辖区创建工作水平。是年，胡明保被评为建邺区第二届道德模范。2015年，南苑街道用统一制作的宣传展板，整齐划一的小区路灯道旗，院落外墙面壁画，群众喜闻乐见的诗词歌赋及10场次文明礼仪巡回讲座等形式宣传社会主义核心价值观，使广大人民群众在享受文化生活的同时，增强对党的热爱。南苑街道联合中国新闻网开展8场次"公益进社区"活动，参与居民达3000余人。话园社区红色展览馆和吉庆社区雨花石科普馆，免费向社区党员、居民和青少年开放。鹭鸣苑社区"情系百姓，实干惠民——社区网格服务"的公益漫画获建邺区墙景绘画公益广告二等奖。借助南苑街道网页、"建邺播报"微信、各社区善行义举榜大力宣传身边好人好事。是年，南苑街道对辖区10年来的先进典型进行统计，累计上报1777人。

2016年，结合"两学一做"学习教育，组织开展"党旗在心中、服务在手中、实干惠民生、宜居在南苑"主题活动，开展"在职党员进社区认岗服务、社区党员履职服务、小区居民党员志愿服务"。是年，1200余名建邺区以上机关党员进社区，并根据自己的特长、爱好等在社区认领岗位下沉到自己的网格开展服务。各社区党委成立以离退休党员为主体的各类志愿者队伍3500余人，围绕广大群众需求，开展志愿服务。2017年，开展多形式、分层次、全覆盖的学习宣传教育活动，多次召开南苑街道党工委会、中心组学习会，专题传达学习中国共产党第十九次全国代表大会精神。科学谋划，落实好"两学一做"常态化、制度化。2018年，举办社区党委书记论坛、入党积极分子培训班、"解放思想、对标找差"党员骨干培训班等学习培训活动，南苑街道党工委先后组织单位负责人、科室负责人和社区党委书记赴上海杨浦区、深圳福田区、杭州江干区和北京海淀区等街道观摩学习。同时还督促各社区自设标杆，到南京市栖霞区、江宁区街道对标社区找差距。2019年，推进"不忘初心、牢记使命"主题教育，通过南苑街道党工委集中学习和交流研讨，并将心得体会讲给职工听。组织党员职工学习南苑街道辖区刘洪琴、张志多、冯明等先进人物的初心故事。2020年，用好"学习强国"平台，活跃度保持在80%以上，结合党员冬训等学习教育活动，线上线下理论宣讲15场。运用各类载体加强宣传报道，全年市级以上媒体用稿184篇，其中6篇被"学习强国"平台录用。

2021年，依托新时代文明实践所和12个社区文明实践站开展活动，对经济发展、民生改善、新冠疫情防控等宣传报道，全年市以上媒体用稿60篇，其中6篇被"学习强国"平台录用。学习贯彻中共中央总书记习近平关于党史学习教育重要论述、重要指示和党史学习教育总结会议精神，在党员中普及"熟悉目录、通读全文、重点感悟、注重实践""四步学习法"学好4本书（习近平《论中国共产党历史》《毛泽东邓小平江泽民胡锦涛关于中国共产党历史论述摘编》《习近平新时代中国特色社会主义思想学习问答》《中国共产党简史》）。2022年，南苑街道党工委以习近平新时代中国特色社会主义思想为指导，以学习贯彻党的二十大精神为主线，结合党史学习教育，为南苑街道

3600余名党员购买《中国共产党简史》，以及习近平新时代中国特色社会主义思想相关书籍。依托新时代文明实践所和12个社区文明实践站开展各类活动，不断丰富辖区居民精神文化生活，真正让文化惠及更多居民。全年在市级以上媒体报道300余篇，其中8篇被"学习强国"平台录用。

第四节　人才工作

【机构】

2012年8月南苑街道党政办公室挂人才工作科牌子，科长由南苑街道办事处副主任刘璐兼任。2013年4月南苑街道人才工作科成立，科长陈志云，至2022年底未变。有工作人员3人，专门负责信息收集汇总及对南苑街道人才信息库动态更新。2020年6月南苑街道人才工作科并入南苑街道发展服务部，有工作人员1人。

【人才工作成果】

2013年，南苑街道建立南苑街道人才信息库及报送机制。南苑街道人才办与南京航空航天大学对接人才引进工作，邀请高校人才考察南苑街道环境和各功能园区，构建中介信息互通机制。按照规模以上非公有制企业地域分布，明确采集范围，主动走访企业，扩大人才信息覆盖面。2014年，南苑街道采用全员引才方式，赴北京、广州、苏州、深圳组织6场人才推介会，参加建邺区人才办在武汉、北京等组织的人才见面会。全年挖掘人才信息132人，网上登记提交91人，通过南京市"321"人才计划资格认定76人，其中3人落地，有获得诺贝尔医学奖1人（吕克·孟达尼）、国家"千人计划"1人（张劲松）、江苏省"双创"计划1人（廖秀高）。2015年，南苑街道修订完善《南苑街道人才引进考核方案》，完成年度人才引进任务。全年搜集上报133条人才信息，其中通过资格评审126条。

2016年，通过资格审查完成网上人才申报信息21条，其中区级人才项目2个。2017年，通过资格审查完成网上人才申报信息32条，其中区级人才项目3个、南京市级2个。2018年，通过资格审查完成网上人才申报信息22条，其中区级人才项目7个、南京市级1个。2019年，通过自主和中介引进人才项目27个，全部完成网上申报。2020年，开展5场小分队引才活动，15条人才信息通过网上资格审查，4人参加南京市级综合评审。

2021年，高科技人才项目南京市级入选2个、区级入选8个。拓展引才渠道，寻找和收集人才信息，做好人才跟踪服务，完成通过资格审查人才信息19条。2022年，完成紫金山人才储备，储备人才项目11个（均已注册公司），其中8家公司是新申报项目，3家公司为2020年人才项目。11个人才项目主申报人均为硕士研究生及以上学历，博士2人，省外人才4人。完成启明计划，与辖区内重点科技企业、第三方中介机构合作，完成2个海外人才网上申报。

第五节　街道纪工委与党风廉政建设

【街道纪工委】

2002年，中共南京市建邺区纪律检查委员会南苑街道工作委员会（简称"南苑街道纪工委"）成立，南苑街道党工委副书记兼任纪工委书记。2016年11月，南苑街道设专职纪工委书记负责纪检监察工作，不再分管或承担与纪检监察无关的工作，另设1名专职纪工委副书记（专职）。至2022年，历任南苑街道纪工委书记傅毅彬、张鉴冰、李烽炜、施月华、王宗培、王灏晓、史宏伟、葛冬。

2002—2022南苑街道纪工委负责人更迭表

表3-15

姓　名	职　务	任职时间（年、月）	备　注
傅毅彬	纪工委书记	2002.01—2005.03	街道党工委副书记兼
张鉴冰	纪工委书记	2005.03—2006.12	街道党工委副书记兼
李烽炜	纪工委书记	2006.12—2010.06	街道党工委副书记兼
施月华	纪工委书记	2010.12—2012.02	街道党工委副书记兼
王宗培	纪工委书记	2012.06—2016.10	街道党工委副书记兼

续表3-15

姓 名	职 务	任职时间（年、月）	备 注
王灏晓	纪工委书记	2016.10—2018.08	专职
史宏伟	纪工委书记	2018.08—2021.10	专职
葛 冬	纪工委书记	2022.05—	专职

【党风廉政建设】

2002年，贯彻落实"三个代表"重要思想和党的十五届六中全会《决定》精神，加强和改进南苑街道党工委领导班子作风建设，制定并执行《中共南苑街道工委关于加强领导班子作风建设的规定》，认真执行民主选举、民主决策、民主管理、民主监督、民主评议制度，推进政务公开。2003年，制定并执行《关于在南苑街道党员干部中开展"纪检日"活动的通知》，"机关干部工作日中午禁酒制度""机关科室、基层单位考核末位领导轮岗制度"等一系列规章制度，开展6次党风廉政建设专题学习教育以及"我为转变作风献一策""社区主任、书记和南苑街道科以上干部述职述廉"等活动。对违反有关规定的个别领导干部扣发了当月的奖金，对个别表现较差的干部进行大会批评和诫勉谈话。2004年，先后邀请江苏省委、南京市委党校教授和市委组织部、统战部等上级机关部门的领导，对南苑街道党员干部进行党的十六届四中全会《中共中央关于加强党的执政能力建设的决定》《中华人民共和国税法》《中华人民共和国行政许可法》及党内"两个条例"（《中国共产党党内监督条例》和《中国共产党纪律处分条例》）等5次政治理论辅导和业务知识培训。开展3次思想作风专题教育和2次基层评议机关、评议干部活动。完成公车改革和驾驶人员分流工作，制定车改以后新的规章制度。2005年，以"建一流领导班子，培养勤政廉政、敢于负责的干部队伍，创造团结、民主、务实的工作氛围"为目标，落实党风廉政建设责任制，制定惩治和预防腐败体系实施意见，出台公务员绩效考核制度和机关干部廉洁自律规定，发放"三禁"（禁酒、禁赌、禁红包）警示牌，促进南苑街道工作作风的转变。

2006年，完善《党工委议事规则》和民主决策机制，实行推荐区后备干部、科级干部任用、重点项目立项建设等重大事项集体研究和公示制。加强对"两个条例"《惩治和预防腐败体系实施意见》的学习，抓好禁酒、禁赌、禁红包"三禁"要求的落实。做好对工程建设项目和社区居务建设监察工作，开展"反腐倡廉宣传教育和党员电化教育宣传月"活动，完善公务员绩效考核制度和机关干部廉洁自律规定。2007年，开展"弘扬新风正气，建设廉洁南苑"主题教育活动，组织收看《廉政警示录》《模范法官宋鱼水》等10余部教育宣传片，组织党员参观梅园新村。开展以"算好清廉7笔账，树正确价值观"为主题的警示教育月活动，自制发放"清廉七笔账"宣传卡片，邀请建邺区检察院领导做专题报告。制定《南苑街道建立健全教育、制度、监督并重的惩治和预防腐败体系意见实施》《南苑街道财务管理制度》《南苑街道工程建设管理预防商业贿赂制度》等制度。2008年，完善《党工委议事规则》和民主决策机制，在干部任用、重点项目立项建设等重大事项中，坚持集体研究和公示制。组织开展治理商业贿赂工作和党员干部教育警示月活动，给党员领导干部制发教育警示卡。开展廉政建设进社区活动，做好对工程建设项目和机关作风建设的效能监察。2009年，贯彻落实《党风廉政建设责任制》规定，年初与各单位、科室责任人签订党风廉政建设责任书，修订、完善《工委议事规则》和民主决策机制。按要求抓好重点工程项目建设中的廉政建设和效能监察工作，确保与承建方签订廉政建设责任书。组织专题讲座，开展反腐倡廉讨论，抓好禁酒、禁赌、禁红包"三禁"工作要求的落实。完善"机关作风建设"规定，落实问责机制，加强对机关干部的实绩考核。2010年，按照"一岗双责"要求，成立党风廉政建设工作领导小组，与各单位、科室责任人签订党风廉政建设责任书，执行阳光工资制度。以举办专题讲座、观看警示教育片、开展反腐倡廉讨论等形式，抓好中心组和机关干部理论学习。实行督查催办和"问责制"，完善"机关作风建设"规定。

2011年，南苑街道纪工委搭建平台，通过廉政文化墙、宣传橱窗、建立"廉政教育室"等形式，在10个社区、2个村开展廉政文化月系列活动，组织廉政广场活动6场次，参与党员群众近千人次。2012年，南苑街道纪工委年初召开干部党员大会，对全年党风廉政建设工作进行统筹部署，根据不同阶段的任务特点，分解目标、落实责任，层层签订《党风廉政责任书》。抓好廉政环境的打造，在社区办公用房改造、健园路小区出新等重点工程中，南苑街道纪工委主动介入党纪教育。2013年，南苑街道纪工委排查班子风险点7个，排查21名个人风险点29个。制定风险防范措施12条。完善爱达社区以二十四孝图为背景的廉政文化墙，打造国泰民安社区廉政文化走廊。全年共向区纪委办公室报送纪检类信息稿件26篇，被南京市、建邺区两级《纪检监察情况》采用12篇。2014年，南苑街道成立由纪工委、财务室等相关工作人员组成工作小组，对社区、村经费的使用、管理情况进行检查，预防各类违规、违纪问题发生。全年受理上级交办信访件14件，全部在规定时限内办结并按要求向当事人回复。对"大干一百天"期间受理媒体曝光菜单28条，按照要求督促整改完成，其中11名相关责任人受到问责。配合区纪委给予"一·一五"火灾事故中3名责任人党纪处分。运用典型案例开展警示教育，用身边事警示身边人。2015年，学习贯彻新颁布的《廉洁自律准则》《纪律处分条例》，邀请南京市纪委领导为南苑街道党员干部进行辅导2次。组织党工委中心组学习15次。全程监督列入督查考核的26个小区、36个项目，跟踪监督48个10万元以下小散零星工程的议标；问责媒体曝光问题相关责任人11名；调查核实各级交办单、督办信访件8件，回复重大疑难件2件；通报批评值班不在岗人员3名。

2016年，南苑街道党工委书记与各社区党委书记、科室负责人签订《党风廉政建设责任书》或《党风廉政建设承诺书》。充实和完善话园社区红色珍藏馆，吉庆社区雨花石科普馆。修订完善南苑街道《"三重一大"事项监管实施细则》《督察考核问责实施办法》《社管平台考核问责办法》等规定，以此规范南苑街道各项工作。受理上级交办信访件5件，并在规定时限内整改完成或按要求向当事人回复。对2名值班履职不到位的工作人员给予处分。2017年，南苑街道纪工委以"4+1"专项行动（"打铁还需自身硬"专项行动、腐败易发多发领域整治专项行动、"三防"专项行动、群众身边不正之风和腐败问题专项治理工作）为抓手，实施班子成员对分管"联系点"负全责，落实"一岗双责"。对领导班子成员、社区主要负责人、科室长、重要岗位等人员开展二次廉政风险点排查工作。修订完善《南苑街道"三重一大"事项监管实施细则》《南苑街道财务管理规定》《南苑街道为民服务专项资金管理使用办法》《南苑街道小型工程建设项目管理实施办法》等相关规定。把国泰民安社区建成南苑街道廉政教育基地。2018年，发挥廉政文化教育示范作用，打造国泰民安社区廉政文化党员教育实境课堂基地及爱达社区廉政文化墙，依托反腐败宣教中心、"老石说纪"等线上线下载体开展宣传教育，营造浓厚的廉政氛围，筑牢党员干部拒腐防变的思想道德防线。2019年，依托南京市级廉政文化示范点、南苑街道廉政教育基地和党风廉政文化长廊教育点，开展廉政文化建设，营造清廉氛围。利用学习、会议等时机以及微信工作群等平台，通报典型案例，加强警示教育，引导党员干部从中吸取教训。组织新任职社区干部集体廉政谈话，落实建邺区委巡察社区反馈问题的整改。2020年，制定《南苑街道社区党委全面从严治党负面清单》，邀请南京市委党校教授、建邺区纪委监委领导作专题辅导。关注违反规章制度的工作作风问题，履行"一岗双责"和廉政从业情况。全年班子成员与分管科室长开展谈心谈话175人次。

2021年，围绕新冠疫情防控、文明创建、安全生产等重点工作，整治形式主义官僚主义突出问题。全年发现问题线索101件，立案查处15件，运用第一种形态处置78件，占比83.9%。开展"两个专项监督"，对在党员管理教育中存在问题的社区党组织发出纪律检查建议书1份。为基层减负，建立文件、会议备案审批、跟踪监测、抽查通报等工作机制，整合微信工作群、钉钉工作群，注销南苑街道微信公众号。2022年，保障新冠疫情防控措施落实、推进安全生产专项整治、开展特殊困难群体帮扶救助专项监督等工作，全方位开展基层调研、抽查核实等工作。紧盯元旦、春节、"五一"国际劳动节等重要节点，加强节前警示教育，坚持节日期间"四风问题"明察暗访，组织南苑街道班子成员和科室长、社区党委书记观看警示教育片。全年共处置问题线索79件，立案20件，运用第一种形态处置60件，查办信访件4件，撰写纪律检查建议书3件。

第六节　统战机构与统战工作

【统战机构】

2003年7月，南苑街道统战工作小组成立，组长为南苑街道党工委副书记傅毅彬。2004年8月，组长为南苑街道副处级统战员孙东亮，至2022年。社区有1名人员兼职负责统战方面具体工作。

【统战工作】

2003年7月—2004年，建立南苑街道、社区二级统战工作网络。举办1场对台宣传报告会。明确统战工作规范，做到"五个必访"即统战对象生病住院必访，侨胞、侨属出行、回来后必访，统战对象家有难事必访，下岗失业返回社区的必访，统战对象家的丧事必访，全年访问35户统战家庭。各社区为统战对象开展经常性服务项目达20余项。深入聚会点，对信教人员和聚会点负责人进行宣传教育，宣传面达90%以上。发展工商联新会员16家。辖区企业开展结对帮扶工作，为150户捐款3万余元。2005年6月，中央统战部信息中心主任张献生一行4人，到南苑街道考察、调研社区统战工作。建立社区民族之家，建成"统战博爱救助超市"。春节期间走访慰问有困难的统战对象34户。健园社区、兴达社区获区社区统战工作先进集体称号。

2006年，开展"星级商会"创建工作，在南苑街道文体活动中心设立会员之家，南苑街道商会被评为"四星级基层商会"。是年，成立南苑街道侨台联组织，与共建单位南京市侨联党支部联合举办"关爱社区行""邻里节"活动，南京市侨联资助25名贫困学生，共3000元学费。举办迎新春各界人士联谊会、"月是故乡明，人是家乡亲"中秋赏月联欢会、居民书画展等。全年慰问困难统战对象97户，计2.8万元。帮扶学生17人，计1.2万元。南苑街道被评为南京市侨务工作先进单位。2007年，南苑街道负责人春节期间走访生活困难的统战成员，送慰问品和慰问金共2000元。对驻南苑街道台胞和少数民族外来流动人口进行抽样调查。落实话园社区、兴达社区侨法宣传角和国泰民安社区对台工作示范点建设，协调处理安泰村、应天西路基督教聚会点在小区出新过程中与附近居民的矛盾，组织台侨胞（属）参加"月是故乡明"中秋赏月晚会，组织少数民族流动人口参加"相亲相爱一家人"活动。在香港回归10周年之际举办"放飞心愿，庆香港回归"广场文艺活动，组织社区"民族之家艺术团"走进军营与部队官兵共度元宵节。是年，健园社区获江苏省民族工作先进集体表彰，兴达社区获南京市级台胞普查先进单位称号。2008年，依托"邻里节"举办吸纳统战对象参与的广场文化活动。全年对生活困难的统战对象家庭进行走访发放慰问金2万余元。统战对象家中出现临时变故及时组织人员上门，帮助解决困难。发挥统战成员自身优势，引导他们参与社区建设。南苑街道组团参加南京市首届少数民族文艺会演获二等奖。2009年，在爱达社区制作民族文化墙，在健园社区制作以"和谐共荣"为主题的民族浮雕。健园社区、爱达社区2个社区获南京市民族工作先进社区表彰，健园社区还在表彰会上作经验介绍。全年共帮助23名生活困难的统战对象就业、入学、医疗。化解涉及少数民族成员、台侨胞属等统战成员矛盾纠纷2起。2010年，为12位少数民族下岗失业人群实现再就业。春节期间走访生活困难的统战对象95户，发放慰问金3万元。

2011年，怡康社区在春节期间邀请少数民族代表及部分新社会阶层成员召开联席会，征询他们对社区建设的意见及服务需求。是年2月，健园社区开展少数民族美食展活动。鹭鸣苑社区开展医疗服务进社区活动。10个社区组织少数民族离退休老人及社区党员居民开展"唱响和谐主旋律，让生活充满阳光登山活动"。2012年，南苑街道、社区开展各类统战活动42次。以"创先争优"，组织少数民族居民和党员志愿者开展拔菜、捡漂浮物、清理卫生死角和乱张贴等环境整治活动。以"精彩365快乐每一天"系列活动为契机，组织少数民族、侨眷观看参与广场演出。32家非公企业帮扶特困户135户，吸纳就业34人，每户年增收2万元，资助就业7人，资助资金3000元。结合节庆慰问94户，累计慰问达87.95万元。配合区统战宗教部门，做好各宗教场所安全检查和管理工作，对辖区苏建豪庭、国泰民安2所宗教场所进行1次安全检查。健园社区获江苏省民族工作示范社区、南京市民族团结进步模范集体称号。是年9月，健园社区作为全国民委现场会参观点，接待国家民委副主任陈改户、政策法规司司长孙青友、江苏省民委主任莫宗通考察。南苑街道党工委书记曹明在南京市民族工作表彰大会上作交流发言，其具体做法分别被《中国民族报》《江苏民族宗教》报道。同时，国泰民安社区接待中国香港大学生，弘扬端午文化的新闻分别在江苏电视台公共频道和江苏教育电视台播出。2013年，南苑街道对统战对象进行调查摸底。辖区内有少数民族居民1200户2511人，族别达20个，以回族为主，占地区少数民族总数的94%。民主党派有民建、民革、九三学社成员10余人。全年为统战对象办10件实事，并逐项完成。慰问统战对象47人，发放慰问品8000元。结合暑期，组织200名统战人员参观吉庆社区雨花石科普馆、免费教授绘画、开设剪纸和手工课程、观看爱国主义电影等活动。健园社区联系驻地企业建华开发公司党支部与少数民族家庭结对帮扶10户，资助3000元。江苏正大百货公司等3家非公企业帮扶特困户107户，累计资助约13.5万元。其中，江苏正大百货公司一次发放慰问物品价值达10万元，惠及100户南苑困难户家庭。该企业捐助活动被江苏电视台《有一说一》栏目、江苏教育频道《青年江苏》栏目、《扬子晚报》、《南京晨报》、《现代快报》等多家新闻媒体报道。第二届亚洲青年运动会期间，南苑街道对2所宗教场所加强督促检查，派专人定期到基督教聚会点进行走访、了解，确保聚会点活动正常进行。组织侨台联络员学习党的有关涉侨涉台方面的政策。组织爱达社区11名侨眷参加健康、道德讲堂等知识讲座。各社区邀请侨眷参加议事会、"四报告一评议"等社区事务活动。2014年，南苑街道走访慰问统战对象64人，发放价值5万元慰问物品。举办春节联欢会、"老少同乐包汤圆，竞猜灯谜闹元宵""学习雷锋好榜样，践行核心价值观"、缅怀革命先烈诗词朗诵会、"踏响春天旋律，感受明媚春光""喜迎青奥会、砺砺进社区"等30场活动。围绕"服务青奥盛会"，定期走访。帮助国泰民安社区信教徒解决无舞蹈活动场所问题，每周社区无偿提供1次活动阵地和不定期提供办公场所。结合党的群众路线教育，征求少数民族居民意见和建议，邀请少数民族居民旁听"我是谁，为了谁，依靠谁"暨"大干一百天，环境大扫除"大讨论。组织少数民族党员参加党的群众路线教育实践活动、观看电教片《焦裕禄》、凭吊革命烈士纪念馆等各项活动。2015年，组织"喜气洋洋过新年，阖家欢乐大团圆""喜迎元宵节，爱心送汤圆"、学雷锋志愿服务进社区、春季踏青、包粽子等活动50余场次，惠及区域内的统战对象和少数民族居民达千人以上。

2016年，逐户上门走访，摸清统战对象情况。辖区内有少数民族居民1300户，2700人，族别16个，以回族为主，占地区少数民族总数94%。民主党派有民建、民革、九三学社、民盟等5人。归侨、侨眷、台属有9人。兴达社区结合"两学一做"活动，由在职党员帮助困难统战对象和居民完成微心愿15个，为辖区内符合条件的12名统战对象申请居家养老服务，邀请辖区内统战对象参加社区七彩文工团、老年大学等社团组织。健园社区依托民族之家法律援助站，为社区少数民族群众提供法律援助服务12次，与南京市伊斯兰教协会联合开展少数民族风俗专题讲座1次，与草桥清真寺开展结对共建活动。2017年，走访驻地重点企业，主动为绿溢集团协调因绿溢大厦项目规划批前公示引发的矛盾问题，牵头做好世茂集团在5号地块开发过程中与遗留户的矛盾调处。全年，上门慰问统战对象21户，发放慰问金约万元。邀请统战对象参与社区组织的元宵节、"三八"国际妇女节、端午节社区趣味运动会、"公益惠民社区行""四季乐"等活动43场次，惠及1100余人；组织16名统战对象进行职业技能培训，参加"春风送岗"招聘会等。同时，国泰民安社区与莫愁职校民盟支部，吉庆社区与民盟经济支部结对，举办健康知识讲座2场，听众150余人。2018年，与建邺区政协南苑街道工委联合举办"协商民主在基层"活动2场。邀请党外代表人士参加爱达花园小区出新后常态化管理与如何开展社区"共建共治共享，提高居民幸福感"等重点议题进行协商座谈。

开展近3年回族等10个少数民族发放牛羊肉补贴的自查。南苑街道投入60万元资金，打造面积210平方米的虹苑社区"一家亲"工作站，该社区获南京市民族团结进步创建示范基地称号。吉庆社区邀请衡鼎律师事务所为辖区内工商联合会会员企业提供法律咨询。健园社区依托民族之家法律援助站，为社区少数民族群众提供法律援助服务，与伊斯兰教协会联合开展少数民族风俗专题讲座，与草桥清真寺结对共建，每个月为少数民族群众提供"五个一"服务，即：发一条短信、提供一次服务、参与一次活动、提出一条建议、行使一次评议权利。2019年，南苑街道发挥"一家亲"工作站和"少数民族之家"阵地作用，开展特色活动。利用党群服务广场、"五微"驿站、社区文化长廊等阵地资源，拓展服务空间。发挥工商联桥梁纽带作用，协调解决企业遇到的困难，定期为企业提供纠纷调解、法律宣传和人才招聘等各类服务12次。依托企业成立新的社会阶层实践基地1处。举办"1分钟唱出中国56个民族"快闪、"浓浓腊八节，温暖一家亲""欢欢喜喜元宵节，相亲相爱一家人"和"团结民族情，奋进新时代"等活动。是年，南苑街道被授予"南京市统战宣传工作先进基层单位"。全年开展民族特色活动在《新华日报》、"中江网"、《南京日报》等省市级媒体上刊登6篇。其中，"1分钟唱出中国56个民族"活动视频被《学习强国平台——江苏频道》栏目采用。2020年，开展年度统战对象摸底调查工作，南苑街道有台胞13人，有香港籍2人，有留学生362人，少数民族居民2793人，其中华侨8人，侨眷8人。抗击新冠疫情期间，居民群众参与群防群控，涌现了71岁维吾尔族女党员奋战社区新冠疫情防控一线的典型代表，她的抗疫事迹先后被新华社和《人民日报》《中国民族宗教网》《中国江苏网》报道。虹苑社区、健园社区和国泰民安社区3个社区开展"红石榴家园"创建工作，整合"一家亲"服务站、建设少数民族特色文化广场和积累服务载体资源，开展民族文化教育、少数民族人员就业、下岗再就业、志愿服务等16场活动。

2021年，围绕"我们的节日"、庆祝"中国共产党成立100周年"等主题活动，推进各族居民交往交流交融。南苑街道为虹苑、国泰民安和健园3个社区划拨专项经费3万元打造"红石榴家园"。支持民主党派、党外知识分子、新的社会阶层人士等统战对象融入社区。全年开展结对共建活动3次。2022年，各社区网格员发挥"铁脚板"作用，地毯式对南苑街道区域84个小区逐一进行拉网筛查。经查，无相关非法场所和相关非法活动。开展"少数民族美食展""民族趣味运动会""冬至暖人心，民族情更亲"等14场活动。

2013—2022年南苑街道回族等10个少数民族牛羊肉补贴发放统计表

表3-16

时间（年）	发放金额（万元）	发放人数（人）
2013	34.80	2480
2014	36.14	2576
2015	37.30	2648
2016	37.44	2664
2017	38.52	2737
2018	38.45	2722
2019	40.03	2793
2020	40.43	2859
2021	40.85	2870
2022	40.43	2854

注：2013年起，南京市开始发放年度回族等10个少数民族牛羊肉补贴。

第四章　人大　办事处　政协

2004年12月人大南苑街道工委成立后，认真履行人大代表的行政监督和工作监督职能的作用，组织代表定期、不定期到社区、到企业、到基层开展考察、调研、视察等活动，并围绕平安创建、城市建设、业态调整、社会事业等广大人民群众关心的问题，提出意见和建议，并及时反馈南苑街道党工委和办事处，为创建新时代下的幸福南苑贡献自己的智慧和力量。

2002年1月，南苑街道办事处成立。至2022年，南苑街道内设机构有过4次调整，下辖的村民委员会、居民委员会和社区居民委员会有过10次变动。2022年底，南苑街道内设党政综合部、民生保障部、城市管理部、发展服务部、平安建设部、综合行政执法局、社会治理调度中心、便民服务中心等8个部门。下辖国泰民安、虹苑、兴达、爱达、健园、话园、鹭鸣苑、吉庆、庐山、怡康、泰山路、黄山路等12个社区居民委员会。其间，南苑街道办事处在党工委的领导下带领广大干部群众加强政治思想建设，坚持社会主义核心价值观，负重前行，成绩卓然，并获全国创建学习型街道（社区）、江苏省安全社区、南京市民族团结进步模范集体等殊荣。

建邺区政协南苑街道工委自2011年7月成立以来，履行政治协商、民主监督、参政议政三大职能，充分发挥联系社会各界，集中智慧、凝聚群众的桥梁和纽带作用，坚持依托南苑街道和社区"有事好商量"协商议事室、委员接待日活动、"五微"共享社区、南苑街道"红治苑"党建等平台，开展协商议事、送"微心愿""政协委员进社区"等活动，做好基层政协工作，助力南苑街道各项工作高质量发展。

第一节 人 大

【人大工委】

2004年12月，南京市建邺区人大南苑街道工委成立，为南京市建邺区人大派出机构，主任陈大连。2022年12月，历任建邺区人大南苑街道工委主任陈大连、曹明、陈珸、司明秀。配专职联络员1名，负责人大具体工作。

2004—2022年建邺区人大南苑街道工委负责人更迭表

表4-1

姓 名	职 务	任职时间（年、月）	备 注
陈大连	主 任	2004.12—2012.02	专职
曹 明	主 任	2012.02—2014.01	南苑街道党工委书记兼
陈 珸	主 任	2014.01—2016.10	南苑街道党工委书记兼
司明秀	主 任	2016.10—	专职
刘东海	副主任	2012.02—2017.03	专职

【人大工作】

2004年，建邺区人大南苑街道工委成立后，按照区人大年初下发的《关于授权建邺区人大南苑街道工委开展"六个一"活动的通知》要求，制定《建邺区人大南苑街道工委成员"六个一"活动责任分工表》《建邺区人大南苑街道代表团代表参与"六个一"活动办法》，先后组织代表视察南苑街道办事处，听取经济和社会发展目标任务完成情况的通报；视察南苑街道劳动和社会保障所，听取劳动保障和扶贫救助工作情况的汇报。结合年初的社区换届选举工作，组织代表对居委会工作进行视察，通过召开社区群众座谈会、向群众发放征求意见表等形式，全程监督选举工作。2005年，建邺区人大南苑街道工委组织代表深入基层、深入群众进行调查研究，先后组织评议组集中学习讨论6次，开展集中调研2次，召开机关工作人员、社区（村）主任和居（村）民3个层面座谈会，发放测评表46份，广泛征求对区发改局工作的意见和建议。2006年，建邺区人大南苑街道工委组织代表学习邓小平理论、"三个代表"重要思想、十六大及六中全会和区委第九次党代会精神。同时，组织代表学习《中华人民共和国宪法》《中华人民共和国代表法》《中华人民共和国地方组织法》《反分裂国家法》等，并把《中国人大》《人民与权力》《南京人大》《建邺人大》和区人大常委会《公报》等书刊及时发放到代表手中，向代表宣传人民代表大会制度和代表依法履职事迹。2007年，建邺区人大南苑街道工委坚持以《中华人民共和国宪法》《中华人民共和国选举法》《中华人民共和国地方组织法》和《中华人民共和国代表法》为依据，完成了建邺区第十六届人大代表换届选举南苑街道选举工作，推进建立"人大代表之家"工作，明确推进的时间节点和完成时间，为代表履行职责、密切联系群众和发挥作用搭建平台。2008年，建邺区人大南苑街道工委负责人到代表单位就南苑街道人大上年工作开展情况以及办事处工作情况向代表们汇报，并听取代表们提出的建议和意见。2009年，先后组织人大代表学习人大工委工作规则、联系代表、代表活动、代表视察、代表述职、代表评议等工作制度。在国泰民安、怡康社区成立人大代表工作室，定期接待选民；组织代表围绕应天智汇产业园及宇园、趣园、台园等小区的出新进行视察督查，并将进展情况向党工委和办事处进行反馈。组织代表听取南苑街道经济、社区建设、小区出新及应天智汇产业园、南苑派出所情况汇报。3月，先后安排32名代表在政务大厅接待窗口接待60余名群众，解决了居民反映的30多个问题。组织代表视察道路交通、菜市场管理等。同时深入选区，帮助居民提高对创建国家文明卫生城市的认识，解决老旧小区存在的脏、乱、差等问题。2010年，南苑街道办事处先后向人大代表通报社会治安综合治理、应天智汇产业园建设与经济工作、城市管理与小区出新、社区建设与体制改革、南河堤A地块拆迁等方面的情况。8名人大代表向原选区选民述职。组织全体人大代表参加法院民事案件的庭审工作。南苑街道10个社区全部建有社区代表工作室，组织代表参加社区每月1次的建言会和半年1次的"三报告一评议"大会。在代表之家先后接待《人民代表报》总编李跃祥率人大新闻宣传工作研讨会的80余名代表，《中国人大》杂志总编赵杰率全国各省、自治区、直辖市人大选举任免联络系统的140余名代表莅临指导。

2011年，建邺区人大南苑街道工委组织14名代表在选区述职，组织代表定期到社区"代表工作室"参与社区半年1次的"三报告一评议"和每月1次的社区选民建言会，帮助社区解决困难。在"代表之家"组织代表听取社会治安综合治理、社区体制改革、劳动保障与再就业、安全生产、城市管理与小区出新工作情况汇报。4月，组织代表外出调研。全年接待全国性参观团队约210人，接待江苏省基层人大代表70余名，接待大连市沙河口区、成都市武侯区、重庆市南岸区、沈阳市铁西区等友好市、区人大常委会到南苑街道指导检查工作。2012年，区人大换届选举出南苑地区47名代表。更换"人大代表之家"和社区"人大代表工作室"各项新的规章制度。开展代表履职情况登记工作，建立南苑人大工委QQ群。12名人大代表结对帮扶困难户28户，资助金额38万余元。组织代表视察兴达社区、南苑派出所、中核华兴建设有限公司、新城科技园及老旧小区管理、垃圾分类等项目。2013年，制定出台《建邺区人大南苑街道工委关于加强区人大代表与选区人民群众联系的意见》。有38名人大代表结对帮扶困难户38户，资助金额3.2万余元。开展代表履职情况登记工作，并在每月10日"代表接待选民日"，组织人大代表视察吉庆社区、南京卷烟厂、老旧小区管理、垃圾分类城建城管项目等。2014年，组织人大代表视察吉庆社区文化建设、幸福河污染治理、社区居家养老服务站点等落实情况等。组织5名市人大代表开展联系社区、联系群众调研活动。全年有46名人大代表到选区联系选民148次540余人，安排18名代表进行述职。南苑街道人大工作委员会获江苏省首批15家民主立法联系点单位之一。2015年，组织43名人大代表到选区联系选民126次共计560余人。制作《建邺区第十七届人民代表大会代表联系选区选民登记册》。组织人大代表视察老旧小区出新、雨污分流、垃圾分类等城建项目。

2016年，组织代表视察、调研、参与南苑街道的重点工作，规范"一家一室"建设，做好换届选举工作。全年为区人大提供42条信息。2017年，更换"人大代表之家"和12个社区"人大代表工作室"，更新电子台账。全年有29名代表到自己的选区联系选民86次360余人。2018年，区人大南苑代表组代表对区司法局社区矫正工作进行调研，视察社区矫正自助式社区服务工作。9月，区人大南苑代表组15名人大代表视察建邺区社区矫正自助式社区服务工作，参观司法行政惠民服务窗口、调解室、律师工作室、法律图书角、法治放映室等场所，并查看相关台账资料。2019年，区人大南苑代表组31名代表进选区118次，接待选民600余人，进"家室"活动98次；代表组34名代表均按要求进入所在选区"五微"共享社区平台，与选区选民进行良性互动，对全区老旧小区整治出新后长效管理工作进行"双定"视察活动，走进"12345"政务热线服务中心调研全区老旧小区出新相关问题，安排8名区人大代表、1名市人大代表进入窗口接待群众。代表们主动进选区开展"进选区送温暖"活动，2名市代表、18名区代表走访慰问90户困难家庭。8月，区人大常委会前往淮安区博里镇长沙村扶贫时，周志强代表捐款5万元。全年开展4次定向定点视察活动，组织区人大代表视察南苑街道河长制落实情况，专题听取南苑街道生态环境汇报。2020年，160余名人大代表进"家站"听取南苑街道生态环境汇报、审查南苑街道上年财政决算（草案）和南苑街道本年度上半年预算执行情况、旁听法院庭审、"约谈"区城管局，召开市、区本年度10件民生实事项目征求意见座谈会、举办3次《中华人民共和国民法典》专题培训及"垃圾分类新时尚、人大代表我先行"等活动。有28名人大代表多次进"五微"平台与居民进行互动，了解选民对民生实事项目的期盼和对"一府一委两院"工作的意见和建议。6名区人大代表、2名市人大代表进入区政府服务平台窗口接待群众，收集归纳意见建议 16 条。按比例安排9名代表完成述职工作，选民满意率达100%。

2021年，建邺区人大南苑街道工委组织南苑代表组代表和人大工作者参加建党100周年网上知识竞答活动，共10名人大代表和人大工作者获奖。全年共组织140余名人大代表进"家站"参加建邺区人大南苑街道工委组织的听取南苑街道生态环境报告、视察辖区环境整治和安全生产、《中华人民共和国固体废物污染环境防治法》执法检查调研座谈、旁听法院庭审、监督审查区司法局、南苑街道上年财政决算（草案）和南苑街道本年度上半年预算执行情况、"约谈"区房产局等活动。共上报信息13条，在建邺区人大履职平台上推出，共安排5名代表接受记者采访，为"代表风采"的撰写做好服务工作。

2022年，建邺区人大南苑街道工委于2月率先在全区建立南苑街道议政代表会制度，产生52名议政代表。5月举办第一届议政代表业务知识培训，召开南苑街道议政代表会成立大会暨第一届议政代表会第一次会议，共收到议政代表建议32条，其中19条上报区人大常委会相关工作机构、13条由南苑街道相关部门办理。至10月，南苑街道13条建议已全部办结，满意率100%。同时还组织90余名人大代表进"家站"接待选民200余人次，共收集65条意见建议。在南京市慈善总会"青少年健康阳光护航"捐助项目中36名代表捐款3000元；在南苑街道慈善分会成立大会上人大代表吴捷、王承勇各捐款5万元。

【代表议案建议】

2012—2022年建邺区人大南苑街道工委共收集代表议案建议285条，主要反映养老育幼、教育医疗、物业管理、老旧小区整治出新等方面的问题，并在今后的履职中逐步得到落实。

2012—2022年建邺区人大南苑街道工委议案建议统计表

表4-2

时间（年）	建邺区人大代表会议（届、次）	代表议案建议（条）	时间（年）	建邺区人大代表会议（届、次）	代表议案建议（条）
2012	区第十七届人民代表大会第一次会议	37	2018	区第十八届人民代表大会第二次会议	22
2013	区第十七届人民代表大会第二次会议	29	2019	区第十八届人民代表大会第三次会议	27
2014	区第十七届人民代表大会第三次会议	36	2020	区第十八届人民代表大会第四次会议	18
2015	区第十七届人民代表大会第四次会议	21	2021	区第十八届人民代表大会第五次会议	24
2016	区第十七届人民代表大会第五次会议	18	2022	区第十九届人民代表大会第一次会议	32
2017	区第十八届人民代表大会第一次会议	21			

附：优秀议案建议选录

陈健华议案建议：泰山路社区兴隆大街路段（东至泰山路，西至西城路），周边含南京卷烟厂、兴隆纺织公寓及小桔充电站，该路段活动人群较多，但近百米无一处公共厕所，附近活动的老年文体队伍及往来车辆、工人、快递外卖员如厕问题急需解决。建议此处交通方便，行人较多，人行道宽阔，有大量的绿化，距离居民住宅比较远，基本具备建公共厕所的条件。建议结合区市政部门调研，新增公共厕所，解决老百姓的"燃眉之急"。

王启月议案建议：南苑街道话园社区农机大院2幢位于南湖路，原属于南京水利科学研究院宿舍，后因房屋改制而变成普通商品房，是一个始建于20世纪80年代的老旧房屋。

近年来政府对老旧小区进行全面的升级改造，周边小区都已经完成外立面出新和功能改造，唯农机大院内4幢无人问津，尤其是2幢1988年就已建成，内有2个单元24户，其余3幢是1993—1994年建成。2幢外立面破旧不堪，与周边干净整洁小区环境格格不入。现场走访隶属话园社区工作人员，他们得到的解释是这里房屋属于水科院，出新应该由单位主导，但水科院已经没有几位职工入住该小区，基本都进行了转卖，单位根本不管，这样一来就造成这个小区变成了两不管地带，小区居民看到周边老旧小区都已完成出新，多次向社区提出新要求，认为不管房屋原来属于谁，但现在破旧的事实是毋庸置疑的，希望政府能帮助解决这个问题，尤其是2幢。建议政府多方统筹，积极沟通，以人为本，以百姓体验感为重，把出新整治的阳光照进每一个角落，不留死角不留遗憾，早日帮助农机大院2幢的居民摆脱脏乱差的环境，打造真正的幸福生活圈！

第二节　办事处

【机构设置与调整】

2002年1月，南京市建邺区人民政府南苑街道办事处成立。历任主任张跃根、马欣、傅毅彬、邓立群、姜国忠、高峰、徐新斌、刘雪涛、陈理、郑军、掌少波11人。至2022年内设机构有过4次调整，下辖村、居、社区有过10次变动。

2002—2022年南苑街道办事处负责人更迭表

表4-3

姓　名	职　务	任职时间（年、月）	备　注
张跃根	副主任	2002.01—2002.09	主持工作
	主　任	2002.09—2002.12	
马　欣	主　任	2002.12—2005.03	
傅毅彬	副主任	2002.12—2005.03	
	主　任	2005.03—2006.12	
邓力群	主　任	2006.12—2008.12	
姜国忠	副主任	2007.11—2008.12	
	主　任	2008.12—2012.06	
高　峰	主　任	2012.06—2013.04	
徐新斌	主　任	2013.04—2018.11	
刘雪涛	主　任	2019.02—2019.12	
陈　理	主　任	2019.12—2020.09	
郑　军	主　任	2020.10—2022.01	
掌少波	主　任	2022.01—	
王伟月	副主任	2002.01—2004.02	
	调研员	2004.02—2012.7	
张有馀	副主任	2002.01—2007.11	
	副调研员	2007.11—2015.11	
张兴春	副主任	2002.01—2003.02	
徐荣生	副主任	2002.01—2005.03	
王天喜	副主任	2002.01—2003.08	兼宣传委员
张鉴冰	副主任	2002.01—2005.03	

续表4-3

姓　名	职　务	任职时间（年、月）	备　注
翟晓黎	副主任	2002.09—2006.12	
张玉宝	副主任	2003.08—2006.06	兼宣传委员
秦惠莲	副主任	2004.02—2006.12	
张远桃	主任助理	2004.08—2006.06	
严宝强	副主任	2005.03—2007.11	
李龙海	副主任	2005.12—2011.01	
陈时祥	主任助理	2005.07—2005.12	挂职
吴乐云	调研员	2005.03—2009.06	
孙东亮	统战员	2004.08—	副处级
	宣传委员	2019.02—	
王文宁	人武部部长	2002.03—2015.11	
	副主任	2010.06—2013.04	
		2013.04—2015.11	正处级
	调研员	2015.11—2017.03	
赵国平	助理调研员	2006.06—2007.11	
	副主任	2007.11—2019.02	
	二级调研员	2019.02—	
吴凤勤	副主任	2006.06—2012.07	
宋炜	副主任	2006.12—2008.12	
李世民	副主任	2006.12—2019.02	
	二级调研员	2019.02—	
莫肖斌	副主任	2008.12—2011.11	
王富贵	副主任	2008.12—2011.09	

续表4-3

姓　名	职　务	任职时间（年、月）	备　注
唐　坤	副主任	2008.04—2011.11	
金　超	副主任	2010.02—2011.11	
王宗培	副调研员	2011.02—2012.06	
范慰民	副主任	2011.11—2019.04	
李　一	副主任	2012.07—	兼综合治理办公室主任
刘　璐	见习副主任	2012.07—2017.03	
	人武部部长	2017.03—2019.04	
余德洲	副调研员	2012.02—2016.10	
	副主任	2016.10—2019.02	
王灏晓	副主任	2013.04—2016.10	2016.10—2018.08任纪工委书记
陈大连	调研员	2013.04—2015.11	
高云霄	见习副主任	2013.07—2018.05	
	副调研员	2018.05—2019.06	
	四级调研员	2019.06—2020.12	
滕衍福	副调研员	2013.12—2019.06	
	四级调研员	2019.06—2020.12	
	副主任	2020.12—	
	综合行政执法局局长	2022.01—	
虞　欣	副主任	2015.12—	2017.03—2019.02兼宣传委员
	三级调研员	2020.11—	
胡有璋	副调研员	2017.01—2019.06	
	二级调研员	2019.06—	

续表4-3

姓　名	职　务	任职时间（年、月）	备　注
叶建军	副调研员	2015.11—2019.06	
	综合行政执法大队大队长	2017.08—2022.01	
	二级调研员	2019.06—	
史宏伟	二级调研员	2019.02—2021.10	2018.08—2021.10任纪工委书记
花　蕾	副主任	2019.04—2021.03	
周志林	副主任	2019.04—2020.10	
	人武部部长	2019.04—	
葛　冬	副主任	2020.12—2022.05	2022.05任纪工委书记
汪　江	副主任	2021.03—2022.01	
朱　栋	副主任	2021.09—	兼综合治理办公室主任
王元媛	副主任	2021.10—	
徐建伟	副主任	2022.01—	
朱　磊	副主任	2022.05—	

2002年1月，办事处设立办公室、党群科、经济科、城市管理科、社会事务科、社会治安综合治理办公室、农副业办公室等7个科室（各科室内含机构见表4-4）。另有事务管理中心为南苑街道自设机构。

2002年1月—2011年11月南苑街道办事处内设机构负责人更迭表

表4-4

科室名称	姓　名	职　务	任职时间（年、月）	备　注
办公室	唐荣生	主　任	2002.01—2012.01	

续表4-4

科室名称	姓　名	职　务	任职时间 （年、月）	备　注
党群科	王文宁	科　长	2002.01—2012.01	
经济科	叶柏钢	科　长	2002.01—2003.01	
	王金华	科　长	2003.01—2004.11	
	滕衍福	科　长	2004.11—2005.08	
	徐忠	科　长	2006.12—2007.12	
	吴顺彬	科　长	2007.12—2010.04	
城市管理科	王富贵	科　长	2002.01—2009.02	
	余德洲	科　长	2009.02—2011.11	
（安全生产办公室）	徐忠	主　任	2009.04—2011.11	
（物业管理办公室）	史玉坤	主　任	2009.09—2011.11	
社会事务科	孙东亮	科　长	2002.01—2004.11	
	吴顺彬	科　长	2004.11—2007.12	
	陈志云	科　长	2007.12—2011.11	
（劳动保障所）	谢夏春	副所长	2007.08—2011.11	主持工作 区人社局派出机构
（文化站）	吴顺彬	站　长	2003.10—2011.11	
社会治安综合治理办公室	贾金灿	副主任 （正科级）	2002.01—2003.01	
	滕衍福	副主任 （正科级）	2003.01—2004.11	
			2005.08—2011.11	
	林海祥	副主任 （正科级）	2004.11—2005.08	
（挂司法所牌子）	滕衍福	所　长	2005.08—2007.12	
	裘建良	所　长	2007.12—2011.11	

续表4-4

科室名称	姓　名	职　务	任职时间（年、月）	备　注
农副业办公室	胡见文	主　任	2002.01—2007.12	
	叶柏钢	主　任	2007.12—2011.11	
事务管理中心	卢　新	主　任	2004.11—2007.12	南苑街道自设机构
	徐　忠	主　任	2007.12—2009.04	
	林海祥	主　任	2009.04—2011.11	

2011年11月起试行南苑街道"大科制"改革。2013年7月南苑街道内设机构调整为"一办三科"4个科室，即党政办公室、社区建设与社会保障科、城市发展科、社会安全与综合治理科（各科室内含机构见表4-5）。司法所为建邺区司法局派出机构，属于南苑街道和司法局双重管理，不计入南苑街道内设机构个数。另有事务管理中心为南苑街道自设机构。

2011年11月—2016年11月南苑街道办事处内设机构负责人更迭表

表4-5

科室名称	姓　名	职　务	任职时间（年、月）	备　注
党政办公室（挂人才工作科牌子）	周志林	主　任	2012.01—2016.11	
（人才工作科）	刘　璐	科　长	2012.08—2013.04	办事处副主任兼
	陈志云	科　长	2013.04—2016.11	
（"12345"办公室）	许德平	主　任	2012.08—2017.04	
社区建设与社会保障科	陈志云	科　长	2011.11—2013.04	
	谭秀来	科　长	2013.04—2016.11	
（劳动保障所）	谢夏春	副所长	2011.11—2012.01	主持工作
		所　长	2012.01—2016.11	建邺区人社局派出机构

续表4-5

科室名称	姓名	职务	任职时间（年、月）	备注
（文化站）	吴顺彬	站长	2011.11—2012.08	
	唐荣生	站长	2012.08—2016.11	
城市发展科	余德洲	科长	2011.11—2012.03	
	丁少山	科长	2012.03—2016.11	
（物业管理办公室）	史玉坤	主任	2011.11—2014.08	
	商正达	主任	2014.08—2016.11	
（环境保护科）	汤四喜		2016.07—2017.04	主持工作
（安全生产办公室）	徐忠	主任	2011.11—2014.08	
	史玉坤	主任	2014.08—2015.07	
	焦瑞	副主任	2015.07—2017.10	主持工作
（综合行政执法大队办公室）	赵国平	大队长	2014.11—2017.07	
社会安全与综合治理科	滕衍福	副主任（正科级）	2011.11—2013.12	
	欧阳军	副主任（正科级）	2013.12—2016.11	
（司法所）	裴建良	所长	2011.11—2016.11	2011.11始为建邺区司法局派出机构
农副业办公室	叶柏钢	主任	2011.11—2015.07	2015.07后该机构撤销
事务管理中心	林海祥	主任	2011.11—2014.08	南苑街道自设机构
	徐忠	主任	2014.08—2016.11	

2016年11月，南苑街道内设机构调整为5个，即党政办公室、社区建设与社会保障科、城市管理和公共服务科、综合治理和信访科、便民服务中心（各科室内含机构见表4-6）。2019年7月，增设退役军人服务站和企业服务

办。南苑街道自设机构有事务管理；中心和企业服务办。

2016年11月—2020年6月南苑街道办事处内设机构负责人更迭表

表4-6

科室名称	姓 名	职 务	任职时间（年、月）	备 注
党政办公室	周志林	主 任	2016.11—2020.04	
	王进保	主 任	2020.04—2020.06	
（人大办公室）	常 宏	副主任	2017.03—2020.06	正科级
（人才工作科）	陈志云	科 长	2016.11—2020.06	
社区建设与社会保障科	谭秀来	科 长	2016.11—2020.06	
（劳动保障所）	谢夏春	副所长	2016.11—2020.06	建邺区人社局派出机构
（文化站）	唐荣生	站 长	2016.11—2020.06	
城市管理和公共服务科	丁少山	科 长	2016.11—2020.06	
（物业管理科）	商正达	科 长	2016.11—2020.06	
（安全生产监督管理科）	焦 瑞	主 任	2017.10—2020.06	
（环境保护科）	钱 忠	副科长	2017.04—2020.06	主持工作
（河长制办公室）	朱 涛	主 任	2017.12—2020.06	
（综合行政执法大队办公室）	叶建军	大队长	2017.07—2022.01	
综合治理和信访科	欧阳军	副主任（正科级）	2016.11—2020.06	
（司法所）	裴建良	所 长	2016.11—2020.06	建邺区司法局派出机构
便民服务中心	许德平	副主任	2017.04—2020.06	正科级，主持工作

续表4-6

科室名称	姓 名	职 务	任职时间（年、月）	备 注
退役军人服务站	周志林	站 长	2019.07—2020.06	人武部部长代
事务管理中心	徐 忠	主 任	2016.11—2020.06	南苑街道自设机构
企业服务办	吴顺彬	主 任	2019.04—2020.06	南苑街道自设机构

2020年6月，南苑街道调整职能配备，内设机构为8个：党政综合部、发展服务部、民生保障部、城市管理部、平安建设部、综合行政执法局、社会治理综合调度中心、便民服务中心（各科室内含机构见表4-7）。另有事务管理中心为南苑街道自设机构。

2020年6月—2022年12月南苑街道办事处内设机构负责人更迭表

表4-7

科室名称	姓 名	职 务	任职时间（年、月）	备 注
党政综合部	王进保	部 长	2020.06—	
（人大办公室）	常 宏	副主任	2020.06—	
发展服务部	陈志云	部 长	2020.06—	
（人才工作科）	陈志云	科 长	2020.06—	
民生保障部	谭秀来	部 长	2020.06—	
（劳动保障所）	谢夏春	所 长	2020.06—	区人社局派出机构
（文化站）	唐荣生	站 长	2020.06—	
	曹境真	副站长	2021.12—	主持工作
城市管理部	丁少山	部 长	2020.06—2020.10	
	张 建	部 长	2020.10—	
（环境保护科）	焦 瑞	科 长	2022.03—	

续表4-7

科室名称	姓 名	职 务	任职时间（年、月）	备 注
（物业管理科）	商正达	科 长	2020.06—	
（河长制办公室）	朱 涛	主 任	2020.06—	
平安建设部	欧阳军	副主任（正科级）	2020.06—2021.03	
	陈 坦	部 长	2021.03—	
（司法所）	裘建良	所 长	2020.06—	建邺区司法局派出机构
综合行政执法局	滕衍福	局 长	2022.01—	南苑街道办事处副主任兼
	钱 忠	副局长	2021.03—	
（安全生产监督管理办公室）	焦 瑞	主 任	2020.06—2022.03	
	潘兆俊	主 任	2022.03—	
社会治理综合调度中心（网格化服务管理中心）	许德平	主 任	2021.03—	分管便民服务中心
便民服务中心	商正达	主 任	2021.03—	分管物业管理科
退役军人服务站	周志林	站 长	2020.06—2021.03	代
	欧阳军	站 长	2021.03—	
事务管理中心	徐 忠	主 任	2020.06—	南苑街道自设机构

【社区居民委员会】

国泰民安社区居民委员会 成立于2005年3月，办公地点在建邺区安康村13号。辖区东至南湖路，南至幸福河，西至湖西街，北至集庆门大街。由安国村、安泰村、安民村、安如村、安康村、金虹花园6个小区组成，面积约0.4平方千米。至2022年，有住宅楼104幢，居民4864户，约1.5万人，社区有工作人员16名。

2002—2022年南苑街道国泰民安社区居民委员会负责人更迭表

表4-8

机构名称	姓　名	职　务	任职时间(年、月)	备　注
国泰民康社区居民委员会	马亚奇	主　任	2002.01—2006.04	第一、二届社区居委会选举产生
国泰民安社区居民委员会	朱华福	主　任	2006.04—2019.06	第三、四、五届社区居委会选举产生
	何　蓓	主　任	2019.06—2021.03	第六届社区居委会选举产生
	李　晶	主　任	2021.03—	第七届社区居委会选举产生

国泰民安社区以贯彻习近平新时代中国特色社会主义思想和党的二十大精神为指导扎实开展各项工作，践行"456"社区党建工作模式。即推行"四用服务"，拓宽解决群众诉求新路径：用心感受群众的期盼；用情体会群众生活的疾苦；用爱聆听群众需求的呼声；用功去做关乎民生的工作。打造"五个中心"，夯实服务党群新阵地：打造党员活动中心，强化党员管理教育，开展志愿服务，帮扶困难家庭，满足群众需求；打造居民服务中心，承载就业、救助、助残、养老、法律援助、矛盾调解等服务职能；打造健康养老中心，引进社会组织，通过智能科技手段，为社区有服务需求的老人开展专业服务；打造群众文化中心，把传统文化和民间艺术有效结合，展示传统文化底蕴，弘扬民间文化艺术；打造残障关爱中心，引进专业社会组织，为辖区有服务需求的残障人士提供常规监护、特殊教育、康复训练、心理咨询与辅导等内容的助残服务。坚持"六必访"，实行党员关爱机制，完善服务体系。搭建"管委会—国泰民安社区—物业公司—居民"的协商议事平台，深化"共融共创、同心共治"，不断提升物业管理服务质量和水平，满足社区居民对美好生活的需求和向往。

针对老旧小区居民特点及"急难愁盼"问题，国泰民安社区原社区主任朱华福，于2022年正式成立"老朱福馨工作室"，自此，邻里纠纷、家庭矛盾、物业矛盾、财产纠葛等清官也难断的"家务事"，在国泰民安社区得以"润物细无声"的解决，"老朱福馨工作室"主动"走出去""沉下去"，把调解工作做到群众心坎上，切实为服务群众打通了"最后一米"。

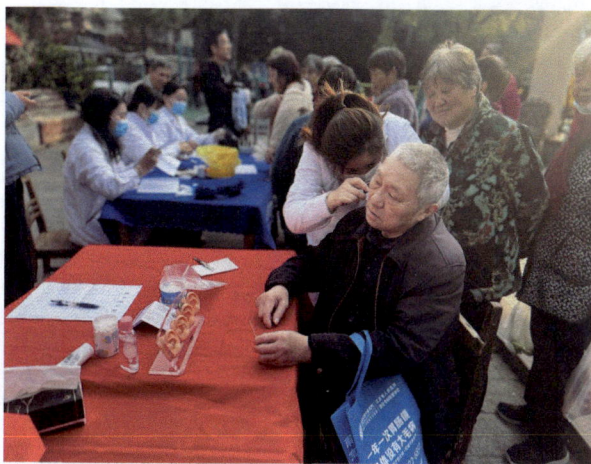

图4-1　2022年11月，江苏省第二中医院志愿者在安泰小区广场为居民开展志愿服务

虹苑社区居民委员会

虹苑一社区居民委员会成立于2000年6月，隶属兴隆街道管辖。2002年1月，划归南苑街道。2005年6月，虹苑一社区居委会、虹苑二社区居委会合并为虹苑社区居委会，办公地点在建邺区应天大街787号。辖区东至泰山路，南至怡康街，西至黄山路，北至应天大街。由虹苑新寓1–5村和天都芳庭6个小区组成，面积约0.4平方千米。至2022年，有住宅楼67幢，居民3647户，约1万人，社区有工作人员12名。

2002—2022年南苑街道虹苑社区居民委员会负责人更迭表

表4-9

机构名称	姓　名	职　务	任职时间（年、月）	备　注
虹苑一社区居委会	蔡欲茂	主　任	2002.01—2003.05	第一届社区居委会选举增补
	安桂云	主　任	2003.05—2006.04	第二届社区居委会选举产生
虹苑二社区居委会	常　青	主　任	2002.01—2005.06	第一届社区居委会选举增补
虹苑社区居委会	安桂云	主　任	2006.04—2012.11	第三、四届社区居委会选举产生
	郭翠华	主　任	2012.11—	第五届社区居委会选举产生

注：2005年6月虹苑一和虹苑二2个社区合并为虹苑社区居委会。

图4-2　2022年5月，虹苑社区在虹苑广场举办民族风情节活动，开展中医义诊、法律咨询等民族志愿服务

虹苑社区成立后努力探索民族团结社区治理新思路，摸索形成"五到位工作法"，即活动到位，相亲相融共享共治；宣传到位，线上线下全面动员；帮扶到位，点面结合应帮尽帮；培训到位，就业创业"助人自助"；调解到位，邻里同乐团结互助。

至2022年，虹苑社区每年结合传统文化节日开展多种主题的民族风情节广场活动。辖区党建联盟共建单位和商企们积极参与其中，在广场为居民们提供健康咨询、家电维修、教育培训等各类服务。活跃在社区的"民族舞蹈队""社区合唱团""中老年模特队"等7支特色团队，常态化开展各类丰富多彩的活动。面对多元需求，社区通过宣传栏、电子屏、短信平台、远教系统、志愿服务等平台，确保党和政府的各项方针政策宣传到位。同时，整合各类资源，为各民族困难群体暖心贴心开展慰问帮扶，采取"一对一"建立帮扶对子，"党建联盟一家亲"工作站定期走访慰问，及时了解、掌握辖区因病、因灾或遭遇突发事件等原因导致生活陷入困境的群众，做到应帮尽帮。对于特殊群体，秉承"助人自助"理念，以劳动保障服务为平台，帮助失业的各民族群众开展职业技能培训或创业扶持，联合市区等部门开展多场培训活动。联合民警、调委会，加强小区治安管理，促进邻里矛盾解决。

兴达社区居民委员会　成立于2000年5月，隶属兴隆街道管辖。2002年1月，划归南苑街道，办公地点在建邺区云锦路157号。辖区东至黄山路，西至江东中路，北至应天大街，南至怡康街。由兴达新寓、华隆新寓、金陵世家、苏建豪庭、弘瑞广场、横塘西苑、盛世公馆7个小区组成，面积约1.25平方千米。至2022年，有住宅楼83幢，居民4484户，约1.3万人，社区有工作人员15名。

2002—2022年南苑街道兴达社区居民委员会负责人更迭表

表4-10

姓　名	职　务	任职时间（年、月）	备　注
沈　航	主　任	2002.01—2002.06	第一届社区居委会选举产生
刘丽华	主　任	2002.06—2003.04	指定
王　平	主　任	2003.04—2006.04	指定
刘丽华	主　任	2006.04—2009.12	第三、四届社区居委会选举产生
滕巧妹	副主任	2010.01—2010.11	主持工作第四届社区居委会选举增补
陶　荣	主　任	2010.11—2012.11	第四届社区居委会选举增补
范　璐	主　任	2012.11—2021.05	第五届社区居委会选举产生
尹同财	服务中心主任	2021.05—2022.06	代理主持社区居委会工作
尹同财	主　任	2022.07—	第五届社区居委会选举增补

　　兴达社区成立后，坚持以党的政治建设为统领，以深化南苑街道"红治苑"党建品牌为工作主线，通过实施"三项举措"不断提升辖区居民获得感、幸福感、安全感，构建有兴达特色的品牌社区：以"党建引领"为中心，着力提升社区凝聚力。利用"七彩党员志愿服务队"，开展各类志愿服务，以实际行动践行先锋模范作用；抓住与南京市金融监管局共学攻坚契机，开展"守住'钱袋子'、幸福兴达人"行动，打造全市首个社区防范非法金融宣传基地；摸排企事业单位情况，整合共驻共建资源，服务力量下沉小区。以"弱势群体"为切入点，强化社区向心力。紧盯特殊人群的不同诉求开展针对性服务，打通服务的"最后一米"。为老服务：将老人进行"红黄绿"分类建档分级管理，定期开展"敲门行动"；开办银发食堂，为困难老人提供低价餐饮项目。为小服务：整合资源为困境儿童提供助学金帮扶；在兴达广场建立"童兴乐园"，拓展儿童友好空间建设。以"为民办实事"为驱动，充分发挥社区多方治理能力。在兴达新寓增设太阳能路灯，为居民安全"保驾护航"；为缓解小区非机动车停车难现象，增设自行车车棚；逐步为各小区安装电子屏，加强社区宣传阵地建设等项目改善居民群众生活质量。以形成凝神聚气共治共建共享的和谐社区。

图4-3 2022年5月，兴达社区与"中优关爱之家"在十朝文化园组织20组
亲子家庭创作"寻找夏天的好朋友，探索大自然的奥秘"黏土水墨画

爱达社区居民委员会 成立于2001年6月，隶属兴隆街道管辖。2002年1月，划归南苑街道，办公地点在建邺区长虹路301号。辖区东至长虹路，南至应天大街，西临南河，北至集庆门大街。由江南名府、西城映象、鸿仁名居、爱达花园4个小区组成，面积约0.28平方千米。至2022年，有住宅楼59幢，居民3181户，约0.93万人，社区有工作人员9名。

2002—2022年南苑街道爱达社区居民委员会负责人更迭表

表4-11

姓　名	职　务	任职时间（年、月）	备　注
张　雁	主　任	2002.01—2002.06	第一届社区居委会选举产生
周晓红	主　任	2002.06—2003.06	指定
		2003.06—2005.02	第二届社区居委会选举产生
蓝　霞	主　任	2005.02—2006.06	指定
滕春翠	主　任	2006.06—2009.06	第三届社区居委会选举产生
汪清双	主　任	2009.06—2010.04	第四届社区居委会选举产生
张海燕	主　任	2010.04—2012.06	第四届社区居委会选举增补
		2012.06—2016.11	第五届社区居委会选举产生
刘　锟	主　任	2016.11—2021.03	第六届社区居委会选举产生
张海燕	主　任	2021.03—	第七届社区居委会选举产生

爱达社区成立后，致力于打造"小爱"儿童友好生活圈，赋能儿童成长，倾听儿童心声，引导儿童参与社区治理，做好儿童友好社区建设各项工作。

首先是立足童需，夯实儿童友好"主心骨"。坚持儿童视角，构建"1+2+N"儿童友好社区。"1"个坚持建设党建引领为基础的儿童友好共享空间；"2"个生活成长空间，即教乐相融的生活空间和家庭共学的"小爱云端"；"N"个社会共建展示空间，依托共建单位围绕"家门口、小型化、分龄式"等特色，不断延伸儿童成长的社会大空间。守护儿童权益，建立学校、家庭、社会"三位一体"协同育人模式，设立"小爱心理咨询室"。推动民生观察，成立"小爱民生观察团"，开展儿童友好社区地图绘制、儿童友好社区IP设计、节气科普花园建设等社区营造的社会实践活动。

再是创新联动，构建儿童友好"生态圈"。夯实"友好阵地"，在社区原有小爱友好儿童乐园、小爱育儿园、爱达幼儿园基础上，对爱达花园小区南大门120米河堤约1700平方米进行微改造。扩大"友好联盟"，成立"小爱守护联盟"，整合小区（物业）、校区（幼儿园、育儿园）、街区、九小场所等联盟单位资源。激活"友好

图4-4　2022年12月，儿童社区服务志愿者在爱达花园友好儿童乐园教孩子们认识二十四节气

细胞"。打造"大爱小爱"志愿者体系，挖掘社区亲子家庭能人骨干，鼓励亲子家庭走进社区，打造"小爱园艺师""小爱护城队""小爱隔代亲"等多个志愿服务队伍。

健园社区居民委员会　健园社区居民委员会成立于2002年10月，办公地点在建邺区健园小区11幢。辖区东至南河，西至文体路，南至幸福河，北至集庆门大街。由健园、台园、趣园、晔园、发园、澄园、尚文东苑7个小区组成，面积约0.2平方千米。至2022年，有住宅楼65幢，居民3326户，约9860人，社区有工作人员11名。

2002—2022年南苑街道健园社区居民委员会负责人更迭表

表4-12

姓　名	职　务	任职时间（年、月）	备　注
张　燕	主　任	2002.08—2005.02	第二届社区居委会选举产生 居委会选举产生
周晓红	主　任	2005.02—2009.07	第三届社区居委会选举产生 居委会选举产生
李素容	主　任	2009.07—2021.03	第四届社区居委会选举产生 居委会选举产生
王　伟	主　任	2021.03—2021.06	第五届社区居委会选举产生 居委会选举产生
范　璐	主　任	2021.06—	第六届社区居委会选举产生 居委会选举增补

健园社区是南京市少数民族居住较为集中的社区。为增进民族融合，多年来在社区党委的带领下，打造了民族之家品牌，创建一支五色志愿服务队，成员多是辖区单位的党员及志愿者，他们参加辖区各项志愿服务，帮助居民解决生活中遇到的困难，调解邻里之间的纠纷。同时建立五色团队档案，把群众的需求记在纸上，装在心里。吸收少数民族妇女参加具有民俗特色的"民族之家"艺术团、时装队，并多次参加南苑街道、社会组织的会演，受到居民群众的喜爱。每逢节庆，在莫愁湖公园的演出也有出色的表现，受到游客的青睐。举办少数民族美食展，许多少数民族家庭大展厨艺，做出了具有民族特色，受人欢迎的佳肴。尤其是辖区回民冯师傅，将自己的烹饪技

图4-5　2022年7月，少数民族志愿服务者在健园社区开展中国风民族挂画制作活动

术传授给大家。

健园社区通过打造民族工作特色品牌，逐步构建"条块结合、资源共享、优势互补、共建共治"的区域新格局，从而不断满足人民群众多样化、多元化的生活需求。2021年，健园社区荣获南京市红石榴家园荣誉称号。

话园社区居民委员会 成立于2002年10月，办公地点在建邺区集庆门大街103号。辖区东至文体路，西至南湖路，南至幸福河，北至集庆门大街。由真园、开园、利星公寓、农机大院、话园、宇园、沿河一村49号、庆园、尚文西苑和南湖春晓10个小区组成，面积约0.2平方千米。至2022年，有住宅楼68幢，居民3347户，约9050人，社区有工作人员12名。

2002—2022年南苑街道话园社区居民委员会负责人更迭表

表4-13

姓 名	职 务	任职时间（年、月）	备 注
陈晓红	主 任	2002.10—2005.02	第一届社区居委会选举产生
杨晓红	主 任	2005.02—2009.12	第二届社区居委会选举产生
马维珍	主 任	2009.12—2012.09	第三届社区居委会选举产生
陈健华	主 任	2012.10—2017.11	第四、五届社区居委会选举产生
何 蓓	主 任	2017.12—2019.04	第五届社区居委会增补
徐姗姗	主 任	2019.11—	第五届社区居委会增补 第六届社区居委会选举产生

话园社区成立后，针对辖区人口结构特点，突出为老服务，以党建引领居民参与为主，把具体的服务直接送到居民家门口。

其做法是：开设老年大学，让辖区老人在家门口实现"老有所学、学有所乐"，通过一系列生动有趣的课程、讲座、活动，帮助老年人增长知识、陶冶情操，丰富晚年生活，促进身心健康；在社区养老服务中心开展助餐服务，对失能半失能老人提供无偿或者低偿的助浴服务，对独居老人提供读书读报、心理疏导等服务；利用智能监护系统，做到聚焦远程风险管理，利用大数据、物联网、人工智能、区块链等新一代信息技术，构建风险评估模型，对行为体征等数据进行算法分析，做到风险识别、评估、预警和防范，

图4-6 2022年4月，话园社区青少年互助社邀请"汪书甸心理咨询中心"的汪书甸老师进校园开展心理辅导主题活动

从而降低风险发生概率；联合共建单位江苏省第二中医院开展流动门诊，由社区提供场地，该院提供医疗服务，线上结合线下定期开展义诊，以周为单位，为周边居民，特别是老年群体提供慢病咨询、用药指导、急危重症绿色就诊通道等医疗服务；建立青少年"青柠团"（青少年拧成一股绳团结互助），开展"童"心共治系列活动，加强爱国主义等正向价值观的培养，排解青春期压力。激发青少年参与社区治理和服务的积极性，全面提高社区青少年的思想道德素质。

鹭鸣苑社区居民委员会 成立于2006年4月，办公地点在建邺区云锦路129号。辖区东临湖西街，西至江东中路，南起应天大街，北到集庆门大街。由湖西街34号、湖西街42号、湖西街44号、湖西街48号、湖西街50号、银轮花园、凤鸣苑、缤纷家园、中北品阁、金地名京、华润悦府、世茂天誉12个小区组成，面积约1.2平方千米。至2022年，有住宅楼67幢，居民4870户，约1.4万人，社区有工作人员12名。

2006—2022年南苑街道鹭鸣苑社区居民委员会负责人更迭表

表4-14

姓　名	职　务	任职时间（年、月）	备　注
黄　韦	主　任	2006.04—2009.07	第三届社区居委会选举产生
		2009.07—2010.11	第四届社区居委会选举产生
蔡财蓉	主　任	2010.11—2012.11	第四届社区居委会选举增补
傅紫剑	主　任	2012.11—2020.12	第五届社区居委会选举产生
于寅生	服务中心主任	2020.12—2021.03	代理主持社区居委会工作
胡　燕	主　任	2021.03—	第六届社区居委会选举产生

鹭鸣苑社区居委会自成立以来，坚持以习近平新时代中国特色社会主义思想为指导，紧紧抓住加强党的领导这个"根"和"魂"，坚持问题导向，突出重点，搭建平台，在创新基层社会治理方面做出了有益的探索和实践。总结提炼出了"八岗四园一心"城市基层党建新模

图4-7　2022年5月，鹭鸣苑社区在乐基广场举办"幸福河畔，一'鹭'同行"主题活动

式，社区将"认领岗位"与"网格服务管理"工作相结合，动员社区党员、居民志愿者、养老社会组织以及新就业群体加入领岗队伍，每月为辖区内孤寡、高龄、残疾老人提供打扫卫生、上门送餐等服务。同时社区发挥大党委作用，通过"心连心"工作站平台，组织共建单位如江苏省二附院为高龄老人送医疗送健康。律师事务所为邻里纠纷送知识送维权。银行、商户针对重点困难、行动不便的残疾老人，定期组织开展上门理发、义诊、送慰问等暖心服务。呈现出互融互促、开放共享、合力攻坚的城市基层治理新格局。

吉庆社区居民委员会　成立于2003年8月，办公地点在建邺区文体路109号。辖区东至西城路、西至湖西街、南至应天大街、北至幸福河。由吉庆家园、香缇丽舍、思园、大贡园、小贡园、集成电路宿舍、铂领公寓、城开怡家、金轮翡翠名园、海苑华庭、3503厂宿舍11个小区组成，面积约0.6平方千米。至2022年，有住宅楼81幢，居民4295户，约1.1万人，社区有工作人员14名。

2003—2022年南苑街道吉庆社区居民委员会负责人更迭表

表4-15

姓　名	职　务	任职时间（年、月）	备　注
许金玲	主　任	2003.08—2006.04	任命
常　青	主　任	2006.04—2012.10	第二、三届社区居委会选举产生
车卫玲	主　任	2012.11—2014.12	第四届社区居委会选举产生

续表4-15

姓　名	职　务	任职时间（年、月）	备　注
陶　荣	主　任	2014.12—2017.12	第五届社区居委会选举产生
易海峰	主　任	2017.12—2019.05	第六届社区居委会选举产生
高　波	主　任	2019.05—2020.04	第六届社区居委会改选产生
易海峰	服务中心主任	2020.04—2020.10	代理主持社区居委会工作
朱　青	服务中心主任	2020.10—2021.03	代理主持社区居委会工作
	主　任	2021.03—	第七届社区居委会选举产生

　　吉庆社区成立后，坚持问题导向，聚焦短板，多措并举，提高百姓的安全感和幸福感。将为民服务专项资金用于小贡园小区增设便民扶手、大贡园小区增设便民遮雨棚、思园小区增设封闭式垃圾临时堆放点等。社区申报的为民服务项目紧紧围绕环保高质量发展考核和文明城市长效治理要求，同时进行家风家训、文明公约、红色主题宣传，促进邻里守望相助；与南苑街道垃圾分类办公室对接，增设思园和小贡园2个小区的垃圾分类亭点优化和投口，提高居民对垃圾分类的认识，有效推进垃圾分类工作；坚持创新驱动、优化营商环境，社区在上级部门的支持下打造15分钟便民生活圈，合理整合辖区商超、菜场、理发店、药店等社区资源，以满足居民日常生活基本消费和品质消费的需求；完善社区老年群体助餐服务，升级打造"幸福餐厅"，不断优化助餐点氛围营造。社区印制了"爱心卡片"，上面有联系电话、各种适合老年人口味的菜单品种等。"银发助餐"由单一式服务向多元化、精细化服务转变；优化完善社区新时代文明实践站

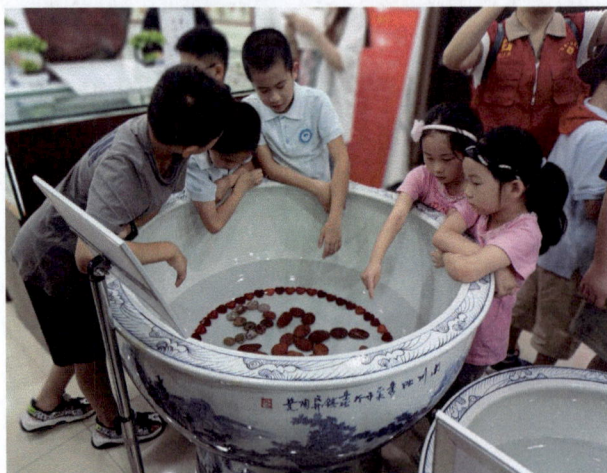

图4-8　2022年8月，辖区青少年在社区雨花石科普馆学习认识雨花石的品类

功能。社区结合"有爱无碍"为民服务项目对社区"困境儿童""老养残"家庭、低保户等困难群体开展精准帮扶，集党建活动、志愿服务、居民文娱活动、家医进社区于一体，努力打造有温度的社区；发动居民自治，参与社区建设。社区挖掘辖区能人、"新乡贤"、楼幢骨干等力量参与社区议事和志愿服务，群策群议，助力社区治理。通过邻里互助，家风建设，促进社区融合发展。

庐山社区居民委员会　成立于2005年3月，办公地点在建邺区江东中路217-14号。辖区东起黄山路，南到梦都大街，西至江东中路，北靠怡康街。由凯旋丽都花园、铂金时代、兴宏园、凤凰和熙一期、凤凰和熙二期、宏图上水云锦一期6个小区组成，面积约0.5平方千米。至2022年，有住宅楼50幢，居民3720户，约1.2万人，社区有工作人员12名。

2005—2022年南苑街道庐山社区居民委员会负责人更迭表

表4-16

姓　名	职　务	任职时间（年、月）	备　注
张　雁	主　任	2005.03—2012.11	第二届社区居委会选举产生
胡　燕	主　任	2012.11—2017.12	第三届社区居委会选举产生
王仲浩	主　任	2017.12—2019.04	第四届社区居委会选举产生
车卫玲	主　任	2021.03—	第五届社区居委会选举产生

庐山社区在南苑街道"红治苑"党建品牌矩阵框架内，坚持在"联"字上做文章，在"融"字上下功夫，有效整合机关、企事业单位等辖区各类资源，成立"红色伙伴"党建联盟、"红领荟"商企联盟，组合打造为"双红峰"党建共建品牌。坚持民主决议、多方共治、协同推进、互动激励、聚焦公益，全方位构建"党建引领、共建共享"格局。

作为"微网格"社会治理试点单位，推进"一社区一案例"落实，围绕"五治入微，构建睦邻共同体"总结提炼出精治三策、强基六建、睦邻五助的"365"工作体系，健全基层组织体系、激活辖区优势资源、强化网格服务功能，不断提升党建引领基层治理能力。以社区功能服务中心为核心区域，打造"37℃党建文化街区""凤凰文化广场楼宇党建示范点""红色文创角""宁

图4-9 2022年12月，在庐山社区"庐山恋"小剧场内，辖区居民党员自导自演的经典革命题材作品《永不消逝的电波》首演

小蜂驿站""庐山恋"小剧场等10余个党建载体，有效筑牢社区党群服务的实体支撑。

庐山社区先后获得南京市先进基层党组织、南京市文明社区、南京市三八红旗集体、南京市"五一"巾帼标兵岗、南京市示范网格等荣誉，其间，还承接了国务院疫情防控督查、全国文明城市创建民生调查、江苏省街道党工委书记示范培训班学习考察，以及全国多省市各级党政组织参观学习和现场调研等任务。

怡康社区居民委员会成立于2007年10月，办公地点在泰山路11号。辖区东至西城路，南至怡康街，西至泰山路，北至应天大街。由怡康新寓、新百花园、双润居、涟城一期三期、康庄馨苑5个小区组成，面积约0.5平方千米。至2022年，有住宅楼53幢，居民2806户，约0.8万人，社区有工作人员10名。

2007—2022年南苑街道怡康社区居民委员会负责人更迭表

表4-17

姓　名	职　务	任职时间（年、月）	备　注
计　曾	主　任	2007.10—2019.07	第一、二、三届社区居委会选举产生
张　俊	主　任	2019.07—2020.04	第四届社区居委会选举产生
夏安雅	书　记	2020.04—2020.11	代理主持社区居委会工作
易海峰	书　记	2020.11—2021.03	代理主持社区居委会工作
夏安雅	主　任	2021.03—2021.05	第五届社区居委会选举产生
王　伟	书　记	2021.05—2022.07	代理主持社区居委会工作
金小燕	主　任	2022.07—	第五届社区居委会选举增补

　　怡康社区以南苑街道"红治苑"党建品牌为引领，组建红治苑"怡心"讲师团，在广大社区党员、群众和学生中宣传党的政策、传递党的声音，赓续红色血脉、传承红色基因。红治苑"怡心"讲师团具有完善的学习架构，通过"怡心"社区大讲堂、"怡心"校园课堂嘉年华、"怡心"家门口便利学堂、"怡心"云上直播间，以线上+线下+便利丰富学习模式，以学铸魂、以学增智、以学正风、以学促干。

　　怡康社区通过资源整合、力量整合、服务整合，有效集结了江苏省第二中医院、建邺区现代社区研究院、南京建邺一家亲巾帼志愿者服务站、南京财经大学爱心协会等15家社企单位和高校协会，组建怡康社区"红怡家园"为老服务联盟，推动"党建引领、携手共建、多元参与，五社联动"的社区治理新模式。为社区老人、残疾人开展慰问送温暖、送健康、送陪聊等服务。同时为老服务联盟开展了12次便民广场服务活动，为有需求的社区老人提供政策咨询、医养指导，让老人们不出小区，便能享受到暖心的服务，感受到切切实实的实惠与便利。怡康社区创立"康邻有我"志愿服务品牌，助力构建邻里和睦、守望相助的"红怡家园"，将单个志愿者的力量拧在一起、聚在一起，让志愿服务在"邻"身边，让社区治理更加高效和温馨。

图4-10　2022年2月，怡康社区在社区广场举办居民趣味运动会

　　泰山路社区居民委员会　成立于2016年12月，办公地点在建邺区怡康街11号。辖区东起西城路，西至泰山路，南至梦都大街，北至怡康街。由兴隆纺织公寓、城西纺织公寓、招商雍华府、涟城二期、金隅紫京府5个小区组成，面积约0.45平方千米。至2022年，有住宅楼48幢，居民3725户，约1万人，社区有工作人员14名。

2016—2022年南苑街道泰山路社区居民委员会负责人更迭表

表4-18

姓　名	职　务	任职时间（年、月）	备　注
王伟伟	主　任	2016.12—2018.06	第一届社区居委会选举产生
李　璇	主　任	2018.07—2019.05	指定
王　伟	主　任	2019.05—2019.11	指定
王　伟	主　任	2019.11—2020.07	第一届社区居委会增补
尹同财	主　任	2020.07—2021.03	指定
陈健华	主　任	2021.03—	第二届社区居委会选举产生

　　泰山路社区成立后，以"红色物业、同心共治"工作模式的理念，凝聚"物业管家、社区网格员、政法网格员、业主代表、社区民警"多方之力，形成"多网合一、同心共治"工作模式，社区领导兼任物业服务监督员，监督检查物业日常服务工作，并通过结对共建及召开物业联席会等形式，邀请广大党员、群众对物业服务建言献策。重视发挥党员先进模范作用，设立党员示范岗、党员代表，建立党员突击队、治安联防队、义务消防队及网格管家队4支志愿者队伍，打造"红色服务驿站""新思想加油站""四点半课堂""党群议事厅"，使之成为开展红色物业服务的有效载体。以涟城汇红色楼宇为阵地，通过开展"泰涟合璧、助商惠民"系列沙龙活动，搭建商户居民平台，推动商家的营收增长，拉动商圈经济的蓬勃发展，共同建立起"涟城汇"商圈的双赢局面。商户在建立信任关系的基础上，团结一致、发挥各自的优势，为社区居民提供力所能及的惠民服务，努力实现商圈与社区的联动发展和同频共振。以党建为引领，以居民需求为导向，以

图4-11　2022年5月，泰山路社区组织巾帼志愿者们在社区开展"母亲节"主题插花交流活动

建设开放包容的国际社区为自身发展定位，发挥"五社联动"作用，围绕南苑街道"红治苑"矩阵，将"搭平台、聚合力、促发展"作为提高基层治理水平的重要抓手，形成由中外交流汇、侨联盟、商联盟、"同心圆"志愿者团队、社会组织联合会等多个社区联盟平台组成的社区治理矩阵。

黄山路社区居民委员会　成立于2016年12月，办公地点在建邺区白鹭东街78-2号。辖区东至泰山路，西至黄山路、庐山路，南至梦都大街、兴隆大街，北至怡康街。由天成苑、艳阳居、腾达雅苑、宏图上水云锦二期、海玥花园5个小区组成，面积约1.66平方千米。至2022年，有住宅楼59幢，居民3179户，约0.85万人，社区有工作人员11名。

2016—2022年南苑街道黄山路社区居民委员会负责人更迭表

表4-19

姓　名	职　务	任职时间（年、月）	备　注
易海峰	主　任	2016.12—2017.12	第一届社区居委会选举产生
曹　莹	主　任	2017.12—2019.05	第一届社区居委会选举产生
李　璇	主　任	2019.05—2021.03	第一届社区居委会选举产生
陶　荣	主　任	2021.3.20—	第二届社区居委会选举产生

黄山路社区成立后，联合辖区幼儿园、小学、中学和儿童社会组织、社会团体组织成立社区公益拓展课堂"薪火★益"课堂。课堂内容有兴趣教学、非遗手工艺体验、户外活动、亲子活动课等。课堂由社区管理，学校授课，企业服务的模式运行。

"薪火★益"课堂面向辖区所有群体，开课时间多为周末和寒暑假，辖区晓庄机关幼

图4-12　2022年5月，黄山路社区举办"欢乐童年、梦想飞扬"儿童节主题义卖活动

儿园、机关二园、新城小学北校区等老师参与课堂志愿服务。江苏智能制造产业园的职工经常为辖区居民带来不一样的教育体验，这种社会教育方式有利于促进社区和谐发展。

黄山路社区经过多年打磨创出了特色品牌项目，即风筝馆，馆内展示有立体、龙头、孔雀和红船等各类获奖风筝，传承风筝"非遗"文化。辖区有2所幼儿园、2所小学、1所高职校。教育氛围浓厚，社区做好资源整合，将传统手工艺、学校教育、相关教育类企业通过党建联动模式结合在一起，从儿童抓起，到亲子互动，老幼共育开发了一个全新的社区教育模式"薪火★益"课堂，课堂主题"筝"心为你。"筝"即为黄山路社区的风筝，也是谐音"真"，就是通过一次次的课程、一项项的活动将真心服务融入其中，真正做到把居民放在心中。

第三节 政 协

【政协工委】

2011年7月，建邺区政协南苑街道工委成立，姜国忠任主任。至2022年，历任主任：陈大连、徐新斌、杨莉。设有1名政协工委联络员，负责政协具体工作。

2011—2022年建邺区政协南苑街道工委负责人更迭表

表4-20

姓 名	职 务	任职时间（年、月）	备 注
姜国忠	主 任	2011.07—2012.01	办事处主任兼
陈大连	主 任	2012.01—2013.05	专职
徐新斌	主 任	2013.05—2017.05	办事处主任兼
杨 莉	主 任	2017.05—	专职
施月华	副主任	2011.07—2012.02	党工委副书记兼
王宗培	副主任	2012.02—2017.03	党工委副书记兼

【政协工作】

2011年，建立南苑街道"两代表一委员"活动室（政协工委、人大工委、党代表三室合用），设置"两代表一委员"活动展示平台。围绕"政协委员社区行"活动，组织委员视察国泰民安社区和兴达社区。建立健全《社情民意联系和收集工作制度》《信访接待工作职责》《重要工作通报制度（暂行）》等制度。2012年，开展"12345"工单办结、公共文明指数测评整改情况、拆违治乱整破、居委会换届、5号地块拆迁等专项工作督查。是年6月，结合南苑街道开展服务民生"百日行动"，走访辖区政协委员，收集政协委员对做好区域民生服务的意见和建议。2013年，举办"与群众恳谈对话，为群众排忧解难"主题活动。组织委员参与"三会一站"和"四报告一评议"工作。继续开展"12345"工单办结、公共文明指数测评整改、动迁拆违治乱整破、辖区地块拆迁等专项工作的督查。对驻地企业、群众关注的"宜居幸福圈"项目建设、区域环境综合整治等问题进行调研。2014年，邀请4名政协委员参加南苑街道举办的人才引进专题辅导、南苑街道月度工作例会等学习活动。组织5名政协委员视察国泰民安社区3A级居家养老服务中心、健园社区办公房维修、怡康社区电子服务超市等第四批宜居幸福圈项目建设情况。开展"12345"工单办结、"大干一百天，环境大扫除"、围绕"青奥"平安安保、创建全国文明城市等专项工作督查。2015年，邀请4名政协委员参加南苑街道举办的《全面推进依法治国的行动纲领》《中华人民共和国环境保护法（新）》和"党的十八届五中全会精神"等专题辅导。围绕"提升市民文明素质"和"维护区域和谐稳定，提升民众安全指数"，举办2次"协商民主在基层"主题活动。接受建邺区政协城市建设与社会法制委员会委员视察南苑街道垃圾分类、路段停车秩序、综合行政执法运行、忠字河污水治理等城市治理的情况。

2016年，邀请4名政协委员参加南苑街道举办的春令养生知识讲座。邀请政协委员列席南苑街道年度工作务虚会、社区党组织书记抓基层党建工作述职评议大会、南苑街道"两学一做"学习教育工作座谈会，听取委员们意见和建议。开展2场以加强辖区内街巷机动车停放与管理和小区生活垃圾分类为主题的"协商民主在基层"活动。2017年，在南苑街道设立"政协委员之家"。在怡康社区、国泰民安社区、吉庆社区设立"政协委员工作室"。制作印发《致政协委员的一封信》和折页，公布工作人员的联系方式和邮箱，建立"南苑街道政协委员之家"微信群。向区政协报送社情民意信息和工作动态7篇，新闻媒体报道7篇。邀请7名政协委员参加以"激发社会资源活力、助力残疾人关爱事业"为主题的大走访进社区专题活动、"网格志愿进社区、服务百姓零距离"、喜迎党的十九大系列活动和"情满九月九、爱在夕阳红"重阳节广场活动。围绕"今天，我们如何助老养老""老旧小区机动车停车难"等主题，召开议事会。是年，南苑街道主要领导走访政协委员10人次，了解委员工作和生活情况。2018年，怡康社区政协委员工作室先后接待成都市龙泉驿区和成华区学习考察团。认真撰写《汇聚改革再出发的政协力量》理论研讨文章，并被南京市政协收入汇编一书。组织18名政协委员实地视察爱达花园小区综合环境整治和小区一期住户加装电梯情况，并以"爱达花园小区出新后常态化管理"为主题，开展"协商民主在基层"活动。以"如何开展社区'共建共治共享'，提高居民幸福感"为专题，举办"协商民主在基层"议事会。区政协领导慰问怡康社区困难家庭，参与"端午粽香、志愿浓情"助残活动，现场向20户残疾人家庭发放节日慰问品。春节前夕，政协委员孙达华捐赠4吨大米发放给南苑街道困难家庭，同时发放慰问金1.4万元。怡康社区、国泰民安社区、吉庆社区分别邀请政协委员参与"共度元宵佳节暨2018年学雷锋"、迎"三八"国际妇女节广场活动和"书香社区、传承好家风"演讲比赛、垃圾分类管理宣传、"隽永芬芳、不负流年"——2018中外经典文化交流大会、"传红色基因、共话新时代、放飞青春梦"老少同台演讲比赛等活动。开展"迎春茶文化基本知识培训"，邀请国家级茶艺师讲授茶文化基本知识，10名区政协委员现场体验。2019年，南苑街道将"政协委员之家"活动经费纳入财政预算。召开南苑街道"委员之家"推进会，南苑街道党工委书记陈琎全程参会，并对相关工作提出要求。下发《南苑街道关于加强政协"委员之家"建设工作的实施意见》。建邺区政协南苑街道工委对南苑街道和12个社区"委员之家"的载体空间布局进行有重点、分类别优化更新和建设，并制订相关制度，制发《工作手册》。参加贴近百姓生活的"微心愿"活动，15名政协委员认领书包、食用油和米等用品，为居民圆梦16个"微心愿"。开展以"如何做好老旧小区绿化养护""如何消除城西纺织公寓房屋阳台及附属设施的安全隐患""庐山社区打造文化宣传广场议事会"等主题的"协商民主在基层"的议事会。同时，邀请政协委员列席南苑街道纪念中国共产党成立98周年座谈会和出席"弘扬爱国精神、争做时代新人"夏令营结营晚会。开展公益活动，组织10名政协委员参加"庆祝新中国成立70周年'不忘初心、牢记使命'红歌赛"活动，向10名低保户发放米油慰问品。报送的《关于提高社区专职社工工资待遇和"五险一金"缴费标准的建议》，经市政府同意得到解决。2020年，邀请政协委员参加"不忘初心、牢记使命"主题教育总结暨区管领导班子和领导干部年度考核、述责述廉工作专题民主监督，参加社区书记履行全面从严治党主体责任专题民主监督。组织政协委员深入社区开展"夏季送清凉"慰问困难群众活动。依托政协微信工作群召开"话园片区综合整治"网络协商议事会，政协委员踊跃发言建言献策。关注疫情后的生活有暂时性困难的居民群众，召开"整合多方资源、服务弱势群体""虹苑社区消防安全通道专项整治""台晔路、健园北街机动车违停"等协商议事会。在新冠疫情防控战斗中，陈秀竹政协委员向社区捐助酒精、防护服和口罩等防疫物资。

2021年，开展"圆梦微心愿、爱心在行动"，21名政协委员和特邀代表向26名困难居民发放"微心愿"米、油、电饭煲等物品；组织16名政协委员和特邀代表参观吉庆社区雨花英烈教育馆；围绕基层群众关心的热点问题组织部分政协委员召开"规划建设庐山社区党群服务中心公共服务空间""如何发挥'红色物业'示范作用，推动基层社会治理创新""老旧小区规范养狗和规范电动车充电议事会"等协商会；邀请部分政协委员深入基层开展"'七一'讲话·协商议事室委员来宣讲"学习交流活动，深化"书香政协"建设，开展向政协委员和特邀代表送书活动。2022年，开展以"以党建引领'微网格'进一步激发基层治理活力"和"清理非机动车车棚住人"为主题的协商会，南苑街道党工委书记郭震环和相关科室负责人参加座谈讨论。全年，各社区协商议事室开展协商议事会共9场次，收集意见建议32条。上报12篇社情民意。

附：优秀社情民意选录

基层反映自闭症儿童的三点期盼

2021年4月28日

建邺区政协南苑街道工委反映：自闭症又称孤独症，是一种先天性的广泛性发育障碍疾病。患者多为儿童，有的患儿无法独立生活，有的甚至终身丧失语言功能。数据显示，自闭症发生率约为1%，在我国自闭症患者可能超过1000万，其中0~14岁少年儿童的数量超过200万。根据南京市脑科医院（市相关部门认可的唯——家精神残疾鉴定医院）儿童心理卫生研究中心2019年就诊量统计结果，一年接诊孤独症的孩子达7000人。

庞大的数字背后，是众多家庭的隐痛，一是由于大众对自闭症认知的匮乏，尤其是农村地区信息渠道相对闭塞，有的家庭未意识到行为异常的孩子，有的家长不了解科学指导和帮助途径，使自闭症儿童错失了干预治疗的黄金期2岁到6岁；二是因为疾病，自闭症儿童缺乏基本的社交技能，他们进入公办幼儿园和普通学校阻力重重，有的中轻度自闭症儿童进入民办（私立）幼儿园和普通学校后，甚至会因"疾病造成的异常行为"受到排斥和歧视，被迫退园退学，封闭的社交环境反而加重其病情；三是为了照顾自闭症儿童，有的家庭父母一方或双方放弃工作，家长陪伴孩子的时间长达12小时甚至全天24小时，家长自我空间被孩子高度侵占，康复治疗的长期性和治愈的渺茫性，加之社会支持严重不足，容易对家长造成强大的精神压力和物质压力，引发抑郁症。

为此，建议：

一是加大普及性宣传。以政府的力量主导开展自闭症相关知识的普及性宣传，在基层卫生机构、妇幼保健站、婚姻登记处、医院等地发放宣传册，让大众能科学认知自闭症，消除歧视与误解，从而使家长能对行为异常的孩子早期发现、尽早就诊、科学干预。依托街道、社区广泛宣传，引起社会公众对自闭症患者及其家庭的包容与关注，引导各方投身到关爱自闭症儿童的行动中来，给予他们更多的关怀和帮助。

二是推进自闭症社会融合教育。教育部门应明确普通教育机构须零拒绝非重度自闭症儿童入园入学，并根据需要配置足够的专门辅助师资，组织对任课老师进行专门培训；倡导学校向学生和家长普及相关知识，减少对患儿的歧视；同时，建立社会融合教育财政专项资金，对接受患儿的普通幼儿园、学校给予相应的政策和资金支持。

三是建立对自闭症儿童家长专业培训和心理辅导机制。采取政府购买服务的形式，委托专业培训机构对自闭症儿童家长进行教育与培训，使其家庭成为患儿行为矫正与情感干预直接有效的场所和课堂，避免其家长采取给患儿服用中药、针灸、动物疗法等没有科学依据的治疗方法延误病情和浪费时间精力财力。政府委托心理辅导机构，对自闭症儿童家长进行心理辅导，提高其家长心理承受能力和对患儿病情的耐受性，降低心理压力。

关于优化基层公务员队伍结构的建议

2021年10月18日

基层公务员工作在第一线，直接面对广大人民群众，是政府行政管理工作的基石。据了解，目前工作在县级以下基层的公务员占全国公务员队伍总数的60%左右，是我国公务员队伍的主体。近年来，基层政府从强化政治建设工作责任、健全干部成长激励机制、提升干部队伍素质能力等方面，持续加强基层公务员队伍建设。与此同时，基层政府公务员队伍中存在以下几个方面问题，主要表现在：

1. 干部队伍平均年龄较大、学历单一。以建邺区某街道为例：公务员编制数32名，现有47名，其中区管干部16名，平均年龄51岁；科级干部14名，平均年龄47岁；普通公务员17名，平均年龄47岁（30岁以下2人，均为选调生，30～39岁1人，40～49岁5人，50岁以上9人）。从年龄结构看，40岁以下的科级干部比例明显偏少，干部队伍老龄化现象严重，没有形成较为科学的老、中、青三结合的科级干部结构。从知识结构看，学历层次偏低，全日制本科以上的数量不多，懂法律、懂经济、懂管理的科级干部较少，面对新形势、新任务，还没有形成与之完全匹配的专业门类和相对齐全的干部队伍。

2. 干部考核培养不够科学、力度偏弱。干部考核办法过于宏观和笼统，不容易量化操作，缺乏定量和动态跟踪，不能及时掌握干部的工作表现和问题缺点。对干部的培养缺乏高层次规划，还停留于"工作压担子、平时上上课"就是培养这样的思想理念。2017年以来，建邺区某街道提拔任用了7名科级干部，但是与日益繁重的工作任务和干部晋升发展的迫切愿望相比，还不能完全相适应，进度和力度稍显不足，少数干部争先进位意识有所淡化，需要进一步培养激励。

3. 干部管理监督意识落后、手段不多。对干部监督管理还不够重视，以纪工委管理监督为主，怕管多了得罪人，影响内部团结和工作关系。领导找下属谈心谈话偏少，思想动态掌握不及时、不全面，管行为多、管思想少，管工作落实多、管个人事项少。干部监督管理主要方法依靠谈话、测评、公示等，手段较为单一、方法跟不上，以干部自我管理监督为主。

为此，建议：

1. 优化梯次结构。把基层公务员与市区机关公务员作为一个整体，在年龄、学历、能力素质等方面进行统筹考虑，按照老、中、青的梯次结构，形成优势互补的基层公务员队伍。建立市区机关公务员与基层公务员定期交流机制，建议每两年进行一次结构微调或自愿报名转岗。基层公务员队伍要保持相对年轻化，建议基层50周岁以上的普通公务员不超过总量的三分之一，确保机关和基层公务员队伍结构相对合理。

2. 注重教育培养。把好公务员入口关，在基层公务员招录时要注重把专业、工作经历作为重要指标，扩大在基层从事社会工作的人员中招录公务员比例，对有社区党组织书记、居委会主任和事务中心主任经历，且工作成绩显著的同志，在年龄、学历和录取分数线等方面适当放宽条件，真正把从事基层工作优秀的同志选拔到公务员队伍，以激发基层工作者的内动力。要加大对基层公务员的多岗位、全方位锻炼培养，设立岗位年龄条件和在基层工作年限，在岗年龄不能超过45周岁，在街道或社区工作的公务员原则上不超过55周岁。新招录的选调生、公务员和部队转业的年轻干部统一安排到基层一线锻炼，优化干部梯次培养的成长机制。

3. 坚持严管厚爱。要突出党管干部的原则，更要注重发挥业务部门对公务员的管理要求，根据公务员承担的工作，上级业务部门、分管领导要定期给出评价。完善公平竞争机制，树立正确用人导向，突出从基层、从艰苦危险、重要岗位上选人用人。对年轻的同志要从提高工作能力入手，在压担子的同时，多安排轮训培训和岗位锻炼。对基层公务员年龄大、身体差的同志，建议安排到市区机关部门从事力所能及的工作，减轻他们的工作压力。完善容错机制，鼓励他们大胆创新、大胆工作。对一些非原则性的差错，应给予包容，为干事创业干部解决后顾之忧。完善激励机制，让在不同工作岗位、工作有能力的干部受益，一方面在干部选拔任用上应向基层一线倾斜；另一方面，基层公务员加班是常态，建议主管部门制定加班补贴发放标准，便于基层操作，真正让激励机制常态化、制度化，从而有效调动基层公务员干事创业的积极性。

"硬核"监管校外培训机构预收费行为的建议

2020年4月23日

近期，教育部针对"近期校外培训机构违规提前预收培训费"的问题进行了发布提醒。校外培训机构的预收费涉及面广、金额大，特别是网上教育培训机构平台和师资分布跨区域，资金风险更突出。中国消费者协会公布，2020年1月20日至2月29日，全国消协组织共受理涉疫情消费者投诉180972

件。其中，合同问题投诉量为35260件，培训服务类预付费纠纷成为投诉热点。

目前，我省根据《国务院办公厅关于规范校外培训机构发展的意见》和《江苏省民办非学历教育机构设置和管理办法（修订）》的相关规定，对校外培训机构进行管理。《国务院办公厅关于规范校外培训机构发展的意见》和《江苏省民办非学历教育机构设置和管理办法（修订）》中对校外培训机构预收费的监管和处罚明确："鼓励建立第三方账户监管机制，保护用户权益""强化综合治理、建立黑白名单和加强行业自律"等三项监管机制。实际工作中，相关规定和监管措施难以约束和处罚校外培训机构预收费行为，造成这类现象屡禁不止。

为此，建议：

一是完善规范性文件。修改《江苏省民办非学历教育机构设置和管理办法（修订）》，提高校外培训机构注册资金额，指定第三方账户，对民办非学历教育机构实行严格的资金托管，所收学费实行专户管理、专户核算，保证民办非学历教育机构正常运转的前提下，按一定比例的资金量留存在第三方账户上，既降低预收费资金风险，又解决消费者退款资金问题。

二是严查违规行为。建立联查联处工作机制，由教育部门牵头组织市场监管局、公安等部门常态化开展抽查检查，发现有一次性收取或通过拆分合同等形式变相收取时间跨度超过3个月的费用的行为，及时查处；定期组织"回头看"，力争监督查处常态长效。

三是运用"大数据"监管。充分运用大数据技术，打破数据信息孤岛，搭建跨部门的信息共享平台，实现数据融合共享，及时掌握民办非学历教育机构的经营者基本情况、经营状况、失信惩戒等动态信息，实现"互联网+监管"，适时向消费者公布和预警，提前防范风险。

第五章　社会团体

南苑街道总工会、共青团、妇联、关工委、工商联5个部门于2002年相继成立后，各部门尽职尽责在街道政治、经济、文化、生态、社会五大建设中充分发挥重要作用。总工会围绕中心，服务大局，团结带领广大职工继承和发扬工人阶级光荣传统和优良作风，投身新时代，为建设中国式现代化强国，为街道改革、发展、稳定作出努力和贡献。社区工会先后获得江苏省模范职工之家和江苏省模范职工小家等省市荣誉称号。共青团坚持主责主业，对广大青少年开展丰富多彩、形式多样学习宣传、理想教育、服务社会等活动，并以中共中央总书记习近平倡导的社会主义核心价值观为思想引领，使之成为党的有力助手。妇联履行引领、服务、联系职责，常态化开展"巾帼大宣讲"，持续推进家庭家教家风建设，用心用情做好维权关爱服务，团结带领广大妇女群众立足本职岗位、主动作为。关工委以关心、教育、培养青少年健康成长为目的，坚持立德树人为根本任务，在青少年中开展思想、道德、法制、科技、家庭、幼儿等主题教育活动。组织"五老"参与社区志愿服务，以"德育、法育、心育"一体化推进护航青少年健康成长。工商联以区域经济发展为出发点，成立基层商会，团结教育非公人士，走访辖区企业，助力符合条件企业兑现各类减免政策，助力企业疫情后复苏，为和谐南苑建设履职尽责。

第一节　总工会

【机构】

2002年3月，南苑街道总工会成立。至2022年历任主席傅毅彬、张鉴冰、李烽炜、施月华、王宗培、陈怀健、周志林。下辖非公企业独立工会14家，新业态联合工会2家，社区工会联合会12家，有工会会员4449人。

2002—2022年南苑街道总工会负责人更迭表

表5-1

姓　名	职　务	任职时间（年、月）	备　注
傅毅彬	主　席	2002.03—2005.03	南苑街道党工委副书记兼
张鉴冰	主　席	2005.03—2006.12	南苑街道党工委副书记兼
李烽炜	主　席	2006.12—2010.06	南苑街道党工委副书记兼
施月华	主　席	2010.12—2012.02	南苑街道党工委副书记兼
王宗培	主　席	2012.06—2017.03	南苑街道党工委副书记兼
陈怀健	主　席	2017.03—2020.04	南苑街道党工委副书记兼
周志林	主　席	2020.10.23—	南苑街道党工委副书记兼

【主要工作】

2002年，南苑街道总工会成立，傅毅彬任工会主席。2003年，南苑街道总工会把指导和帮助基层工会组织建立职代会制度作为党建带工建重要内容，在各企业工会中配强工会主席。2004年，南苑街道总工会进一步推动地区"党工团共建"活动，创新非公企业工会组建形式，探索在流动人口相对集中区域建立外来务工人员工会组织，加强改制企业工会组织重组、新建。2005年，南苑街道总工会利用专题冬训班、基层主席例会和职工群众座谈会等形式，加强学习。2006年，南苑街道总工会贯彻《中华人民共和国工会法》，向社区居民发放宣传资料900余张。2007年，南苑街道总工会开展"比优秀工程出精品、比安全生产零事故、比职工创新出成果、比文明工地树形象、比工程预算控制好"的"五比"活动。2008年3月，与南苑街道妇联、劳保所联合开展"庆'三八'国际妇女节"广场活动。4月，参与区总工会举办的职工技能大赛。2009年，南苑街道总工会开展技术练兵比武、技术改革创新等活动。2010年，南苑街道总工会新建非公企业独立基层工会组织3家。

2011年，批准欧尚等19家企业成立独立工会。4月，组织开展职工登山健身活动。5月，开展"五一"国际劳动节劳动竞赛、向劳模学习，充分展示广大职工爱岗敬业、甘于奉献、建功立业、促进和谐的时代风采。举办"迎青奥，奉献在岗位"演讲活动和举办"和谐劳动关系，促进企业发展"劳动法讲座。7月，组织职工开展颂党、爱党等系列文化活动，开展"夏日送清凉"等慰问活动。8月，开展职工维权广场活动。9月，开展"庆国庆、颂祖国"职工演讲比赛活动。10月，召开南苑街道总工会第二次工会会员代表大会。分别以无记名投票方式选举产生总工会第二届工会委员会、经费审查委员会和女职工委员会。开展安全生产大检查和安全生产知识培训工作。11月，举办职工摄影展。2012年6月，批准贝伦思网络科技有限公司等4家企业建立独立工会。8月，对困难职工子女开展"金秋助学"活动，开展职工游泳比赛。10月，做好年度困难职工建档工作，开展两节期间对困难职工扶贫帮困"春风行动"，开展《中华人民共和国劳动合同法》知识辅导讲座。举办南苑街道新春联谊会。2013年1月，举办保障干部业务知识培训班。组织"迎'五一'国际劳动节"登山比赛。6月，成立职工文化体育联合会，通过联合会章程。南苑街道总工会职工书屋获"南京市职工书屋"称号。2014年，组织职工环湖跑活动。组织职工参加全区篮球赛。11月，虹苑社区常州湖港物业服务有限公司南京分公司、鹭鸣苑社区上海金地物业公司、庐山社区南京十朝春餐饮管理有限公司等3个单位成立独立工会。2015年，举办新春趣味运动会。6月，开展集体合同监督检查。是年，怡康社区王伟伟获南京市"五一"国际劳动节巾帼标兵称号，鹭鸣苑社区获南京市"五一"国际劳动节巾帼标兵岗称号。

2016年，南苑街道进行工会实名制采集，共采集完善信息4500人次。开展"劳动颂·生活美"摄影大赛。组织职工群众春季踏青，参观李元龙纪念馆接受党性教育。参加建邺区篮球比赛，"安康杯"劳动竞赛等各类活动。与65家25人以下非公企业职工签订工资集体协商合同，与90家个体工商户职工签订工资集体协商合同。2017年，组织职工群众观看红色主题电影。开展迎新春文体活动。组织工会会员赴浦口知青故里参观学习，并赴老山不老村踏青。参加南京市总工会组织南京坐标城市印迹定向赛。分别在话园社区和黄山路社区建立2个爱心驿站，开展"送清凉、送安全、送法律"夏季"三送"活动。2018年，红星美凯龙集团公司南京河西分公司、南京重集思信息技术有限公司、南京飞鹰保安服务有限公司3家企业先后建立独立基层工会。欧尚超市及驰力汽车传动装置有限公司2家企业完成工会换届选举，总工会会员单位增加3个，会员人数增加100余人。举行总工会换届，选举产生主席1名、专职副主席2名。是年，吉庆社区被评为"江苏省模范职工小家"，南苑街道被评为"区模范职工之家"。2019年，南京华洋宏大房地产营销策划有限公司、江苏卫士博仁物业管理有限公司2家非公企业先后成立工会，吸纳工会会员约1500人，并将其全部纳入工会实名制系统之中。配合区总工会就欧尚超市与大润发超市整合问题召开包括超市行政方、工会方在内的三方会议，并就此问题持续跟踪，促成整合相关诉求顺利实现。举办元旦健步走活动、"迎新春"文艺比赛。开展"学雷锋"及法制宣传月系列主题活动。指导国泰民安社区、吉庆社区、兴达社区、爱达社区、健园社区、虹苑社区、话园社区、鹭鸣苑社区、怡康社区和庐山社区10个社区工会联合会完成换届选举。参加建邺区总工会组织的职工合唱比赛，组织工会会员前往红色李巷、戴庄赵亚夫事迹馆参观学习。2020年，新建非公企业独立工会4家，指导非公企业换届2家，新增会员1964人，工会会员达4449人。社区工会组建率100%；新冠疫情期间，为职工群众送去消毒凝胶等防疫必需品。南苑街道便民服务中心被评为"南京市工人先锋号"。

2021年，南苑街道新建非公企业独立工会3家，新业态联合工会1家，指导辖区企业更名2家，增替补工会主席1家。是年，南苑街道总工会下辖非公企业独立工会12家，新业态联合工会1家。全年开展观影、登山、法治宣传等各类活动112场（次），参加各类活动职工群众1000余人（次）。吉庆社区获"市级职工书屋"、华润置地（北京）物业管理有限责任公司南京分公司获"市优秀阅读组织"，兴达社区建立市级爱心驿站，泰山路社区、怡康社区申报市模范职工小家。2022年，成立东甲林集团有限公司、润加物业服务（上海）有限公司南京分公司2家非公企业独立工会，成立南苑街道吉庆社区快递联合工会1家新业态联合工会，指导南京所街实业公司增替补工会主席。兴达社区获"南京市志愿服务组织"，泰山路社区、怡康社区获"南京市模范职工小家"，吉庆社区申报省级职工书屋、职工书架，兴达社区建立省级户外劳动者服务站点。

第二节 共青团

【机构】

2002年1月，中国共产主义青年团南京市建邺区南苑街道工作委员会成立（以下简称团工委），负责人陆正园。下辖安如、安泰、虹苑一、虹苑二、爱达、兴达6个社区团支部和2个村团支部，各有1人负责社区（村）团务工作。2022年下辖12个社区团支部，每个支部有书记1名、副书记1名。历任团工委书记陆正园、兰黎丽、焦瑞。是年，南苑街道建有社区团支部18个（其中6个社区有第二团支部），非公团支部49个，基层团支部2个（机关支部和流动支部），团员共984名。

2002—2022年南苑街道团工委负责人更迭表

表5-2

姓 名	职 务	任职时间（年、月）	备 注
陆正园	副书记	2002.01—2003.03	主持工作
	书 记	2003.03—2004.10	
兰黎丽	负责人	2003.10—2004.11	主持工作
	副书记	2004.11—2009.05	主持工作
	书 记	2009.05	
焦 瑞	负责人	2009.07—2012.08	主持工作
	书 记	2012.08—	

【主要工作】

2002年1月，南苑街道团工委成立，同时成立6个社区、2个村团支部，重点开展外来务工青年就业、权益保障及辖区困难青少年关爱工作。2003年，加强对外来务工青年的教育和服务，成立外来务工维权站，每个月18日下午以《中华人民共和国劳动法》为主题开展授课。结合非典疫情，组织50余名抗击非典青年志愿者团队，对辖区内所有在外、外出、外来、外归人员进行拉网式清查，为医学隔离观察点住户免费代购生活用品。组织200余名驻地学校学生参加社区环境整治。2004年，南苑街道团工委围绕"三个代表"重要思想学习教育。组织团员青年参观梅园新村、南京博物院等爱国主义教育基地，观看纪念邓颖超、邓小平生前事迹展。开展"创建学习型组织，争当学习型干部"活动，倡导团员青年树立终身学习理念。加强流动人口青年教育服务工作。南苑街道进城务工青年法制夜校为进城务工青年开展法律授课4次，累计受教育人员400余名。4月，率先完成4个社区团支部和2个村团支部换届直选工作。在共青团组织中推进"服务型组织"建设工作，加强向党组织推优力度，开展特困青少年结对帮扶（实物或现金）资助14人，为34名外来务工子女开展义务家教。推荐安置43名失业青年实现就业。是年，已有2名青年列为南苑街道入党积极分子考察。2005年，在团员中开展"比作风、比形象、比服务、比水平"竞赛。同时利用橱窗、青年论坛等多种形式，介绍共青团工作和青年典型，带动南苑街道青年干部职工作风整体提高。以创建"星级、市级'青年文明社区'"为载体，组织社区团干部参观兴达等"市级青年文明社区"；指导基层团支部进行档案整理，促使基层团组织工作规范化、健全化。开展"情系十运会，青春耀河西"系列活动，组织团员青年参加"我们都做小主人，我为十运做贡献"演讲比赛、"关注弱势群体，构建和谐社区"暨学习宣传《中华人民共和国城市低保条例》知识竞赛、"爱我建邺，美化家园"征文大赛以及各类广场文艺演出。组织参加"十运志愿服务岗"。十运会召开期间，在水西门大街、江东路沿线、奥体中心周边主要交通路口、地铁总站等公众聚集场所，开展突发事件应急、卫生简易救助、文明交通劝导、站台秩序维护、赛场礼仪宣传、观赛线路咨询、旅游景点向导、老弱病残帮扶等志愿服务活动。

2006年，召开各类座谈会3场，基层调研6次，发放意见表56份，征集意见和建议72条，撰写党性分析材料4篇。充分利用辖区内各种爱国主义教育阵地，对未成年人进行"五爱"（爱祖国、爱人民、爱劳动、爱科学、爱社会主义）教育：通过课本知识教育与生动典型事例教育相结合模式，增强未成年人对思想道德教育认知度；以抗战胜利60周年、世界反法西斯战争胜利60周年和郑和下西洋600周年为契机，在青少年中重点开展以爱国主义为核心的民族精神教育；通过"缅怀革命先烈，弘扬民族精神"主题团日活动，引导广大青少年弘扬民族精神。在建邺区"迎十运、齐参与"行动月中，南苑街道团工委共组织9380人次志愿者进行志愿服务活动，为3万余宾朋和群众提供志愿服务。其中，交通协勤1120人次，文明乘车劝导112人次，志愿服务岗128人次，治安巡逻7700人次，文明礼仪宣传320人次，卫生简易救护、老弱病残帮扶约600人次，文明交通劝导上万人次，发放赛场礼仪宣传册2400册，接受问路咨询6000余人次，旅游景点介绍2000余人次，并发放市、区新版地图2400余张。2007年，以"邻里节"为契机，开展"弘扬博爱精神，创建文明城市，构建和谐社会"系列活动，组织团员青年到"博爱之家"社区慈善救助超市，现场捐助、书画义卖。开展结对共建活动，组织部分金陵中学河西分校志愿者与辖区内低保户、特困户家庭子女结对，开展义工志愿者义务家教活动；组织中等医药学校志愿者与社区内孤老结对，开展"送医（药）上门"活动。组织辖区外来工子弟参加南京市百场公益夏令营。同时组织禁毒志愿者、"禁毒小天使"参加"杜绝毒品，爱我家园"创建平安社区千人签名宣传活动。2008年，通过举办座谈会、讲座、辅导等形式组织机关团员学习党的十七大会议精神。组织开展扶贫济困送温暖"春风行动"。会同民政部门，筹集8800元帮困资金，发放给辖区特困家庭学生。完善社区少工委组织网络，成立南苑街道民俗文化少科院、话园社区少科院、国泰民安绿色科研少科院。利用暑假组织辖区单亲、困难家庭及外来务工家庭子女开展"奥运之梦"为主题的夏令营。2009年，推荐贫困儿童参加"青春暖流"助学活动。在区春季"春风行动"帮困助学活动中，组织4户贫困家庭子女免费参加培训学习。利用共青团南京市委的"牵手行动"，扶助3名应届困难大学生走入象牙塔，协助四松庵小学为5名困难小学生申请助学金。是年，30名青年志愿者参加便民服务活动，接受志愿者服务居民群众500余人次。为搬迁关闭组织30余名应天大市场关闭志愿者对经营户进行劝导达60天。在集庆门大街西城路改造期间，组织30名志愿者配合南苑街道、社区深入居民家中耐心沟通，最终圆满解决居民心中疑问。同时也配合区相关部门结合重要节假日，开展"3·15消费维权""文明交通月""文明创建""关爱残疾人"等宣传。组织辖区青年开展"交通协勤一小时，方便快捷你我他"志愿协勤，累计220名志愿者参加。2010年，发动辖区单位、居民、青少年为玉树灾区募得捐款共计人民币4410元。组织南苑街道、社区20余名团员到紫金山开展"保护母亲山"捡垃圾活动。"五四"青年节期间，组织南苑街道和社区40余名团员青年到雨花台革命烈士墓祭奠。在金陵检测线、艾森精细化工、新筑预应力公司新成立团支部内建立义工组织。多次接待外省、市、区考察。

2011年，南苑街道团工委结合创先争优活动和建党90周年纪念，组织社区青年社工学习党史，购买《苦难辉煌》，推荐优秀青年团员入党，开展非公组织团建等工作。组织南苑街道、社区50余名团员到紫金山进行"保护母亲山"登山活动。举办"南苑街道迎青奥青年社工演讲比赛"。完善义工组织、开展志愿者征集、筛查工作，形成2000余人骨干志愿者队伍。举办"借青奥精神东风，展现南苑风采"主题高考志愿服务活动。成立由社工、热心居民以及老党员为主组成的50余人的志愿者队伍，邀请辖区内10余家企事业单位共举志愿者大旗。该活动被南京电视台十八频道《标点》栏目、《扬子晚报》、龙虎网等多家媒体宣传报道。2012年，开通南苑街道团工委书记微博，以青年群体广泛关注的社会民生、就业等热点栏目展开沟通，通过网络平台为广大青年提供快速、丰富、有效信息。是年底，粉丝达500人。开展"文明从细微入手""法律进社区"等宣传教育活动，增补3名南苑街道团工委委员；成立7家非公企业团支部。开展以"志愿服务青奥、给力高考我服务"为主题团日活动和学雷锋广场志愿服务活动。结合文明创建开展义务扫除活动和雏鹰小队活动等。承办"助威亚青，喝彩建邺"建邺区迎接亚青会倒计时500天启动仪式、"青春关爱蒲公英、缤纷夕阳红"希望来吧启动等主题活动。2013年，成立金地物业、东方剑桥幼儿园等10家非公企业团支部。结合党组织"三争一创"活动，在团员青年中开展征文、演讲等教育活动。3月5日学雷锋纪念日，组织团员青年、志愿者们在南苑街道广场开展志愿服务活动13场。组织周边院校志愿者清理国泰、虹苑、兴达、华隆等小区白色垃圾。暑期开展青少年各类演讲、教育、比赛等活动53场。走访辖区30名青年，帮扶5名困难青年学生，同时向10个社区捐赠价值4000元图书。运用新媒体开展工作，团工委书记个人官方认证微博粉丝达900人，在《中国青年报》网络版《城管与小贩》栏目中获好评。南苑街道团工委与虹苑社区投资4万元，打造虹苑社区金德松养老服务站，为老人提供日间照料、送餐上门、家政保洁服务和康复护理服务。是年，该站点服务老人6480人次，送餐服务2010人次。虹苑社区居家养老服务站被评为南京市3A级居家养老服务站点，并通过省级示范性居家养老服务站点验收。2014年，坚持党建带团建，每年南苑街道党工委把共青团建设纳入南苑街道年度政治工作目标中，推荐5名优秀团员青年入党。以南苑街道内刊和社区表扬栏、QQ群和微博等方式，和青年团员交心，进行优秀团员和志愿服务宣传。通过举办"五四"就业招聘会、退伍士兵座谈会、应届大学毕业生恳谈会等形式改变青年就业观念。关心辖区困弱群体，推荐贫困儿童参加"青春暖流"助学活动。南苑街道在区"春风行动"帮困助学活动中，组织4户贫困家庭孩子免费参加培训学习。3年中利用团市委"牵手行动"，扶助3名应届困难大学生。协助四松庵小学为5名困难小学生申请助学金。2015年，新建非公团组织3家，指导鹭鸣苑、话园、兴达3个社区团组织开展换届工作，组建由江苏省科技工作者活动中心、江苏省职业技术学院、南京卷烟厂、莫愁中等专业学校、建邺高中等10个单位团体参与南苑街道青少年工作委员会。全年组织学习活动5次，组织南苑街道劳保所参加省级"五四"青年文明号培训班。结合团区委"青梦启航公益领袖"计划，与南京审计学院青年协会合作，在吉庆、兴达、话园社区举办青年志愿活动。组织有志创业青年学生参加南苑街道劳保所和团区委举办的创业培训20人次，为3名应届高考学生申办"圆梦基金"计1.2万元。组建60人青年网络志愿者队伍，配合团区委等上级部门进行宣传，针对谣言进行辟谣，先后参与重大活动5次。举办"我们的未来"普法教育活动，重点做好未成年人、新经济组织青年等特殊青少年群体维权工作。是年，南苑街道劳保所被评为上年度青年文明号。南苑街道团工委书记焦瑞被评为上年度南京市优秀团干部。

2016年，新建兴达幼儿园、涟城一期物业等非公团组织3家。指导兴达社区团支部联合社会组织"大爱之家"举办"希望来吧"冬令营，吸纳社区困难家庭子女参加。联合南苑卫生服务中心、圣典律师事务所、宁益眼科中心等多家社会机构举办"青春如火，南苑青年在行动"学雷锋活动，现场有义诊、法律咨询、眼科疾病预防科普、视力矫正咨询以及免费理发、量血压、测血糖等多项义工服务。为3名应届高考学生申办"圆梦基金"总计9000元。2017年，南苑街道团工委换届，新一届南苑街道团工委班子7人。选出6名团代会代表出席区团代会。是年，话园社区荣获南京市"青少年维权示范岗"荣誉称号。南苑街道团工委联合团区委、怡康社区、新城中学怡康街分校、明伦少年公益服务中心，举办无臂艺术家夏虹"点亮心中奇梦"大型励志教育演讲，参加者有辖区党员骨干，南苑街道团工委委员，青年教师、学生共计400余人。5月，在团区委指导下开展建邺区纪念建团98周年"你读书、我快乐，大家同分享"青年读书会活动，共有24名辖区青年共建委员会成员单位的青年参加。结合大走访工作，南苑街道与团区委、区妇联、晓庄学院实验幼儿园、幸福之家服务中心共同举办"深化学与做、友谊架金桥"青年婚恋交友活动，南京市交管局、江苏省第二中医院、南苑社区卫生服务中心等单位，300余名青年参加。2018年，结合建团99周年，在"五四"青年节期间联合多家成员单位开展"学习十九大精神、畅谈青春与人生"读书活动，团区委书记彭超和南苑街道党工委书记陈琎出席并讲话。配合团省委、团市委在话园社区、虹苑社区开展2场"七彩志愿社区行"区域团建活动。辖区内5名青年当选建邺区首届青年联合会委员。是年，怡康社区与明伦少年公益组织共同创建的"青少年社会实践营地之五彩社区"项目入选南京共青团工作创新创优入库项目，全年开展9次主题活动，受益人数1000余人。2019年，南苑街道团工委在原有7名委员基础上，按区委要求增补2名。建立华润置地（北京）物业管理有限责任公司南京分公司团支部、星美美容医院团支部等8家企业团支部。按照时间阶段完成团建系统团员接转工作，办理及时率达99.9%，至是年底，结转各类团员350余人。联合区卫健委、区红会、区残联、江心洲污水处理厂、南京卷烟厂、江苏泰和律师事务所、江苏融鼎律师事务所等单位举办"志愿服务我为先，雷锋精神永流传"学雷锋活动。联合多家成员单位开展"'五四'精神传颂百年，拼搏青春激荡人生读书活动"。联合晓庄学院实验幼儿园团支部在黄山路社区开展"艺趣梦想家"活动，为辖区留守儿童开展义务艺术绘画体验活动。对泰山路社区1名孤儿进行心理干预，联合团区委、民政局和2家社会机构共同帮扶，使之能够振作精神，重新返校学习。2020年，推荐5名优秀青年团员成为预备党员。新建16个非公团支部，构建2个联合团建支部对辖区10余家规模以上企业进行覆盖。疫情期间，南苑街道团工委组织青年志愿者100余人在辖区73个小区进行驻守，协助门岗开展测温、消毒工作，累计服务约3000人次达5万小时。为支持江苏省第二中医院开展防疫工作，捐助防护服300件，价值4.8万元。在汛情来临时，南苑街道团工委组织青年干部、职工40余人开展防汛值班。结合"五四"青年节开展"展青春活力·建功新时代"青年读书节活动，南苑街道和共建单位100名青年参加，是年累计开展青年大学习7066人次。结转各类团员296人。

2021年，南苑街道团工委全面完成12个社区两委班子成员兼任团支部书记改选工作，推荐3名优秀团员成为预备党员，新建10个非公团支部，构建2个联合团建支部。结转各类团员285人。全年累计开展青年大学习8626人次。发展17名较为优秀社会青年加入共青团，开除2名表现极差团员。新冠疫情防控期间，组织青年志愿者200余人次参与社区防疫工作约2000小时。开展"学党史、强信念、跟党走"青年学党史活动，联合区卫健委、江苏省第二中医院团工委、江苏环保产业技术研究院股份公司等单位，在兴隆地铁站，开展"争做青年先锋、展现时代风采"活动，服务社区居民约300人次。2022年，对国泰民安、怡康等5个社区团支部副书记进行调整。新建13个非公团支部，推荐1名优秀团员成为预备党员，发展13名共青团员。结合"五四"青年节，开展"学党史、强信念、跟党走"青年学党史活动，南苑街道和共建单位约100名青年参加，每位青年阅读一本党史学习书籍，参加一次社区团支部活动，畅谈一次学习心得。是年，南苑街道团工委先后为辖区12户困难青少年开展"梦想改造+"项目，改善居住环境。结转各类团员170人，办理及时率达100%。全年累计开展青年大学习8726人次。国泰民安社区团支部被评为南京市"五四"红旗团支部，南苑街道团工委被评为上年度区"五四"红旗团工委。

第三节　妇　联

【机构】

2002年3月，南苑街道妇女联合会成立（以下简称南苑街道妇联）。负责人王伟月。妇联实行选举制，任期3年。至2022年，历任负责人王伟月、秦惠莲、宋炜、李世民、虞欣，妇联主席司明秀、高云宵、花蕾、司明秀、王元媛。下辖12个社区妇联，17个新领域妇联，22个妇女微家。

2002—2022年南苑街道妇联负责人更迭表

表5-3

姓　名	职　务	任职时间（年、月）	备　注
王伟月	负责人	2002.03—2004.02	南苑街道办事处副主任兼
秦惠莲	负责人	2004.02—2006.12	南苑街道办事处副主任兼
宋　炜	负责人	2006.12—2008.12	南苑街道办事处副主任兼
李世民	负责人	2006.12—2017.01	南苑街道办事处副主任兼
虞　欣	负责人	2017.01—2017.09	南苑街道办事处副主任兼
司明秀	主　席	2017.09—2018.11 2021.03—2021.12	区人大南苑街道工委主任兼

续表5-3

姓　名	职　务	任职时间（年、月）	备　注
高云宵	主　席	2018.11—2020.12	南苑街道办事处副主任兼
花　蕾	主　席	2020.12—2021.03	南苑街道办事处副主任兼
王元媛	主　席	2021.12—	南苑街道办事处副主任兼

【主要工作】

2002年，开展妇女维权、创业、培训活动。采集社区及驻地单位空岗信息，为妇女就业提供岗位。在少儿活动中心、市民广场等处组织少儿书画比赛，举办讲座、宣传、文体等活动。2003年，在社区举行职介招聘会3次，共提供岗位1500余个，安置890余人次，岗前培训150余人。开展南京市第一个"零暴力家庭承诺书签订仪式"活动，共有100余户家庭参与签订承诺书。创建"文明楼栋"38栋。其中，创全国文明楼栋1栋，五好文明家庭4608户，学习型家庭54户。抗击非典时期巾帼建功活动不断深化，215人次参与南苑街道范围140余户隔离户的隔离服务工作。各社区组织学生及社区居民共300余人观看《激励永远》新闻纪录片，组织200余名学生开展创建国家卫生城市和创建环境保护模范城活动。2004年，组织"送法进社区"现场会、妇女"四自"（自尊、自信、自立、自强）讲座、《中国妇女发展纲要（2001—2010年）》有奖知识竞赛等活动。巾帼服务站在社区举办帮扶就业招聘会，推荐妇女就业800余人次，实现妇女就业450余人次。同时举办再就业培训班，培训人数达150人次。各社区妇女儿童维权站聘请从事法律工作的退休人员，开展法律、法规宣传。举办"零家庭暴力"问卷调查，举办创业女性人员及成功女性座谈会、"展示女性风采、提升自我形象"知识讲座、大型广场文艺演出、亲子游戏"宝宝爬、骑大马"和猜谜活动。走访辖区15所幼儿园、小学，为100名儿童办理平安保险、附加住院医疗和门诊意外伤害保险。2005年，举办"迎十运、创文明街道、展巾帼风采"演讲比赛，开展"科普进社区"广场活动，成立南京市首批"科普小主人"宣传队，举办"反对家庭暴力，构建和谐社区"广场活动。承办南京市小公民道德建设基地现场交流会及全省"'六二六'社区拒绝毒品"启动仪式。参与文明城市、文明社区、文明家庭创建活动。开展巾帼文明示范岗、巾帼建功、家庭育人、零家庭暴力社区、文明楼栋、小公民道德实践基地等创建活动，并涌现出一批"巾帼创业之星"、新区建设新女性等。

2006年，确定社区党政一把手兼任社区妇联主席，配备专职副主席开展日常工作。在健园社区建成以基层组织建设示范点、社区妇女儿童工作站和社区儿童德育中心"三位一体"南苑街道妇女儿童活动中心。先后接待中国儿童基金会秘书长程淑琴和省、市各级负责人10余次200余人次。代表南京市接受江苏省妇女儿童委员会对南苑街道妇儿工作验收。承办南京市基层妇联组织建设示范点观摩推进大会。在话园社区广场举办"生育关怀社区行"暨广场宣传服务活动。庐山社区与江苏电视台影视频道、金陵中学河西分校联合举办"促和谐、关爱老人、从心做起、浓情社区行"活动。兴达社区承办由南京市妇联、市文明办、区妇联、区文明办举办"树荣辱新风，建和谐家庭"亲子活动。庐山社区到辖区地铁建筑工地举办"浓浓端午情，心系新市民"活动。同时在小公民思想道德教育基地开展教育实践活动及"关爱女童、关爱困难家庭、关爱老人"等50余场"邻里节"系列活动。2007年，举办"三八"架金桥、春风送岗位大型专场招聘会，21家企业提供702个岗位，供现场246人挑选。围绕"邻里节"开展家庭才艺展、家庭厨艺大比拼、宝宝爬行赛等活动。2008年，组织开展春风送岗活动，采集空岗与信息对接，举办妇女创业就业培训，鼓励和扶持一部分下岗失业妇女自主创业。兴达社区"儿童保护体系与网络建设"受到全国妇联领导和联合国官员关注。2009年，以"邻里节"为契机，开展春风送岗等30余场群众喜闻乐见的特色文化活动和为民服务活动。2010年，开展春风送岗、家庭文化艺术节、"健康宣传车"等"邻里节"主题活动。并以"母亲学堂"进社区、"区婚姻家庭法律巡回讲堂"进社区、"区百场女性知识公益讲座"进社区等活动为主题，开展妇女教育培训工作。

2011年，爱德基金会联合南京大学、中国药科大学和金陵科技学院等院校组成"爱心之旅"与虹苑社区建设"南京民工子弟读书房"项目，对民工子弟小学进行调研，举办民工儿童读书会，分别举办饮食卫生、我们的早餐、音乐改变生活、春季健康饮食等讲座，为期3个月，每周四下午，参加学生260人次。2012年，南苑街道、社区"三八"国际劳动妇女节期间，组织辖区特困家庭妇女进行妇科检查，区妇联在南苑街道召开区优秀家长学校表彰会，健园社区受表彰。南苑街道、社区妇联共11人到鼓楼区石头城、丁山社区，雨花台区花神庙、尹西社区学习交流。完成国泰民安社区、兴达社区申报第三批"江苏省示范妇女儿童之家"。各社区完成妇联换届工作。健园社区获区优秀家长学校表彰。2013年，南苑街道完成第四次妇联换届工作。南苑街道、各社区广泛开展垃圾分类宣传活动。上报区妇联三八红旗手和三八红旗集体名单。2014年，南苑街道妇联在元旦、春节期间对单亲贫困家庭、留守流动儿童、空巢独居老人进行慰问。联合上海皮皮狗公司对40户单亲贫困家庭进行慰问。组织社区下岗妇女参加区妇联、区劳保所举办的"'三八'架金桥、春风送岗位"活动，组织南苑街道3支文体队伍参加"迎青奥、庆'三八'"广场舞比赛。完成兴达、健园社区妇女儿童项目申报及评审工作，健园社区申报项目获南京市妇联经费支持。南苑街道巾帼志愿者完成平安青奥和"一二·一三"首个国家公祭日志愿服务，参与值勤志愿者约300人，总计5万小时，承担公交站台、地铁口值勤等工作。为妇女举办依法维权、技能培训等讲座30次。2015年，元旦、春节期间，南苑街道对辖区40户贫困家庭进行慰问。结合南京市妇联"最美家庭"上报工作，在南苑街道开展"家和万事兴、邻里互助亲"系列活动。完成吉庆社区"国学堂"和兴达社区"科技助力、情系儿童"助力计划项目申报及评审。南苑街道、社区妇联加大反对家庭暴力，开展男女平等宣传活动。南苑街道妇联选拔4位优秀女性任区妇联兼职执委。

2016年，以多种形式庆祝"三八"国际劳动妇女节106周年。组织社区开设剪纸班、航模班，举办演讲比赛等暑期活动。参加区妇联举办的建邺区第九届家庭学法竞赛活动。吉庆社区接待台湾新北市妇女协会参观交流。国泰民安社区、爱达社区参加全国妇联调研江苏省妇女维权座谈。各社区召开妇女议事会，学习中共中央总书记习近平在全国首届文明家庭表彰会上的重要讲话，参观南京市文明家庭代表韩守训事迹展。各社区完成妇联换届工作。2017年，南苑街道妇联完成换届工作，并建成妇联办公室、维权室、女性社会组织服务站等功能室。对辖区40名困难女性进行慰问。开展健康讲座，送法律进社区，开办暑期夏令营，组织母亲节、中秋节、重阳节系列活动。国泰民安社区开展"让温暖来敲门——社区空巢独居妈妈关爱计划"特别活动，兴达社区开展"迎'三八'，学雷锋"广场志愿服务活动，黄山路社区举办巾帼志愿者歌咏比赛，怡康、吉庆等社区进行健康义诊，话园社区开展"最美家庭"评比表彰。2018年，组织南苑街道妇联执委、社区妇联主席、干事、女性社会组织负责人、巾帼志愿者代表60人到江宁区东山街道、泥塘社区、古泉社区进行参观学习。邀请全国"最美家庭"艾荣华为全体执委宣讲家风家训。吉庆幼儿园、浙商银行、蒙正家庭服务中心成立妇联组织。爱达社区在居民家庭成立"巧姐微家",兴达社区在七彩巾帼志愿者服务队成立妇联。开展"建邺姐妹心向党,巾帼建功新时代"庆"三八"国际妇女节广场活动,表彰24户最美家庭,慰问40户困难家庭。南苑街道妇联参加区妇联组织的上年度微创投项目评审,3个项目分别获一、二、三等奖。2019年,朱莉家庭被评为江苏省文明家庭。建成妇女微家13个,四新组织妇联4个。围绕"三八"国际妇女节开展最美家庭表彰、妇女维权等活动,举办育婴、美发、插花等培训,送法律进社区、进家庭等专题宣传教育活动。国泰民安社区妇联与蒙正女性社会组织,为辖区双职工家庭孩子提供四点半学堂;健园社区妇联利用区妇联微创投项目,与守护稚翼家庭服务中心,建设"书香妈妈社区阅享空间";泰山路社区妇联成立锦泰法律服务工作室,为居民提供民事诉讼、行政诉讼、婚姻纠纷等咨询服务。2020年,成立3家"四新"妇联组织,4家妇女微家。开展妇女群众晒家风活动,征集家风家训100条,评选优秀家风家训30条。召开上年度"最美家庭"表彰大会,36户获得"最美家庭"称号。各社区妇联依托议事会开展家事调解工作。申报3个区妇联微创投项目:蒙正公益家庭服务中心"国泰民安、儿童友好"项目、和事佬工作室"温暖吉庆、志在巾帼"吉庆社区特困家庭帮扶关怀项目、跃美女性公益发展中心"有温度的社区,有温度的生活——庐山社区温度生活"项目。

2021年,"心向阳,心成长"兴达社区情感空间项目,开展性别平等教育等3场线下活动、2场线上活动,受益者达95人次。金隅紫京府"宁姐月嫂"工作站,开展家政服务宣传、婴幼儿日常护理等专业培训7场。庐山社区、国泰民安社区各成立1家妇联组织,虹苑社区、鹭鸣苑社区各成立1个妇女微家。区、街、社区三级妇联执委走访慰问辖区24户困难妇女家庭。完成社区妇联换届工作,共选出社区妇联执委204名,其中主席12名,副主席37名。疫情期间,共有巾帼志愿者队伍12支,1500余人参与防疫工作。2022年,举办故事演讲会、"最美"家庭代表家风家训宣讲、法律知识讲座、"巾帼大宣讲"等系列活动。南苑街道妇联换届,选举执委35名,其中主席1名,专职副主席1名,兼职副主席5名。区、街、社区妇联执委走访慰问困难家庭36户。举办"最美家庭"进社区活动,评选并表彰24户南苑街道"最美家庭"。明伦少年公益服务中心联合鹭鸣苑社区妇联,申报"一条幸福河"鹭鸣苑社区家庭参与河流治理计划项目,并开展水质检测、手绘标识牌等4场活动,100余户家庭参加。庐山社区儿童友好社区进行升级改造，完善社区地图、儿童议事会等。10月，爱达社区"小爱育儿园"开园，实现"家门口"普惠制、可持续的早期教育及托育服务。对辖区114户重点家庭进行风险排查，其中涉及妇儿121人。金隅紫金府"宁姐月嫂"家政社区服务站新春送家政服务，举办防疫知识和技能培训9场次，为23名经培训合格的社区妇女寻找到合适的就业岗位。

第四节 关工委

【机构】

2002年7月，南苑街道关心下一代工作委员会（以下简称南苑街道关工委）成立。至2022年，历任主任傅毅彬、张鉴冰、李烽炜、施月华、王宗培、陈怀健、周志林、王伟月、王文宁。下辖12个社区建有关工委。

2002—2022年南苑街道关工委负责人更迭表

表5-4

姓 名	职 务	任职时间（年、月）	备 注
傅毅彬	关工委主任	2002.07—2005.03	南苑街道党工委副书记兼
张鉴冰	关工委主任	2005.03—2006.12	南苑街道党工委副书记兼
李烽炜	关工委主任	2006.12—2010.06	南苑街道党工委副书记兼
施月华	关工委主任	2010.12—2012.02	南苑街道党工委副书记兼
王宗培	关工委主任	2012.02—2017.03	南苑街道党工委副书记兼
陈怀建	关工委主任	2017.03—2020.04	南苑街道党工委副书记兼
周志林	关工委主任	2020.10—	南苑街道党工委副书记兼
王伟月	常务副主任	2002.02—2011.12	主持工作
王文宁	常务副主任	2012.01—	主持工作

【主要工作】

2002年，国泰民安、虹苑一、虹苑二、兴达、爱达、安如、健园、话园、真园等9个社区成立关工委。2003年，庐山、鹭鸣苑、吉庆等3个社区成立关工委。南苑街道关工委荣获区关心下一代工作先进集体。2004年，南苑街道关工委荣获南京市关心下一代工作先进集体。2005年，组建新的国泰民安、话园社区关工委。南苑街道关工委荣获区科技活动先进集体。2006年，南苑街道关工委荣获南京市关心下一代工作先进集体。2007年，怡康社区成立关工委，国泰民安、兴达、吉庆3个社区荣获南京市"六好"（党员干部示范带头好、社区居民遵纪守法好、社会矛盾调解处理好、社区治安好、安全生产管理好、"五类人员"管理好）社区（村）关工委。2008年，南苑街道及虹苑、吉庆2个社区荣获区暑期青少年主题教育活动先进集体，吉庆社区荣获区中小学生科技活动先进集体。2009年，南苑街道关工委及爱达社区荣获南京市关心下一代工作先进集体。2010年，开办"小小民间艺术家"剪纸班，进班少儿学员44人。

2011年，南苑街道关工委组织各社区开展各类暑期活动110余场。同时举办"小小民间艺术家"剪纸班，进班少儿学员55人。2012年，南苑街道关工委开展"雷锋在我身边"老少同台演讲比赛。组织各社区开展暑期活动内容有"小小民间艺术家"剪纸班，进班少儿学员66人，科普夏令营；听党员讲学雷锋故事等。参加建邺区关工委组织的第四届社区中小学生科技"四个一"比赛暨第二十届中小学生科技创新大赛，第六届"我做小小科学家"手抄报比赛，区少儿读书节、小学生"学雷锋 知党恩 讲品德 见行动"夏令营、"雨润杯""老少看南京"摄影展等。2013年，南苑街道关工委组织参加区关工委开展的"礼仪南京新春网络寄语"征集活动。举办绘新城河西迎青奥盛会暨"小小民间艺术家"剪纸班，进班少儿学员55人。参加市关工委组织开展的"向国旗敬礼、做有道德的人"网上签名寄语活动。2014年，南苑街道关工委组织参加南京市关工委举办的"文明迎青奥、礼仪伴我行"老少同台演讲比赛，百场未成年人心理健康宣讲活动。参加区关工委举办的青奥专题讲座，中小学生科技"四个一"比赛暨第二十一届中小学生科技创新大赛，第八届"我做小小科学家"手抄报比赛等。2015年，南苑街道关工委开展"立德守法做文明有礼南苑人"及困难家庭社会实践夏令营，老少同台演讲比赛，"纪念抗战胜利70周年——青少年才艺展示会"等活动。

2016年，经南苑街道党工委会研究，明确各社区关工委主任由各社区党委书记担任。召开社区关工委"五老"网格小组建设工作推进会，成立"五老"网格小组53个、"五老"网格员336名。泰山路、黄山路2个社区成立关工委。是年，南苑街道关工委荣获南京市金金网"诚信南京·2016新春网络寄语"征集活动组织奖、获南京市金金网第三届（上年度）"三优"评选活动优秀通联集体。2017年，举行"学史立志、崇德向善"暨"优秀传统文化进校园"主题教育活动启动仪式。南京市关工委常务副主任汪正生、市教育系统关工委常务副主任施正东、市文明办未成年人思想道德建设处处长赵小敏、市妇联副主席彭媛媛、团市委书记林武平、建邺区委书记张俊、区委常委宣传部部长周峰、区委常委组织部部长关工委主任刘玉民、区关工委常务副主任汤倩一以及学生、社区群众等200余人参加。是年，南苑街道荣获南京关工委"强富美高新南京新春网络寄语"征集活动最佳组织奖、获南京市金金网第四届（上年度）"三优"评选活动优秀通联集体。2018年，南苑街道关工委设名誉主任，明确由南苑街道党工委书记和南苑街道办事处主任担任。举办"喜迎十九大 童心永向党"老少同台演讲和"走入军营、立志报国"少年国防夏令营、"剪纸、泥塑手工制作班""雨花石的历史与今天故事会""红色展览照我心"等活动。南苑街道关工委常务副主任王文宁在中国关工委常务副主任闵振环来宁调研会上做题为"如何让更多孩子实现离校不离教的愿望"的发言。全省校外教育辅导站培训班178名学员在江苏省关工委主任曹鸿鸣带领下分4批视察南苑街道关工委工作。南苑街道荣获南京市金金网第五届（上年度）"三优"评选活动优秀通联集体、南京市金金网"幸福南京·2018新春网络寄语"征集活动最佳组织奖、南京市关心下一代工作先进集体。王文宁、吴顺彬、张海燕荣获"南京市关心下一代工作先进个人"，吉庆社区荣获"南京市先进电子阅览室"称号。2019年，南苑街道关工委荣获南京市关工委"辉煌七十年新春网络寄语"征集活动优秀组织奖，荣获南京市金金网第六届"三优"评选活动优秀通联集体。吉庆社区荣获"全国优秀儿童之家"称号，庐山社区"传承科学精神、点燃爱国情怀"获江苏省校外教育辅导站优秀活动视频一等奖，怡康社区"红领巾向阳 童心共享幸福年"获江苏省校外教育辅导站优秀活动视频二等奖。2020年，带领"五老"和青少年开展以"爱党爱国，立德立行"为主题活动200余项。在建邺区率先成立南苑街道少年法学院。资助家庭经济困难学生34名，计

3.81万元。承办"我心中的体育梦——智慧健身·老少同行"开幕式。接待无锡市、深圳市关工委等30人来南苑街道关工委调研。是年，南苑街道荣获江苏省"颂时代楷模、赞中国精神"老少同台讲好中国故事朗诵、南京市"奋进2020——新春网络寄语"征集活动最佳组织奖、南京市金金网第七届"三优"[优秀网络作品、优秀特约记者（通讯员）、优秀通联集体]评选活动优秀通联集体。吉庆社区荣获"省优秀校外教育辅导站"称号，怡康社区"社区少科院 点亮童心梦"获江苏省校外教育辅导站优秀活动视频特等奖，泰山路社区"'疫'路有我 阳光心室伴你行"荣获南京市立项课题一等奖。

2021年，围绕"颂建党百年，做时代新人"主题，做好服务和教育青少年工作。全年开展各类活动244场次，参加各类活动青少年和"五老"5000余人，南苑街道荣获南京市金金网第八届"三优"[优秀网络作品、优秀特约记者（通讯员）、优秀通联集体]评选活动优秀通联集体、江苏省关心下一代工作先进单位。吉庆社区《学史崇德、学史力行——青少年学党史》纪录片、《"五老"说：鹤发忆征途，童言话新章》荣获优秀视频一等奖。庐山社区"长征磨砺青春梦"荣获优秀视频一等奖，鹭鸣苑社区"闪闪红星指引青少年前进"荣获优秀视频二等奖，黄山路社区"寻找'碳'踪迹——关于江心洲'碳中和'生活"调研荣获南京市立项课题一等奖，虹苑社区"科技教育对儿童成长干预的研究"荣获市立项课题二等奖。2022年，全年开展各类活动100余场。参加网上网下活动，竞赛青少年和"五老"4000余人，获奖牌14块，受表彰先进个人90余人，《中国火炬》等刊物报道南苑关工委工作90余次。

第五节　工商联

【机构】

2003年8月，建邺区工商联合会南苑街道分会成立（简称南苑街道工商联）。至2022年，历任会长傅毅彬、施月华、王宗培、陈怀健、周志林。下辖4个社区分会，有会员企业153家。

2003—2022年建邺区工商联合会南苑街道分会负责人更迭表

表5-5

姓　名	职　务	任职时间（年、月）	备　注
傅毅彬	会　长	2003.08—2010.12	南苑街道党工委副书记兼
施月华	会　长	2010.12—2012.05	南苑街道党工委副书记兼
王宗培	会　长	2012.05—2017.03	南苑街道党工委副书记兼
陈怀健	会　长	2017.03—2020.04	南苑街道党工委副书记兼
周志林	会　长	2020.04—	南苑街道党工委副书记兼

【主要工作】

2003年8月，成立建邺区工商联合会南苑街道分会。选举产生会长傅毅彬、副会长张有馀、周刚、章群、林振良、常明亮，秘书长唐荣生，有会员企业43家。2004年，发展新会员16家。动员辖区企业单位开展结对帮扶工作，捐款3万余元慰问地区低保户家庭，推动光彩事业。2005年，发挥工商联作用，推荐14名少数民族人员实现就业和再就业。2006年，开展"星级商会"创建工作，在南苑街道文体活动中心设立会员之家，加强对会员宣传、引导和服务，提高商会工作水平。是年，南苑街道工商联被评为"四星级基层商会"。2007年，组织工商联企业参加纪念香港回归10周年"放飞心愿、庆香港回归"广场文艺活动。2008年，发挥工商联企业自身优势，引导企业员工参与社区建设，参与文明城市创建活动，为和谐社会建设做贡献。2009年，依托社区和工商联企业，发挥社会救助机构、劳动和社会保障部门以及教育、卫生、工商等部门职能作用，开展为统战成员服务工作，使生活困难统战对象在就业、入学、医疗、社会救助等方面能得到及时优先解决。2010年，发挥劳动保障站等社区中介组织作用，工商联企业为少数民族下岗失业人群提供就业渠道，帮助12人实现再就业。

2011年，联系辖区江苏广播电视大学、南京高等职业技术学院、江苏圣典律师事务所等高学历资源，邀请辖区内高校老师来南苑街道座谈，为南苑街道干部、社工共谋街道经济社会发展。2012年，加强与商会企业联系，在南苑街道服务民生"百日行动"中，上门走访，了解企业生产经营动态，帮助企业解决困难和问题，为企业提供信息、技术、人员、维权等方面服务。开展"同心·万家民企帮万户工程"活动，辖区内30余家规模企业及非公经济人士与122名特困人员结对，吸纳就业68人，帮助54人改善生活，发慰问金72.78万元。2013年，南苑街道商会按照《中华全国工商业联合会章程》规定，成立话园、兴达、虹苑、吉庆社区4家街道商会社区分会。2014年，建立统战舆情通报制度，结合社区开展的"社情民意建言会""社区舆情收集制度"等各个渠道，各社区通过各类会议向企业通报社区建设管理情况，以征得他们理解、支持和帮助。建立学习制度、档案管理制度和信息报送制度等，强化商会基础性工作。是年4月，组织会员企业参观青奥村、南京眼等河西新城新貌。2015年，加强会员数据库建设，举办2次数据库工作培训班，共24人参加。加强督促检查，采取逐一审表，后录入方式，保证数据采集和录入系统正确率，全年录入126家。10月，南苑街道商会吉庆社区分会与南京899商会频道联手开展"爱在社区"大型公益广场活动。

2016年，南苑街道商会吉庆社区分会邀请衡鼎律师事务所人员，为辖区内工商联合会会员企业提供法律咨询3次。2017年，南苑街道党工委在组织党员干部大走访活动中，为绿溢集团协调因绿溢大厦项目规划批前公示引发的矛盾，牵头做好世茂集团在5号地块开发过程中与遗留户的矛盾调处。2018年，邀请衡鼎律师事务所人员为辖区内工商联合会会员企业提供法律咨询，发挥吉庆社区创就业咨询室和吉庆社区九小行业自律联盟作用，为有创业意愿的统战对象提供咨询辅导等服务，引导区域内小微行业（如小餐饮店、小服装店、汽车清洗店和小理发店等）业主进行自我管理、自我服务、共同发展。2019年，与相关科室携手定期为企业提供纠纷调解、法律宣传和人才招聘等各类服务，共同当好"店小二"。根据属地企业资源情况，成立新社会阶层实践基地1处。2020年，专题研究符合新冠疫情减免条件困难中小微企业减免部分房租事宜，及时检查企业员工信息情况和防控措施落实情况，帮助79家企业尽快复工达产。

2021年，推荐孙东亮、李小红、周冲、吴捷和孙钢为建邺区工商联第十次会员代表大会参会代表。12月，成立南苑街道商会，李华星任商会会长，商会会员企业37家。2022年，走访辖区企业，进一步研究符合条件困难中小微企业减免部分房租事宜，及时检查企业员工信息情况和防控措施落实情况，协助符合条件企业兑现各类减免政策，助力企业复苏。

第六章　工业农业

南苑街道2002年初成立，所辖范围原为兴隆街道的所街行政村。2003年3月，区域范围调整，向阳行政村由兴隆街道划入。同年，向阳工业园划入南苑街道。2004年各行业主管部门负责统计上报的工业企业交由地方政府进行属地统计上报。2005年，工业企业单位数有所增加，年销售收入达500万元的企业全部列入定报统计范围，属地统计工业企业达27家。2008年，南苑街道所辖范围内年销售收入500万元以上工业企业21家。2010年底，所辖范围内年销售收入500万元以上工业企业15家。是年底，建邺区实行经济体制改革，所辖区域企业全部交由河西中央商务区管理委员会、建邺高新区及江东商贸区3家管理。

2002年，伴随着区域内大面积征地拆迁，农用地面积急剧下降，南苑街道辖区内菜地面积基本归零。2011年起，开展农村集体资产清产核资，南苑街道农村集体资产纳入村务公开范围。2012年，为保障亚青会举办，建邺区被列入"禁养区"，南苑街道完成畜禽养殖场所清理，畜禽养殖量基本归零。

第一节　工　业

【机构队伍】

2002年1月，南苑街道经济科成立，历任科长叶柏钢、王金华、滕衍福、徐忠、吴顺彬，有工作人员5人。2010年底，南苑街道裁撤经济科。2019年南苑街道恢复经济职能，4月成立企业服务办公室，主任吴顺彬，有工作人员8人。2020年6月，成立发展服务部，部长陈志云。2022年，有工作人员13人。

【辖区内工业企业】

2003年3月，原由兴隆街道统计的向阳村工业企业划入南苑街道。2004年第一次全国经济普查后，南苑街道所辖范围内规模以上工业企业27家。2008年第二次全国经济普查后，南苑街道所辖范围内规模以上工业企业21家。2010年始，辖区内工业企业逐步搬迁，南苑街道所辖范围内规模以上工业企业剩余15家。至2022年底，仅存江苏中烟工业有限责任公司南京卷烟厂1家。

2004年第一次全国经济普查南苑街道规模工业企业
（年销售收入500万元以上）统计表

表6-1

企业名称	企业地址	主要经营活动
宝钢集团南京轧钢总厂	湖西街46号	冷弯型钢生产
德尔塔动力设备（中国）有限公司	泰山路139号	工业锅炉生产
南京奥雄五金工具有限公司	应天西路71号	手用锯条生产
南京柏阳精密模具有限公司	向石南路218号	数控机床配件加工
南京标准件厂	湖西街60号	转向传动轴总成生产
南京第二压缩机厂	应天西路166号	气体压缩机生产
南京东辰印务实业有限责任公司	应天西路213号	彩盒包装盒生产
南京二机钣焊结构件制造有限责任公司	兴隆路99号	钣焊件加工
南京二机床数控机床有限公司	兴隆路99号	机床生产
南京二机数控车床有限责任公司	兴隆路99号	车床制造
南京广泰焊接有限公司	兴隆路42号	焊条制造
南京吉和装饰材料有限公司	兴隆路98号	木质装饰材料、木制品生产
南京嘉诚彩钢钢结构有限公司	向阳工业园	彩钢EPX夹芯板生产
南京金陵化工合成试剂厂	江东南路108号	石油添加剂（化学助剂）
南京金融机械厂	向石路8号	机械零部件加工
南京康瑞特电气制造公司	所街10号	电力电容器生产

续表6-1

企业名称	企业地址	主要经营活动
南京力捷精密机械有限公司	向石南路216号	汽车摩托车零件模具生产
南京菱虹数控机床有限公司	兴隆路99号	设计、制造、销售干粉压力机
南京摩德利钢琴有限公司	应天巷8号	钢琴制造
南京南锅化机制造有限责任公司	泰山路139号	石油化工设备
南京宁光控制系统有限公司	泰山路139号	锅炉控制柜
南京舜港服装有限公司	梦都大街8号	服装制造
南京苏星服装有限公司	梦都大街8号	服装制造
南京天辉服饰有限公司	向阳工业园	服装加工
南京万联机电有限公司	兴隆路沈家庄	电动自行车电机制造
南京西部瀚乔电机机械有限公司	向石南路218号	各种闸门生产
威特曼生物科技（南京）有限公司	应天西路213号	诊断试剂制造

2008年第二次全国经济普查南苑街道规模工业企业（年销售收入1000万元以上）统计表

表6-2

企业名称	企业地址	主要经营活动
江苏省中天电动车科技发展有限公司	应天大街767号	电动车控制器生产
南京奥雄五金工具有限公司	应天西路71号	手用锯条生产
南京百年包装有限公司	应天西路213号	包装箱纸制品加工
南京驰力汽车传动装置有限公司	湖西街60号	转向传动轴总成生产
南京二机钣焊结构件制造有限责任公司	泰山路71号	各种机床外壳加工
南京二机床数控机床有限公司	泰山路71号	数控机床（切削）制造
南京二机热处理有限责任公司	泰山路71号	金属材料、机械零件热处理加工
南京二机数控车床有限责任公司	泰山路71号	车床制造

续表6-2

企业名称	企业地址	主要经营活动
南京固钢机械制造有限公司	兴隆路9号	钢铁铸件生产
南京广达工业公司塑料包装厂	黄山路17号	塑料包装薄膜制品加工
南京华冠压缩机有限公司	应天西路166号	气体压缩机生产
南京金融机械厂	黄山路71号	通用机械零部件加工
南京菱虹数控机床有限公司	兴隆路99号	滚齿机加工
南京摩德利钢琴有限公司	应天巷8号	钢琴制造
南京宁肯电气有限公司	兴隆大街42号	电焊条J422生产
南京舜港服装有限公司	泰山路8号	服装制造（西服套装）
南京苏星服装有限公司	泰山路8号	服装制造（西服套装）
南京万联机电有限公司	泰山路71号	电动自行车电机生产
南京易德金属材料贸易有限责任公司	泰山路71号	金属材料零部件加工
南京集成电路研究所（南京仪表元器件研究所）	所叶路18号	LED显示屏生产
威特曼生物科技（南京）有限公司	应天西路213号北二楼	生产三类诊断试剂

2010年南苑街道规模工业企业（年销售收入500万元以上）统计表

表6-3

企业名称	企业地址	主要经营活动
江苏省中天电动车科技发展有限公司	应天大街767号	电动车控制器生产
南京奥雄五金工具有限公司	应天西路71号	手用锯条生产
南京驰力汽车传动装置有限公司	湖西街60号	转向传动轴总成生产
南京二机钣焊结构件制造有限责任公司	泰山路71号	各种机床外壳加工
南京二机床数控机床有限公司	泰山路71号	数控机床（切削）制造
南京二机热处理有限责任公司	泰山路71号	金属材料、机械零件热处理加工

续表6-3

企业名称	企业地址	主要经营活动
南京二机数控车床有限责任公司	泰山路71号	车床制造
南京易德金属材料贸易有限责任公司	泰山路71号	金属材料零部件加工
南京华冠压缩机有限公司	应天西路166号	气体压缩机生产
南京金融机械厂	黄山路71号	通用机械零部件加工
南京菱虹数控机床有限公司	兴隆路99号	滚齿机加工
南京摩德利钢琴有限公司	应天巷8号	钢琴制造
南京舜港服装有限公司	泰山路8号	服装制造（西服套装）
南京苏星服装有限公司	泰山路8号	服装制造（西服套装）
南京集成电路研究所（南京仪表元器件研究所）	所叶路18号	LED显示屏生产

2002—2010年南苑街道规模工业企业（年销售收入500万元以上）主要经济指标统计表

表6-4 单位：万元

年度	工业总产值	主营业务收入	利润总额	工业利税	工业增加值	备注
2002	5479	5295	141	360	1561	南京江东电力金具厂为村办企业；南京乔枫服饰有限公司为租赁土地企业，该企业视同村办企业进行属地统计
2003	21847	27962	692	1966	6381	实行属地统计，规模标准为年销售收入500万元以上企业
2004	73294	70459	59	2873	16851	实行属地统计，规模标准为年销售收入500万元以上企业
2005	82216	81650	818	3440	17230	实行属地统计，规模标准为年销售收入500万元以上企业

续表6-4

年度	工业总产值	主营业务收入	利润总额	工业利税	工业增加值	备　注
2006	88389	87850	2992	5637	18265	实行属地统计,规模标准提高至年销售收入1000万元以上企业
2007	87940	86750	697	4115	18494	
2008	91417	92570	2715	4622	16900	
2009	53746	53696	1956	3995	11871	实行属地统计,规模标准恢复为年销售收入500万元以上的企业,单位数有调整减少(奥能转入沙洲、林肯搬迁)
2010	61791	62769	2476	4811	13087	实行属地统计,规模标准为年销售收入500万元以上企业

注：以上数据统计范围不含南京卷烟厂。

【部分企业简介】

南京驰力汽车传动装置有限公司　　位于湖西街60号,是一家残疾人福利工厂,公司有员工300余人,其中残疾人达半数以上,厂区占地面积1.5万平方米,标准厂房1.2万平方米,是生产汽车传动装置的专业化工厂。2003年公司率先在同行业获得TS16949质量体系认证,并实施先进ERP管理,公司凭借雄厚的技术实力、先进的制造检测设备,不断创新的优质产品,以及讲求诚信的企业精神在激烈市场竞争中脱颖而出,专业化程度已达国内领先水平。2004年,改制为股份制民营企业。多年来,公司致力于产品研发、制造与销售,产品包括可调式、吸能式转向管柱总成,转向传动总成,冷冲压及锻造转向万向节总成,电动转向管柱总成。产品的稳定性、可靠性、先进性赢得用户信赖。公司年生产能力突破80万套、主要为国内一汽、二汽、南汽、一汽海南、哈飞、昌河、上汽通用五菱、长城、荣成华泰、上汽奇瑞、浙江吉利、厦门金龙、江淮、江苏春兰等数十家主机厂配套,产品涉及轿车、微型车、皮卡车、商务车、越野车、大中型客车、卡车等。2011年,该企业因征地拆迁搬至江宁区滨江开发区翔凤路26号。

南京集成电路研究所（又名南京仪表元器件研究所）　位于所叶路18号，始建于1966年，有职工320人，其中科技人员近200人（含高级工程师30人，工程师80人），全所占地面积1万平方米，建筑面积1.8万平方米，固定资产原值2000余万元，设有6个研究室，2个中间试验生产车间和1个水净化技术服务中心，是中国仪器仪表行业协会传感器专业协会副秘书长单位，是国家机电部传感器行业南方片分管归口单位，在全国仪器和传感器行业中有一定地位和影响。该所主要从事4大高新技术项目的研究开发与生产，电脑磁翻转、电脑LED大屏幕显示系统；仪表元器件、传感器及自动化仪表；弹性元件、金属波纹管及补偿器；高纯水净化设备。2010年，为响应建邺区政府退二进三号召，该企业原地改建为产业园区，研发、生产车间搬迁到南京市雨花开发区龙藏大道15号。

南京吉和装饰材料有限公司　位于兴隆大街79号，占地面积2.67万平方米，建筑面积1.7万平方米。为中国香港孙红女士与兴隆街道向阳村合办企业。主要产品有木制三夹板、多层板、细木工板及高档装饰板。1993年，生产能力达3.2万立方米（胶合板）。1998年，扩资120万美元新增4条生产流水线，主要设备有250台（套）。1999年，有职工130人，固定资产原值1423万元，工业产值3468万元，利税159万元。2003年，由兴隆街道划入南苑街道。2014年，因征地拆迁。

南京第二鼓风机厂　该厂是国家机械工业部定点专业生产各类风机的工厂，是兴隆地区首批股份合作制试点企业。1987年，首批获得国家颁发的风机生产许可证。1996年，消防排风机通过国家消防产品质量检验中心检测，并获得消防产品质量认可证及消防产品销售证书。1998年，被永诚国际咨询评估公司评为"AA"级信用企业，并被中共建邺区委、区政府评为"文明单位"。工厂占地面积1.2万平方米，建筑面积6800平方米，固定资产350万元，在职职工110人，年生产各类风机5000余台，实现产品销售收入800万元，实现利税150万元（其中利润87.5万元，税金62.5万元）。1999年，实现产品销售收入900余万元，实现利税168万元（其中利润93万元，税金75万元）。该厂以雄厚技术实力，研制开发出新一代高级民用建筑、地下人防隧道、地下铁路等必需的消防排烟风机、高效低噪声混流风机、斜流风机、低噪声轴流风机等高科技产品，产品曾多次获得江苏省、南京市嘉奖，并在历年产品质量抽检中，得到了有关专家一致好评。2003年，由兴隆街道划入南苑街道。2005年，因征地该企业搬迁到江宁区。

江苏中烟工业有限责任公司南京卷烟厂　位于梦都路30号，前身为成立于1948年的振业卷烟厂，1964年更名为国营南京卷烟厂，2009年正式更名为江苏中烟工业有限责任公司南京卷烟厂。2022年，该厂占地面积47.2万平方米，拥有国内先进水平的超高速卷接包机组等卷烟生产设备和现代化卷烟生产车间，在岗职工1100余人，年生产卷烟能力80余万箱。企业先后荣获"全国精神文明建设先进单位""江苏省文明单位""江苏省企业文化建设先进单位"等荣誉称号。

【招商引资】

2002年1月，南苑街道坚持以"招商与引税并举，税源经济与产业培育同抓"为思路，全员抓好招商引税，全年引入新办企业145家。2003年，全年共引入新办企业199家，注册资金人民币19606万元，美金1024.02万美元。2004年，全年共引入新办企业106家。2005年，全年共引进企业注册资金2.96亿元，其中注册资金100万元以上企业52家，1000万元以上企业6家。2006年，全年共引进企业注册资金3.1亿元，其中注册资金100万元以上企业67家，1000万元以上企业6家。2007年，全年共引进企业199家，注册资金2.79亿元，其中500万元以上企业14家，1000万元以上企业6家。规模型高科技企业1家，注册资金2000万元。2008年，引进注册资金500万元以上企业15家。其中，1000万元以上企业7家，引进税收规模1000万元总部1家，引进规模型高科技企业1家，培育当年税收入库300万元企业总部2家。2009年，引进注册资金500万元以上企业14家，其中，注册资金1000万元以上企业5家。培育当年税收入库300万~500万元企业总部1家（南京晋能燃料有限公司），引进商业配套项目2个（南京世绘缘酒店有限公司、南京瑞泰酒店有限公司），引进信息、咨询服务机构1家（江苏鸿林投资管理有限公司）。2010年，引进注册资金500万元以上企业8家，其中，1000万元以上企业2家。是年底，建邺区实行经济体制改革，所辖区域企业及招商引企工作全部交由建邺区河西中央商务区管理委员会、建邺高新区及江东商贸区3家管理。

2019年，南苑街道以服务经济、协税护税为重点，建立工作机制，开启"全面动员+全程服务"模式，成立企业服务工作领导小组，设立企业服务办公室。强化营商优商"四个一"（一周一例会、一月一统计、一季一督查、一年一考核）工作机制。利用宣传栏、电子屏、工作群等平台宣传服务企业相关政策。组织力量分组分片走访辖区重点纳税企业。建立"企业信息库"，储备"项目信息库"。是年，新注册企业540家，其中，500万元以上企业169家，1000万元以上企业112家，亿元以上项目3家，完成注册资金实缴1000万元以上企业2家。2020年，南苑街道促进企业复工复产，优化营商环境，结合新冠疫情防控复工复产巡查、异地户企业清理等工作。完成新注册企业56家。完成签约项目16个，签约投资总额7.25亿元。2021年，新注册企业403家。正式签约江苏智能制造新都市产业园，向智能制造产业园中园项目派驻专员并联招商，与欧洲城、绿溢大厦载体方、运营商开展深度合作。签约项目22个，签约投资总额7.07亿元。2022年，新注册企业206家（其中500万元以上企业31家）。完成签约项目32个，签约投资总额10.49亿元。

2022年南苑街道引进注册资金500万元以上部分企业情况统计表

表6-5

企业名称	注册地址
南京正晴和餐饮集团有限公司	江东中路223号401、402室
南京金基双创园园区管理咨询有限公司	南湖路58号南苑大厦1028室
南京轩彩文化传媒有限责任公司	江东中路219号凯旋丽都花园6幢203室
南京所街商业管理有限公司	南苑大厦603室
南京禾美万佳口腔门诊有限公司	白鹭东街78-2号3楼
南京伟凤宏耀汽车租赁服务有限公司	江东中路219号凯旋丽都花园6幢203室
双进仪器科技（南京）有限公司	南湖路58号南苑大厦1028室
南京嵩太电力科技有限公司	南苑大厦1029室
南京同奔文化体育产业发展有限公司	江东中路219号凯旋丽都花园6幢203室
南京奕明环境有限公司	江东中路219号凯旋丽都花园6幢203室
南京云凯建筑工程有限公司	江东中路219号凯旋丽都花园6幢203室
南京慧文道路运输服务有限责任公司	所街100号401室
南京芯绎科技有限公司	江东中路219号凯旋丽都花园6幢203室

续表6-5

企业名称	注册地址
南京鲸典筑建材有限公司	所街116号403-18室
南京盛娴电子商务有限公司	所街116号404-44室
南京锋祥物业有限公司	所街116号404-47室
南京含可商务科技有限公司	所街116号404-64室
南京嘉韦禾义科技有限公司	泰山路8号舜天产业园主楼北二楼201室
南京睿择网络科技有限公司	所街116号404-84室
南京佳誉烘焙包装制品有限公司	所街116号404-85室
南京世嘉奥瑞环保科技有限公司	所街116号404-102室
南京苏西文化传播有限公司	所街116号404-106室
南京秋邦国际货运代理有限公司	所街116号404-114室
江苏元旗科技有限公司	所街116号403-38室
江苏元旗汽车服务有限公司	所街116号403-40室
南京丝路春食品有限公司	所街116号403-33室
南京诺莱文化设计创意有限公司	所街116号404-127室
南京羽天行建设工程有限公司	所街116号404-112室
南京市青橙装饰广告设计服务有限公司	所街116号403-47室
南京意得广告传媒有限公司	所街116号404-130室
南京襄安建筑拆除工程有限公司	所街116号404-136室

【产业园区】

应天智汇产业园 2009年初，南苑街道成立应天智汇产业园办公室，具体负责占地面积7.34万平方米，规划建筑面积约8万平方米产业园建设与规划，园区由3家老牌企业南京钢锯厂（智汇园）、南京电线电缆厂（弘辉园）、南京集成电路研究所（振业园）组成。南苑街道出资45万元请专业设计公司对应天智汇产业园进行规划设计。南苑街道与南京市规划局和建邺区环保、工商、税务、消防等部门沟通，及时协调产业园建设中存在的问题，为园区运营企业提供有力支持。为入园企业争取税收优惠政策，为园区运营企业争取到南京市经委财政专项补贴20万元和奖励金20万元，用于支持企业运营。加大园区周边环境整治力度，拓宽道路、架设桥梁、实施雨污分排、出新周边小区等，园区外部环境有了较为明显提升。是年底，一期工程集成电路研究所项目外部改造完成，并开始内部装修；电线电缆厂项目完成改造工程。二期项目建设方案获建邺区城建例会通过开工。2010年，江苏中康药物科技有限公司、江苏衡鼎律师事务所、贝伦思网络有限公司、文采科技有限责任公司等16家企业入园办公。是年底，该产业园交建邺高新区管委会和江东商贸区管委会管理。

智汇园：南京钢锯厂改造后称应天智汇·智汇园，坐落于应天大街772号，智汇园占地面积2万平方米，建筑面积3万平方米，由8幢办公楼及库房组成，开展仓储服务及自有场地出租业务，入驻企业百余家。

弘辉园：南京电线电缆厂改造后称应天智汇·弘辉园，坐落于应天大街780号，是南京市发改委批准的，建邺区政府重点培育的市重点产业园。产业园占地面积1万余平方米，建筑面积2万平方米，由4幢办公楼及1幢裙楼组成。集软件研发、电子商务、体育、智能制造、物流电商、科技研发、创新智慧办公、职业技能培训、装饰设计、电子商务等产业于一体的产业园区。

振业园：南京集成电路研究所改造后称应天智汇·振业园，坐落在所叶路16号、18号，由3幢办公楼及1幢人才公寓楼组成。由南京山泉生物科技有限公司承租南京集成电路研究所有限公司于所叶路16号、18号振业园园区内所有建筑物、附着物、空置土地及其配套设施用于建设集中式长租公寓及办公项目，其中办公区域7000余平方米。2022年入驻企业近20余家，涉及工程设计咨询、生物医药、科技研发、律师事务所等企业，就业人数近300人。

江苏智能制造新都市产业园　该园位于建邺区兴隆大街50号，前身为南京第二机床厂西厂区，随着工业发展，这些老旧厂房逐渐被废弃。2019年，金基集团围绕战略新兴产业链，深化产业研究、聚焦空间规划、精益载体改造，园区规划总用地面积约8万平方米，规划总建筑面积约5万平方米，2022年园区已开发载体出租率100%，集聚了以新能源及新能源汽车为主的企业60余家。

国家电子商务示范基地舜天产业园 该园位于泰山路8号，国家电子商务示范基地舜天产业园是先导区重点载体之一，总建筑面积4万平方米，原为江苏舜天西服有限公司厂区，由建邺区政府与江苏舜天股份有限公司合作，共同建设改造，重点引进电子商务信息、交易、支付、物流以及相关软件研发、数据处理和投融资企业，打造特色鲜明、实力雄厚、功能齐全、环境优美、服务一流的国家电子商务示范园区。至2022年，园区主楼已改造完毕并正式交付使用，雨润云中央、南京广电淘东西、万镇连等15家电子商务企业已正式入驻。

第二节 农 业

【机构队伍】

机构 20世纪90年代，南苑街道辖区内所街村委会于1992年注册成立南京江东实业总公司所街公司，1994年更名为南京所街实业公司。南苑街道辖区内向阳村委会于1995年注册成立南京江东实业总公司向阳公司，2个公司均为集体所有制企业。2002年南苑街道成立，所街村、向阳村划入南苑街道。是年，南苑街道农副业办公室成立，历任主任胡见文、叶柏钢（2015年7月该机构撤销）。2014年2月，所街村和向阳村完成撤销行政建制工作，2个公司均为撤村保留公司，原所街村权益转归南京所街实业公司，原向阳村权益转归南京江东实业总公司向阳公司。2021年3月，南京所街实业公司注册成立南京所街商业管理有限公司，属于所街实业公司的下属全资子公司。后因南京江东实业总公司向阳公司账户不再使用，该公司银行账目于2022年并入南京所街实业公司管理，人员供养、集体资产处置亦由南京所街实业公司接管。

队伍 1992年，南京所街实业公司首任总经理杨炎贵，其后，公司历任总经理张兴春、徐荣生、王金华、叶柏钢、唐荣生、胡见文、叶兆斌、张诗龙，工作人员一直保持在30~40人。1995年，南京江东实业总公司向阳公司首任总经理马如宝，其后，公司历任总经理张远桃、黎家明，工作人员保持在30~40人。2021年南京江东实业总公司向阳公司人员全部转入南京所街实业公司。2022年12月，公司总经理吴顺彬、副总经理叶岚，在职集体人员24人、公开招聘人员6人、内退人员25人、退休人员38人。

【农业生产】

绿叶蔬菜　2002年成立南苑街道之前，南苑街道辖区范围属于南京市一线蔬菜基地。2002年1月南苑街道成立后，伴随着区域内大面积征地拆迁，农用地面积急剧下降，南苑街道辖区内的菜地面积基本归零。

养殖业　南苑街道辖区内养殖业历史悠久，主要分为水产养殖、牲畜饲养、家禽饲养等。20世纪80年代始，养殖业进入快速发展期，家庭饲养场、水产养殖场逐年增多，规模逐渐扩大。2002年南苑街道成立，辖区内开始大面积征地拆迁，养殖业规模日渐收缩。2012年，南苑街道辖区被列为"禁养区"，养殖业生产基本归零。

【农村"三资"（资金、资产、资源）管理】

2011年4月，建邺区政府颁发《建邺区农村集体资产管理办法（试行）》，南苑街道成立农村集体经济"三资"财务和资产监督管理领导小组，下设监督管理办公室，负责南苑街道"三资"财务和资产监督管理制度实施，协调处理实施过程中出现的有关事项；负责监督集体资产运行、财务收支和投资方向，监督维护集体资产保值增值；负责落实集体经济"三资"和"双印鉴"制度（在实施文件签署时，双方都需要签字盖章，以确保签署文件的真实性和完整性。双印鉴管理是一种有效的文件签署方式，可以有效防止文件被篡改，确保文件有效性）。南苑街道农村集体资产收支情况纳入村务公开范围。2021年，南京所街实业公司收入1557万元，支出1806万元（其中2020年账户余额669万元），南京江东实业总公司向阳公司收入179万元，支出135万元。2022年，南京江东实业总公司向阳公司并入南京所街实业公司，公司收入1405万元，支出1695万元（其中2021年账户余额201万元）。

第七章 商业 服务业

2002年南苑街道成立后，即融入河西现代化国际性城市新中心——河西中央商务区管理委员会、建邺高新区及江东商贸区板块规划发展之中。随着社会消费水平不断提高，"一站式"消费需求迅速增长，已建成多家商业综合体，新业态蓬勃发展。至2022年，境内出现一批上规模、讲档次、多品牌商业市场；拥有6000余家私营企业和个体户，其中，河西金鹰世界、大润发M会员商店、乐基广场、绿溢国际广场、苏果超市应天生活广场、所街商业街等商贸场所，经营商业产品和服务项目多达数千种。商业综合体的建成，既为广大群众提供了购物、休闲、娱乐、办公、交际场所，也促进了周边经济繁荣。境内虹苑农贸市场、所街农贸市场、兴达农贸市场、湖西街农贸市场经营蔬菜、肉类、水产、豆制品、干货、禽蛋、粮油、饮食等，市场布局合理，购物环境优美，极大地方便居民购物、方便居民生活。

第一节 商 业

【商业综合体】

河西金鹰世界 位于应天大街888号，是全球最高非对称三塔连体建筑，也是亚洲最大购物中心，投资百亿元，是金鹰集团打造的世界级旗舰商业综合体。项目于2011年1月开工，2017年11月开业。金鹰世界由相连的三幢塔楼和底部10层商业裙楼、地下4层地库组成，总建筑面积91.8万平方米，商业面积50万平方米，年营业额达30亿元。其中，塔楼高度分别为76层368米、67层328米和60层300.8米，分别作为金鹰国际集团总部办公、高星级酒店和写字楼。3幢塔楼间由空中连廊串联，并通过裙楼空中花园相连，形成看似分离却又连合的合体建筑，是集商业、酒店、办公、娱乐、医疗、教育等全生活功能于一身的全亚洲单体最大商业项目。金鹰世界外部由法国国家注册建筑师Frederic Rolland设计，内部由日本Pinhole设计社社长仓持光男设计。其中，时间广场、光之门、云的宫殿为3大高颜值中庭。

乐基广场　位于云锦路169号，占地面积2万平方米，总建筑面积7.9万平方米，是一个大型综合性商业载体。其中，云锦路东侧为1号楼（东塔楼），西侧为2号楼（西塔楼）。1号楼地下3层，功能为地下车库和商业；地上部分1~3层为裙楼，功能为商业，4~11层为塔楼，功能为办公。2号楼地下2层，功能为地下车库；地上部分为裙楼1层，功能为商业，2~11层为塔楼，功能为酒店式公寓。开发商为南京金基房地产开发有限公司。2020年5月开业，通过重构场景，构建更多体验式消费。其中，分层引入音乐吧、火锅、日料居酒屋、民谣吧、烤肉啤酒吧、生蚝吧、串吧等，融入情景化、体验感，打造南京网红潮流打卡新地标，重新定义年轻人生活方式，带来不一样的消费风潮。

绿溢国际广场　坐落于应天大街与黄山路交会处，是一座集国际甲级办公、行政公馆、精品商业于一体的新型商务综合体。商务办公部分约5万平方米，商业部分约为2万平方米。2021年10月开业，商业部分主要包含地上4层，汇集品质餐饮、艺术培训、休闲娱乐等多元品牌业态，打造出以"轻奢华、漫生活"为主题的精致生活空间。

【家居装饰市场】

南京兴隆陶瓷城　位于江东中路与兴隆路交叉口，1996年2月建成开业。占地面积7.31万平方米，建筑面积5.85万平方米，有门面房300余间，仓储库房2万平方米，主要经营建筑陶瓷、石材、玻璃、卫生洁具、五金配件及水暖器材。1999年成交额2.2亿元。2002年1月因区划调整，该陶瓷城由兴隆街道划归南苑街道，2003年拆迁。

红星美凯龙河西进口商场　位于梦都大街80号。是全国首家以进口原创为主打的旗舰式橱窗店，商场覆盖50余家国际一线品牌，囊括进口家具、进口橱柜、进口建材、设计客厅、软装定制等高端品类，商场经营面积约2000平方米。2022年，家居销售收入约1亿元。

【农副产品批发市场】

应天水产品批发市场　1996年12月，原南京水产品中心批发市场由汉中门瓮城搬迁至应天路拖板桥，更名为应天水产品批发市场，为国家二级大型水产品专业批发市场。市场占地面积8万平方米，建筑面积2.8万平方米，其中大棚面积1.5万平方米，营业办公用房0.5万平方米，建有20万千克冷库和200平方米鱼池。有经营户60家，设有海、淡水鲜活水产批发交易、水产品交易、水产加工、活水暂养、商务办公信息、后勤服务等6大区域。同时，还为经营者提供餐饮、住宿、通信、冷库等一条龙服务。其水产品供应量占南京市场90%左右。并辐射安徽、山东、江西、广东、福建等省，成为华东地区最大水产品交易市场。1997年，商品成交量6600万千克，成交额6.7亿元，税收27.12万元。10月，被农业部批准为国家"菜篮子工程"定点鲜活农产品中心批发市场。1999年，成交额9.9亿元，税收104万元。2000年，由天正集团上海投资有限公司、南京市投资公司、建邺区国有资产经营中心共同投资为股份制企业，市场占地面积5万平方米，总资产4000万余元，是一个综合性农副产品批发交易市场。拥有淡水产品、特种水产品、家禽3大类批发市场和1个配送中心，年交易额10亿余元。市场地理位置优越，交通十分便利。市场内设施配套齐全，建有水产品质量检测站、信息中心、电视监控管理系统、制冰厂、冷库等。2009年7月，根据南京市政府规划需要，应天水产品批发市场整体搬迁至江宁区众彩物流园。

南京所街肉类批发交易市场　该市场位于应天西路拖板桥，1996年建成，占地面积2000平方米，共有经营户12家，年成交额9548万元。是南京市城郊地区主要生猪屠宰场和肉类供应地。1997年，成交量250.8万千克，成交额2461万元，上缴税收8万元。1999年成交量1080万千克，成交额9485万元。2009年，该市场拆往外地。

【农贸市场】

兴达农贸市场　位于应天西路170号，2001年开业，经营面积880平方米，隶属南京所街实业公司。2022年，有摊位37个，交易额约为900万元。

虹苑农贸市场　位于应天大街773号，1999年建成开业，经营面积5000

平方米，由孔起顺个人租赁经营。2022年，有摊拉56个，交易额约为2900万元。

所街农贸市场 位于所街37–6号，2015年开业，经营面积2670平方米，隶属南苑街道。2022年，有摊拉70个，交易额约为1000万元。

湖西街农贸市场 位于湖西街50号商住楼底层，1999年开业，面积约500平方米，有摊位30个。2022年，交易额约为1200万元。

第二节 服务业

随着社会发展，区域内服务业发生很大变化，一些传统服务行当，如理发、洗浴、照相等在提档升级中，根据人们不同服务需求，增添新的服务项目，如美容、美甲、美发、美体、药浴、足浴、桑拿等。同时，一些现代服务项目如雨后春笋般在市场中出现，最具代表性的当属咨询、传媒、中介、快递、外卖、医美等。据工商部门有关资料反映，至2022年底，境内有2000余家经营户服务在洗浴、美发、医美、宾馆、酒店、修配、洗染等行业中。

2022年南苑街道辖区内注册资金50万元以上部分咨询公司统计表

表7–1 单位：万元

企业名称	注册地址	注册资本
南京金基双创园园区管理咨询有限公司	南湖路58号南苑大厦1028室	500
南京翼星教育咨询有限公司	所街116号711室	500
南京政佳咨询管理有限公司	所街116号404–175室	50
南京泉丰企业策划咨询有限公司	所街116号403–60室	50
南京安信志达工程造价咨询有限公司	所街116号404–36室	50

2022年南苑街道辖区内部分住宿餐饮企业统计表

表7-2

名　称	地　址
江苏金梦都宾馆有限公司	梦都大街30号
南京九悦酒店管理有限公司（桔子水晶酒店）	江东中路231-18号
南京七号栈宾馆有限责任公司（白玉兰宾馆）	黄山路2号
南京普诺酒店管理有限公司（维也纳酒店）	应天大街782号
南京汉腾酒店管理有限公司（汉庭快捷酒店）	应天大街772号
南京宁奥酒店管理有限公司（汉庭快捷酒店）	江东中路223号
南京豪宁宾馆有限公司（如家宾馆）	南湖路58号
南京建邺金鹰科技发展有限公司酒店分公司（金鹰酒店）	应天大街888号
南京绿溢马伍旺餐饮有限公司	黄山路2号（绿溢国际广场）1层18/19/20/23号商铺
南京嘿宁叔餐饮服务有限公司	黄山路2号1楼门面
江苏楠芸餐饮有限公司建邺分公司	黄山路2号绿溢大厦2层13号商铺
南京亿巨益餐饮管理有限公司黄山路分公司	黄山路2号绿溢广场1楼门面房
南京金拱门食品有限公司南京绿溢国际广场慕斯荟餐厅	黄山路2号裙楼一层1F10/12和2F11号商铺
南京安聚盛餐饮有限公司（绿阳春生态酒店）	集庆门大街39号
南京市黔喜锅餐饮管理有限公司	集庆门大街79号1-2层
南京榕府餐饮管理有限公司（榕府潮州菜）	江东中路209号
南京榕树下网络科技有限公司（榕府海鲜）	江东中路209号4楼
南京十朝春餐饮管理有限公司	江东中路223号201、202室
南京正晴和餐饮集团有限公司	江东中路223号401、402室
南京姝珉餐饮管理有限公司（南虾北羊）	庐山路1号底商
南京乐佰味餐饮管理有限公司	所街108号2层203商铺（乐基广场）
南京会锦轩酒店管理有限公司（味江东淮扬菜）	所街108号乐基广场2层210号商铺
南京盛世湘联（南京）餐饮管理有限公司	所街116号403-4室

续表7-2

名　　称	地　　址
南京禾旺餐饮管理有限公司	所街116号404-154室
南京浦夕酒店管理有限公司	所街116号404-66室
南京旺庭企业管理有限公司（左庭右院鲜牛肉火锅）	所街116号710室
南京康庸年华餐饮管理有限公司	所街116号711室
南京贝欣餐饮管理有限公司	所街116号711室
南京阅海楼酒店管理有限公司	怡康街9号301室
南京海新悦酒店管理有限公司	怡康新寓1幢、5幢1层门面房
南京润春餐饮有限公司（绿阳春生态酒店）	应天大街855号
南京八翊餐饮管理有限公司（望蓉城古法酸菜鱼）	应天大街888号金鹰世界广场7层
南京鱼跃季餐饮管理有限公司（鱼四季新融合料理）	应天大街888号金鹰世界广场8层
蟹道乐餐饮（南京）有限公司	应天大街888号金鹰世界广场8层
南京欢素健康发展有限公司（欢素创意素食）	应天大街888号金鹰世界广场9层
南京鸿霖汇餐饮管理有限公司（鸿霖多国料理）	应天大街888号金鹰世界广场9层15号商铺
南京浅葱小唱餐饮管理有限公司	云锦路169号乐基广场B1层01/02号商铺

2022年南苑街道辖区内部分美容美发及医疗美容服务企业统计表

表7-3

单位名称	详细地址
南京坤后美容有限公司	黄山路12号1226室
南京时光之美医疗美容有限公司	江东中路215号2001-2005间
悦初品牌运营（南京）有限公司	江东中路217-4号
南京蓝舍美容科技有限责任公司	江东中路229号2幢501-503室
南京亿颜美美容医院有限公司	庐山路94号201、202室

续表7–3

单位名称	详细地址
南京蒂泓生物科技有限公司	庐山路94号201室
南京米尚恩欧瑞医疗美容有限公司	江东中路227号501–514室
江苏明医医院管理有限公司	庐山路98号
南京暖尚花电子商务有限公司	所街100号604室
南京薇琦企业管理有限公司	所街100号610室
南京伊尔美容管理有限公司	所街116号710室
茶色美容服务（南京）有限公司	所街116号914室
南京可美若美容服务有限公司	所街乐基广场1幢306室
南京兰芷汇美容服务有限公司	所街乐基广场1幢317室
南京明文秀美容服务有限公司	所街乐基广场1幢405室
南京石井若希美容护肤有限公司	所街乐基广场1幢518室
南京卿悦美容管理咨询有限公司	所街乐基广场1幢907室
南京闻懋美容服务有限公司	所街116号301室
女人阁南京美容美发有限公司	怡康街18号
南京在水医方美容医院有限公司	应天大街778号
星美医院管理有限公司	应天大街778号第二层
南京翔翊形象设计有限公司	应天大街888号3层317
南京优缇美医疗美容诊所有限公司	应天大街888号AB1层FB150–2
南京美兆健康管理有限公司应天大街体检中心	应天大街888号金鹰C座11–12层
南京美珈美汇美容有限公司建邺分公司	应天大街888号金鹰世界负1层26–8
南京云双美发有限公司	应天大街888号金鹰世界7层F7052
南京维美锶医疗美容诊所有限公司	应天大街888号金鹰世界C座23层C区
南京金鹰世界医疗美容诊所有限公司	应天大街888号金鹰世界C座46层

续表7-3

单位名称	详细地址
苏州亦蓁健康管理有限公司南京分公司	应天大街888号金鹰世界广场内3层F313商铺
上海茜茜纤美美容科技有限公司应天大街分公司	应天大街888号金鹰世界内7楼F7020商铺
南京剪酷美发有限公司	应天大街888号金鹰世界广场内3层F3020商铺
南京橙屿美容服务有限公司	应天大街888号金鹰购物中心内A06层1138-A06-00962商铺
南京欣逸睿颜悦己医疗美容诊所有限公司	应天大街888号金鹰世界C座26层C区（实际楼层为22层）
上海美丽田园美容发展有限公司南京第四分公司	应天大街888号金鹰世界广场内7楼F702-1商铺

第八章 财政 税收 金融

2002年，南苑街道成立后，设立有财务室，负责街道财务结算服务等工作。是年，街道财政总收入941.16万元，财政总支出801.79万元。2007年，街道财务管理工作纳入区财政结算中心统一管理。2013年，建邺区财政建立财务预算管理系统，街道财务结算管理工作纳入区财政管理系统。2022年，街道财政总收入11678.08万元，财政总支出11678.08万元，收支平衡。

2002年，街道成立协税护税办公室，区国税分局、区地税分局共派4名助征员，负责辖区内上百家个体工商户税收征缴工作。2010年，全年完成税收总额3.13亿元，实现地方财政收入7921万元。是年底，区经济体制改革，街道不再从事税收工作。2019年，街道恢复经济工作职能。2022年，全年实现税收总额1.57亿元，实现地方财政收入8889万元。

街道地理位置处在老城与河西新城过渡地带，伴随着区域内大面积征地拆迁，城市化建设步伐加快，辖区内金融业快速发展。至2022年辖区内有银行、保险公司、证券公司33家，多分布在江东中路、应天大街、集庆门大街等主干道两侧，既方便了企业经营性借贷，也方便了周边群众的存储需求。

第一节 财 政

2002年南苑街道成立后，街道设财务室主要负责编制财务年报、预决算方案，制定街道财务管理内部控制相关制度并监督贯彻执行，对各社区财务收支业务进行监督及指导相关业务工作，监督集体资产管理。财务负责人徐磨强、主管会计金同蓉，出纳会计黄文霞，隶属街道行政办公室。2013年，建邺区财政建立财务预算管理系统，街道财务结算管理工作纳入区财政管理系统。2022年，街道财务室财务负责人柯茂泽，主管会计王克领，出纳会计邓欣、沈嘉蕙，隶属南苑街道党政综合部。

2002—2022年南苑街道财政收支情况表

表8-1　　　　　　　　　　　　　　　　　　　　　　　　单位：万元

年份	财政收入			财政支出		
	总计	财政收入	其他收入	总计	财政支出	其他支出
2002	941.16	316.41	624.75	801.79	316.41	485.38
2003	1214.51	577.62	636.89	1087.81	577.62	510.19
2004	1329.64	742.52	587.12	1329.64	742.52	587.12
2005	1837.03	1164.32	672.71	1836.62	1164.32	672.3
2006	2556.03	1271.58	1284.45	2505.87	1271.58	1234.29
2007	2852.74	2852.74	0	2852.74	2852.74	0
2008	3217.17	3217.17	0	3217.17	3217.17	0
2009	4051.79	4051.79	0	4051.79	4051.79	0
2010	3124	3124	0	3124	3124	0
2011	5171.46	5171.46	0	5171.46	5171.46	0
2012	3867.21	3867.21	0	3867.21	3867.21	0
2013	4417.87	4417.87	0	4417.87	4417.87	0
2014	4944.18	4944.18	0	4944.18	4944.18	0
2015	4227.1	4227.1	0	4227.1	4227.1	0
2016	5649.7	5649.7	0	5649.7	5649.7	0
2017	5815.56	5815.56	0	5815.56	5815.56	0
2018	6962.55	6962.55	0	6962.55	6962.55	0
2019	8181.88	8181.88	0	8181.88	8181.88	0
2020	11210.85	11210.85	0	11210.85	11210.85	0
2021	12641.22	12641.22	0	12641.22	12641.22	0
2022	11678.08	11678.08	0	11678.08	11678.08	0

第二节 税 收

2002年，南苑街道成立后，采取全员引税工作方法，税收保持高速增长态势，入库总额2494万元，占区下达年度奋斗指标131.1%，实现地方财政收入1294万元，占南苑街道奋斗指标136.6%。2003年，南苑街道不断改进和创新工作方法，完成税收任务。全年完成税收总额6641.41万元，实现地方财政收入1367.20万元。2004年，南苑街道和相关部门联合开展拉网清查，打击逃税漏税现象。全年完成税收总额9774.76万元，同比增长47.6%，实现地方财政收入2108.58万元，同比增长54.7%。2005年，完成税收总额10587.80万元，占必成指标92.67%，占奋斗指标81%；实现地方财政收入2904.64万元，占必成指标122.97%，占奋斗指标107.48%。2006年，完成税收总额13527.42万元，占必成指标108.63%，占奋斗指标97.42%；实现地方财政收入3723.66万元，占必成指标109.01%，占奋斗指标97.76%。2007年，受地方税源不断减少和税收征管体制不断完善等客观因素影响，加强与区域企业负责人沟通协调，做到应收尽收，完成税收总额16386.2万元，实现地方财政收入4542.13万元。2008年，坚持以"招商与引税并举，税源经济与产业培育同抓"为思路，发展园区经济、楼宇经济，实现产业不啻聚集。整合资源，强化服务，落实责任分工和奖惩措施，采取主动应对措施，全员抓好招商引税，全面完成目标任务。南苑街道经济在负重奋进中取得明显成效。全年完成税收目标19827万元，实现地方财政收入5948.10万元。2009年，税源经济实现新突破。全年完成税收总额2.62亿元，同比增长29%，实现地方财政收入6580万元。2010年，完成税收总额3.13亿元，比上年同期增长20%，其中房产税、建筑税及外引个人所得税之和比上年同期增长299%，实现地方财政收入7921万元。是年底，建邺区实行经济体制改革，南苑街道税收工作交由河西中央商务区管理委员会、建邺高新区及江东商贸区3家管理。

2019年，南苑街道重新恢复经济职能，原属地企业仍由3家管委会管理，南苑街道以发展新增企业为主，税收统计范围相应缩小。随即南苑街道开启"全面动员+全程服务"模式，组织力量分组分片走访辖区重点纳税企业，建立"企业信息库"，储备"项目信息库"。及时协调解决企业遇到的问题，帮助资金困难企业与银行加强对接，定期为企业提供纠纷调解、法律宣讲、人才招聘等服务，当好"店小二"。清查辖区房屋租赁企业，成功清理异地企业4家，房屋租赁税成功转入建邺区2家。全年完成税收总额452.66万元，实现地方财政收入271.62万元。2020年，按照区统一部署要求，落实属地责任，对辖区范围内异地经营企业开展走访调研工作，掌握企业实际需求与想法。至12月底，共清理111户异地企业，完成工商变更49户（其中500万元以上1户）（位列全区街道第二），税务变更28户（位列全区街道第一），实现属地税收增收204.9万元（位列全区街道第三）。新城小学北校区项目（南京宏亚集团建设有限公司承建）、建邺初中扩建项目（江苏东福建设集团有限公司承建），完成建邺分公司工商及税务注册登记，完成税收130万元。对接服务3家支行（江苏银行、杭州银行、浙商银行）新增税收收入445万元。全年完成税收总额1299.83万元，实现地方财政收入779.90万元。2021年，新增异地企业40家，完成工商变更30家，完成税务变更2家。全年完成税收总额3833.95万元，实现地方财政收入2245.44万元。2022年，新增异地户31家，完成工商变更21家。全年完成税收总额15662.65万元，实现地方财政收入8889万元。

2002—2022年南苑街道税收总收入情况统计

表8-2　　　　　　　　　　　　　　　　　　　　　　　　单位：万元

年份	税收总收入	地方财政收入
2002	2494	1294
2003	6641.41	1367.20
2004	9774.76	2108.58
2005	10587.80	2904.64
2006	13527.43	3723.66
2007	16386.20	4542.13
2008	19827	5948.1
2009	26200	6580
2010	31300.13	7921
2019	452.66	271.62

续表8-2

年份	税收总收入	地方财政收入
2020	1299.83	779.9
2021	3833.95	2245.44
2022	15662.65	8889

注：2011—2018年，税收工作交由河西中央商务区管理委员会、建邺高新区及江东商贸区3家管理。

第三节 金 融

随着南苑地区土地征收、房屋拆迁，推动房地产业和现代服务业发展。继而银行、保险、证券等金融业规模、数量发生较大变化。至2022年底，辖区内有金融单位33家，其中银行23家、保险公司4家、证券公司6家。

2022年南苑街道辖区银行一览表

表8-3

名 称	地 址	入驻时间（年、月）
北京银行股份有限公司南京涟城社区支行	怡康街8号127室	2017.05
渤海银行股份有限公司南京分行	江东中路213号	2017.02
广州银行股份有限公司南京新城支行	江东中路203号101、201室	2014.12
徽商银行股份有限公司南京河西支行	江东中路209号	2011.12
南京银行股份有限公司南京兴隆大街支行	江东中路213-1号	2020.03
招商银行股份有限公司南京乐基支行	所街116号乐基广场2号楼	2014.01
招商银行股份有限公司南京怡康街支行	怡康街9号	2014.07
浙商银行股份有限公司南京河西支行	云锦路157号	2017.09

续表8-3

名　称	地　址	入驻时间（年、月）
中国工商银行股份有限公司南京应天大街支行	南湖路58号南苑大厦	2003.12
中国工商银行股份有限公司南京江东中路支行	江东中路215号101室	2013.04
中国建设银行股份有限公司南京应天路支行	南湖路30-1号	2005.07
中国建设银行股份有限公司南京兴隆大街支行	江东中路211号101-102室	2014.11
中国民生银行股份有限公司南京集庆门大街社区支行	集庆门大街93号	2015.07
中国农业银行股份有限公司南京南湖春晓支行	南湖路27号	2003.01
中国农业银行股份有限公司南京建邺支行	江东中路205号	2010.09
中国农业银行股份有限公司南京云锦路支行	云锦路139号	2013.01
中国农业银行股份有限公司南京赛虹桥支行	黄山路2号	2018.09
中国银行股份有限公司南京河西支行	江东中路231-1号	2017.09
中国银行股份有限公司南京云锦路支行	所街169号悦府15-7	2018.06
中国邮政储蓄银行股份有限公司南京市银行桥营业所	应天大街770-7-8号	2018.01
中国邮政储蓄银行股份有限公司南京市应天大街支行	应天大街835-2号	2008.07
平安银行股份有限公司南京集庆门社区支行	集庆门大街75号	2020.08
平安银行股份有限公司南京建邺支行	所街171号15幢106室	2022.02

2022年南苑街道辖区保险公司一览表

表8-4

名　称	地　址	入驻时间（年、月）
定律安侯保险代理有限公司	江东中路215号2008-2010室	2019.01
阳光人寿保险股份有限公司江苏分公司	江东中路229号凯旋城广场A座	2019.07
人保社区保险销售服务有限公司南京集庆门大街营业部	集庆门大街185号银轮花园1幢36号	2019.12
中华联合财产保险股份有限公司江苏分公司建邺营销服务部	江东中路213号	2020.03

2022年南苑街道辖区内证券公司一览表

表8-5

名　称	地　址	入驻时间（年、月）
中国银河证券股份有限公司南京江东中路证券营业部	江东中路213号201室	2017.08
中信证券股份有限公司南京云锦路证券营业部	所街171号15幢1层106、113室，2层204室	2018.09
申万宏源证券有限公司南京黄山路证券营业部	黄山路2号绿溢国际广场1501、1504室	2018.09
壹企创业投资（江苏）有限公司	所街116号404-256室	2022.10
南京序明私募基金管理有限公司	所街116号711-724室	2022.10
中投金服（江苏）资产管理有限公司	应天大街888号金鹰世界A座46层C、B1单元	2023.08

第九章　城市建设与管理

2002年南京市区划调整，南苑街道成立，设立南苑街道城市管理科，内设安全生产办公室和物业管理办公室等部门。2011年，更名为城市发展科，内设安全生产办公室、物业管理办公室和环境保护科等部门。2016年，更名为城市管理和公共服务科，内设安全生产监督管理科、物业管理科、环境保护科、河长制办公室等部门。2020年，更名为城市管理部，内设物业管理科、环境保护科、河长制办公室等部门。具体负责城市建设、城市管理、行政执法、小区出新、市容卫生、防汛扫雪、垃圾分类、拆违、控违及协调服务和保障等工作。

第一节　城市建设

【机构队伍】

2002年1月，南苑街道城市管理科成立，科长王富贵，有工作人员7人。2009年2月，科长余德洲。2011年11月，更名为城市发展科，科长余德洲，有工作人员10人。2012年3月，科长丁少山。2016年10月，更名为城市管理和公共服务科，科长丁少山，有工作人员9人。2020年6月，更名为城市管理部，部长丁少山。2020年10月，部长张建。2022年12月，有工作人员30人。

【街巷出新改造】

2002年，南苑街道投入30余万元，对所街、厂圩街、湖西街沿街300余家店面门头出新改造。筹集资金15万元，修建450米长的天隆路（今所街东段）。2003年，南苑街道出新沿街店面门头125个，出新面积1800平方米，粉刷出新围墙38处，6970平方米；粘贴瓷砖300平方米。2004年，南苑街道对赛上路、江东中路、厂圩街、湖西街4条道路进行拓宽改造，项目拆迁居民358户、工企单位41家和沿街门面房113间、疏导棚12间。拆除厂圩街商业疏导房58间约800平方米，道路重新进行拓宽改造，两边安装路灯，绿化并重砌景观围墙；配合相关部门对辖区湖西街、长虹路、江东中路、集庆门大街等道路实施景观建设改造工程，对绿化进行提档升级，重砌景观围墙，沿街店面门头进行出新。2005年，集庆门大街景观改造交付验收，迎接第十届全国运动会主干道灯光亮化、广告牌、门头灯箱等景观建设工程完成。2006年，南苑街道配合相关部门对文体中路下水管网进行改造，沿线门头店招进行出新改造，解决文体中路雨大则淹的问题。对厂圩街、虹苑东路和健园路的门头进行出新改造。配合相关部门对贡园街和忠字路进行景观出新改造。2007年，南苑街道配合相关部门对台园路、虹苑东路、新苑路、怡康路等8条街巷进行出新；所叶路商业街建设初具规模，社区中心广场改造工程全面竣工。2008年，南苑街道完成庐山路街巷立面出新，对金虹路的34户门面进行门头、墙体出新。2009年，南苑街道对庐山路沿线店面进行门头出新。2010年，泰山路（原虹苑东路）、嵩山路（原虹苑西路）、应天大街、湖西街和南苑路被列入市区街巷出新整治改造，打造精品特色街巷范围。南苑街道发放调查问卷1384份，制作宣传横幅8条、板报4期。对出新方案进行公示，接待出新上访人员184人次，对群众反映的一些实际问题和困难，及时反馈给建设施工方，把群众利益与出新标准协调统一起来，减少和钝化不必要的矛盾。2017年，南苑街道完成厂圩街、康泰街、台晔路等10条背街小巷改造，完成兴隆大街、泰山路等围墙（挡）出新改造11处，面积约8200平方米。

【道路维修改造】

2003年，南苑街道对所叶路东段（今所街东段）和南苑路（今文体路）进行修复施工。2008年，南苑街道对金虹路路面进行出新。2009年，南苑街道协助建邺区城建局进行集庆门大街道路、亮化改造。2015—2016年，南苑街道配合做好恒山路、白鹭东街的建设工程。2018年，南苑街道完成应天大街环境综合整治工程。

【老旧小区改造出新】

2004年，南苑街道对健园社区和虹苑五村进行出新改造。其中，城建城管科独立承担虹苑五村小区出新改造，新建停车棚400余平方米、花坛1000余平方米。2005年，南苑街道辖区健园小区出新工程完工。2006年，南苑街道配合茶南和南湖公房管理处出新改造鹭鸣苑小区15幢和安康片区31幢楼房的出新改造工作。2007年，南苑街道完成话园片区和安泰片区小区出新，并通过验收。2008年，南苑街道完成安如、真园小区出新任务。2009年，南苑街道辖区台园、趣园、宇园片区被列入南京市、建邺区小区出新范围，为配合南湖公房管理处做好小区出新工作，制定工作方案，成立5个专业组，成立小区出新工作领导小组。小区出新拆除违章建筑225处，约4980平方米，并对房屋立面进行出新改造。2010年，虹苑1～3村被列入南京市、建邺区小区出新范围，南苑街道成立小区出新工作领导小组，发放调查问卷1384份，制作宣传横幅8条，出板报4期。接待出新上访人员184人次，对群众反映的一些实际问题和困难，及时反馈给建设施工方，把群众利益与出新标准协调统一起来，减少和钝化不必要的矛盾。共自拆、助拆公共部分违法建筑218处，约3200平方米。

2011年，南苑街道配合相关部门做好虹苑4～5村、湖西街42号、48号、50号的小区出新工作，多次组织人员对影响出新的违建进行助拆和强拆，虹苑4～5村共拆除违建25处，300平方米；湖西街42号、48号、50号共拆除违建61处，640平方米。2012年，南苑街道配合做好华隆新寓、贡园的小区出新和城西纺织公寓的综合整治工作，对松花江东街庐山社区旁的10间门面房进行综合整治出新。2013年，出新楼宇5幢，清洗楼宇3幢，粉刷、出新辖区围墙围挡30余处约1万平方米。配合完成兴达、虹苑2个农贸市场的升级改造。完成利星公寓、思园、澄园小区出新，共拆除违建47处，1290平方米。2014年，配合做好辖区湖西街34号、50号和凤鸣苑小区出新工作。完成正大茶城搬迁、关闭、拆除工作，完成正大茶城96户（198间）经营户搬迁、近万平方米的违建拆除。2015年，南苑街道配合做好利星公寓、安如村危旧房的搬迁工作。

2016年，南苑街道配合相关部门做好凤鸣苑和湖西街34号、50号小区出新。开展爱达花园小区违建治理行动，配合相关部门开展小区环境综合整治工程，改造出新围墙（挡）11处，8200平方米。2017年，南苑街道配合做好爱达花园小区环境综合整治，拆除246处违建。2018年，南苑街道拆除3503厂宿舍、沿河一村、兴宏园等3个小区违建119处，2000平方米。结合应天大街环境综合整治工程，进行兴达小区迎应天大街外立面"四统一"（统一防盗窗、晾衣架、雨棚、空调外机样式）改造。2019年，拆除国泰片区存量违建90余处，2000平方米。落实《南苑辖区吉山路两侧门面房拆除工作实施方案》，分组包干，与沿街商户进行约谈，完成所有承租户搬离工作。2020年，贯彻落实信息通信基础设施建设工作要求，联系铁塔、移动、电信公司，强化5G基站建设矛盾协调，保障基站建设平稳落地，共协调完成60余处。拆除话园片区存量违建，配合相关部门开展话园片区环境综合整治项目。

2021年，南苑街道全力推进健园、虹苑片区存量违建治理工作，拆除存量违建177处，3892平方米。2022年，南苑街道开展晔园、大贡园、小贡园等3个老旧小区存量违建治理行动，通过宣传普法、邻里带动、以拆促拆等方式，累计拆除148处，3500平方米。

【地标建筑】

江苏省档案馆　位于梦都大街36号，占地面积约3.34万平方米。该馆是集中统一保管江苏省省级机关、团体、企业、事业单位档案资料的国家综合性档案馆，省级爱国主义教育基地，国际档案理事会东亚地区分会成员单位。馆藏档案资料101.6万卷（截至2020年初），历史跨度超500年，包括明清档案、民国档案、革命历史档案和中华人民共和国成立后的档案4大部分，载体形式有纸质、录音、录像、影片、照片、光盘、缩微胶片、实物、电子档案等。馆藏《韩国钧朋僚函札》档案和《南京长江大桥档案》被列入《中国档案文献遗产名录》。

金鹰世界　全球最高的3塔连体建筑南京金鹰世界，位于应天大街888号，总面积约100万平方米，是金鹰国际集团总部办公所在地。其裙楼为金鹰旗下最大的生活中心，商业面积达50万平方米，获得亚洲商业地标奖项，并以101分获得国家级绿色商场荣誉。金鹰世界A塔高度为368米，除了总部办公高端写字楼之外，拥有金鹰集团自营顶级酒店——G Hotel，时尚潮流文化与精致奢华体验完美结合，为网红必打卡酒店之一。B塔为金鹰未来产业基地，以"创客—孵化—大院大所—双碳绿建、新能源、信创3大产业集群"为主的绿色产业生态圈。C塔为金鹰健康中心，包括高端妇儿专科医院、国际一流医美医院、专业化的产后护理中心、口腔中心、耳鼻喉中心、康复中心等全程医疗服务机构。其空中连廊部分为金鹰未来世界：52F金鹰美术馆是1.2万平方米的城市空中美术馆，涵盖了与艺术相关的全球顶级艺术展览、艺术专题讲座和表演、艺术教育与工作坊、艺术创作空间以及丰富的跨界文创体验空间；55F金鹰未来世界科技馆总面积1.2万平方米，是一个以绿色能源为主题的沉浸式体验空间，集中呈现金鹰携手生态在绿色低碳、高效节能、生命健康、智慧建筑等领域的践行成果。

图9-1　金鹰世界

弘瑞广场　位于应天大街837号。2006年12月由江苏弘瑞房地产公司开发建设，以公司专名"弘瑞"命名。东至金陵汽车检测中心，南至横塘西苑，西至苏建豪庭，北至应天大街。占地面积4.92万平方米，建筑面积9.27万平方米。建有2幢商业综合楼、10幢11层住宅楼。

凯旋城　位于江东中路219号。2015年1月，寓胜利归来之意，以现代建筑风格引领新时尚人居环境命名。东至庐山路，南至梦都大街，西至江东中路，北至兴隆大街。占地面积13.79万平方米，建筑面积34万平方米。建有5幢18~23层写字楼、9幢16~18层高档公寓楼。

乐基广场　位于云锦路169号。2012年6月命名。寓快乐、发展基业、产业，故名。东至湖西街，南至所街，西至地铁大厦，北至春晓花园。占地面积2.02万平方米，建筑面积7.86万平方米。建有2幢高层建筑。

世茂国际商业中心　位于江东中路与集庆门大街交叉口东南处。2018年1月，由南京世茂新领航置业有限公司兴建，以地处河西新城江东商贸区功能定位而命名。东至云锦路及天誉府，南至幸福河，西至江东中路，北至集庆门大街。占地面积4.6万平方米，建筑面积58.46万平方米。建有3幢高层建筑，主楼高259米。

【广场】

兴达广场　位于云锦路186号。2005年10月，该广场因地处兴达新寓内，故名。东至兴达新寓，南至怡康街，西至云锦路，北至金陵世家。占地面积1.5万平方米，绿地面积1000平方米。

应天广场　位于南湖路58号。2005年10月命名。因该广场邻近应天大街，故以"应天"得名。东至南湖路，南至应天大街，西至江苏城市职业学院，北至3503厂宿舍。占地面积4万平方米，绿地面积3.5万平方米。

【城市绿化】

2019年，南苑街道协助建邺区市政设施综合养护中心完成河西大街、梦都大街、兴隆大街等道路春季3个批次的苗木补植工作；完成庐山路彩色化树种更新优化；完成应天大街北面（湖西街路口）绿化带覆绿；完成街旁绿地提升改造。

2020—2022年，南苑街道协助建邺区市政设施综合养护中心实施辖区绿化改造提升。完成江东中路至云锦路段道路绿化景观提升。

图9-2　梦都大街道路绿化景观

第二节 水利建设

【涵闸·XZ9号闸】

该涵闸位于沙洲西河（南至应天大街，北至所街，东至江苏城市职业学院西侧，西至湖西街）。河底标高3.5米，常水位5.2米。钢坝闸一套，宽度10.7米，高度1.7米，采用单驱动启闭机。启闭力350千牛，功率11千瓦。

【泵站】

南苑街道辖区雨水有4个泵站，分别是南湖一站、南湖二站、市机泵站、话园泵站。

南湖一站位于集庆门大街39号，建于2000年，汇水面积2.70平方千米，配有900HLB-10A型潜水轴流泵4台，水泵总功率250千瓦，水泵功率4立方米/秒，水泵扬程6米，进水南湖东河，出水城市南河。南京禹贡市政建设工程有限公司负责管理。

南湖二站位于集庆门大街39号，建于1993年，汇水面积1.65平方千米，配有700HLWB-10型潜水轴流泵3台，水泵功率2×110/1×180千瓦，水泵功率0.86/1.82立方米/秒，水泵扬程6米，进水南湖东河，出水城市南河。南京禹贡市政建设工程有限公司负责管理。

市机泵站位于西城路8号，建于2001年，汇水面积2.5平方千米，占地面积3600平方米，建筑面积5292平方米，配有900QZ-70B/900QZ-100G型潜水轴流泵6台，水泵功率250千瓦，水泵功率2.5立方米/秒，水泵扬程8米，进水幸福河，出水城市南河。南京禹贡市政建设工程有限公司负责管理。

话园泵站位于真园开园小区15幢西南角河边，建于2009年，配有400QW1700-7.5型潜水轴流泵3台，水泵功率55千瓦，水泵功率0.47立方米/秒，进水话园、真园开园，出水幸福河。南京禹贡市政建设工程有限公司负责管理。

【防汛抗洪】

2017年，南苑街道防汛工作形成段段有人管、层层有人抓、工作有检查、任务有安排，保证汛期群众的生命、财产安全，较好地完成防汛抗洪工作的各项任务。2018年，南苑街道以防洪保安为主，做好防汛抗洪工作，落实组织机构建设，制定防汛抗洪预案，组织防汛应急抢险队伍演练，做好防汛抗洪物资储备，强化落实防汛抗洪值班、各类险情的应急处置等具体工作，确保辖区安全度汛。2019年，南苑街道以"防洪保安全"为主，做好防汛工作，落实各项防汛措施，精心组织，周密部署，确保安全度汛。整个汛期共出动人员440人次，出动车辆10台次，实行24小时值班制度，加强值班信息报告制度，较好地完成防汛抗洪工作的各项任务。2020年，受上游来水、天文大潮和本地降雨的"三重叠加"影响，南京发生大洪水，长江发生超历史洪水，外秦淮河接近历史最高位水位，累计超警戒50余天。南苑街道启动防汛 I 级应急响应，上下齐心、合力推进隐患排查整改，辖区经受住了高潮位的严峻考验。汛期共出动人员1346人次，出动车辆42台次，实行24小时值班制度，加强值班信息报告制度，完成防汛抗洪工作的各项任务。

2021年，南京发生多次强降雨、雷雨大风等强对流天气，遭遇近年首个直接穿越南京的台风"烟花"，多个主要江河湖水位发生超警戒，建邺区防汛抗洪指挥部先后启动防台风 II 级应急响应和防汛 IV 级应急响应，防汛形势较为严峻。南苑街道上下齐心、合力推进隐患排查整改和应急值守、险情应急处置等工作，其间共出动人员896人次，出动车辆32台次，实行24小时值班制度，确保城市安全。2022年，南苑街道以防洪保安为主，做好防汛抗洪工作，落实组织机构建设，编制各类防汛抗洪预案，组织防汛应急抢险队伍演练，做好防汛抗洪物资储备，强化落实防汛抗洪值班，确保辖区安全度汛。

第三节　城市管理

【城建城管执法（辅助）中队】

2002年1月组建，有执法队员6名，协管员7名。2010年有执法队员16

人，协管员71人，中队长饶杰。2022年有执法队员18人，执法辅助队员80人，中队长黄杰敏。办公地点位于云锦路兴达新寓西大门停车场处。

注：中队长由南京市城市管理局派任。

【街巷长】

2017年，结合辖区街巷实际，更新完善街巷长制体系，以属地社区居民委员会主任为三级街巷长，每条路配备1名专职城管执法队员和1名执法辅助人员。各街巷长积极下沉街巷，主动查找问题，并加强与专职管理人员联系，切实把街巷管理工作落到实处。2022年6月取消。

【城市治理公众委员】

2018年，南苑街道根据《南京市城市治理条例》《关于健全各街道城市治理议事平台的通知》（南京市河西建设指挥部发〔2018〕2号）的规定，经各社区推荐，城市管理和公共服务科遴选城市治理公众委员候选人12名，报建邺区审核通过，之后每3年换届1次。公众委员主要职责为协助开展城市治理工作，监督执法管理过程，宣传城市治理的有关政策和要求，搭建群众与政府沟通的桥梁，为城市治理工作建言献策等。

【综合行政执法】

机构队伍　2014年11月，南苑街道综合行政执法大队办公室成立，工作人员13人（其中南苑街道工作人员6人，建邺区各部门下沉人员7人），大队长赵国平。2017年7月，大队长叶建军。2022年1月，南苑街道综合行政执法大队更名为南苑街道综合行政执法局，局长滕衍福。2022年12月，综合行政执法局有工作人员21人（其中建邺区城管局、区市场监管局下沉人员19人，办公室工作人员2人）。

综合执法　2014年，承接检查事权下放212项，开展综合行政执法168次，拆除新老违建27处共4071平方米，取缔占道经营、倚门出摊777处，下发整改通知书56份，拆除霓虹灯显示屏52块，开具违停车辆处罚单535张，暂扣占道物品35车，查处辖区650家门店相关证照，编写10期工作简报。建立和完善台账60余册，立案查处一般程序案件110起，简易程序500余起，处罚金额累计3.5万余元，未发生行政复议或行政诉讼案件。2015年，注重完善内部的各项规章制度，落实综合执法干部带班制度，坚持"周推进、月点评"，每周召开综合行政执法工作例会，分析讨论执法中遇到的重点难点问题。严格落实责任考核，运用智能化、信息化手段，强力推进综合执法，全面提升执法效能。建立执法监控指挥室，行政执法车加装GPS定位装置，为每名执法队员、社区网格员配备执法终端手机96台。利用定位系统对城管执法人员在岗履职情况实时监督，社区网格员通过执法终端及时接收市级问题菜单，整改后将直接传输至市级平台，有效提高了问题菜单整改回复的效率。处理区菜单5142条，市菜单2502条。

2016年，依托南苑街道综合行政执法大队，积极整合南苑街道资源，融合区社管三级平台和其他功能载体，形成社会治理和民生服务的合力，强力推进各类综合执法，运用智能化、信息化手段，严格落实相关责任和考核，全面提升南苑街道综合执法效能。共受理"12345"工单3500条，综合办结率100%，综合满意率92%；区社管平台工单283条，综合办结率及满意率均100%。2017年，强力推进各类综合执法，运用智能化、信息化手段，落实相关责任和考核，提升南苑街道综合执法效能。是年共发生市级菜单3138条，区级菜单1万余条，通过开展综合执法整治，结案率为100%。2018年，以网格化管理模式为基础，创新综合行政执法，强化"一手抓整治、一手抓长效"工作机制，开展环境综合整治。南苑街道综合执法大队共查处夜间占道经营1500余起，规范倚门出摊4200余起，暂扣各类占道物品30余车，贴出违停罚单8664张，清拖共享单车4000余辆，持续重拳出击根治城市顽疾，解决城市管理面临的突出矛盾和问题，补齐城市管理工作中的短板。2020年，在新冠疫情防控形势下，南苑街道综合执法大队重点对区域流动设摊、占绿毁绿、油烟扰民、违章停车等加大查处力度。

2021年，建邺区集中行政处罚权132条事项下放南苑街道。2022年，南苑街道综合行政执法局不断提升完善赋权事项承接能力，全面推动南苑街道执法改革工作落细落实，南苑街道办结综合行政执法案件127件，其中简易程序案件120件，一般程序案件7件，共处罚金2.51万元。

第四节　市容管理

【市容治理】

2002年，南苑街道先后取缔湖西街农贸市场周边水果摊群、虹苑新寓门前的占道水果摊群、南苑路口至集庆门大街的占道经营摊群。是年，南苑街道投入8万余元，在厂圩街和南苑路统一制作25间疏导棚，对确实困难，符合要求的占道摊点进行疏导；投入10万余元，统一制作53部早点车、16部修旧车，解决部分困难人员的出摊问题。成立由12名老人（平均年龄62岁）组成的义务老年市容游说团，纠正和制止违章搭建、占道经营等违规行为100余起，同时对取缔一些违章经营"钉子户"起到一定作用。签订"门前三包"责任书1200余份，签约率100%。2003年6月，南苑街道召开"落实6个结合，实施长效管理"现场观摩大会。是年，南苑街道清理"三乱"（乱涂写、乱刻画、乱张贴）3万余处，清除废旧自行车180余辆，清除楼道院落杂物和暴露垃圾252车、125万千克，取缔无证摊点169个，建立虹苑东路和南苑路2处集中摊点疏导群。2004年，对厂圩街进行环境综合治理，整治南苑地区占道经营、流动摊点354处，清理卫生死角400余处。发展"三鸿"放心早点9家。投入5万余元，对13间疏导棚和12个疏导摊点进行出新改造提档升级。2005年，南苑街道在南苑路、虹苑路、集庆路、所街、厂圩街、湖西街等占道经营、摆摊设点较多的重点路段实行"三定"（定人、定岗、定责）制度。

2006年，南苑街道针对市容整治工作，悬挂横幅30余条，出宣传栏、板报30余期。2007年，南苑街道清运各类垃圾210万千克，清理卫生死角2000处，清理怡康街偷倒渣土垃圾达200万立方米。社区群众清理卫生死角200余处，清运杂物垃圾50万千克，清理"三乱"1万余处。补砌云锦路、庐山路、兴隆路、黄山路等8处围墙1000余米。及时排查"五小行业"（小餐饮店、小美容美发店、小歌舞厅、小浴室、小旅馆）420家，帮扶整改120余家，持证率达90%。2008年，南苑街道社区中心监控系统与派出所小区监控系统联网，结合模块化管理，实现区域管理全覆盖。进一步更新城市管理理念。突出以人为本，注重精细化管理，实行建与管、疏与导相结合，做到依法行政、文明执法，有效提升市容管理水平。2009年，全面完成华商大市场和应天农副产品市场搬迁关闭，深入推行城管工作进社区，坚持经费向市容管理倾斜、力量向老旧小区倾斜、重心向院落社区倾斜，开展市容环境"三清一查"（清卫生死角、清占道回潮、清市容"六乱"，查渣土车、黑车）和"环境综合整治月"活动。2010年，南苑街道针对老旧小区多的客观实际，制订市容队员和协管员进社区考核办法，强化责任落实。以深化文明创建为契机，对模块工作小组实行全员全年动态考核，实现网格化管理工作责任全覆盖、考核全覆盖，拆迁空地得到有效看管，全年共处理群众举报问题工单2560余条。

2011年，落实"清路治乱，美化环境"专项整治工作，开展专项整治30余次。拆除辖区内各类不规范门头、店招70余处，对辖区内的"牛皮癣"集中清理5次，清除店家墙面、玻璃门上的乱招贴约5万处，拆除乱拉乱挂25处；清运乱堆乱放杂物垃圾25车，暂扣各类物品24车。做好市长信箱、"12345"政府服务站线投诉件、模块化菜单整改，全年共处理各类群众举报问题案单3150余件，满意率达95%。2012年，治理三乱3万余处。拆除各类非标广告牌50余处、约300平方米，拆除门头店招3处、约20平方米，拆除LED显示屏5处、约20平方米，整改各类悬挑非标34处。是年，对辖区内农贸市场和菜场周边、庐山路兴达社区门口、金陵中学河西分校门口、泰山路、健园路等重点区域的夜市排档、流动摊贩、卫生脏乱差等问题进行多次集中整治，共取缔占道经营80余处，整改倚门出摊120余处，暂扣车辆23台、物品共18车，清理无主杂物垃圾40余车。对辖区内居民小区散养家禽和种菜进行集中整治。先后共宰杀散养鸡40余只，铲除居民私自种菜200余平方米。2013年，依法拆除户外广告160处、面积2335平方米，清除乱披乱挂40余处、三乱（乱涂写、乱刻画、乱张贴）1万余处；清理卫生死角80余处，清运垃圾300余车约150万千克；取缔违规洗车点4处、占道摊点470余处、倚门出摊248处，规范非机动车乱停放18处。重点对黄山路8号、兴隆大街振兴货栈旁等闲置地块进行综合整治；配合完成兴达、虹苑2个农贸市场的升级改造。2014年，对照国家卫生城市复查标准，结合辖区特点，解决群众关注热点难点问题。加大综合执法频率，重点解决城市管理中各种回潮问题。拆除户外广告、镂空字98处，面积1.5万平方米。按照建邺区淘汰黄标车工作要求，南苑街道接受任务380辆，占全区总数的2/3，实际淘汰黄标车311辆，《南京日报》公告注销69辆，实现淘汰率100%。签订"门前三包"环境责任书2080家，开展夜间非法洗车等各类专项整治80余次，处理区级菜单8943条、市级菜单4574条、"12345"工单720条、"12319"工单383条，处理领导督办件、市长信箱、媒体曝光89条。出新各类摊点50家，规范洗车场（站）21家，督促9家责任单位完成外立面清洗，配合完成14条道路的门头店招整体出新，配合南京市邮政局规范管理报亭11家。2015年，南苑街道重点对倚门出摊、占道经营、非法广告、乱堆乱放、流动设摊、午夜排档、烧烤污染、夜间非法洗车等现象进行专项整治，进行环境综合整治452次，整治倚门出摊、占道经营1500余起，取缔路边烧烤及其他无证流动摊点等458起，暂扣经营物品58车；拆除户外广告、镂空字15处、非牌非标87处，面积共约680平方米。处理"12345""12319"投诉工单1591条、环境卫生菜单850余条，完成7条主次干道早餐点换证28家，与沿街店家重新签订"门前三包"责任书1494家，办理、规范西瓜零售摊点22处，立案查处一般程序案件60起，简易程序450起，处罚金额累计2.5万余元，未发生行政复议或行政诉讼案件。

2016年，按照城市治理现代化示范区的新要求，制定实施了《南苑街道城市管理考核办法》，建立城管工作每周例会、重难点问题会办、网格员月考核等机制，强化长效管理，做实做细城管网格化管理，问题菜单整改率提升至92.5%。2017年，共立案查处一般程序案件25起，简易程序案件100起，未发生行政复议或行政诉讼案件。2018年，结合应天大街环境综合整治工程，推进兴达小区迎应天大街外立面统一改造项目。南苑街道综合执法大队共查处夜间占道经营行为1500余起，规范倚门出摊4200余起，暂扣各类占道物品30余车，清拖共享单车4000余辆。2019年，集中整治取缔占道经营、倚门出摊，清理各类"牛皮癣"小广告，组织社区对卫生死角、乱披乱挂等脏乱差问题进行集中整改。2020年，对照建邺区委建设"锦绣建邺"的标准要求，整合人财物资源提升城市功能品质。扎实开展话园片区和所街东周边专项整治。

2021年，南苑街道持续重拳出击根治城市顽疾，常态整治违规店招、占道经营、倚门出摊等问题。开展综合整治200余次，拆除高空镂空字、墙体大型广告牌6处，拆除违规店招、悬挑近210处，面积约1500平方米；集中整治取缔占道经营300余处、规范倚门出摊2400余处，清理各类"牛皮癣"、小广告6.4万余处；完成洗车场标准化改造18家，清洗大型楼宇外立面5家，面积约1.1万平方米；立案查处一般程序140起，简易程序案件100起，罚款1.62万元，未发生行政复议或行政诉讼案件。组织社区对卫生死角、乱披乱挂等

"脏乱差"问题进行集中整改，清理卫生死角96处，清运杂物60余车，楼道粉刷130个单元。2022年，开展环境综合整治200余次，拆除高空镂空字、墙体大型广告牌9处，拆除违规店招、悬挑、道闸广告300余处，面积约1200平方米；集中整治取缔占道经营180余处、规范倚门出摊950余处，清理各类"牛皮癣"、小广告5.8万余处；完成优质洗车场建设2家，清洗大型楼宇外立面7家，面积约1.6万平方米；立案查处一般程序156件，简易程序536件，共计罚款8.54万元。

【控违禁建】

2002年，南苑街道取缔拆除所街一条街、厂圩街、湖西街沿街违章150余处。2003年，对南苑路（今文体路）、虹苑东路（今泰山路）、健园路进行改造出新，拆除违建176处，拆除违章搭建115处，5000余平方米。2004年，南苑街道拆除各类违章搭建406处，约7.5万平方米。配合有关单位开展健园小区出新，拆除健园小区各类违建260余处约2000平方米，拆除虹苑五村违建42处、400余平方米。创南京市无违建居民小区15个、拆违达标小区5个、无违建道路2条、拆违达标路8条。2005年，拆除华商公司兴隆大街违章建筑1.6万平方米，强行拆除雷公桥处100余平方米的违建。南苑街道通过悬挂横幅、张贴《致居（村）民群众的一封信》、设立举报电话等形式，加大宣传力度，营造良好氛围。建立并严格执行24小时控违卡点值班制度，严格把好建筑材料进入关，从源头上制止违建的发生。动态管理，对涉及"城中村"改造的重点地段进行全天候监督，确保及时发现违建并立即拆除。年内拆除违建14处、560平方米。在城市环境整治中，南苑街道拆除南苑路14间摊点群疏导棚，拆除虹苑东路13个疏导百货亭架，统一喷刷公共广告栏28处，制作公共宣传栏14块；粉刷出新围墙40处、约2.5万平方米，清刷"三乱"8万余处，清运垃圾杂物150万千克。配合相关部门做好集庆门大街景观改造。对集庆门大街沿街的19家破墙开店进行封门，对门头店招进行亮化出新。

2006年，南苑街道配合茶南和南湖公房管理处，制定工作方案，成立6个专业组，组织10余次大规模的拆违行动，拆除鹭鸣苑小区15幢和安康片区31幢违建近200处，面积约5000平方米，封堵院落便门150个。完成贡园街和忠字路道路沿线的30余处各类违建拆除，面积约2000平方米。对安康片区进行10次大规模的强拆和助拆，拆除各类违建70处，面积约2500平方米，封堵院落便门118个。对鹭鸣苑小区进行6次较大规模拆违，拆除各类违建129处，面积约3500平方米，封堵院落便门32个。全年拆除各类违建228处，面积9万余平方米，其中拆除个人违建187处，约6.3万平方米。2007年，南苑街道加大节日期间、重点区域违章搭建的监管查处力度，全年拆除各类违建255处，面积7万平方米，其中拆除个人违建213处，约3万平方米。2008年，开展拆违控违专项活动，拆除各类违建251处，面积约7万平方米。拆除真园、开园片区违建60余处，600余平方米；拆除安如片区违建120余处，1500平方米，拆除凤鸣苑小区违建30余处，300余平方米。2009年，小区出新拆除违章建筑225处，约4980平方米。2010年，南苑街道做好南河新城A地块的拆迁保障工作，拆除A地块的违建3万余平方米。配合建邺区相关部门做好应天大街、怡康街、泰山路、嵩山路等道路改造和虹霓小区出新工程，拆除违法建筑87处、约5.2万平方米。南苑街道组织人员拆除泰山路疏导棚32间，约300平方米；各类违建26处、300余平方米；拆除嵩山路违章建筑5处、448平方米；其他地段拆除违建10处、300平方米；悬挑12处、约108平方米；亭篷3处、46平方米。拆除健园路违建8处、100平方米。自拆、助拆公共部分违法建筑218处、3200余平方米。

2011年，拆除各类违建26处、2.28万平方米，超额完成建邺区下达的2万平方米拆违任务。2012年，开展多次拆违治乱整破专项行动，共完成2.7万平方米拆违工作，其中拆除历史遗留违建55处。2013年，先后发放《专项整治通告》600余份，依法拆除违章建筑196处、4.36万平方米，对振兴货栈2000余平方米私搭乱建进行依法拆除。2014年，全年拆除违建90余处、2.5万平方米。拆除户外广告160处、2300平方米。2015年，拆除各类违章建筑59处、1.1万平方米。2016年，加强日常巡查管控，结合老旧小区环境综合整治工程，共拆除违章建筑50余处、4500平方米。

2017年，结合小区环境综合整治和厂圩街、康泰街、台晔路、泰山路等街巷整治工作，加大存量违建拆除力度，实现新增违建零目标。2018年，拆除新老违建160余处、1.28万平方米。重点深入摸排兴达新寓、兴宏园、沿河一村49号和3503厂宿舍楼等4个小区的违建基本情况，兴达小区已拆除违建7处，其余3个小区119处、2000平方米违建全部拆除。2019年，南苑街道开展国泰民安片区综合整治，拆除存量违建90余处、约2000平方米，配合建邺区房产集团开展建筑物立面集中整治，做好相关矛盾调处工作。开展城市违建集中整治，先后拆除新老违建120余处、5000平方米。2020年，南苑街道开展话园片区整治，拆除违建169处、3500平方米，保障片区环境综合整治平稳推进。

2021年，拆除新老违建190余处、4200平方米；拆除高空镂空字、墙体大型广告牌6处，拆除违规店招和悬挑近210处、1500平方米。2022年，围绕"减存量、控新增"违建治理目标，以网格化管理模式为基础，以行政执法为抓手，依法拆除各类新老违建180余处、5000平方米。

【停车管理】

2013年，规范非机动车乱停放18处，做好"黄标车"的宣传和排查工作。2014年，南苑街道划定停车位1600余处，清拖废弃车辆46辆，处违停罚单389起。在辖区主次干道、支路街巷划设停车泊位2300个，设置隔离桩450个，招聘63名停车收费管理员；改建临时停车场3处，新增车位892个，缓解停车难问题。2015年，辖区停车管理人员共有57人，设置28个收费场点。南苑街道停车管理工作在制度规范、收费规范、行为规范、秩序规范上下功夫，从加强人员培训、改善服务质量、调动收费员工作热情与积极性上着手，全面推进POS机的使用，下发整改通知书195份，开具违停车辆处罚单385张。在南京市城市治理考核中的停车管理成绩5次位列建邺区第一。

2016年，南苑街道辖区停车管理人员共有54人，设置28个收费场点，全面推进POS机的使用，在建邺区停车管理考核中的停车管理成绩3次位列建邺区第一。南苑街道组织执法人员20余人、执法车2台，联合行政综合执法中队、交管部门、市容特勤对怡康街华隆南门路段交通秩序进行为期30余天的综合整治。同时协调区综管所恢复绿化，强化现场停车管理，有效提升该道路交通环境。2017年，南苑街道余次联合交警部门深入"三不管"地带，对机动车乱停放开展集中整治，对废弃车辆进行清理，积极配合交警、建邺区停车办完成辖区10条街巷非机动车停车线施划，定期组织开展共享单车乱停放集中整治，同时招聘10名非机动车停车引导员，对泰山路、湖西街、兴隆大街地铁口等重点地段进行管理引导，落实定人、定岗、定责管理，进一步规范辖区机动车、非机动车停车秩序。2018年，结合应天大街环境综合整治工程，南苑街道综合执法大队共贴出违停罚单864张，清拖共享单车4000余辆。2019年，南苑街道主动抓好问题自查自纠。

对收费员交接班、请销假等日常管理均按规定落实奖惩，结合巡查发现和群众投诉，实施违规处罚扣款44起，13人解除劳动合同；清拖废弃车辆17辆，违停贴单2500余起，清理非机动车乱停放2万余辆；高效办理停车工单，做到既要解决单个偶发问题，也要提前介入防止同类问题出现。2020年，组织对辖区标识不清、油漆脱落的非机动车停车泊位进行复划，同时按照应划尽划的原则，落实停车划线全域全覆盖，共新增非机动车停车泊位350余处，面积约5300平方米。安排城管网格员、非机动车引导员全天候定岗菜场、地铁口等窗口地区周边，做好市容秩序管理和非机动车停放引导，及时对倒伏、乱停放的非机动车进行有序排放。结合南京市"生命通道"打通集中攻坚要求，大力开展各类违停车辆专项执法，违停贴单1.35万余张，清拖废弃车辆、违停车126辆。

2021年，落实停车划线全域全覆盖，累计新增划线2800平方米，复划1.5万平方米。违停贴单9700余张，清拖废弃车辆、违停车42辆。积极协调运营公司，及时对共享单车堆积现象进行清拖，共清拖9000余辆。积极协调江苏智能制造新都市产业园权属单位金基集团，做好宣传解释和政策引导，保障立体车库顺利完成，新增停车位100余个。2022年，复划非机动车泊位885处、约1.33万平方米；新增非机动车泊位93处、约1395平方米。加强共享停车宣传推广，积极走访、多方协调，进一步挖掘社会、小区停车资源，结合相关单位特点和实际情况制定解决方案，协调开放舞天产业园、南苑街道一网统管停车场、南京市建邺区生态环境局等3家共享停车场，新增共享车位56个。

【垃圾分类】

2012年，南苑街道在国泰民安社区的城开怡家、兴达社区的兴达新寓、庐山社区的兴宏园、爱达社区的鸿仁名居和怡康社区的新百花园5个小区正式开展试点启动工作。5个小区共有居民约3500户，每个居民小区配备环境管理督导员1名，每200户配备1名垃圾分类指导员。10月，开始进行二期推广，到年底5个小区全部实行垃圾分类工作。2013年，在6个社区31个小区开展垃圾分类收集工作，做到宣传到位，垃圾袋、桶配备到位，垃圾分类人员培训到位。2014年，在9个社区60个小区同步开展垃圾分类工作，全年配发垃圾桶1521个，发放分类垃圾袋100万余只，宣传手册2万余份，统一制作分类垃圾桶标识1500余个。2015年，南苑街道悬挂垃圾分类宣传横幅240余条，制作垃圾分类橱窗展板40期，为2个小区创建南京市垃圾分类示范小区配置所需垃圾分类物资，制作四类标识800个，张贴宣传贴画586张，发放垃圾分类指导手册590份、垃圾分类袋100余万个。各社区组织各类人员举办垃圾分类知识培训共80次。

2016年，对11个社区60个小区配发厨余垃圾桶1521个，悬挂垃圾分类宣传横幅250余条；制作垃圾分类橱窗展板50期，为2个小区创建南京市垃圾分类示范小区配置四类标识900个，宣传贴画620张，垃圾分类指导手册630份，垃圾分类袋100余万个；组织各类人员举办垃圾分类知识培训78次。在6个小区开展市场化运作，回收纸类6973千克、金属67千克、塑料类574千克、电器类27千克、织物类696千克、玻璃类29千克、利乐包15千克、废旧药品19千克，有害垃圾中废荧光灯管、节能灯管66支。2017年，为凯旋丽都、新百花园、思园等13个垃圾分类示范小区安装垃圾分类定点回收指示牌26块，并对厨余垃圾定时定点收集，采取积分奖励模式，推进可回收垃圾积分兑换，以物换物等。2018年，借助市场力量稳步推进垃圾分类工作，在原有13个市级示范小区的基础上，再新创4个市级达标小区。4月，垃圾分类大件分拣中心投入使用。2019年，加大17个市级示范小区和4个达标小区垃圾分类力度，辖区54家机关企事业单位生活垃圾强制分类，垃圾分类收运体系运转良好。2020年，南苑街道64个小区199处厢房设施建设全部完成，74个小区撤桶并点全部完成，完成率100%；58个小区厢房设施正常投入运行。

2021年，南苑街道投入1400万余元推进垃圾分类硬件设施建设，小区245处厢房全部建设完成并稳定运行，开展厢房除臭"微风行动"试点。2022年，深化"苑谊分"志愿服务品牌效应，建立退役老兵志愿宣讲队，走进学校、企业、单位，大力营造"人人参与，积极分类"的良好氛围。对辖区省级达标、争优除差晋级等24个小区（63座垃圾分类亭，256个投口）增加灭菌除臭设备等，并通过定时定量喷淋微纳锌药剂，有效灭杀抑制细菌滋生，降低生活垃圾中有害气体对居民造成的危害和环境污染。

【整治"三小车"】

2003年，南苑街道完成"三小车"（正三轮摩托车、机器三轮客车、载客残疾人车）整治工作。核查"三小车"441辆，上交393辆，兑现金额186.7万余元，安排80名车主再就业，71户"三小车"家庭共计161人进入低保，对76户"三小车"家庭子女就学帮扶，发放助学金1.52万元。

【创新举措】

区划调整接管工作　2002年10月，南苑街道成立接管工作组，对划入南苑街道管辖的鹭鸣苑等地区实施接管。加大城市管理和市容卫生检查力度，针对鹭鸣苑地区违建工棚情况，12月组织执法人员进行强拆，安排卫生保洁人员抓好该地段的市容卫生，纳入南苑街道正规化管理；抓好地区人员情况的摸底工作。南苑街道对鹭鸣苑地区人口数、失业人员数、残疾人数、党员数、低保户进行调查摸底，及时把困难户纳入南苑街道低保范围，做到计生工作有人抓，困难群体有人帮；做好成立社区前的准备工作。抽调有社区工作经验的人员进行前期筹备。

市容长效管理"四查"　2006年，南苑街道建立市容长效管理"四查"[明确各基层单位对辖区垃圾分类收集、违章建筑等公共环境情况定期自查，认真分析自身存在的问题，并及时进行整改；组织居（村）有关工作人员，从环境卫生、爱国卫生等方面互查、互比；随机对占道摊点、除"四害"等日常工作进行暗查，对检查结果予以及时通报；派专人定期对直管道路保洁、驻地单位落实"门前三包"、城市环境模块化管理等情况进行督查，对整改不及时，不到位的给予相应处罚，责令限期整改到位]、"一评比"（开展市容卫生优胜居、村考评）活动，以"四查"结果为评分依据，对每月获优秀居（村）的及时给予经济奖励，对全年考评获6次以上优秀居（村）的，授予南苑街道"市容卫生优胜居（村）"称号。

标准化建设　2014年，南苑街道开展标准化工作，以量化目标、明确责任、强化标准、坚持以服务民生为出发点，积极探索"多元化共治"路径，建管并重、多措并举，深入推动城市治理标准化示范单元打造和已创成单元的巩固提升，充分彰显示范引领作用。至2022年，南苑街道共创成示范单元11个，达标单元118个。

城市管理信息化　2008年，南苑街道进一步更新城市管理理念，高标准做好小区出新工作。在做好调查摸底基础上，认真制定详细工作方案，倒排工期，提前组织拆除违章搭建，确保施工队伍进场后能顺利施工。以服务促管理，加强与居民交流沟通，增强居民"小区是我家，环境管理靠大家"的理念，实现和谐管理。推行单位自管，在现有管理模式基础上，加强与辖区各部门、单位联系，落实责任制，扩大自管面，提高自管质量，努力形成以模块化管理为基础，集南苑街道城管、单位自管和居民参与于一体的城管格局。

精靓系统打造 2022年5月，南苑街道围绕城市管理网格化、行政执法的核心任务和工作目标，运用人工智能技术、大数据分析技术、视频融合技术、云计算技术等新兴技术手段，以"1+1+N"模式（1套综合管理平台+1套数据中台+N个应用）构建成整个精靓系统，推进城市管理的制度创新和模式创新。该平台设于涟城办公区，占地约200平方米，形成统一指挥、监督有力、沟通快捷、分工明确、责任到位、反应快速、处置及时、运转高效的城市管理长效机制，使城市管理从"经验管理"转向"科学管理""精准管理"。

第五节　爱国卫生与创卫工作

【爱国卫生】

2002—2003年，南苑街道清理卫生死角垃圾35万千克，清理废弃车辆450余辆，粉刷出新围墙16处、约5400平方米。2004年，南苑街道以《南京市爱国卫生管理条例》为依据，在各社区开展爱国卫生宣传活动，提高市民卫生意识、健康意识和参与意识。重点采取堵鼠洞、建毒饵站、消杀等方法，控制"四害"（苍蝇、蚊子、蟑螂、老鼠）滋生。建邺区爱卫会和南苑街道城管科组织人员对辖区内的宾馆饭店、餐饮单位、食品加工行业、建筑工地、企事业单位进行检查，发现存在的问题及时给予指导，特别是对除"四害"方法、措施不当的单位给予指导、帮助。2005年，南苑街道出动整治车辆2000余车次，清理街巷小区内卫生死角460处。2006年，兴达社区创建成江苏省绿色人居环境小区。在村和社区中开展环境卫生优胜社区（村）评比活动。

2009年，为老旧小区保洁配备专业"绿马甲"。针对辖区60%以上是老旧小区，基础设施差，物业管理不到位，卫生管理差等问题，投入经费20万余元，为每个社区配2名专职保洁员，每名专职保洁员配备手推保洁车1辆、绿色保洁马夹1件，具体负责各居民小区的装潢垃圾、积存垃圾和杂物的清理和集中堆放。2010年，开展春季灭鼠工作。每周组织1次卫生大检查，集中整治楼道和花坛，消除卫生死角。2011年，南苑街道根据《南京市爱国卫生管理条例》要求，发放各类宣传资料5000余份、市民健康知识读本1000余份。2012年，在爱国卫生月活动中，开展以爱国卫生知识为内容的展板巡展，南苑街道、社区、村组织爱国卫生活动14次，投入人力450余人。2013年，围绕春季传染病、流行病高发的特点出1期健康专题教育专栏，制作除"四害"展板12块，宣传栏18期。

2014—2015年，全面开展爱卫宣传，南苑街道、社区共出动8000人次，机械1800台次，清理暴露垃圾200万千克，清理"牛皮癣"9000处，清理楼道杂物、沿街乱堆放及卫生死角共3200余处，清理装潢垃圾杂物600万千克。2016年，发放灭蟑药400余份，修建灭鼠毒饵站600个，清理楼道和卫生死角3000余处。2017年，南苑街道、社区制作除"四害"展板12块、宣传栏18期，悬挂13条爱国卫生月宣传口号横幅。发放灭蟑药200余份。2018年，开展以春季灭鼠、夏季灭蚊为主的除"四害"工作，与驻地单位签订除"四害"代包协议，新建毒饵站2000余个，发放鼠药430千克，下发粘鼠板100块。2019—2022年，组织社区对卫生死角、乱披乱挂等"脏乱差"问题进行集中整改。

【创卫工作】

2003年6月，南苑街道开展创建国家卫生城市和国家环保模范城市，清运居民小区杂物垃圾约90万千克，清理废旧自行车180余辆，粉刷围墙24处、6070平方米，取缔流动摊点、占道经营273处，清洗出新早点摊车30辆，修旧摊车20辆，清理"三乱"（乱张贴、乱涂写、乱刻画）3万余处，督促"六小行业"（小餐饮店、小美容美发店、小澡堂、小旅店、小歌厅、小网吧）落实卫生标准258家，其中整改183家，停业75家。

2007年，南苑街道成立创卫领导小组，明确党工委书记为第一责任人，分管负责人为直接责任人，社区（村）主要负责人为具体负责人，班子成员包片、各科室干部包点一级抓一级的上下联动责任机制。按照"点"（居民住宅小区、流动人口集居区）——"线"（应天路、虹燕东路等主次干道）——"面"（已拆待建地块）顺序，开展"整治环境，提升市貌"专项行动。建立完善经费保障机制，全额支付社区开展整治的费用，并分别向2个村下拨30万元专项资金用于清理河道、断头路和已拆待建地块的垃圾。加强重、难点街巷的大市容管理，在重点区域实行定人定岗检查管理。成立督察小组，每天不定时巡查，对发现的问题开出整改菜单，责成相关单位限期整改。

2019年，先后进行环境综合整治180余次，更换老旧小区破损、破旧垃圾桶50余个；整治占道经营、倚门出摊1600余起，暂扣经营物品15车；与企事业单位、店家签订"门前三包"责任书1877份，始终保持签订率为100%；拆除大型户外广告3处、违规店招150余处，约1500平方米；清洗门头店招约50家，督促肛泰医院完成了楼宇外立面清洗；清理乱张贴约3.5万余处；拆除安民村等老旧小区违章建筑90余处，约2000平方米；清理街面卫生死角、无主杂物近15车；积极推进国泰民安片区环境综合整治。

2022年，南苑街道成立爱国卫生运动委员会。悬挂宣传横幅20余条，张贴海报100余份，协调电子屏滚动播放创卫活动标语13处，并通过短信、微信、公共宣传栏等载体，使创卫宣传覆盖到每家每户。南苑街道、社区出动1200余人次，动员社会力量2000余人次，清理卫生死角96处，清理楼道杂物乱堆放320余处，清拖各类垃圾192车；清理"牛皮癣"、乱张贴6200余处；清洗不洁楼宇、店招约5000平方米；清理废弃电动车、自行车239辆；清除绿化枯死花木120余株，清理养鸡、种菜9起；消杀垃圾分类厢房等场所300余处。

第六节　物业管理

【机构队伍】

2009年9月，南苑街道物业管理办公室成立，系南苑街道城市管理科内设机构，主任史玉坤。2014年，主任商正达。2022年，有工作人员5人。

至2022年底，辖区内有小区84个，其中已成立业主委员会小区26个；有物业公司47家（管理68个小区），从业人员1433人。

【指导业（管）委会工作】

2010年，指导台园趣园、健园、话园、真园、开园、兴宏园、华隆新寓、兴达新寓、虹苑1～3村、鹭鸣苑、凤鸣苑、国泰民安片区成立临时小区管委会，协助管委会公开选聘物业公司，签订物业管理服务合同，并与物业服务公司签订物业管理扶持补充协议，南苑街道物管办划拨一定的物业管理扶持补助经费，促进这些老旧小区物业管理服务工作正常运行。指导鸿仁名居小区成立第2届业主委员会、新百花园小区成立第3届业主委员会、缤纷家园小区成立首届业主委员会、金陵世家小区成立第3届业主委员会、腾达雅苑小区成立第2届业主委员会和中北品阁小区成立首届业主委员会。2011年，指导中北品阁、天成苑、凯旋丽都、天都芳庭4个小区召开首届业主大会；指导腾达雅苑、江南名府、银轮花园、西城映象4个小区业主大会换届选举；指导爱达花园、腾达雅苑2个小区业主委员会成员补选和江南名府小区业主委员会选聘物业公司。2012年，指导金地名京小区召开首届业主大会；指导吉庆家园、香缇丽舍、南湖春晓、城西纺织公寓4个小区业主大会换届选举；指导江南名府、金陵世家等小区业主委员会补选业委会委员；指导话园、真园、开园、健园、宇园、利星公寓、贡园、国泰民安、怡康、虹苑、鹭鸣苑、兴达等小区分别成立管委会。2013年，指导吉庆家园、鸿仁名居、南湖春晓小区业主委员会完成换届选举。2014年，指导春晓花园、金陵世家等5个小区业主委员会完成换届选举；指导吉庆家园、江南名府等3个业委会及虹苑新寓、台园趣园等6个管委会选聘物业公司；指导海苑华庭、铂领公寓等3个小区分别成立或改选管委会。2015年，指导金轮翡翠名园、横塘西苑、弘瑞广场成立业主大会；指导吉庆家园、香堤丽舍、南湖春晓、新百花园业委会换届选举；指导爱达花园成立管委会；指导吉庆家园业委会、金地名京业委会、金陵世家业委会、南湖春晓业委会、鸿仁名居业委会、爱达花园管委会等选聘物业公司。

2016年，指导凤凰和熙、苏建艳阳居、铂金时代、盛世公馆等小区成立首届业主大会。2017年，指导凤凰和熙小区成立首次业主大会筹备组；指导中北品阁、吉庆家园、腾达雅苑、凯旋丽都、城开怡家、江南名府、金陵世家等小区进行业委会换届选举；指导金虹花园成立业主大会；指导南湖春晓、腾达雅苑、江南名府等小区业主委员会选聘物业公司；通过南苑街道社区的不懈努力，腾达雅苑、城开怡家、江南名府、金陵世家顺利完成业委会的换届选举工作。2018年，指导吉庆家园、爱达花园、凯旋丽都、中北品阁、新百花园、春晓花园小区业委会换届选举；指导银轮花园小区成立管委会和天都芳庭小区换届改选小组成立业主委员会；指导苏建艳阳居、涟城、苏建豪庭小区成立首届业主委员会筹备组；指导弘瑞广场小区业委会和新百花园小区召开临时业主大会；指导江南名府、凯旋丽都、金虹花园小区、天都芳庭小区业委会按照法律法规程序选聘新物业服务企业对小区进行管理；

指导新百花园小区业委会按照法律法规程序解聘物业服务企业。2019年，指导兴隆纺织公寓、城西纺织公寓小区成立物业管理委员会；指导天都芳庭小区、铂领公寓小区、缤纷家园小区、庆园小区成立换届改选小组选举产生新一届业主委员会；指导苏建豪庭、华润悦府小区、宏图上水云锦小区筹备成立首届业主委员会；指导横塘西苑小区业委会及时增补业委会成员；指导及协助金陵世家小区选聘出新的物业公司；指导吉庆家园小区、鸿仁名居小区选聘新物业服务企业；指导召开新百花园业委会召开临时业主大会。2020年，指导涟城小区成立首届业主大会、铂领公寓小区业委会换届选举。吉庆家园、鸿仁名居小区开展物业企业选聘工作，指导新百花园业委会做好工作。

2021年，指导大贡园、兴达新寓、尚文西苑、思园、虹苑新寓小区成立首届业主委员会；指导西城印象、金地名京、凯旋丽都、南湖春晓、腾达雅苑、香缇丽舍选举产生新一届业主委员会；指导涟城、香缇丽舍、西城印象、金地名京、腾达雅苑、南湖春晓召开临时业主大会。2022年，指导虹苑新寓、兴达新寓、思园、宏图上水云锦4个小区成立首届业主大会，指导弘瑞广场、凯旋丽都、爱达花园3个小区成立换届改选小组。

【物业管理工作】

2009年9月，根据南京市宁政发〔2009〕284号文件《南京市加强住宅区物业管理工作实施意见》的精神，南苑街道成立物业管理办公室。南苑街道辖区内有63个住宅小区，2000年前建成的老旧小区有35个，占小区总数的55%。纯市场化物业管理的小区有30家，占小区总数的48%；有政府补贴的18家，占小区总数的28%；政府托管的8家，占小区总数的12%；单位自管的4家。2010年，南苑街道投入100万余元，与辖区老旧小区的物业公司签订扶持补充协议；对无物业管理的老旧居民小区，与社区签订托底协议，由社区和物管办加强对物业的日常考核与管理。对新建商品房小区，由南苑街道物管办督促自管单位切实负起物管责任，对管理规范、群众非常满意的物业公司前3名进行奖励。走访辖区63个小区和近30家物业公司。对无物管的托管小区、有物管的老旧小区、商品房小区的监督实行以奖代拨的形式。南苑街道每月不定期对辖区所有居民小区考评1~2次，考核形式采取明察、暗访相结合的方式，考评情况定期向领导小组汇报和社区工作站及相关物业公司进行通报。3月，南苑街道物业管理办公室下设"两站一中心"（物业管理矛盾调解站、应急维修服务站、物业服务中心）。其中，物业管理矛盾调解站，至年底共接到投诉163起，成功调解161起，其余2起不在权属范围内；应急维修服务站共接到业主报修57起，解决55起。

2011年，出台《南苑街道住宅区长效管理考核实施意见》以及《南苑街道提高物业服务质量和物业费收缴率的试点工作方案》，力促物业服务质量和物业费收缴率双提升。8月，在话园社区、健园社区推行"双提高"试点工作。按照"市物业管理行业迎接全国文明城市复查工作"的要求，南苑街道对辖区内所有物业公司进行检查，督促物业公司对存在问题进行整改，并实行"以奖代拨"的形式加强对无物管的托管小区、有物管的老旧小区的扶持以及监管，全年拨付老旧小区物业补助经费109.5万元。物业矛盾调解中心调处物业矛盾纠纷93起，受理率达100%，调解成功率97%。物业应急维修服务工作站共接到业主报修57起，解决55起。2012年，成立以办事处主任为组长、各科室长为成员的综合长效管理工作组；各社区（工作站）成立服务分中心，各社区工作站主要领导担任分中心主任，形成统一领导、分级负责、条保块管、综合协调的物业管理工作机制。通过在10个社区19个小区全面实施"双提高"工作，物业费收缴率提高近20%。南苑街道全年拨付老旧小区物业补助经费116.5万元。是年，南苑街道物业管理工作在南京市物业管理体制创新大会上进行经验交流。2013年，南苑街道调整以办事处主任为组长的住宅区长效管理工作领导小组，进一步明确南苑街道、社区工作职责；各社区（工作站）结合实际，及时充实或调整物业服务分中心工作人员。继续实施老旧小区物业补贴政策，拨付物业补助经费115.66万元。矛盾调解中心调处物业矛盾纠纷94起，受理率100%，调解成功率96%；应急维修服务站共接到业主报修74起，解决74起。2014年，全年拨付老旧小区物业补助经费115.66万元。协调处理"12345"热线、市长信箱、网络问题及各类投诉件180余件，处理率100%，办结率100%。开展老旧房屋安全排查推进会，共排查楼房400幢，发现并制止擅自拆改房屋结构的违法破坏行为10余起。经检测、鉴定和确定隐患房屋3处（利星公寓11单元、12单元以及安如村25幢、凤鸣苑2～4幢），危险房屋2处（黄山路9号虹苑五村3幢、湖西街48号5幢），南苑街道及时开展消险治理工作。2015年，全年拨付老旧小区物业补助经费115.66万元。开展雨季险房险墙防范工作以及低洼易涝地区及遭受水淹房屋安全排查工作，共排查房屋466幢，总建筑面积210.5万平方米，查出隐患房1处，及时发现并制止擅自拆改房屋结构的违法破坏行为20余起。经鉴定，新增危房2处，配合建邺区投资促进局开展危房隐患房的整治工作，基本完成虹苑五村3幢危房的治理工作。

2016年，积极探索解决老旧小区物业管理难问题，严格规范"两清扫全天保"制度，落实南苑街道班子领导包片、科室包线、社区包点的网格化服务工作措施。2017年，按照物业管理工作考核细则和专项检查的要求进行考核和评定，督促企业及时整改存在问题，进一步规范企业行为。全年共协调处理物业矛盾30余件，300余起。开展既有住宅电梯增设工作，南苑街道已获得规划许可24台。2018年，修订《南苑街道住宅区物业管理工作实施意见》，开展物业管理专项检查。根据各物业公司对老旧小区物业管理情况的考核结果，共发放老旧小区物业补贴款111万元。2019年，严格按照物业管理工作考核细则和专项检查的要求，每月定期对住宅小区进行专项检查考核和评定。继续做好房屋安全管理日常巡查和检查工作，发现拆改承重墙等违法行为及时督促整改。配合建邺区房产局完成湖西街48号整治工作；邀请专家对利星公寓11单元、12单元检测确定是否已完成消险。稳步推进电梯增设工作，48个单元通过初审，29个单元拿到施工许可，16个单元投入使用。2020年，泰山路社区金隅紫京府创建江苏省级红色物业示范点，在国泰民安社区试点探索党建引领下的国有物业服务机制建设。发放老旧小区物业补贴194.75万元。在南京市文明城市检查中，共检查70个小区，整改200余处问题。

2021年，物业科联合综治科、城管科、安监科、"12345"、党政办等6个部门每月对辖区内61个小区进行考核并上报建邺区房产局。配合区房产局、区建设局，委托新城房产集团开展小区微整治，共完成2批次18个微整治项目。做好部分老旧小区物业管理移交工作。开展居民小区废弃车辆整治工作，共清理1000余辆。办结"12345"工单135条。2022年，做好对隐患房屋及危险房屋的日常巡查工作，对已鉴定为危房的安如村25幢完成消险，对列入拆迁且未完工的沿河一村49号小区持续开展沉降观测。开展房屋安全大排查大整治和自建房排查整治专项行动，协助做好虹苑菜场及周边房屋的鉴定工作。做好文明城市创建工作，开展大扫除专项行动，督促物业企业从清理楼道杂物、乱贴乱画、整治环境卫生、修复设备设施、消除安全隐患以及小区秩序维护和"僵尸车"整治等几个方面做好自查和整改。做好矛盾调解和政策解释工作，接待群众来访100余次。

2022年南苑街道物业小区概况统计表

表9-1

小区名称	小区地址	四界	建筑面积（万平方米）	住宅楼（幢）	业主委员会成立时间（年、月）
晔园小区	集庆门大街41号	东：西城路； 南：健园北路； 西：台晔路； 北：集庆门大街	5.97	12	未成立
盛世公馆	黄山路12号	东：黄山路； 南：横塘西苑； 西：横塘西苑； 北：汽车检测中心	3.54	1	未成立
金陵世家	应天大街885号	东：华冠压缩机厂； 南：兴达新寓； 西：兴达新寓； 北：应天大街	4.50	10	2010.10
华隆新寓	庐山路5号	东：恒山路； 南：怡康街； 西：庐山路； 北：苏建豪庭	6.30	18	未成立
华润悦府	所街169号	东：湖西街； 南：应天大街； 西：云锦路； 北：所街	39.80	20	未成立
城开怡家	南湖路28号	东：南湖路； 南：所街； 西：湖西街； 北：幸福河	4.18	6	2017.07
金虹花园	南湖路28号	东：南湖路； 南：幸福河； 西：康泰东街； 北：康泰街	11.00	13	2017.09

续表9-1

小区名称	小区地址	四界	建筑面积（万平方米）	住宅楼（幢）	业主委员会成立时间（年、月）
国泰民安	湖西街51号	东：南湖路； 南：康泰街； 西：湖西街； 北：集庆门大街	25.50	91	未成立
虹苑新寓1～3	应天大街787号	东：泰山路； 南：怡康街； 西：嵩山路； 北：应天大街	12.13	31	未成立
虹苑新寓4～5	黄山路9号	东：嵩山路； 南：怡康街； 西：黄山路； 北：天都芳庭	8.09	21	未成立
中北品阁	集庆门大街155号	东：公交场站； 南：金地名京； 西：中石化加油站； 北：集庆门大街	2.90	4	2011.01
银轮花园	集庆门大街189号	东：凤鸣苑小区； 南：金地名京； 西：云锦路； 北：集庆门大街	3.34	11	2011.05
爱达花园	长虹路389号	东：长虹路； 南：应天大街； 西：南河边； 北：南河边	25.00	34	2011.06
金地名京	云锦路139号	东：新禧家园； 南：医药中等专科学校； 西：云锦路； 北：凤鸣苑	20.85	12	2012.01

续表9-1

小区名称	小区地址	四界	建筑面积（万平方米）	住宅楼（幢）	业主委员会成立时间（年、月）
兴宏园	兴隆大街139号	东：庐山路； 南：松花江东街； 西：江东中路； 北：兴隆大街	5.70	14	未成立
台园趣园	文体路71号	东：台晔路； 南：建邺实小； 西：文体路； 北：集庆门大街	7.80	20	未成立
宏图上水云锦	云锦路169号/庐山路9号/白鹭东街78号	东：恒山路； 南：白鹭东街； 西：云锦路； 北：怡康街	16.27	38	未成立
开园	文体路92号	东：真园小区； 南：利星公寓； 西：农机院； 北：水科院	4.30	7	未成立
真园	文体路92号	东：文体路； 南：幸福河； 西：开园小区； 北：庆园	5.61	15	未成立
话园	文体路94号	东：文体路； 南：庆园； 西：省第二中医院； 北：尚文西苑	6.90	13	未成立
宇园	文体路94号	东：话园小区； 南：江苏省第二中医院； 西：南湖路； 北：集庆门大街	1.82	4	未成立

续表9-1

小区名称	小区地址	四界	建筑面积（万平方米）	住宅楼（幢）	业主委员会成立时间（年、月）
南湖春晓嘉怡苑	南湖路29号	东：话园； 南：农机大院； 西：南湖路； 北：江苏省第二中医院	4.35	5	2012.11
凯旋丽都	江东中路219号	东：兴隆新寓； 南：松花江东街； 西：江东中路； 北：兴隆大街	8.49	10	2011.05
新百花园	应天西路88号	东：轻工研究所； 南：怡康新寓； 西：虹苑农贸市场； 北：应天大街	10.00	14	2010.07
湖西街34号	湖西街34号	东：湖西街； 南：新苑路； 西：湖西街42号； 北：公交场站	1.00	2	未成立
湖西街48号	湖西街48号	东：湖西街； 南：湖西街50号； 西：金地名京； 北：新苑路	1.30	5	未成立
湖西街50号	湖西街50号	东：湖西街； 南：医药中专； 西：金地名京； 北：湖西街48号	0.20	1	未成立
利星公寓	南湖路99号	东：话园； 南：幸福河； 西：南湖路； 北：开园	1.53	4	未成立

续表9-1

小区名称	小区地址	四界	建筑面积（万平方米）	住宅楼（幢）	业主委员会成立时间（年、月）
天成苑	黄山路18号	东：黄山路； 南：消防救援站； 西：恒山路； 北：怡康街	2.77	2	2011.02
世贸天誉	云锦路158号	东：云锦路； 南：幸福河； 西：世茂国际商业中心； 北：世茂国际商业中心	18.00	3	未成立
鸿仁名居	长虹路301号	东：长虹路； 南：南河； 西：南河； 北：西城印象	3.05	3	2013.03
双润居	吉山路6号	东：吉山路； 南：怡康新寓； 西：新百花园； 北：江苏省轻工研究院有限公司	1.63	2	未成立
苏建艳阳居	黄山路	东：腾达雅苑； 南：白鹭东街； 西：黄山路； 北：怡康街	8.79	8	未成立
苏建豪庭	庐山路1号	东：弘瑞广场； 南：华隆新寓； 西：庐山路； 北：应天大街	10.78	12	未成立
宇园	集庆门大街115号	东：宇园内； 南：省第二中院； 西：南湖路； 北：集庆门大街	1.66	6	未成立

续表9-1

小区名称	小区地址	四界	建筑面积（万平方米）	住宅楼（幢）	业主委员会成立时间（年、月）
庆园	文体路90号	东：文体路； 南：真园； 西：省第二中医院； 北：话园小区	2.50	4	2023.06
铂领公寓	应天大街770号	东：港维驾校； 南：应天大街； 西：智慧产业园； 北：所街29号厂区	3.08	4	2016.07
横塘西苑	怡康街80号	东：黄山路； 南：怡康街； 西：恒山路； 北：汽车检测中心	3.58	6	2015.10
紫京府	白鹭东街9号	东：吉山路； 南：兴隆大街； 西：泰山路； 北：白鹭东街	23.95	12	未成立
吉庆家园	应天大街790号	东：文体路； 南：应天大街； 西：香缇丽舍； 北：所街	12.76	30	2012.08
海苑华庭	所街5号	东：西城路； 南：应天大街； 西：电容电器厂； 北：所街	2.00	2	未成立
雍华府	怡康街19号	东：吉山路； 南：白鹭东街； 西：泰山路； 北：怡康街	17.98	9	未成立
弘瑞广场	应天大街837号	东：机动车检测站； 南：华隆新寓； 西：苏建豪庭； 北：应天大街	6.61	11	2016.02

续表9-1

小区名称	小区地址	四界	建筑面积（万平方米）	住宅楼（幢）	业主委员会成立时间（年、月）
兴隆纺织公寓	兴隆大街16号	东：西城路停车围墙； 南：兴隆大街路； 西：金隅紫京府； 北：涟城二期围墙	1.59	4	未成立
金轮翡翠名园	所街37～39	东：所街29号； 南：应天智汇创业园； 西：集成电路研究所宿舍； 北：所街	3.12	3	2015.08
兴达新寓	应天西路170号	东：庐山路； 南：怡康街； 西：云锦路； 北：应天大街	12.00	26	未成立
城西纺织公寓	应天巷28号	东：新城中学怡康街分校围墙； 南：白鹭东街路； 西：招商雍华府围墙； 北：怡康街路	3.50	10	2012.03
香缇丽舍	南湖路109号	东：吉庆家园； 南：应天大街； 西：南湖路； 北：三五〇三厂	5.90	6	2012.03
缤纷家园	集庆门大街169号	东：品阁公寓； 南：金地名京； 西：凤鸣苑； 北：集庆门大街	2.00	5	2010.08

续表9-1

小区名称	小区地址	四界	建筑面积（万平方米）	住宅楼（幢）	业主委员会成立时间（年、月）
发园小区	台晔路	东：台晔路； 南：幸福桥； 西：澄园； 北：建邺实验小学	2.20	5	未成立
铂金时代	松花江路99号	东：庐山路； 南：梦都大街； 西：江东中路； 北：松花江路	8.29	3	未成立
涟城	怡康街与西城路交会处	东：西城路； 南：白鹭东街； 西：吉山路； 北：767工厂	52.68	37	2020.11
江南名府	集庆门大街15号	东：长虹路； 南：西城印象； 西：西城路； 北：集庆门大街	11.36	19	2011.01
腾达雅苑	怡康街29号	东：泰山路； 南：白鹭东街； 西：嵩山路； 北：怡康街	7.87	18	2011.01
尚文西苑	文体路70号	东：文体路； 南：话园； 西：宇园外； 北：集庆门大街	1.61	4	未成立
尚文东苑	文体路71号	东：台园； 南：台园； 西：文体路； 北：集庆门大街	1.61	4	未成立
康庄馨苑	应天大街761号	东：西城路； 南：涟城； 西：767工厂； 北：应天大街	2.89	1	未成立

续表9-1

小区名称	小区地址	四界	建筑面积（万平方米）	住宅楼（幢）	业主委员会成立时间（年、月）
海玥花园	恒山路101号	东：黄山路； 南：兴隆大街； 西：学校建设用地； 北：白鹭东街	26.31	22	未成立
思园	所街26号	东：文体路； 南：所街； 西：南湖路； 北：幸福河	6.30	11	未成立
澄园	文体路26号	东：发园小区； 南：幸福河； 西：文体路； 北：建邺实验小学	2.68	6	未成立
凤凰和熙	云锦路186号	东：云锦路； 南：兴隆大街； 西：江东中路； 北：怡康街	15.00	14	未成立
天都芳庭	黄山路815号	东：嵩山路； 南：虹苑4村； 西：黄山路； 北：应天大街	6.00	13	2011.07
怡康新寓	怡康街20号	东：吉山路； 南：怡康街； 西：泰山路； 北：新百花园	5.90	15	未成立
健园小区	台晔路	东：西城路； 南：所街南街； 西：台晔路； 北：健园北路	7.00	19	未成立

续表9-1

小区名称	小区地址	四界	建筑面积（万平方米）	住宅楼（幢）	业主委员会成立时间（年、月）
湖西街42号	湖西街42号	东：湖西街； 南：新苑路； 西：湖西街44号小区； 北：公交场站	1.50	3	未成立
湖西街44号	湖西街44号	东：湖西街42号小区； 南：新苑路； 西：金地名京； 北：中北品阁	2.00	5	未成立
凤鸣苑	集庆门大街170号	东：缤纷家园； 南：金地名京； 西：银轮花园； 北：集庆门大街	1.87	4	未成立
大贡园	所街16号	东：西城路； 南：所街文体路； 西：小贡园； 北：幸福河	3.92	8	未成立
西城映象	长虹路297号	东：长虹路； 南：鸿仁名居； 西：南河； 北：江南名府	1.50	3	2011.08

注：2022年南苑街道共有84个小区，其中有47家物业公司管理68个小区，其余小区为自管或托管小区。

第十章　环境保护

南苑街道依托网格化管理模式，按照属地管理和专项监管相结合的原则，坚持全面覆盖、责任到人，建立"横向到边、纵向到底"网格化环境监管体系，做到环境监管不留死角、不留盲区、不留隐患，使网格内各重点排污单位、主要环境问题得到有效监管。

第一节　机构与队伍

【机构】

2016年7月，南苑街道环境保护科成立，系城市发展科内设机构，科长丁少山，具体工作负责人汤四喜。2017年4月，副科长钱忠主持工作。2020年6月，南苑街道城市管理部下设环境保护科，部长张建负责。2022年3月，科长焦瑞。

【队伍】

2016年，配有环保工作人员12名。2017—2022年，配有工作人员14名。

第二节　环保督察　环境治理

【环保督察】

2016年7月，配合中央第一轮环保督察工作，及时完成下发南苑街道的

3件主办、3件协办交办件整改、回复。2017年9月，配合江苏省环保督察工作，制定《江苏省环保督察南苑街道迎查工作方案》，按时完成7件主办、14件协办交办件办理、回复。2018年6月，配合中央环保督察整改"回头看"工作，及时召开动员部署会，成立由南苑街道主要领导牵头的中央环保督察整改"回头看"协调联络组，制定《南苑街道迎接中央环保督察整改"回头看"工作方案》，按时完成14件主办、11件协办信访件的处理、回复工作。2022年3月，配合中央第二轮环保督察工作，制定《南苑街道迎接第二轮中央生态环境保护督察协调保障工作方案》，成立迎查工作协调联络组和6个工作组，按时处理9件主办、7件协办交办件，所有主办件按要求整改到位。

【环境治理】

2002年6月，兴达社区通过南京市文明办等7个部门的考核验收，被南京市创建国家环境保护模范城市领导小组和南京市环境保护委员会命名为首批"绿色人居环境社区"。南苑街道投入资金100余万元，用于社区环境改造，加强草坪树木补植，提升花草树木档次。爱达社区、国泰民康社区、虹苑一社区成功创建"绿色人居环境社区"。2003年，组织社区居民参观环保流动宣传展，发放《市民绿色生活手册》，积极向居民讲解、宣传环保知识，进一步提升居民群众对环境保护理念的知晓率与参与度，有效提升公众的环境素养。2004年，对辖区内20余家在建、待建工地派专人上门进行督促，按标准进行整改，禁止运输车辆带泥上路及抛洒滴漏，沿街围墙进行出新改造，确保施工现场各项扬尘防治措施落实到位。2005年，紧紧围绕迎"十运会"召开，不断提高辖区市容卫生环境，结合迎"十运会"的节点要求，投入大量人力、财力，深入开展城市环境综合整治。南苑街道在兴达社区、华隆新寓新植各类树木和花木，有效提高2个小区的绿化率和绿化品位。

2006年，兴达社区创建江苏省绿色人居环境小区。开展"生态南苑"宣传活动，各社区、村利用党员论坛、社区论坛、橱窗、横幅、黑板报等工具，宣传建设创"绿"社区工作的重要意义，提高居民爱绿护绿意识。2007年，吉庆社区和庐山社区分别创建江苏省和南京市绿色社区，为确保创绿目标的实现，成立创绿工作领导小组，明确分工，强化责任，加强宣传，有针对性地开展绿色社区创建工作。2008年，围绕迎接北京奥运会和第四届"世界城市论坛"盛会的召开，结合辖区实际情况，层层落实各项工作，开展城市环境综合整治活动。开展"六五"世界环境日宣传周活动，发放环保知识小册子和节能减排宣传手册，不断提升居民环保意识。配合建邺区环保局完成全国首次污染源普查工作。2009年，以巩固创建文明城市成果为契机，坚持以集中整治和落实长效管理相结合，强化领导、精心组织，注重方式方法，狠抓工作落实，城市管理工作实现由重点整治"脏、乱、差"，向营造环境、提高环境质量转变。南苑街道充分利用信息网络、板报、校园广播、宣传栏等平台，宣传环保知识、环保法律法规，增强青少年环保意识。2010年，针对夜间各类非法夜市排档油烟污染问题，南苑街道对农贸市场和菜场周边、庐山路兴达社区门口、金陵中学河西分校门口等重点区域的夜市排档、流动摊贩进行多次集中整治，有效打击和遏制夜市排档和流动摊贩油烟污染问题。

2011年，开展"清路治乱、美化环境"专项整治活动，全年开展专项整治30余次，狠抓专项治理，促进环境质量改善。同时开展"六五"世界环境日宣传活动，发放宣传手册、张贴宣传海报，进一步加强宣传引导，提高居民环保意识，营造良好的社会氛围。2012年，完成年度环保工作目标任务，进一步规范辖区规模以上餐饮企业油烟净化设施安装和加强使用维护管理，全面提升餐饮油烟净化效果。组织开展形式多样的"六五"世界环境日主题宣传活动，全方位、多角度宣传生态环境保护法律法规，进一步增强公众的生态环境保护意识。2013年，积极参加南京市环保局组织的在南京市绿色社区中开展"楼道环保文化"建设评比活动，督促指导鹭鸣苑社区做好创建南京市级绿色社区各项准备工作。每天安排专人对辖区内26家在建工地进行巡查，督促各在建工地做好工地规范围挡、场地内道路硬化、工地门口冲洗车台，做到无抛洒滴漏现象。做好"黄标车"淘汰宣传和排查工作。2014年，南苑街道明确扬尘防控的职责分工、工作重点、月度考核评分细则，安排专人对辖区内21处在建工地扬尘管控措施落实情况每日进行巡查，及时了解工地管理现状，发现问题及时教育、及时整改，并对工地周边的渣土管理，南苑街道委托第三方实施24小时管控。2015年，根据《建邺区环境保护大检查实施方案》要求，对辖区内在建工地、干洗业、汽修行业、餐饮企业、医疗行业进行常态化管理检查；对辖区内17家在建工地每月进行一次例会和定期夜查；对辖区内63家汽修行业进行逐一排查整改，建立1户1档信息库；对辖区内餐饮行业每周进行抽查留单，对辖区内18家医疗单位发放《致医疗系统行业的一封信》，按照要求签订医疗废弃物合同，妥善处理医疗废弃物。4

月，媒体正面报道怡康街汽修行业专项整治，建邺区环保局对南苑街道的环保大检查工作给予肯定。

2016年，开展夏季城市治理、环境综合专项整治行动，对辖区所有餐饮油烟排放情况、噪声扰民等情况进行拉网式检查，共发现问题19处，整改19处，处罚2家。举办"限塑执令、你我共行"主题广场宣传活动，印制宣传海报100张、宣传横幅40幅，分发宣传册1200本，大力普及环保知识、法律法规和理念，引导群众保护环境，营造良好氛围。2017年，圆满完成"五二〇"江苏发展大会、中高考和南京马拉松赛事期间环境空气质量保障工作。开展"节能减排、绿色出行"主题广场宣传活动，同步开展由30名环保志愿者参与的绿色骑行宣传活动，倡导居民低碳生活、绿色出行。全年参与检查6720余人次，累计排查542家单位，解决381个问题，协调部门解决97个问题，整改到位373个问题。2018年，与13家在建工地签订管理责任书，建立微信工作平台，每个季度评选1个优秀工地，每个月召开1次扬尘管控工作会议。2家工地扬尘管控硬件设施达到智慧2.0工地的标准，餐饮企业100%安装油烟净化器和油污预处理装置。成立由城管、环保、水务等部门组成的环境监察小组，每天组织30余人，对重点路段餐饮、烧烤开展夜间餐饮油烟专项整治行动。举办"塑战速决"主题环境日宣传活动，围绕"美丽中国，我是行动者"主题宣传活动，倡导广大居民争做美丽中国行动者。2019年，重点对国控点管控区内扬尘、工业废气、餐饮等污染源开展环境综合整治，全年共出动工作人员3600余人次，累计检查单位2100余家次，共解决问题190余个。全力以赴落实南京市大气污染防治40条攻坚措施。扎实开展餐饮油烟治理，积极推进文体路、庐山路等重点路段餐饮企业油烟净化设施统一清洗工作，打造庐山路餐饮"示范一条街"。完成辖区11台生活源燃气锅炉低氮改造工作；配合做好全国第二次污染源普查工作。2020年，完成餐饮企业环保整治任务87家，安装油烟在线监测45家；推广泰山路、黄山路餐饮企业油烟净化设施统一清洗工作；推动辖区24家企事业单位食堂整治工作；完成51家汽车维修单位、15家医疗卫生机构、2家单位实验室危废固废整治任务。邀请环境专家、辖区居民代表、辖区单位代表对辖区生态环境开展视察和座谈活动。完成江苏省、南京市核查组对南苑街道24件环保督察信访件销号的现场核查任务，相关问题均符合销号标准，并销号完毕。

2021年，充分发挥7名工地管家作用，实行"一日三查"，全面落实国控点3000米周边扬尘管控精细化管理新10条措施，推广1机1炮和焊烟收集装置等扬尘管控新举措。开展泰山路餐饮油烟综合整治，建设泰山路餐饮示范街区。在所街、泰山路10号、华隆新寓等汽修集中区域及铂领公寓钢材市场安装智能监控，为日常监管、执法处罚提供依据。建邺区人大南苑街道工委组织代表组代表，对南苑街道辖区内相关单位固体废物排放和处置情况开展视察和座谈活动。南苑街道大气污染防治攻坚战工作年度考核获建邺区第一名。2022年，全面开展标准站核心管控区污染源大排查，完成梦都大街闲置地块作为渣土车停车场、泰山路10号工人居住地和黄山路29号中建八局生活区柴油机污染、金陵河西中学油烟直排等6大污染源整治工作。推进油烟净化器"码上洗"工作，作为建邺区试点单位，完成"码上洗"注册200余家。购置高性能无人机，配备高精度6参数大气监测仪、高分辨率夜视红外成像仪等配套设备，实行空地一体化监管，及时发现、及时处置环境污染问题。大力宣传高排车辆淘汰相关政策及要求，推进辖区298辆高排车辆淘汰工作。

第三节　河长制与巡查工作

【河长制】

2017年12月，根据中央和江苏省设立河长制办公室的相关文件（苏办发〔2017〕18号文件）要求，南苑街道设立河长制办公室，系城市管理和公共服务科内设机构，主任朱涛，配有工作人员4名。同时，南苑街道设总河长1名，副总河长1名，街级河长3名，社区级河长12名，河道网格巡防员24名。2018年始，南苑街道社区级河长11名，河道网格巡防员11名，至2022年未变。

【河道治理】

2017年，南苑街道以"河畅、水清、岸绿、景美"为目标，以对侵占河道、超标排污、非法排口、违章搭建、乱倒垃圾、养殖种菜、破坏绿化为工作重点，全面开展整治清理工作，全年整治20余次，处理河道环保督察7件，日常工作交办53件，全部整改落实到位。2018年，南苑街道实现在建工地临排许可证办理率达100%，南苑街道辖区内所有排水户申办排水许可证，实现办理率达75%，其中重点排水户办理率达90%，截至12月底已办证98家。

2019年，南苑街道对涉河违法违规行为做到及时发现、及时制止、及时处理，加强日常巡查，水务及城管执法中队总巡查382次，现场警告立即整改63件，下达《责令改正通知书》限期整改38件。开发使用智慧河湖排口巡查监管系统，确保沿河污水"零直排"。2020年，南苑街道严格落实河长制有关规定，加强巡河检查和日常保洁，在调查核实的基础上，全面清理整治涉河违法行为，坚决遏制新增的违法行为，有效解决河道乱占乱建乱排问题。同时加强部门联动，打击向河道内倾倒垃圾、私搭乱建、侵占河道等违法行为。对涉河违法违规行为做到及时发现、制止并及时处理，下达《责令改正通知书》限期整改20件，行政处罚6件，累计罚金1200元。配合新城房产集团做好辖区内16个小区雨污水管网清疏修缮工程。

2021年，夯实河长制督办工作基础，严格执行巡河制度，以强化落实"河长制"为切入口，从突击治水方向制度化治水推进，实现治水工作的常态化和长效性。南苑街道城管执法中队对涉河道违法违规行为做到及时发现、制止并及时处理，下达《责令改正通知书》限期整改12件，行政处罚5件，累计罚金1000元。配合新城房产集团做好辖区内6个小区雨污水管网清疏修缮工程。积极推进污水提质增效达标区创建工作，根据文件要求，南苑街道辖区内划分3个达标区，其中编号320105-05-01达标区已完成南京市级验收工作。2022年，严格执行巡河制度，多部门联动，全年下达《责令改正通知书》限期整改23件，行政处罚17件，累计罚金7830元。11月，根据《建邺区城镇污水处理提质增效精准攻坚"333"行动方案》等文件要求，南苑街道2个污水处理提质增效达标区通过南京市验收。

【巡查管理】

2007年，清运相子河东段、惠子河南段等河道垃圾漂浮物500万千克；清理南河垃圾约10万千克。2008年，南苑街道投入30余万元，对怡康河、相子河、幸福河沿线河道护坡进行疏通清理。2009年，对南京市、建邺区重点工程西城路北段、幸福河北段进行集中整治和改造，协助完成话园、鹭鸣苑小区用水管道和排涝站改造。2010年，全力配合做好建邺区重点工程项目，全力推进南河堤A地块拆迁工作。2011年，配合完成健园路、台晔路、湖西街48号、42号雨污分流工程。2012年，配合完成厂圩街、安泰和金虹花园小区的雨污分流工程。完成辖区8家工企单位的雨污分流工程。2013年，配合做好辖区26个居民小区和8家公企单位的雨污分流工程以及幸福河综合整治工程。2014年，配合做好辖区白鹭东街、恒山路拓宽建设和兴隆纺织公寓环境提升、爱达花园小区雨污分流。2015年，推进辖区15家企事业单位污水达标创建工程。

2016年，按照年度排水达标创建计划，圆满完成辖区内江苏城市职业学院、金陵中学河西分校、南京钢锯厂、集成电路研究所、所街110千伏变电站、南湖雨水泵站、晓小李生态酒店、海苑华庭、爱达小学等10家单位的排水达标创建任务，并成功申领排水许可证。配合完成金陵世家、兴宏园小区的雨污分流工程和江苏省农业机械鉴定站的雨污河流管道改造以及沙洲西河北段、向阳河的截污整治。2017年，根据"河长制"工作方案要求，南苑街道定期组织召开"河长制"工作推进会，全力配合相关部门开展河道整治清理工作，全年协助有关部门完成河道整治20余次。街级、社级河长累计巡河520人次。24名河道巡防员对辖区内的6条河道进行"一日两巡"，及时上传巡查动态，累计巡河1.1万人次。坚持工作痕迹管理，建立健全巡查台账制度。南苑街道综合行政执法大队对破坏河道生态环境的违法犯罪行为进行联合执法，先后查处有关河道问题的环保督察件7件，日常交办件53件，全部按要求整改到位。各社区加大对辖区居民"河长制"工作的宣传力度，在国家验收沙洲西河南苑辖区段的国考河民意调查问卷中，南苑街道群众满意率高达94%，确保"河长制"工作的有效落实。2018年，按照年度排水达标创建计划，完成辖区内82家基础排水户的排水达标创建任务，并成功申领排水许可证。配合完成怡康河片区、忠字河、幸福河雨污分流改造工程及存量管网综合整治工作。2019年，根据"河长制"工作方案要求，南苑街道定期组织召开"河长制"工作推进会24次。街级、社级河长累计巡河1019人次。11名河道巡防员对辖区内的6条河道进行"一日两巡"，及时上传巡查动态，累计巡河2706人次。各社区加大对辖区居民"河长制"工作的宣传力度，4月，在怡康河南苑辖区段的民意调查问卷中，南苑街道群众满意率达92%。2020年，开展河道违法行为专项整治，落实辖区内6条河道"一日两巡"，查处污水直排、岸边违建等破坏河道生态环境违法行为。

2021年，使用河长App巡河，街级河长巡查85次，社区巡查857次。定期召开"河长制"工作例会16次。建立健全巡查台账制度，将偷排漏排、超标排放及非法排放口等违法行为作为巡防重点，并实时关注涉水违法建（构）筑物。联合雨花台区赛虹桥街道、秦淮区双塘街道，巡查南河、外秦淮河共管区域，加强跨界河流信息共享、协同管理、综合治理。2022年，根据《南京市河长湖长履职办法》要求，使用河长App巡河，街级河长巡查70人次，社区巡查766人次。定期召开"河长制"工作例会14次，通过例会研究工作难题，着力整治重点问题。夯实河长制督办工作基础，严格执行巡河制度，同时加强部门联动，打击向河道内倾倒垃圾、私搭乱建、侵占河道等违法行为。南苑街道城管执法中队对涉河违法违规行为做到及时发现、及时制止、及时处理，全年下达《责令改正通知书》限期整改23件，行政处罚17件，累计罚金7830元。

第十一章　安全生产

2002年，南苑街道成立安全生产工作委员会，下设南苑街道安全生产办公室，挂牌在南苑街道城市管理科。2017年10月，安全生产办公室独立设置，更名为安全生产监督管理科。2020年，安全生产监督管理办公室挂牌在南苑街道综合行政执法局。安监机构成立后，抓制度建设，抓安全宣传与教育培训，抓监督检查与专项治理。至2022年，境内安全生产监管工作成效明显，未发生有重大影响的事故。

第一节　机构与制度建设

【安全生产监督管理办公室】

2009年，南苑街道成立安全生产办公室，挂牌在南苑街道城市管理科。历任负责人徐忠、史玉坤、焦瑞、潘兆俊。2017年10月，机构优化调整，安全生产办公室独立设置，更名为安全生产监督管理科。2020年6月，安全生产监督管理科挂牌在南苑街道综合行政执法局，更名为安全生产监督管理办公室。至2022年底，有工作人员9人，其中公务员2人、事业编1人、安全协管员4人、文员2人。社区兼职安全员12人。

【制度建设】

2005年，制定印发《关于"十运会"期间安全生产的保障方案及要求》。2006年，南苑街道将创建"最安全城区"工作要求和控制目标纳入南苑街道国民经济和社会发展奋斗目标，制定南苑重特大生产安全事故应急救援预案。2007年，制定《南苑街道安全生产监管工作方案》《南苑街道2007年安全生产监管工作要点》等，细化全年安全任务，落实到南苑街道各科室、社区和区域内企业单位执行。建立应急预警体系，制定《公共突发事件应急处置预案》，按照社会安全、自然灾害、事故灾害、公共卫生4大类事件制定《特大气象灾害处置预案》《房屋建筑重大事故应急处置预案》等12个工作预案。2008年，制定印发《南苑街道重特大生产安全事故应急救援预案》，与村、社区、辖区内相关企业签订《安全生产责任书》，进一步加强安全生产目标责任制的落实。

2013年，制定印发《南苑街道2013年安全生产和消防安全工作实施意见》。2014年，制定印发《南苑街道青奥期间安全事故应急救援预案》，明确应急救援系统和职责分工。严格值班值守制度，实行24小时值班制度，坚持领导带班和专人值守，认真落实各项应急防范措施，确保上下政令畅通。制定下发《南苑街道2014年安全生产工作实施意见》和《南苑街道强化青奥安保维稳安全生产大防控督查问责实施办法》。2015年，制定《南苑街道安全生产暨消防安全大检查工作方案》《南苑街道"九小场所"（小学校或幼儿园、小医院、小商店、小餐饮场所、小旅馆、小歌舞娱乐场所、小网吧、小美容洗浴场所、小生产加工企业）消防安全综合治理方案》《南苑街道人员密集场所应急救援预案》《南苑街道冬季安全隐患检查暨"一二·一三"国家公祭日安全保障工作方案》《火灾事故现场处置方案》《隐患排查治理工作方案》等方案。

2016年，制定《南苑街道年度安全检查方案》《南苑街道餐饮场所燃气安全专项整治行动方案》《南苑街道房屋安全巡查检查工作制度》《南苑街道危险化学品安全专项整治实施方案》《南苑街道落实企业生产主体责任专项行动工作方案》等方案。南苑街道与各社区、公司、筹备组签订《安全生产责任书》，各社区、公司、筹备组与辖区内1400多家生产经营单位也签订了相关《安全责任书》。2017年，制定《南苑街道安全检查计划》《南苑街道安全生产大检查工作方案》《南苑街道"一带一路"高峰论坛、"五二〇"江苏发展大会安全生产综合保障工作方案》《南苑街道危险化学品安全综合治理实施方案》《南苑街道成品油流动加油车非法经营专项整治工作实施方案》等方案。组织召开南苑街道2017年南苑街道安全工作大会，与各社区党委书记及辖区内1400余家生产经营单位签订相关责任书。严格落实每月"安全生产检查日"制度，南苑街道党工委书记、办事处主任亲自带领副职及职能科室，对辖区内重点企业、重点区域进行拉网式检查、督导，确保辖区安全生产形势持续稳定。2018年，修订《南苑街道安监机构规范化建设工作方案》《南苑街道安全生产监督管理科职责》《2018年南苑街道安全生产目标责任书》《南苑街道安全生产监督检查制度》。组织召开南苑街道安全工作大会，与各社区党委书记及辖区内1405家生产经营单位，签订《安全目标责任书》。2019年，与各社区党委书记及辖区内1405家生产经营单位，签订《安全目标责任书》。2020年，制定《南苑街道安全生产专项整治方案》《南苑街道突发公共事件总体应急预案》《南苑街道安全生产工作意见》《南苑街道领导班子成员安全生产重点工作清单》《南苑街道科室安全生产工作职责》。南苑街道党工委定期听取安全生产工作汇报，签订《安全生产"一岗双责"责任书》，制定《南苑街道领导班子成员安全生产重点工作清单》《南苑街道科室安全生产工作职责》等相关制度性文件，明确主管行业领域，细化班子成员和分管领域安全生产责任。指导社区与辖区内所有生产经营单位签订《安全目标责任书》，督促落实企业主体责任。

2021年，制定下发《南苑街道安全生产专项整治目标管理考核办法》《重点生产经营企业（单位）安全检查工作计划》，对90家重点生产经营单位进行安全检查。修订完善《南苑街道领导班子成员安全生产重点工作任务清单》，指导社区与辖区内所有生产经营单位签订《安全目标责任书》，督促落实企业主体责任。2022年，制定《南苑街道生产经营企业（单位）安全检查工作计划》《南苑街道安全生产工作要点》《南苑街道安全生产专项整治3年行动实施方案》《南苑街道安全生产大检查细化工作方案》《南苑街道电动自行车充电桩建设和"飞线充电"整治实施方案》《南苑街道"三合一"场所消防安全专项整治工作方案》《南苑街道领导班子成员安全生产重点工作任务清单》《南苑街道城镇燃气安全生产大检查工作实施方案》《南苑街道危险化学品企业（单位）安全生产大检查工作专项方案》等一系列措施，全面落实安全生产责任。

第二节　安全宣传与安全防范

【安全宣传】

2005年，南苑街道开展安全生产宣传教育活动，制作135条安全生产横幅，购买50余幅安全生产宣传画，张贴141条标语，制作黑板报、墙报199块，在各社区（村）组织安全生产与消防知识广场咨询活动。2006年，建立南苑街道安全文化学校，安排形式多样的安全教育培训活动，面向基层、面向企业、面向居民普及安全生产法律、法规知识。2007年，南苑街道安全生产工作以"安全月"和"安全在我心中"等活动为载体，对5个棚户区采取落实责任制和制定宣传教育方案，添置消防器材等。2008年，制定宣传教育方案，添置消防器材。2009年，开展"安全生产月"宣传活动。2010年6月，制定"南苑街道安全生产宣传月活动"计划方案，制作13条安全生产宣传横幅悬挂在南苑街道广场和部分社区路旁。购买80余幅安全生产宣传画张贴到各社区、单位科普宣传栏中。安监办公室制作3块安全生产宣传展板和组织150余人，参加安全生产宣传月安全咨询周启动仪式。各社区、单位的电教室定期向广大居民、职工宣传安全生产法律、科普知识，促使全社会关注安全、关爱生命。南苑街道社区利用各类资源，为居民群众举办一些小讲座，宣传普及防火、用电、用气、食品、药品等安全知识。利用广场影视背投、电子屏等载体，向广大居民群众放映安全教育片，引导居民树立正确的安全理念、意识和行为。制定《南苑街道安全文化学校教学计划》，利用安全文化学校平台，年内5次邀请消防教员、特种设备监管人员进行讲课和培训，累计培训200余人次。南苑街道安监办公室联合建邺区质监分局特种设备科、电梯维保等单位，共同在香缇丽舍小区，开展电梯安全知识的广场咨询活动。通过悬挂横幅、制作展板、向居民发放安全知识手册等形式，向小区居民宣传普及电梯使用安全知识。电梯维保单位负责人现场解答部分居民在使用电梯过程中的一些疑难问题。

2014年，充分利用横幅、橱窗、展板、宣传手册等媒介进行宣传，统一制作并组织社区发放安全宣传手册6000余册，悬挂安全横幅150条、标语550余份，在居民小区制作安全生产专题宣传栏20个，重点对辖区棚户区发放消防安全一封信4000余份；组织开展各类安全培训、知识讲座。利用社区电教室组织居民开展各类安全知识讲座14场，组织辖区19家重点生产经营单位的安全管理人员参加建邺区安监局组织的企业法人资格培训，提升企业自主安全意识；紧扣"安全生产月"主题，结合社区的民生服务、文体活动、网格化走访等工作开展宣传，使安全宣传深入居民群众日常生活；以党的群众路线教育实践活动为契机，畅通信息公开与民意表达渠道，动员广大党员群众积极参与安全监督与防范，拓展安全保障的参与主体，推动全民安全意识更加深入。2015年，制作发放安全宣传手册1万余册，开展讲座20场、培训7场、广场活动8场。2月，南苑街道安监办公室组织开展新《中华人民共和国安全生产法》和"党政同责、一岗双责"专题培训讲座。5月，南苑街道深入开展关于企业安全生产责任体系"五落实"（必须要落实"党政同责"的要求、必须要落实安全生产"一岗双责"、必须要落实安全生产组织领导机构、必须要落实安全管理力量，应依法设置安全生产管理机构、必须要落实安全生产报告制度），"五到位"（安全责任到位、安全投入到位、安全培训到位、安全管理到位、应急救援到位）规定的宣传工作，共计发放《五落实五到位规定》及宣传海报各200份。

2016年，利用传统媒介，开展日常安全宣传，统一制作并发放安全宣传手册5万余册，悬挂安全横幅200条、布置橱窗100幅。紧扣"安全生产月"主题，开展社区广场宣传活动6场，制作安全生产政策知识宣传栏4幅，展板10块，在活动现场进行展示。同时现场散发宣传手册800余份，悬挂横幅16条。围绕专项工作开展。以烟花爆竹禁放和春节期间安全工作为主题，制作并发放《居民小区安全用火用气用电提示》3000份、烟花爆竹禁放标识牌90份，《消防安全告知书》3200份；以夏季及汛期安全工作为主题，制作并发放《关于居民小区夏季消防安全提示》1100份；以安全生产暨消防安全大检查工作为主题，制作《致辖区居民与生产经营单位的告知书》2200份；以冬季消防安全为主题制作并发放冬季消防安全宣传彩页3万张。向辖区生产企业发放《五落实五到位规定》及宣传海报各200份，分别组织辖区17家人员密集场所企业、19家重点生产经营单位参加建邺区安监局组织的培训会议，增强企业安全主体责任意识。强化企业职业病危害防治意识。动员辖区规模以上企业法人、安全管理人员参加建邺区安监局组织的专项培训，并发放《建邺区职业病危害防治宣传手册》，指导企业做好相关工作，提高企业职工职业病防治意识。2017年，联合建邺区安监局制作百米安全文化长廊，进行安全知识宣传，结合各类专项安全检查，利用社区公共场所宣传版面，悬挂横幅布置展板，南苑街道和12个社区在公共场所设立50余块安全宣传展板，张贴宣传海报72张，发放宣传册8000份，悬挂横幅120条，向辖区居民发放3万余份安全生产一封信，张贴《九小场所燃气安全提示》1500份，张贴《南京市辖区门面房消防安全须知》2000份，签订《夏季消防安全责任书》1500份。南苑街道与辖区内食品经营单位及食品小摊贩签订《安全责任承诺书》273份。在辖区内各小区悬挂横幅200条，发放宣传手册、一封信1万余份，制作食药品安全海报180张，宣传展板50块，张贴和摆放在各小区橱窗和科普宣传场所。完善各社区食品药品安全科普宣传站规范化建设工作，辖区内有兴达、国泰等10个科普宣传站，全年开展各类食品安全主题宣传活动20余场。2018年，南苑街道邀请专家对辖区内的特种设备企业单位进行《特种设备使用管理规则》培训，增强企业单位安全监管人员安全意识、管理水平和安全防范能力。针对电动车充电存在的安全隐患的问题，2月、5月南苑街道联合建邺区消防大队先后2次对辖区各物业公司、电动车销售负责人近百余人开展消防安全培训。多次联合南京市特种设备检测院、建邺区消防大队等职能部门对辖区内相关企业、社区进行《特种设备使用管理新规》、电动车安全管理、消防安全、应急逃生等知识的宣讲和培训，联合南湖消防中队先后对辖区企事业单位、社区组织6次火灾扑救、防震减灾安全演练。借助"创建国家级食品安全城市""安全生产大排查大整治大执法""文明城市检查"等活动，南苑街道共制作宣传展板80块，悬挂各类安全横幅500条，发放宣传手册、一封信2万余份。针对九小场所（小学校或幼儿园、小医院、小商店、小餐饮场所、小旅馆、小歌舞娱乐场所、小网吧、小美容洗浴场所、小生产加工企业）消防安全宣传，张贴《九小场所燃气安全提示》《南京市辖区门面房消防安全须知》共计6000余份。大力开展对重点餐饮企业、人员密集场所、重点消防隐患单位的安全宣传。针对电动车充电消防安全隐患，在辖区所有小区楼道张贴《楼道停放电动车夺命只需100秒》《电动车安全停放和充电》消防安全须知1万余份。南苑街道积极开展"安全生产月"活动，制定《南苑街道2018年"安全生产月"活动方案》。联合建邺区安监局开展南苑街道安全生产月宣传咨询日暨吉庆社区九小场所自治联盟成立仪式。指导各社区开展各项安全生产宣传活动：如泰山社区"端午情浓社区，共享三礼文化"燃气宣传广场活动、兴达社区"百姓舞台等你来秀"消防安全宣传活动、吉庆社区"第2届建邺区'五微'共享节"等安全宣传活动。2019年，发送安全提示短信近3万条，各类安全宣传贴画近1万份。借助"创建国家级食品安全城市""安全生产大排查大整治大执法""安全生产月"等活动，开展对重点餐饮企业、人员密集场所、重点消防隐患单位的安全宣传。联合建邺区市场监督管理局组织专家对辖区内使用特种设备的企业单位进行《特种设备使用管理规则》培训，增强企业单位安全监管人员安全意识、管理水平和安全防范能力。2020年，成立由党政主要领导任组长的安全生产专项整治行动领导小组，南苑街道班子成员组成宣讲团集中开展学习宣传活动，累计开展"百团进百万企业"宣讲

12次，覆盖辖区单位315家、辐射12个社区900余人次。

2021年，狠抓高层建筑消防无水整治，南苑街道联合区消防救援大队加大高层建筑消防安全宣传培训力度，全面提升广大业主自查自纠能力、扑救初期火灾能力和疏散逃生的能力，增补12个微型消防站物资，充分发挥微型消防站"救早灭小"作用，为辖区内高层建筑消防安全做好应急准备。加强特种设备在行业安全管理，邀请专家开设特种设备质量安全培训讲座，围绕特种设备安装、使用、维护保养过程中相关质量安全标准进行专题授课，辖区内67家特种设备使用单位派员参加培训。针对飞线充电问题，2022年，南苑街道发动机关和社区干部、党员、志愿者，采取入户宣传、专题讲座、悬挂横幅、LED屏播放宣传片等形式，全覆盖开展宣传，将安全生产法律法规纳入学习教育培训重要内容，将观看学习《生命重于泰山——学习习近平总书记关于安全生产重要论述》电视专题片向社区党组织延伸，推动安全发展理念入脑入心，积极营造浓厚的宣传氛围。南苑街道主要负责人开展"百团进百万企业千万员工"安全生产宣讲活动2次，通过宣讲进一步提高企业安全意识，压紧压实企业安全生产主体责任，提升企业安全管理能力和安全发展水平。

【安全防范】

2003—2008年，南苑街道按照"横向到边、纵向到底、不留死角"的原则，与村、社区、辖区内相关企业签订《安全生产责任书》。召开大市场、宾馆、歌舞厅、超市、企业、物管和社区（村）负责人冬季防火专题会议，重申"一把手"负责制、属地责任制等，提高防范意识。联合建邺区消防和公安等部门对公共场所、生产企业、学校和流动人口集中居住地等进行拉网式检查，及时督促单位整改消防通道不畅、灭火设备更换不及时、私拉乱拉电线等安全隐患。开展冬季防火知识培训，提高企业和居民生产生活中取暖、加热等安全意识。加强重点地区、单位安全保卫工作，确保夜间治安巡查工作落实到位。2009年，南苑街道以创建文明城市检查为契机，以"三项行动"（执法行动、治理行动、宣传教育行动）工作为主线，以宣传教育、监督检查为手段，全面推进"三项建设"（加强法制体制机制建设、加强安全生产保障能力建设、加强安全生产监管队伍建设）发展。把握"打基础、固根本、强管理、谋发展、抓整改、除隐患"的工作思路，以打造"和谐南苑，宜居南苑"为特色,紧贴南苑街道年初确定的建设特色社区、特色园区目标。年初,南苑街道安委会由分管主任同各村、社区负责人签订《安全生产责任书》《食品安全责任书》,同辖区内100余家生产经营单位签订《安全生产(防火)责任书》,与240余家生产经营单位签订《安全生产告知承诺书》,按照当年烟花爆竹有限开禁工作方案,与19家禁放重点单位签订《烟花爆竹有限开禁安全防范责任书》。2010年,南苑街道安监办公室分别对辖区内地下室住人、叶家套和沈二队棚户区等处安全隐患,召开多部门参加的隐患治理专题会,研究整改方案。对辖区内地下室住人安全隐患多次组织社区、物业、综治、社区民警等部门协同参加,通过张贴告示、上门走访、劝导等形式进行清理。在安全生产专项整治月活动中,召开重大安全隐患分析会5次,分别对沈二队棚户区、木工机械厂、王三队废品收购站等处安全隐患开展多次多部门协同参加的专项整治行动,清理大量易燃、易爆等危险物品,消除辖区安全隐患。

2014年,南苑街道配备安全监察电动车5辆,用于日常安全巡查和整治。购置行政执法记录仪27台,用于隐患排查整治的记录取证。为南苑街道大楼内71只灭火器和16台灭火推车充粉,并新增灭火器57只,出资近20万元对南苑街道大楼的排风系统、水泵等消防隐患进行了整改。出资在重点消防地段添置20个4L手提式和2台25L手推式的灭火器材。出资8万元,为辖区10个小区的78个高层无水的住宅增配灭火器638只。2015年,南苑街道与辖区内1405家生产经营单位签订《安全责任书》。2016年,严格落实"党政同责、一岗双责",建立安全防范长效管理机制,严格落实各级责任。结合南苑街道自身实际,落实安全工作专项经费,扩充工作装备和人员,对安全生产工作给予人财物各方面全力保障:与第三方安全技术咨询公司签约,结合年度安全检查方案和专项整治工作并引入专家协助检查,提升检查专业性。加强档案管理和存储工作,更新南苑街道安办电脑4台,用于检查资料数据的存储和整理。重点支持安全生产工作,累计投入安全生产宣传支出达15万元。为物业监管不到位的老宿舍楼和老旧小区配备灭火器200只,落实重点隐患区域的应急保障。与建邺区消防大队签订协议,借调2名消防协管员,充实安全监管队伍。

2017年,南苑街道主要负责人与各分管负责人签订安全工作责任书。召开南苑街道安全工作大会,与各社区党委书记及辖区内1400余家生产经营单位签订相关责任书。组织推进会16场,负责人带队检查28次,出动900余人次，检查1050家企事业单位（包括九小场所及人群聚集场所），发放隐患告知书190份，发现各类安全隐患共930处，整改完毕850处，整改率91.4%。南苑街道党工委书记、办事处主任亲自带领副职及职能科室，对辖区内重点企业、重点区域进行拉网式检查、督导，确保辖区安全生产形势持续稳定。南苑街道安监科与第三方安全技术咨询公司协作，由技术公司每月派出专家4人次协助南苑街道开展检查，提升南苑街道执法检查中发现隐患的能力。2018年，制止16起擅自拆改房屋结构等危害房屋安全的行为，并督促产权人完成整改。申请对安如村25幢、利层公寓，以及督促产权单位对湖西街48号和爱达花园13幢、14幢进行房屋安全检测，对确定整治方案的虹苑五村3幢以及利星公寓11单元、12单元等配合开展整治工作。协调处理吉庆家园、爱达花园、香缇丽舍、金陵世家、怡康新寓等小区物业矛盾。针对辖区内21世纪进修学校存在的安全隐患，制定整治工作方案，开展6次综合整治及劝导疏散工作。8月，租赁户及企业人员全部搬离学校，安全隐患消除。2019年，南苑街道与各社区党委书记及辖区内1405家生产经营单位签订《安全目标责任书》。开展安全隐患大排查大整治专项行动，检查1096家企事业单位，整改隐患639处。南苑街道联合执法部门针对违法违规行为与重点隐患问题开展集中整治，在人群聚集场所开展消防安全专项检查、餐饮行业违规使用液化气钢瓶专项整治、特种作业操作证专项检查、大型商业综合体和商场市场消防安全专项检查、环保油排查整治、危险化学品及工贸行业安全生产专项执法检查中，落实属地责任，消除一批安全隐患问题。3次联合建邺区消防救援大队、南苑派出所开展专项执法检查，出动100余人员、6辆执法车，收缴违规液化气钢瓶56瓶。5月，联合2家电动车充电桩企业在各物业公司召开电动车安全充电桩推广会。辖区23家餐饮商户完成瓶装液化石油气转换管道天然气安装。2020年，向符合条件的居民和九小商户推广使用燃气、烟雾报警器约800只，火灾事故数量同比下降30%。完成风险源排查工作，核查单位7026家，核实单位2807家，完善单位信息3902条，录入风险源7156条。南苑街道安监科把一体化治理的"181"平台（南京市社区治理一体化信息平台）使用推广作为重点工作，组织社区网格员、志愿者等30多人，用"181"平台对辖区内3900多家商户和企业进行安全信息录入，对2600多家企业进行"小化工"排查。指导社区2603家生产经营单位签订《安全目标责任书》。

2021年2月，修订完善《南苑街道领导班子成员安全生产重点工作任务清单》，指导社区与辖区内所有生产经营单位签订《安全目标责任书》，督促落实企业主体责任。7月,调整南苑街道安全委员会、消防安全委员会组成人员。是年,召开9次党工委安全生产专题会议和34次社区安全工作例会,研判安全形势,部署安全隐患排查整改工作,安全生产工作机制进一步完善,安全责任进一步夯实。2022年,压实责任,确保履职尽责到位。制定并印发了《南苑街道2022年度生产经营企业(单位)安全检查工作计划》《南苑街道2022年安全生产工作要点》《南苑街道安全生产专项整治三年行动实施方案》《南苑街道安全生产大检查细化工作方案》《南苑街道电动自行车充电桩建设和"飞线充电"整治实施方案》《南苑街道"三合一"场所消防安全专项整治工作方案》《南苑街道领导班子成员2022年安全生产重点工作任务清单》《关于调整南苑街道安全生产委员会组成人员的通知》《南苑街道2022年城镇燃气安全生产大检查工作实施方案》《南苑街道危险化学品企业(单位)安全生产大检查工作专项方案》等一系列相应落实措施,每月定期召开专题会议研究部署,全面压紧压实安全生产责任。

第三节　安全监督与专项治理

【安全监督】

2010年,在创建"两网"(社会服务管理网和社区家园网)建设示范区的活动中,对辖区内37家药品经营单位进行监督检查,确保居民用药安全。加强电梯、管道等特种设备的专项检查。及时督促辖区内电梯、锅炉、起重机械等特种设备检测,对爱达紫藤园、鸿仁名居、西城映像等小区电梯超期未检问题,及时配合建邺区质监局上门催检。对金融机械厂仓储内升降器安全隐患进行查处,要求该单位按南京市特检处规定要求整改。定期检查辖区内燃气管道占压、"黑气点"的安全隐患,针对燃气管道违章占压、无证开挖施工等4起隐患,及时联合南京市燃管处进行查处,确保按要求整改到位。整治泰歧钢管厂等6大地块,清理湖西街56号地块12户收旧经营户,拆除违建面积约300平方米。清理木工机械厂及周边所街2队收旧经营户11户,拆除违建面积2400多平方米。清理新百地块收旧户4家,拆除违建面积200余平方米。清理泰歧钢管厂地块收旧户12家,拆除违建面积约800平方米。清理电信保密局地块收旧户8家,拆除违建面积约400平方米。清理石家庄地块收旧户11家,拆除违建面积约1000平方米。2014年，南苑街道落实并推进隐患自查自报系统的填报和使用，安排专人管理"智慧安监"平台，结合社区网格化管理工作，以社区为单位，以社区网格员为一线监察力量，督促辖区生产经营单位开展自查，及时填报上报本单位排查情况。南苑街道"智慧安监"平台录入生产经营单位847家，自报隐患21起。通过自查自报系统对辖区生产经营单位情况进行监控，及时反馈和处理，有效提升隐患排查工作效能。

2016年，落实并推进隐患自查自报系统的填报和使用，安排专人管理"智慧安监"平台，该平台上报重点监督单位240家，有效提升隐患排查工作效率。2017年，南苑街道联合执法部门针对违法违规行为与重点隐患问题开展集中整治。在检查过程中发现各类安全隐患共20余处，并就违规行为向施工单位发出整改指令，要求立即整改。7—12月，多次对虹苑新寓5村3幢、10幢和怡康新寓2幢、爱达小区八达公司综合楼、玉龙池等约90户群租房、高层建筑内违规使用煤气包等违规行为进行突击检查和综合整治，其中扣处钢瓶近百只，私拉乱接电线5千克，约谈群租房出租中介1家，有力保障辖区居民生活环境安全。8月，南苑街道联合南苑派出所及建邺区消防救援大队约谈兴达菜场和玉龙池洗浴中心负责人，针对存在的严重消防隐患问题要求2家现场给出整改期限，限期完成隐患整改。9月，南苑街道联合建邺区消防救援大队、南苑派出所对6家区级挂牌消防安全隐患企业单位召开隐患整治推进会，要求6家企业单位签订《隐患单位整改承诺书》，明确时间节点和整改方案。是年，3家单位基本整改完毕，3家单位仍在整改。针对重点消防隐患单位整改问题，南苑街道联合建邺区消防救援大队反复约谈安如托老所负责人，在建邺区安委会和区安监局的支持下完成安如托老所的关停工作。开展燃气安全自动报警装置全面推广工作，辖区内符合条件安装燃气安全自动报警系统的餐饮行业298家，全面完成安装。2018年，南苑街道落实每月"安全生产检查日"制度，南苑街道党工委书记、办事处主任亲自带领副职及职能科室，对辖区内重点企业、重点区域进行拉网式检查、督导。社区支部书记、主任带队开展检查，严格落实网格责任人职责，实现安全生产分级管理、常态巡查、全员参加的长效机制。定期召开安全例会，部署重点安全工作，听取各社区安全工作开展情况汇报，并对其工作进行点评。2019年，突出人员密集场所安全管理，联合南苑派出所及建邺区消防救援大队，多次约谈辖区安全隐患突出单位，完成消防隐患整改工作。邀请专家开展各类安全培训，增强企业单位、各社区安全监管人员安全意识、管理水平和安全防范能力。如：联合建邺区市场监督管理局组织专家对辖区内使用特种设备的企业单位进行《特种设备使用管理规则》培训，增强企业单位安全监管人员安全意识、管理水平和安全防范能力；联合建邺区消防救援大队先后2次针对电动车充电存在的安全隐患问题，对辖区各物业公司、电动车销售负责人百余人开展消防安全培训。同时对各单位、各社区定期开展应急预案演练，强化应急救援知识、应急技能的培训，防患于未然。加强部门联动配合，增强企业预案和南苑街道预案对接，提高应急预案的针对性、实用性和操作性。指导3503厂、金鹰世界开展消防安全演练，提高企业员工的安全意识和应急、应对能力。2020年，南苑街道推进专项整治，明确群租房、地下室住人、高层消防、危房消险、小化工和"三合一"（原材料库、成品和半成品库、工人宿舍或生产流水线集中在一个车间内，形成"三合一"场所）场所等多个重点整治项目。

2021年，年初制定《重点生产经营企业（单位）安全检查工作计划》，按季度对90家重点生产经营单位进行安全检查，组织开展社区安全工作人员培训10场。7月，举办新能源公用设施突发生产安全事故综合应急演练，提升应对突发事件的应急处置能力。12月，组织开展新《安全生产法》和消防安全知识集中培训。扎实利用"181"平台开展单位录入和隐患查改工作，对社区日常监管工作量化，通过安全生产脸谱平台强化企业主体责任，督促企业自主安全评价体检实现企业安全管理自主化、规范化。2022年，修编南苑街道综合应急预案等14项专项预案，确保突发事件处置及时有效。组织城管、安监、行政执法等职能科室，多次深入大型商贸综合体、建筑工地开展安全检查，督导贯彻落实安全生产"十五条"（严格落实地方党委安全生产责任，严格落实各级政府安全生产责任，严格落实部门安全生产责任，严肃追究领导责任和监管责任，严格落实企业主要负责人责任，深入扎实开展安全生产大检查，牢牢守住项目审批安全红线，严厉查处违法分包转包挂靠资质行为，切实加强劳务派遣和灵活用工安全管理，重拳出击开展打非治违，坚决整治执法检查宽松软问题，加强安全生产监管执法队伍建设，重奖激励安全生产隐患举报，严肃查处瞒报谎报迟报漏报生产安全事故行为，统筹做好经济发展、疫情防控和安全生产工作）硬措施，对重点安全违法行为进行有力打击，立案查处2例违反《安全生产法》违规行为。

【专项治理】

2005年，以建筑工地、危化企业、黑气点、土锅炉、"三合一"场所为重点，开展6大专项整治工作。2007年，对辖区内9家建筑工地的安全施工进行专项检查，对12家危化品经营单位采取勤检查。对10家黑气点进行取缔，并收缴钢瓶20余只。对20余家150余台电梯安全使用情况进行调查摸底，对爱达花园7台超期未检的电梯进行有效查处。2008年，对辖区内11家建筑工地、4个棚户区强化责任制落实，对11家危化品经营单位采取勤检查、排隐患、抓整改、促落实，对9家黑气点进行取缔。对辖区内200余家电梯安全使用情况进行摸底调查。2009年，南苑街道组织各村安全员对辖区内生产经营单位开展安全检查，对辖区内地下室住人、旧家具市场消防安全、通达橡胶厂综合安全及叶家套和沈二队棚户区等安全隐患，开展专项治理行动，共出动500余人次，拆除简易披棚4000平方米，清除废木料、泡沫、纸箱等易燃物品5万余千克，消除一大批安全隐患。2010年，定期对辖区内人群聚集场所、重点部位和重点地段、生产经营单位开展安全检查，南苑街道出动520余人次对辖区内8大闲置、围而未建地块、6个建筑工地、34家生产经营单位、210家人群聚集场所（网吧、餐馆、游艺室、小旅馆等）安全隐患开展地毯式检查，发现各类安全隐患270起，立即整改239起，限期整改21起，下发限期整改通知书3份。

2014年，排查安全隐患600余项，整改率96%。2015年，开展各类安全专项检查80余次，梳理辖区重点安全隐患9类36项。2016年，组织开展专项检查15场，主要有"重点消防隐患区域检查""餐饮行业燃气安全专项检查""生产型企业职业危害摸底调查""电动车充电安全专项检查""危化品整治专项检查""辖区内消防栓完好度摸排"等。2017年，组织推进会16场，领导带队检查28次，出动900余人次，检查1050家企事业单位（包括九小场所及人群聚集场所），发放整改通知书190份，发现各类安全隐患930处，整改完毕850处，整改率91.3%。对辖区内餐饮行业271家大小餐饮企业及25家食品小摊贩进行检查，查处50余处安全隐患，全部得到有效整改。开展2次"非法禽类交易市场专项整治"，累计截获未经检疫的家禽800余只，查处违规车辆10余辆，暂扣10余套经营工具。12月，南苑街道综合行政执法大队联合建邺区市场监督管理局南苑分局、南苑派出所、交警四大队对兴隆大街上海建工门口流动摊点开展联合执法，现场取缔百货摊点5个，暂扣早餐车7辆、百货物流品1车。

2018年，对重点区域、重点生产经营单位、重点公共场所等开展拉网式、全覆盖安全检查。南苑街道、社区出动746人次（其中南苑街道、社区负责人分别带队检查185人次），检查1052家企事业单位（包括九小场所及人群聚集场所），发现各类安全隐患787处，整改完毕639处，整改率81.2%。2019年，联合执法部门针对违法违规行为与重点隐患问题开展集中整治，开展"人群聚集场所消防安全专项检查""餐饮行业高低层违规使用液化气钢瓶专项整治""特种作业操作证专项检查""大型商业综合体和商场市场消防安全专项检查""'三合一'场所摸底调查""危险化学品及工贸行业安全生产专项执法检查""安全生产'打非治违'专项行动检查"。4月，先后3次联合建邺区消防救援大队、南苑派出所开展违规使用液化气钢瓶专项执法检查，共出动100余人员，6辆执法车，收缴违规液化气钢瓶56瓶。2020年，完成吉庆家园地下室住人整治，清理49户56间住人地下室，彻底解决困扰小区10余年的顽疾。推进危房消险工作，5处危房得到有效处置。排查辖区2家加油站、51家汽车维修单位、15家医疗卫生机构（4家宠物医院）、2家实验室，针对检查发现的汽修店危险废弃物标识张贴不规范、危险废弃物转移合同更新不及时等问题，督促相关单位整改到位，严格落实长效管理机制。重点约谈辖区安全隐患突出单位，完成3503厂、舜天西服厂消防隐患整改。集中开展"飞线"充电专项整治行动，清理违规充电线1977根，疏堵结合推广安装智能电动车充电桩工程。开展"违规使用液化气钢瓶专项执法检查"，收缴违规液化气钢瓶56瓶。是年，国泰民安社区被建邺区推荐为争创国家防灾减灾示范社区。

2021年，狠抓高层建筑消防无水整治，南苑街道2次召开高层无水整治集中约谈会，16个小区物业负责人汇报小区高层无水整治进展、存在的困难和建议，消防部门提出整治的具体要求。南苑街道动员8个小区利用维修基金修复38幢高层无水隐患。巩固深化"飞线"充电专项整治：南苑街道、社区悬挂横幅50条，张贴标语128张，出动2576人次，清理电动车进楼110辆，清理电动车违规停放657辆，纠正电瓶入户行为49次，约谈教育违规人员40人次，动员居民自行收线1200根，强制剪线1040根。推进危化品使用专项整治：结合南苑街道危险化学品整治行动方案及"181"平台，开展危险化学品使用大排查工作，全面摸清底数，与辖区内所有加油站等危化品企业单位签订安全责任书，明确监管责任和企业主体责任，推进危险化学品使用单位开展风险辨识管控和隐患排查治理工作，形成自查自改、边查边改模式。2022年，开展火灾隐患专项整治。共派出检查组226组次761人次，检查小区578个次，发现问题隐患766项，立即整改744项，限期整改22项，整治清理楼道杂物390处、电线私拉乱接152处、楼道违规停放电动车133处、飞线充电241处、占用消防通道87处、车棚住人消防隐患7处、电动车违规充电94处、其他消防安全隐患72处，发放宣传知识手册3223本，消防安全知识告知信3223封。开展安全生产大检查工作。聚焦重点行业领域，深入开展专项排查整治，南苑街道共检查企业2689家次，派出检查组271组次，发现一般隐患293项，立即整改293项。开展重点行业领域安全生产百日攻坚行动，聚焦自建房、燃气、消防等重点行业领域，南苑街道共检查自建房1处，企业1家，燃气单位48家，23个住宅小区。

第十二章　道路　交通　桥梁

2022年，南苑街道境内有集庆门大街、应天大街、梦都大街、江东中路、兴隆大街等主干道12条，有所街、西城路、嵩山路等次干道7条，有厂圩南街、台晔路、秀山路等支路6条，有忠字街、厂圩街、康泰东街等街巷5条。有2条地铁线（地铁2号线兴隆大街站；地铁7号线梦都大街东站、应天大街站、南湖站在建），25条公共交通网线遍及辖区主次干道及支路，交通便捷。境内有毛公渡桥、拖板桥、集庆门大桥、康泰桥等桥梁10余座。

第一节　道　路

【主干道选介】

集庆门大街（南苑段）　东起长虹路，西至江东中路，长2900米，宽40米。其中快车道宽22米，两侧慢车道各宽4米，两侧人行道各宽4米，中分带宽2米。沥青混凝土路面。

江东中路（南苑段）　北起集庆门大街南至梦都大街。长2200米，路幅宽80～100米，设快车道、辅道、慢车道和人行道。路中央设置9米宽的分隔带，快车道与辅道之间设5米宽的绿化带，辅道与慢车道之间设2米宽的绿化带。沥青混凝土路面。该路规划名称经四路，后分段称境内段为江东南路、江东中路。

应天大街（南苑段）　东起西城路西至江东中路，长约2200米。此路因应天府（南京古称）而得名。1995年命名为应天西路。2004年更名为应天大街。2010年改建，2013年竣工。路幅宽50余米，沥青混凝土路面。

梦都大街（南苑段）　东起西城路西至江东中路。长2200米，为连接南京主城与河西新城区的重要通道之一。该街初名纬八路，1996年始建，路幅宽40米，其中车行道宽26米，两侧人行道各宽5米，快车道与慢车道之间设置2米宽的侧分带。

兴隆大街（南苑段） 东起西城路西至江东中路，长2100米。初名向兴一路，东起南河，西接河兴路，1970年始建。路幅宽5.5米。1975年修成石子灌浆路，后多次拓宽改造。1990年前后，与河兴路统称为兴隆路。因起点在赛虹桥附近，终点至河北大街上新河附近，又称赛上路。

2022年南苑街道辖区主干道一览表

表12-1   单位：米

道路名称	起止点	长度
集庆门大街	长虹路—江东中路	2900
兴隆大街	西城路—江东中路	2100
应天大街	西城路—江东中路	2200
江东中路	集庆门大街—梦都大街	2200
梦都大街	西城路—江东中路	2200
文体路	集庆门大街—应天大街	900
长虹路	集庆门大街—应天大街	580
云锦路	集庆门大街—庐山路	2100
庐山路	应天大街—梦都大街	1700
泰山路	应天大街—梦都大街	1630
湖西街	集庆门大街—应天大街	900
黄山路	应天大街—梦都大街	1600

【次干道选介】

次干道皆为区域性道路，与主干道组成道路网，兼有服务功能。至2022

年，南苑街道辖区有南湖路、所街、怡康街、嵩山路、恒山路、西城路、松花江东街7条次干道。

所街 东起西城路，西至江东中路，长2200米，路幅宽20～24米，沥青混凝土路面。2002年6月拓宽湖西街至文体路段，段内道路长1400米，拓宽后宽24米，其中车行道宽18米，两侧人行道各宽3米。沥青混凝土路面，工程由建邺区市政工程管理所负责施工。2004年6月竣工。

南湖路（南苑段） 北起集庆门大街南至应天大街，长1000米。路幅宽26～36米。沥青混凝土路面。原名南湖一号路，1984年为黄泥土路，1985年改建，宽约22米。后命名为南湖路。

2022年南苑街道辖区次干道一览表

表12-2   单位：米

道路名称	起止点	长度
所街	西城路—江东中路	2200
西城路	集庆门大街—应天大街	740
恒山路	应天大街—梦都大街	1640
嵩山路	应天大街—白鹭东街	690
怡康街	江东中路—西城路	2100
松花江东街	江东中路—庐山路	320
南湖路	集庆门大街—应天大街	1000

【支路选介】

支路一般多为居民区交通线路，连接主、次干道与街巷，以服务功能为主。至2022年，南苑街道辖区有厂圩南街、康泰东街、台晔路、吉山路、白鹭东街、秀山路6条支路。

台晔路 北起集庆门大街，南至幸福桥，长480米，车行道面积3560平方米，人行道面积1779平方米，沥青混凝土路面。

厂圩南街 北起厂圩街，南至康泰街，长200米，车行道面积2109.4平方米，人行道面积1074.6平方米，沥青混凝土路面。

2022年南苑街道辖区支路一览表

表12-3 单位：米

道路名称	起止点	长度
厂圩南街	厂圩街—康泰街	200
康泰东街	厂圩街—所街	360
吉山路	应天大街—怡康街	430
白鹭东街	江东中路—嵩山路	1300
秀山路	白鹭东街—怡康街	260
台晔路	集庆门大街—幸福桥	480

【街巷道路】

随着社会经济的发展，人口的增加，逐步形成街巷道路网络。至2022年，南苑街道辖区有厂圩街、康泰街、健园北街、忠字街、新苑路5条街巷道路。

2022年南苑街道辖区街巷一览表

表12-4 单位：米

道路名称	起止点	长度
忠字街	应天大街—所街	280
健园北街	西城路—台晔路	170
厂圩街	湖西街—厂圩南街	340
康泰街	康泰东街—南湖路	270
新苑路	湖西街—金地名京小区	130

第二节　交　通

【公共交通】

运营线路2022年，南苑街道辖区有南京市公交13路、14路、28路、80路、81路、83路、133路、Y12路、Y13路、39路、63路、113路、126路、D58路、Y3路、86路、7路、57路、82路、85路、109路、512路、513路、D22路和D7路25条公交线路在境内运营。

2022年南苑街道辖区公共交通线路、停靠站点一览表

表12-5   单位：个

线路	起、终点站名	经过辖区内站名	辖区内站点数
13路	南湖—南京站·南广场西	东升村站、南湖集贸市场站、彩虹苑站、集庆门大桥西	4
14路	奥体新城—汇景西路	应天大街·湖西街站、应天大街·恒山路站、应天大街·黄山路站、文体路·泰山路站、南苑新村站、南湖集贸市场站、集庆门大桥西站	7
28路	集庆门大街·湖西街—墨香路总站	集庆门大街·湖西街站、东升村站、南湖集贸市场站、彩虹苑站、集庆门大桥西站	5
80路	福园街—富贵山	白鹭花园站、集庆门大街·湖西街站、东升村站、南湖集贸市场站、彩虹苑站、集庆门大桥西站	6
81路	福园街—南理工科技园	白鹭花园站、集庆门大街·湖西街站、东升村站、南湖集贸市场站、彩虹苑站、集庆门大桥西站	6
83路	白鹭花园—新模范马路东	白鹭花园站、集庆门大街·湖西街站、东升村站、南湖集贸市场站、彩虹苑站、集庆门大桥西站	6

续表12-5

线路	起、终点站名	经过辖区内站名	辖区内站点数
133路	江苏大剧院—郑和南路	黄山路·梦都大街站、相子桥站、怡康街·嵩山路站、文体路·泰山路站、南苑新村站、文体路·集庆门大街站、南湖集贸市场站、彩虹苑站、集庆门大桥西站	9
Y12路	莫愁新寓—公交四公司	集庆门大街·湖西街站、东升村站、南湖集贸市场站、彩虹苑站、集庆门大桥西站	5
Y13路	南湖—南京站·南广场西	东升村站、南湖集贸市场站、彩虹苑站、集庆门大桥西站	4
39路	应天大街·雨花路—江边路总站	应天大街·湖西街站、应天大街·恒山路站、应天大街·黄山路站、应天大街·泰山路站	4
63路	宁工新寓—双桥门西	沿河村南站、安如村站、所街·康泰东街站、所街·文体路站、文体路·泰山路站、应天大街·泰山路站	6
113路	河西金陵中学—定坊工业园	河西金陵中学站、白鹭东街站、庐山路·怡康街站、应天大街·恒山路站、应天大街·泰山路站	5
126路	棉花堤—汇康路	江东中路·月安街站、应天大街·湖西街站、应天大街·恒山路站、应天大街·黄山路站、应天大街·泰山路站	5
D58路	珍珠泉总站—中华门城堡	应天大街·湖西街站、应天大街·黄山路站、应天大街·泰山路站	3
Y3路	江边路总站—公交车辆厂	应天大街·湖西街站、应天大街·恒山路站、应天大街·黄山路站、应天大街·泰山路站	4
86路	河西金陵中学—汇康路	河西金陵中学站、兴隆大街·江东中路站、江东中路·兴隆大街站、怡康街·云锦路站、怡康街·庐山路站、怡康街·嵩山路站、怡康街·泰山路站、怡康街东站	8
7路	瑞金路—宜悦街	江东中路·集庆门大街站、江东中路·应天大街站、江东中路·月安街站、江东中路·兴隆大街站	4

续表12-5

线路	起、终点站名	经过辖区内站名	辖区内站点数
57路	楠溪江东街—大桥南路总站	梦都大街·庐山路站、江东中路·梦都大街站、江东中路·兴隆大街站、江东中路·月安街站、江东中路·应天大街站	5
82路	泰山路总站—石杨路·江南明珠	梦都大街·庐山路站、江东中路·梦都大街站、江东中路·兴隆大街站、江东中路·月安街站、江东中路·应天大街站	5
85路	元前路总站—赛虹桥	江东中路·梦都大街站、兴隆大街·江东中路站、河西金陵中学北门站、兴隆大街·黄山路站、四松庵西站、四松庵东站、兴隆大街·泰山路站、兴隆大街·西城路站	8
109路	青奥村总站—莫愁湖公园西门	江东中路·梦都大街站、江东中路·兴隆大街站、江东中路·月安街站、所街村站、金地名京站	5
512路	河西金陵中学—香榭美颂东	河西金陵中学站、兴隆大街·江东中路站、江东中路·兴隆大街站、江东中路·月安街站	4
513路	雨花台南大门—雨山路地铁站	秋叶村站、梦都大街·庐山路站、江东中路·梦都大街站、江东中路·兴隆大街站	4
D22路	板桥新城总站—奥体新城	江东中路·梦都大街站、江东中路·兴隆大街站	2
D7路	江北新区研创园—万达广场北	江东中路·兴隆大街站	1

公交场站　至2022年，辖区内有1个南京公交场站，即301路、86路、113路、512路兴隆大街场站，场站面积约200平方米，可停留10余辆公交车。

【地铁】

南苑街道范围内共有2条地铁线路，分别为地铁2号线兴隆大街地铁站1号、2号出口；地铁7号线（在建未通车，境内有应天大街站、梦都大街东站、南湖站3站）。

2号线兴隆大街地铁站　兴隆大街站位于兴隆大街与江东中路交叉路口，为地下二层岛式车站，总建筑面积为1.24万平方米，设有2个出入口。兴隆大街站艺术墙的主题为"国庆节"，站厅层和站台层设置贯通的中庭空间，并且是透明屋顶，自然采光。站在中庭处，迎面是一幅巨大的壁画，壁画长9米、高3米，画面上56个身着各色民族服装的人物举着国旗舞动、欢呼。兴隆大街站可换乘7路、57路、109路、161路、512路、D7路公交。

7号线（在建）梦都大街地铁站、应天大街地铁站、南湖地铁站　梦都大街站位于梦都大街与泰山路交叉路口，设有3个出入口（2号、3号、4A）；应天大街站位于应天大街与南湖路交叉口，设有3个出入口（4号、3A、3B）；南湖站位于集庆门大街与南湖路交叉口。（因施工进度原因，南湖站出入口信息、车站规模等信息暂未知）。

第三节　桥　梁

【古桥·毛公渡桥简介】

位于南苑街道原向阳村委会东南400米处，横跨南河，建于明代。相传古时毛姓老人在此摆渡，故名。民国二十六年（1937），国民政府为阻止日军入侵，将桥炸毁，仅存桥墩。民国二十九年（1940），在桥墩上架设木板桥面。解放后多次维修，1989年改建，保留原青石桥墩，将桥面改建为钢筋混凝土空心板桥。桥长60.5米，宽26米。东西走向，3孔。负载8000千克，通航能力为3万千克。

【近现代桥】

拖板桥　位于应天大街（原应天西路东段），河南大街与河北大街之间，横跨南河。清同治《上江县乡镇图》载为土板桥，后讹为拖板桥。相传民国时期，上新河财主王寿保常行善，人称王善人。王寿保在此设渡口后，仍感行人不便，又出资建造一座土板结构的小桥。1949年后桥毁，仍用小船摆渡行人。1967年江东公社拨款建桥。1988年重建，为钢筋水泥结构，双曲拱式。桥东西走向。长50米，宽6.5米。载重1.5万千克，通航能力2万千克。1993年再次重建，仍用拖板桥名。桥长40.4米，宽35米，上部为钢筋混凝土空心板。

集庆门桥　位于集庆门外凤台路西侧，跨秦淮河。1999年1月，为直接沟通外秦淮河两岸新、老城区，开工架设集庆门桥。同年10月竣工。集庆门桥为3孔预应力混凝土连接钢结构，横断面由两个独立对称的单箱双室斜腹板箱梁组成。桥中间跨径50米，边跨各32米，净跨27.6~45.6米。桥长117.8米，桥面宽40米，双向8车道。

2022年南苑街道辖区部分桥梁一览表

表12-6　　　　　　　　　　　　　　　　　　　　　　　　单位：米

桥名	所在河流	桥长	桥宽	上部结构
毛公渡桥	南河	60.50	26	钢筋水泥梁桥
拖板桥	南河	40.40	34.70	钢筋水泥梁桥
集庆门桥	秦淮河	114	40	钢筋混凝土梁桥
文体桥	忠字河	13	21.30	钢筋混凝土梁桥
文体路3号	幸福河	14.90	20.20	钢筋混凝土梁桥
康泰桥	幸福河	20	16	钢筋混凝土梁桥
金虹桥	幸福河	22.57	35.91	钢筋混凝土梁桥
所街路桥	沙洲西河	9.20	28	钢筋混凝土梁桥
苏建豪庭桥	沙洲西河	12.50	10	钢筋混凝土梁桥
怡康桥	怡康河	9	24	钢筋混凝土梁桥

【高架桥·应天大街高架桥】

2004年，南京快速内环南线的高架桥通车，在南京城南地区从双桥门到赛虹桥，并在这两处设立了互通，赛虹桥高架即在西南部分连接了集庆门隧道以及内环西线的城西干道，双向六车道设计，设计时速80千米。2012年8月，应天大街高架江东中路附近围挡，桥面上也有部分围挡。江东路在应天大街节点，把以前东西向的高架跨线桥改造成一处较为复杂的立交桥。江东中路——应天大街节点新建匝道实现北向东、东向北方向的互通，并对主线南延及东向南、南向东等匝道预留建设条件。2013年12月，应天大街该段匝道建成通车。

第十三章　人武人防退役军人服务

2002年南苑街道人民武装部（以下简称街道人武部）成立后，利用会议、电子屏、宣传栏等形式，向广大市民宣传《中华人民共和国国防法》《中华人民共和国兵役法》，做好每年征兵工作，组织民兵开展军事训练，进行政治教育，参加战备执勤等。至2022年，南苑街道建有民兵连、应急排，并在维稳、抢险中发挥模范带头作用。

人防工作组建2支由40人参加的人防专业分队，制定南苑街道、社区两级防空方案，并参加上级部门组织的各类人防技能培训和应急救援，提高了市民的应急处置和避险救灾能力。2017年，辖区内多处设有警报器，音响面积覆盖7.82平方千米，在每年九一八事变纪念日和"一二·一三"侵华日军南京大屠杀死难者国家公祭日，鸣放防空警报。

2019年10月退役军人服务站成立后，利用服务窗口、来访接待室、党建综合室，发挥服务基层、服务群众的导向作用，并始终把双拥优抚工作摆在重要位置，加强工作力度，创新工作思路，提升服务效能，做好新时代退役军人服务工作。至2022年，辖区内有12个社区退役军人服务站。

第一节　人　武

【人武机构】

2002年2月，南京市区划调整，南苑街道成立人武部。至2022年，历任部长王文宁、余德洲、周志林。有干事1名。

2002—2022年南苑街道人武部负责人更迭表

表13-1

姓　名	职　务	任职时间（年、月）	备　注
王文宁	部　长	2002.03—2015.11	
		2015.12—2017.02	南苑街道办事处副主任兼
余德洲	部　长	2017.03—2019.04	南苑街道办事处副主任兼
周志林	部　长	2019.04—	南苑街道办事处副主任兼

【人武工作】

2002年，南苑街道人武部成立。2月，根据建邺区人武部文件精神，将兴隆街道所街村流动人口民兵连更名为南苑街道所街村流动人口民兵连。6月，被南京军区评为民兵工作"三落实"（组织落实、政治落实、军事落实）先进单位。10月，开展征兵工作，超额完成征兵任务。2003年5月，按照"请进来、走出去"思路，组织45名民兵到南京军区空军94916共建部队开展"民兵进军营活动"。所街村流动人口民兵连与南京军区空军94916部队机务四中队结成共建对子。同时，在南京军区空军94916部队建立"国防科技教育基地"。10月，开展征兵工作。2004年9月，南苑街道被江苏省评为"全民国防教育"先进单位。10月，开展征兵工作，超额完成任务。2005年12月，南苑街道党工委召开专题议军会。会议中，南苑街道将全年的武装工作经费列入财政预算，决定每年拿出15万元加强南苑街道武装部正规化建设。

2006年10月，开展征兵工作。2007年10月，开展征兵工作。2008年5月，四川省汶川县发生8.0级强烈地震，南苑街道武装部在第一时间向民兵发出倡议书，共向红十字会捐款5600元、献血1.6万毫升。6月，《中国国防报》在头版头条以"聚散为整做紧拳头"为题，报道所街流动人口民兵连建设经验。5—9月，组织民兵1000余人次参加奥运火炬圣火传递安全执勤工作。2009年10—12月，开展征兵工作。2010年6月，南京警备区组织150名基层武装部部长在南苑街道召开基层武装部规范化建设现场观摩会，南苑街道人武部在会上被警备区表彰为"基层规范化建设先进单位"。

2011年8月，组织20名民兵参加南京警备区在民兵训练基地举办的民兵应急队伍军事训练成果汇报演练会，87式82毫米迫击炮打灭火弹，首发命中，南苑街道武装部被表彰为南京市民兵应急队伍军事训练成果汇报表演"先进单位"。2012年，制定并下发《2012年度民兵组织整顿工作方案》，调整民兵组织与退伍军人预备役登记工作，开展基干民兵和民兵应急分队军事训练共5次，对辖区内重点防护经济目标及近邻范围社情和地形情况进行调整统计。根据年度民兵政治教育工作计划，每季度组织基干民兵和机关干部进行1次国防政治教育学习，增强忧患意识和使命感。2013年3月，完成民兵整组工作。8月，张贴、发放兵役登记宣传资料，兵役登记发证率为100%。2014年6月，组织12名民兵参加南京警备区在金陵会议中心举行的南京市青奥安保维稳大防控行动启动仪式。2015年5月，开展兵役登记、征兵工作。

2016年，组织民兵学习中共中央总书记习近平关于加强人民武装的重要讲话精神，学习《中华人民共和国国防法》《中华人民共和国兵役法》《民兵工作条例》等法律法规。开展与部队官兵座谈，组织参观军营等一系列军民共建活动，增强爱军拥军意识。2017年，按照标准对值班室、办公室、资料室和器材库进行合理规划和建设。完成复退军人姓名、出生年月、入伍退役年月、家庭状况、通信方式等情况填报。2018年9月，开展征兵工作。2019年，学习贯彻《军队基层建设纲要》，根据建邺区民兵整组工作要求，结合南苑街道实际情况，以《国防动员单位军事训练大纲》为依据，按照源于大纲、严于大纲、高于大纲要求，采取上导下演、连贯作业方式，组织各级各类人员基本技能训练，夯实实战化训练基础，提高应急应战能力水平。2020年，根据《基层武装部规范化建设实施细则》第二章第六条以及《关于创建乡镇（街道）级"枫桥式退役军人服务站"硬件建设达标要求》，为提升基层服务保障能力，完善基础配套设施建设，创建"枫桥式退役军人服务站"达标，打造基层武装部规范化建设，增配办公用房。

2021年10月，根据江苏省考核计划安排，随机抽取南苑街道民兵应急排30人参加江苏省考核。其中共同基础课目考核立姿戴防毒面具、卫生与救护、装备操作课目与枪发抓捕网、无人机和工程机械装备操作，考核结果良好。2022年，南苑街道武装部同各社区签订《民兵工作责任书》，针对民兵队伍需要不同专业人员，找寻符合条件的民兵，确保训练有人员，会操作，懂技术。建立武装工作经费保障机制，提高武装工作经费预算，从战备、训练、物资等8个项目出发提高保障力度。在落实责任基础上提高广大民兵积极性，克服工作中的随意性与盲目性，为国防后备力量建设提供保障。南苑街道被南京警备区评为"基层武装工作先进单位"。

图13-1　2021年7月，南苑街道基干民兵分队30人在江宁国防训练基地参加建邺区武装部组织的基干民兵分队集训

第二节　人　防

【人防机构】

南苑街道人防办公室（以下简称南苑街道人防办）成立于2010年7月，历任主任有王文宁、余德洲、周志林。

2010—2022年南苑街道人防办公室负责人更迭表

表13-2

姓　名	职　务	任职时间（年、月）	备　注
王文宁	主　任	2011.01—2017.03	南苑街道人武部长兼
余德洲	主　任	2017.03—2019.04	南苑街道人武部长兼
周志林	主　任	2019.04—	南苑街道人武部长兼

【人防工作】

2010年7月，南苑街道先后筹建人防办、人防专业队伍、制定人防预案、购置人防器材等。10月，公示应急救援包免费发放户摇号结果，社区统一发放，谁领取谁签字，谁发放谁负责，共发放救援包1400余套。2011年12月，公示应急救援包免费发放户摇号结果，共发放救援包1500余套。2012年9月，公示应急救援包免费发放户摇号结果，共发放救援包1600余套。2013年9月，公示应急救援包免费发放户摇号结果，共发放救援包1600余套。2014年9月，公示应急救援包免费发放户摇号结果，共发放救援包1800余套。11月，人防办王文宁主任、许德平干事参加建邺区人民防空办公室组织的城市人口应急疏散演练。12月，街道在南京市人防办开展"民防在我身边"征文活动中获优秀组织奖，怡康社区沈庆凤获"平安志愿者的奉献"二等奖。同月，组织兴达社区、怡康社区、鹭鸣苑社区3个警报器点按南京市政府要求在"一二·一三"侵华日军南京大屠杀遇难者国家公祭日统一鸣放警报。2015年4月，组织3名民兵参加南京市人防办组织的城市人防工作骨干理论培训（为期3天）。7月，组织32名50～60岁身体健康居民到江宁谷里街道参加建邺区人防办组织的人口疏散演练。9月，悬挂62条人防宣传横幅。鹭鸣苑社区、兴达社区、怡康社区顺利完成九一八事变纪念日警报器鸣放任务。同月，组织10名居民参加建邺区人防办在沙洲街道举行的应急救援包发放公开摇号仪式。公示应急救援包免费发放户摇号结果，由社区统一发放，共发放救援包1630余套。11月，张杨燕参加南京市人防办联合江苏省城市应急协会在江苏省消防总队培训基地举办的紧急救助员培训（为期7天），考试后获得紧急救助员国家职业资格证书。12月，兴达社区、鹭鸣苑社区、怡康社区3

个警报器点顺利完成鸣放任务。2016—2020年，分别开展"九一八"和"一二·一三"警报器鸣放工作和应急救援包发放。2021年11月，街道吉庆社区所街菜场二、三楼建成建邺区人防体验馆，并投入使用。2022年5月，制定汇编街道、社区两级人民防空方案。5月，泰山路社区开展人防减灾日活动。6月，江苏省、南京市人防办领导实地调研人防体验馆。7月，

图13-2　2022年6月27日，南京市人防办一级调研员吴厚国调研人防教育体验馆

街道、社区人防骨干参加建邺区人防办在江苏省人防训练基地组织的业务培训。8月，街道完成人防专业队整组。

第三节　退役军人服务

【退役军人服务站】

2019年7月，南苑街道退役军人服务站成立，站长周志林。2021年3月，站长欧阳军，有工作人员7人。是年，根据中共江苏省委办公厅、江苏省政府办公厅《关于贯彻落实习近平总书记重要批示精神进一步加强退役军人服务管理工作的通知》（苏办〔2019〕64号）和南京市退役军人服务中心（站）建设实施意见，街道、各社区成立退役军人服务站，两级服务站建设围绕"有机构、有编制、有人员、有经费、有保障"要求，实现全覆盖。同时，根据《退役军人服务中心（站）建设与工作规范（试行）》《基层退役军人服务中心（站）工作指南》《2020年全国示范型退役军人服务中心（站）创建活动实施方案》等有关规定，完善和加强服务站基础配套软硬件设施建设。建立健全各项规范制度、运行机制，做到服务有窗口、管理有规章、宣传有阵地、活动有场所。至2021年，街道退役军人服务站及服务对象在300人以上的国泰

民安社区、吉庆社区分别通过"全国示范型全国退役军人服务中心（站）"创建工作考核验收。2022年，街道成立退役军人事务工作领导小组。街道党工委书记郭震环任组长，党工委副书记、南苑街道办事处主任掌少波任副组长，领导小组下设办公室在退役军人服务站。

【双拥工作】

2019年，南苑街道双拥工作领导小组在春节、"八一"建军节期间，先后走访慰问建邺区人武部、南京军区空军94916部队、武警南京市二大队、预备役团、武警南京市二大队六中队等共建部队。

2020年，南苑街道获评"南京创建全国双拥模范城优秀集体"。双拥共建领导小组在春节、"八一"建军节期间，先后走访慰问共建部队，为官兵购买慰问品，送去关心和支持，累计支出23万余元。

2021年，建设完成主要由建党百年雕塑造型、十大英模宣传立牌、双拥文化主题小景以及大型双拥广告牌4个部分组成的南苑街道双拥文化广场。2月，为南苑街道三等功臣沈晨家庭送去立功喜报和慰问金。3月，街道根据有关评审要求，帮助星光物业管理有限公司完成优秀"戎耀之家"相关检查验收，同年7月，江苏省优秀"戎耀之家"落户南苑街道。

2022年，春节走访慰问抗美援朝老战士阚峰和困难退役军人吴会学。6月，南京市退役军人优待证申办工作正式启动，街道服务站迅速部署落实，广泛宣传发动。通过张贴海报，大屏信息滚动宣传、短信、网络平台信息推送等形式提升知晓率、关注度。规范场地建设，提升办证效率。落实江苏省、南京市"1544"工作法（1块独立区域、5人1组、在4个区域按4个步骤完成1个受理全过程）。强化人员培训，加大硬件设施设备投入稳妥推进办证工作。热情接待，热心服务到位，营造宾至如归的办证体验环境。至年底2660余人办证，办证率95%。南苑街道根据《立功受奖军人家庭送喜报工作办法》要求，用心用情用力为军人军属服务，开展送喜报活动。是年，为荣获三等功现役军人张荃、刘猛、顾增宇家庭和荣获"四有"（有灵魂、有本事、有血性、有品德）优秀士兵现役军人王泽然、王飞家庭送上慰问金及节日祝福。8月，南苑街道走访慰问南京军区空军94916部队，向部队官兵送上"八一"建军节祝福和慰问品。

【优抚工作】

2019年，南苑街道共有优抚对象111人，其中70人为重点优抚对象。是年，南苑街道发放光荣牌2436块，为辖区内97名优抚对象发放"八一"建军节慰问金4.85万元，为70名重点优抚对象发放春节慰问金7.35万元。11月，根据中共中央办公厅、国务院办公厅印发的《关于解决部分退役士兵社会保险问题的意见》和江苏省、南京市、建邺区下发的通知公告，为更好地解决部分退役士兵养老待遇和医疗困难，街道联合社区做好部分退役军人社会保险接续工作。街道分2批张贴180余张退役军人保险接续公告，覆盖街道12个社区，并依据"先贴公告，再打电话，后发短信"的多重保障，联系辖区内、外退役军人和转业干部1000余人，告知政策，答疑解惑，确保政策传达到位，理解到位，对前来办理事项退役军人仔细询问，耐心解答，认真审核，受理材料128份。

2020年，街道共有优抚对象108人，其中76人为重点优抚对象。是年，街道发放光荣牌125块，为108名优抚对象和困难退役军人上门发放爱心消费券和感谢信。街道双拥办走访慰问3位赴武汉抗疫一线军队医护人员家庭，为他们送去生活必需品和防疫物资。在抗美援朝胜利70周年之际，街道退役军人服务站为8名抗美援朝老兵申报"中国人民志愿军抗美援朝出国作战70周年"纪念章，并于10月将纪念章送到抗美援朝老兵家中，并送上节日慰问。为辖区内41名伤残军人办理换发残疾军人证，为23名困难退役军人建档立册，实现精准帮扶。

2021年，街道共有优抚对象107人，其中77人为重点优抚对象。是年，街道发放光荣牌36块，走访慰问优抚对象14人、烈士遗属4人，边海防官兵家庭3户，困难退役军人家庭11户。

2022年，街道共有优抚

图13-3　2021年3月31日，南京市退役军人事务局局长郭明雁、副局长王涛调研南苑街道退役军人工作

对象90人，其中75人为重点优抚对象。是年，街道发放光荣牌107块；慰问企业"两参"（参战、参试）人员55人、困难退役军人23人、优抚对象75人。街道自筹资金慰问困难退役军人4人，慰问边海防官兵家庭2户。走访慰问共建部队，慰问经费17.69万元。

第十四章 公安司法综合治理

2002年1月，南苑街道社会治安综合治理办公室、南苑派出所陆续成立。2003年8月，南苑街道司法所成立。设有法治宣传、人民调解、法律援助、法律咨询、社区矫正和安置帮教办公室，这些机构是基层政法组织机构中必不可少的，是共同构成国家乡镇（街道）一级政法体系重要组成部分。为实现平安社区、无毒社区这一目标，履行各自职能，做好户籍人口、身份证和流动人口管理工作。开展法治合格街、民主法治社区（村）、"平安诚信经营户"等创建活动，形成社会矛盾纠纷预防、排查、调解及维护社会安全稳定工作新机制。

第一节 公 安

【派出所】

2002年12月，南苑派出所成立，位于应天大街899号，所长张玉宝。2022年12月，所长朱徽宁，教导员刘杨，有警员53人。辖区总户数29250户，户籍人口78729人，男38357人，女40372人。

2002—2021年南苑派出所负责人更迭表

表14-1

姓　名	职　务	任职时间（年、月）	备　注
张玉宝	所　长	2002.12—2003.07	
蒋　浩	副指导员	2002.12—2006.05	主持工作

续表14-1

姓　名	职　务	任职时间（年、月）	备　注
傅柱生	所　长	2003.07—2008.02	
凌代银	教导员	2006.05—2017.12	
蒋　浩	所　长	2008.02—2010.11	
沈　满	所　长	2010.11—2011.07	
李陆明	教导员	2017.12—2011.11	
黄元祥	所　长	2011.07—2014.04	
倪　海	教导员	2011.11—2013.05	
秦雪峰	教导员	2013.05—2014.04	
秦雪峰	所　长	2014.04—2017.12	
张　伟	副教导员	2014.04—2016.02	主持工作
杨海涛	教导员	2016.02—2018.01	
杨海涛	所　长	2017.12—2019.02	
朱徽宁	教导员	2018.01—2019.03	
朱徽宁	所　长	2019.02—	
周　彬	教导员	2019.03—2022.09	
刘　杨	教导员	2022.09—	

【户籍人口和身份证管理】

2002年，居民身份证编码采取18位居民身份证预留号码。2005年9月，开始更换二代居民身份证。2006年3月底，停用一代居民身份证。

2002—2022年南苑街道户籍和人口数

表14-2

年份（年）	总户数（户）	户籍人口（人）	男（人）	女（人）
2002	19425	75759	36783	38976
2003	18646	74587	36191	38396
2004	19014	72253	35005	37248
2005	18068	70242	34028	36214
2006	16917	67669	32760	34909
2007	16834	65655	31777	33878
2008	17715	63773	30842	32931
2009	15989	62113	30105	32008
2010	16007	50823	29408	21415
2011	14769	59077	28574	30503
2012	15633	57841	27991	29850
2013	15727	51942	22741	29201
2014	14642	51247	24787	26460
2015	15929	50972	23156	27816
2016	10961	43844	21523	22321
2017	14780	41975	20273	21702
2018	13528	38208	18454	19754
2019	11523	34391	16656	17735
2020	28323	77165	37765	39400
2021	28800	77974	38054	39920
2022	29250	78729	38357	40372

【流动人口管理】

2002年1月，南苑街道成立流动人口管理工作领导小组，组长办事处主任，副组长综治办主任王天喜。下设流动人口管理办公室，有工作人员8人。2003年，南苑街道在流动人口活动较集中场所、路口悬挂40余条横幅，张贴《关于对流动人口依法管理》等公告500余张，印制并散发《致房屋出租户、流动人口一封信》1万余份，《致村（居）民"严打"整治一封信》8000余份，举办流动人口学习班6期，与1123户房屋出租户主签订治安综合责任书。2004年，南苑街道流动人口管理办公室会同南苑派出所研究制定流动人口管理工作计划、考核细则，并向社会公开招聘38名综合素质较高的协管人员，从事流动人员登记、办证和日常管理工作。2005年，对南苑地区420户私房出租户进行规范化管理，统一制定私房出租户门牌及有关规定，并全部实行电脑化管理。

2006年，南苑街道共登记流动人口5.5万人，办证3.6万人，办证率达65%。2007年，为更好地为流动人口提供就业、就医、子女入学、租房、计生、办理暂住证等一站式服务进行采访。2008年，在外来务工人员中开展"三个一"（创办一个企业、提出一条建议、奉献一片爱心）活动；吸收外来务工党员参加"社区奉献日""双带工程"等活动。2009年，发放《致流动人口一封信》2000余份。办板报、宣传栏20期，在流动人口活动较集中场所、路口悬挂横幅20余条。开展《治安管理条例》《计划生育条例》等法律、法规宣传教育。房屋出租户与流动人口住户签订责任书823份，签订率达100%。外来工就业达到"四证齐全"（身份证、暂住证、婚育证明、外来人员就业证）。2010年，会同南苑派出所制定流动人口管理工作计划、考核细则，与532户房屋出租户主签订治安综合治理责任书。

2011年，南苑地区登记流动人口4.8万人，已办证3.9万人，办证率达80%以上。2012年，发挥流动人口法制培训中心作用，结合"五五"普法工作，组织流动人口骨干学习有关法律、法规和有关条例10余次。建立"以房管人""以外管外""自管组织"模式，将流动人口登记率、办证率、照片采集率、发案率作为检查考核工作依据。2013年，南苑街道建立外来人口电子档案，制定完善《关于强化外来人口管理和服务工作的实施意见》《关于青少年法制教育实施意见》。在南苑街道社区中心政务大厅设立外来人口服务窗口，建立外来人口计划生育指导站。2014年，南苑街道与出租户主签订综合治理责任书452份，并按照责任书条款对流动人口进行管理教育，协助建邺区劳动局、建设局、司法局等相关部门，对拖欠农民工工资的企业和单位实施跟踪督查，全年辖区内在建工程及用人单位无一拖欠农民工工资现象。2015年，上门入户向单位和居民发放《致辖区流动人口一封信》8000余份，发放《致出租户加强治安防范口诀》5000余份，悬挂横幅、张贴标语40条，出版报、橱窗12期，利用社区小广播喇叭开展宣传。在流动人口集中的地方进行法制、计划生育、城市文明等方面的培训教育。与各社区（村）签订一级责任书12份，社区（村）与辖区单位、重点门店、出租户签订责任书3000余份。

2016年，开展对流动人口户搬迁动员和安全宣传工作，并在规定时间内与搬迁承租户签订《搬迁承诺书》，与暂不能搬迁且正在找房源的承租户签订《安全责任书》。同时南苑街道采取为辖区内配备灭火器材，悬挂安全防范事故横幅，上门催办等多措并举，使流动人口搬迁清理工作取得成效。2017年，南苑街道群租房整治小组联合南苑派出所民警、小区物业对不配合出租人，采取联合整治措施，共撤除高低床铺72张，私拉乱接使用电线19处，简单的私拉乱接电线现场拆除7条，取缔阳台主要问题2处，清理消防安全通道、逃生口堆放杂物13处，对违规电动车充电线板收缴23个。2018年，南苑街道制定并下发《群租房管理整治方案》，并联合建邺区公安、消防部门，开展群租房整治行动8次，对辖区所有群租房进行登记统计及建档。2019年，南苑街道联合南苑派出所成立群租房整治领导小组，发动群租房安全隐患排查整治工作宣传，悬挂横幅50条，发放一封信1000余份，张贴公告80余处，利用电子屏滚动播放宣传内容20余处。2020年，南苑街道对114户、248条安全隐患进行整治，截至6月共完成109户整治工作，消除安全隐患222条，总整改率达到98.19%，隐患消除率95.68%。

2021年，南苑街道联合南苑派出所民警共清查群租房110户，约谈房主28人，配发灭火器100只、逃生绳80根，安装烟雾报警器75个，家庭应急包58个，及时消除隐患苗头，隐患消除率90%。2022年，南苑街道物管办牵头，对辖区内租赁信息及其安全隐患进行摸排，逐户调查走访、登记信息，形成"一房一档"台账资料。为进一步推进群租房安全管理，南苑街道联合消防、公安、综治、安监、城管等部门成立50余人的综合执法工作组，南苑街道党工委书记陈琄带队，先后对虹苑新寓5村10幢、怡康新寓2幢、爱达小区八达公司综合楼、玉龙池4处约50户群租房进行突击检查和综合整治，其中扣处钢瓶32只，私拉乱接电线5千克。并对流动人口进行登记，对一户中介进行现场训诫谈话。至年底辖区发案数同比下降53%。

第二节　司　法

【司法所】

2003年8月，南苑街道司法所成立，负责人为南苑街道综合治理办公室副主任滕衍福。设有法制宣传、人民调解、法律援助、法律咨询、社区矫正和安置帮教办公室。2005年8月，所长滕衍福。2007年12月，所长裴建良。2022年，有工作人员7人。

【普法教育】

2002年，调整"四五"普法工作领导小组，南苑街道工作人员在社区宣传法律法规。2003年，主要学习宪法、行政法律、市场经济法律、与反腐败有关法律以及国家新颁布的重要法律法规，与本职工作相关法律法规。全年累计学法时间40学时。2004年，南苑街道在各社区开展法律服务进社区，并悬挂横幅，发放宣传材料500份，接待群众咨询约100人。2005年，南京市、建邺区"四五"普法领导小组对南苑街道"四五"法制宣传教育工作进行检查，受到好评。

2006年，南苑街道被南京市委、南京市政府授予南京市"四五"普法工作先进集体称号。同年，是实施法制宣传教育第五个五年规划（简称"五五"普法）。南苑街道制定"五五"普法教育工作计划，启动"五五"普法教育工作。开展"法律进社区、进校园、进企业""法律知识广场咨询"等活动。2007年，利用宣传橱窗、南苑街道网站、广场咨询活动、社区大讲堂、宣传手册及进学校和企业宣讲等各种手段和方法，开展普法宣传和法制教育工作，增强中小学生和居民群众法律意识。承办法治讲座系列活动，组织普法讲座活动12场。2008年，在各社区开展法律宣传活动，发放宣传材料300余份，接待群众咨询50人。全年举办各种法制讲座4次，受教育人数达1000余人。2009年，将《法治江苏建设纲要》等纳入党工委中心组学习内容，把领导干部作为普法与法治建设重点。同时，做好南苑街道公职人员教育与管理，通过日常检查、考核考勤、设立意见箱、开展诫勉谈话等形式，让思想、作风和勤政廉政建设有新提升。2010年，完成"五五"普法最后一年考核验收工作。

2011年，南苑街道制定"六五"普法依法治理目标考核办法，南苑街道党工委、办事处与各社区等相关单位签订"六五"普法依法治理目标责任书。南苑街道举办法制课堂8次，举办法制宣传骨干和联络员培训、领导干部学法培训、公务员学法考试、流动人口宣传活动、"18（南京电视台电视频道）法律广场活动"等一系列法制宣传课程，南苑街道社区开展20次法制宣传广场活动。2012年，在健园社区成立"民族之家"法律援助站，先后接待全国民族工作会议代表、江苏省依法治省办公室副主任沈国新、南京市政法委书记刘志伟参观调研。南苑街道共开展法律宣传广场活动12次，法律咨询6场次，社区法制课堂开展教育42场次，青少年法律讲座7场次。2013年，南苑街道健园社区创南京市"六五"普法先进集体。健园社区"六五"普法工作始终保持与时俱进的工作态势，围绕社区工作大局，突出重点、兼顾全面、创新载体、注重实效，为社区安定繁荣提供保障。健园社区"民族之家"法律援助站累计举办各类法制讲座20次，张贴宣传画100余张，悬挂横幅20余条，开展法制竞赛1次，受教育面达3000余人。2014年，开展法制宣传教育，促进公民依法行使权利，履行义务，自觉用法律规范行为。开展群众法律宣传教育活动。虹苑社区建立法律服务站，开展法律咨询及法律宣传活动。推进法制宣传教育进街道、进社区、进学校、进企业、进单位，保持持久学法用法热情。强化领导干部学法用法水平，推动公务员法律知识学习工作。利用法制讲座，法律问答等形式，组织开展法律学习活动。加强青少年法制宣传教育工作，发挥学校、家庭、社会联动的青少年法制教育网络，把法制教育融入青少年思想品德教育、日常行为规范教育中。累计举办各类法制讲座20次，开展法制活动12场，张贴法治宣传画100余张，悬挂横幅20余条，受教育面达3000余人，法律援助52件。健园"民族之家法律援助站"接待南苑街道居民咨询150人，虹苑社区法律服务站每周三有专职律师定时为居民进行法律服务，法律咨询200人，开展法律教育10场。2015年，是"六五"普法的第五年，也是普法工作关键之年。7月，江苏省司法厅对南苑街道司法所进行"六五"普法检查。是年，南苑街道累计举办各类法制讲座22次，开展法制活动14场，张贴法治宣传画150余张，悬挂横幅20余条，受教育面达4000余人，接待群众法律咨询84人次，法律援助42件。

2016年，南苑街道制定"七五"普法规划和年度计划，建立健全各项制度，与各社区签订目标责任书，并将普法工作纳入南苑街道年度目标考核，举办各类法制讲座22次，开展法制活动14场，张贴法治宣传画150余张，悬挂横幅20余条，受教育面达4000余人，接待群众法律咨询90人，法律援助28件。2017年，根据各社区情况，宣传学习相关法律法规和各种规章。强化领导干部学法用法水平，推动公务员法律知识学习，加强青少年法制宣传教育工作，发挥学校、家庭、社会联动的青少年法制教育网络，把法制教育融入青少年思想品德教育、日常行为规范教育中。创新普法宣传形式，扩展法制教育内容，做好企业经营管理人员、流动人口等重点对象法制宣传教育工作，提升辖区群众法制意识。是年，累计举办各类法制讲座15次，开展法制活动8场，张贴法治宣传画150余张，受教育面达4000余人。2018年，南苑街道对机关干部、社区工作人员举办法制讲座4次，组织行政执法人员和人民调解员参加学法培训2次，组织其他法制讲座4次，开展法律宣传广场活动5次，法律咨询92人，法律援助31人。2019年，南苑街道开展普法宣传教育，开展法律宣传活动20余次。2020年，辖区内通过拉横幅、发放宣传单、设立宣传牌等"摆摊设点"方式进行宣传，现场为群众解答法律问题，提供法律服务。线上通过"12348"法律热线、"南京建邺司法"等公众号随时随地为居民进行法律咨询。在街道、社区及小区物业电子宣传平台、网站、宣传栏等公共载体进行相关内容宣传，在小区内开展"百场电影进社区活动"。是年，南苑街道法律援助33人，法律咨询85人。

2021年，实施法制宣传教育第八个五年规划（简称"八五"普法）。南苑街道制定"八五"普法法制宣传计划，普及《中华人民共和国民法典》，发放法律知识读本，指导社区开展多种形式群众性普法、学法活动，增强干部群众法治观念和民主意识。把法律宣传与文艺活动相结合，与南苑街道残联、妇联以及退役军人服务站联合举办普法宣传广场文艺活动，激发居民学法积极性，营造良好的依法行政工作环境。给外来农民工开通法律援助绿色通道，办理法律援助45起。2022年，在街道、社区及小区物业电子宣传平台、网站、宣传栏等公共载体进行相关法律宣传，在符合条件情况下法律援助5次。做好"法律明白人"工作，基层网格"法律明白人"逐步覆盖。完善和落实"一社区一法律顾问"制度，实施基层治理网格"法律明白人"培养工程，南苑街道培育"法律明白人"共269名。

【民事调解】

2003年，南苑街道初步形成民间调解、行政调解和司法协调的"大调解"机制。设立调解窗口和首席调解员，调解工作向规范化方向发展。2004年，健全人民调解组织规章制度。2005年，南苑街道多措并举做好矛盾纠纷调解工作。建立健全社区治保会、调解委员会和居民义务联防小组等，发动群众参与、构建群防群治网络。

2006年，在拆迁拆违、小区改造等重点工作中，全程跟踪、全程保障，组织管段民警、社区居委会排解矛盾。2007年，南苑街道调委会化解各类矛盾和纠纷，健全不稳定因素排查机制，制定《突发事件应急预案》，实行南苑街道、派出所、社区三方联动机制，发挥街、居两级矛盾纠纷大调解机制作用，做好安全稳定工作。2008年，南苑街道开展"双百"（一百天解决一百件事）活动。2009年，邀请派出所民警、高校社会学者开办讲座，加强对社区人民调解主任工作意识和工作技巧业务培训。2010年，建立健全司法介入和前置调解机制，及时化解矛盾纠纷，防止矛盾升级。针对多项区重点工程在辖区建设的情况，有针对性制定社区矛盾调解实施方案，突出防止矛盾激化形成集访目标。

2011年，开展矛盾纠纷专项排查调处活动，对辖区内社区、单位内矛盾纠纷苗头和隐患进行排查，梳理归类，实行动态管理。2012年，南苑街道司法所从广泛性、生动性、长效性三个方面着眼，利用多种渠道、多种形式加大宣传力度，营造氛围，发放法律援助卡，方便弱势群体上门求助。2013年，建立台账，对调解的人和事登记在册，做到一案一册。2014年，始终把矛盾纠纷排查调处作为司法所工作重点，开展矛盾纠纷排查调处工作。南苑街道调委会在南京第二届夏季青年奥林匹克运动会期间，成功处理某工地欠农民工工资纠纷以及某建总工地农民工与工头劳资纠纷，防止矛盾激化。2015年，坚持以重要敏感时段和节假日期间社会稳定为重点，以日常矛盾纠纷排查调处工作为中心，南苑街道开展拉网式矛盾纠纷大排查，掌握不稳定苗头，尽量将群访集访事件化解在萌芽状态。

2017年12月，司法所成立南苑街道便民人民调解工作室，专门为街道、社区（村）、企事业单位、公民提供法律咨询，开展人民调解法律法规宣传，参与、指导化解疑难矛盾纠纷。2021—2022年，司法所向社区宣传"苏解纷"

（江苏省非诉讼服务平台），鼓励居民注册并正确使用"苏解纷"，建成吉庆社区标准化家事调解工作室和虹苑社区标准化家事调解工作室。组织社区专职调解员业务培训2次，给社区专职调解员发放《中华人民共和国民法典》等专业书籍。

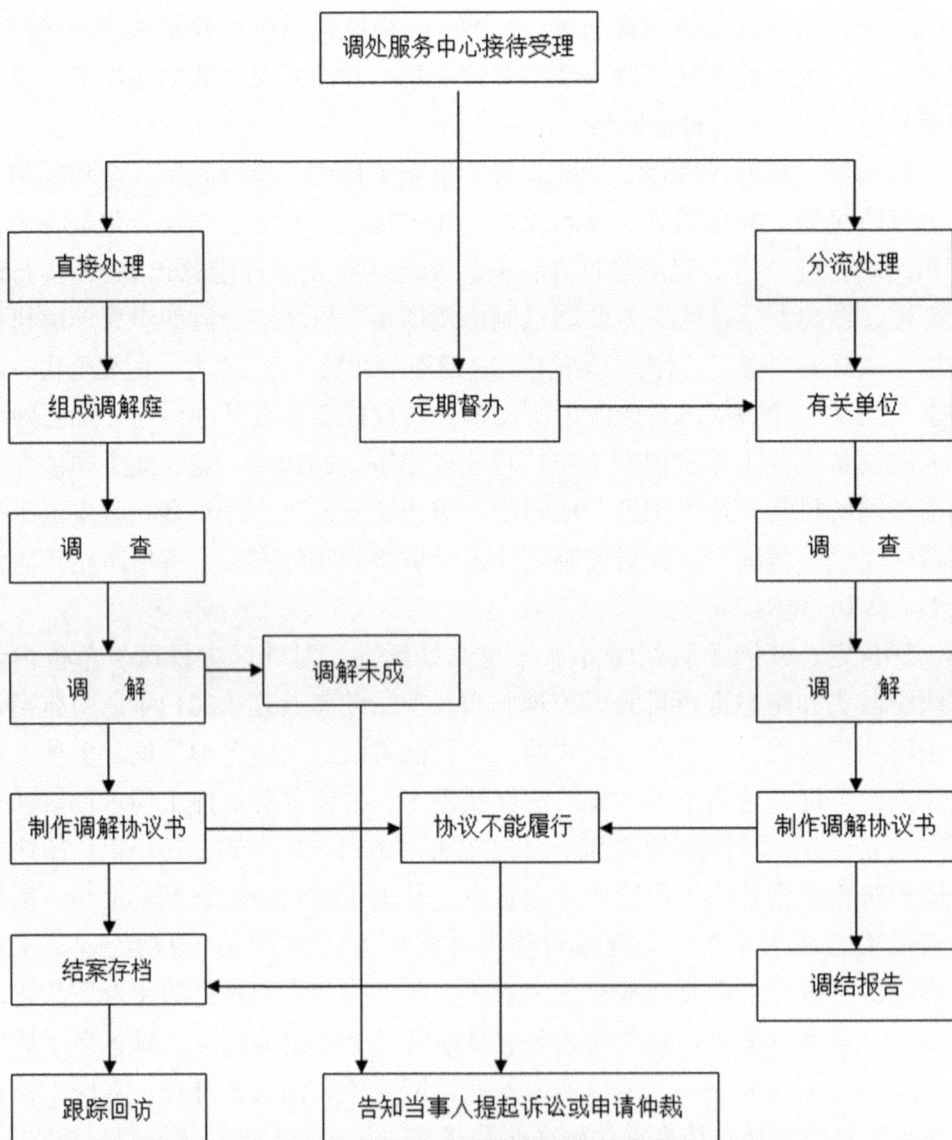

图14-1 2022年南苑街道社会矛盾纠纷调处服务中心调解工作流程图

【社区矫正】

2005年5月，南苑街道社区矫正工作领导小组成立，下设办公室在司法所，司法所长兼任办公室主任。社区矫正工作者主要由社区综治办主任、社区民警和司法所人员组成。2006年，依法规范建立完善社区矫正管理体制，出台社区矫正规范性文件，做好人员接收、监督管理教育、考核奖惩及期满解除矫正等各个环节规定。2007年，与社会事务科协调，对社区矫正人员中困难人员进行走访，并给予困难帮扶，解决部分矫正对象家庭困难。2008年，加强对社区矫正对象监督管理教育，强化衔接管理，落实报到、谈话、思想汇报、家庭走访、学习教育、公益劳动及对符合矫正期满的人员及时办理解矫手续。2009年，加强社区矫正工作，在册矫正对象没有出现脱管、漏管、重新犯罪，电子档案建档率100%。2010年，社区矫正对象没有发生脱管、漏管和重新犯罪，社区矫正工作管理正规，效果明显。

2011年，按照三大监管措施"公益劳动、思想汇报、请销假制度"开展为期1个月的社区矫正监管专项整治活动。在落实三大监管措施过程中存在的问题及原因，制定整改计划，完善相关制度，建立健全长效管理机制。2012年，按照《社区矫正实施办法》要求，严格要求社区矫正对象遵守矫正制度。2013年，按照《江苏省社区服刑人员教育矫正办法》要求规定，对辖区内社区矫正对象男满60周岁、女满55周岁给予免除社区服务劳动。是年，南苑街道党工委成员、机关干部与社区矫正对象进行结对帮教，对帮教对象开展思想教育，对生活困难的给予帮扶。2014年，司法所工作人员执行社区矫正工作相关规定，按照《江苏省社区矫正工作条例》要求认真履行职责，做好社区矫正工作。是年，无脱管、漏管和重新犯罪现象。2015年，做好社区矫正对象从适应性评估到期满解矫阶段各个环节，并与相关部门相互配合，落实考核奖惩制度。在日常监管工作中，执行周报告、月汇报、每月集中教育、公益劳动、走访和外出请销假等制度。

2016年，南苑街道开展社区矫正"双严"（严格日常监督管理、严格安全隐患排查）集中整治活动以及社区矫正工作队伍"三检查、三规范"（检查廉洁自律，规范执法监督；检查职能履行，规范执法行为；检查责任落实，规范队伍管理）专项整改活动。在社区矫正"双严"集中整治活动中，南苑街道司法所获得江苏省先进集体荣誉称号。2017年，司法所在社区矫正安全隐患排查整治活动中，组织安全隐患排查，对排查发现的问题隐患进行整改，做到"四个不放过"（问题隐患原因不查明不放过、整改责任不落实不放过、整改不彻底不放过、管控措施不到位不放过）。2018年，南苑街道制定《社区矫正工作突发事件应急处置预案》，组织开展社区矫正监管安全专项行动、服刑在矫人员未成年子女排查帮扶等活动。司法所严格落实监管措施，维护矫治安全稳定，未发生漏管、脱管、无人管及重新犯罪等问题。2019年，调整南苑街道社区矫正工作领导小组，办事处副主任李一任组长，司法所所长裘建良任副组长。办公室组织社区矫正工作人员业务培训，组织矫正业务知识竞赛。是年，调查评估80件。通过心理矫治及与社区矫正对象家属开座谈会等方式，人性化管理社区矫正对象，41名社区矫正对象顺利解矫，无一严重违纪和重新犯罪。2020年，司法所按照《中华人民共和国社区矫正法》规定，要求社区矫正对象遵守矫正制度，并从社区矫正对象入矫教育、集中教育、社区公益活动、思想汇报到解除社区矫正等各个环节都严密组织、严格要求。

2021年，司法所采用分批次控制人数组织教育学习、公益活动，并通过电话抽查、微信联络等方式了解社区矫正对象生活情况及思想动态。是年，新入矫人员无一脱管、漏管。2022年，加强个别谈话教育，司法所所长或矫正专干每月都对社区矫正对象进行"一对一"谈话教育。运用社区矫正微信群，不定期在群里发布警示提醒、学习教育材料等。

【安置帮教】

2002年，对帮教对象进行思想教育和法律、法规宣传。2003年，南苑街道为防止"两劳"（劳改、劳教）人员重新犯罪，对辖区内"两劳"人员进行核查统计并建立台账资料。成立南苑街道、公安、社区和亲友组成的帮教小组，每月定期召开例会，沟通帮教对象思想、行为动态，研究制定下一步帮教措施。切实解决好"两劳"人员实际困难，为9人办理"低保"（最低生活保障），发放临时补助6000余元，"两劳"人员就业安置率96%。2004年，对帮教对象进行思想教育和法律、法规宣传，刑释解教人员无一人重新犯罪。2005年，强化重点人员帮教和社会稳控工作措施。

2006年，南苑街道发挥基层单位帮教组织协调作用，加强与有关部门联系，做好刑释解教人员衔接管理工作。2007年，加强刑释解教人员安置帮教工作。2008年，认真贯彻落实中央"两办"转发《中央综治委关于进一步加强刑满释放解除劳教人员安置帮教工作的意见》和各级社区矫正工作要求。2009年，完善安置帮教机制，刑释解教人员帮教率达100%，重新犯罪率控制在5%以下。2010年，强化刑满释放重点人员帮教和社会稳控工作措施。发挥基层单位帮教组织协调作用，加强与有关部门联系，做好刑释解教人员衔接管理工作。

2011年，调整南苑街道安置帮教工作领导小组部分成员，2012年，安置帮教信息平台能做到每天看，及时核实，社区网格化开展3次集中排查，共有5名帮教人员被强制戒毒。2013年，安置帮教信息平台能做到每天看，及时核实，社区网格化开展3次集中排查，共有2名帮教人员被强制戒毒。2014年，司法所对在册刑释解教人员进行集中排查，掌握了解刑释解教人员的基本动态，做到了底子清、情况明。根据排查所掌握情况，对刑释解教人员进行危险性评估，实行等级管理、分类帮教。是年，共开展3次集中排查，开展4次等级测评。2015年，开展3次等级测评。年底慰问3名刑释解教人员。

2016年，南苑街道对在册刑释解教人员进行集中排查，摸清刑释解教人员生活状况，做到回归1人、落实1人、帮教1人。开展2次集中排查，开展2次等级测评。2017年，掌握了解刑释解教人员基本动态，做到底子清、情况明。根据排查所掌握情况，对刑释解教人员进行危险性评估，实行等级管理、分类帮教。是年，共开展2次集中排查，开展2次等级测评。2018年，对刑释解教回归人员从登记、建立台账、确定责任人及帮教措施、目标、评鉴等建立相应制度。是年，开展2次集中排查，开展2次等级测评。2019年，对帮教对象调查核实，填写表格，做到1人1卡，并建立月帮教、季考核、半年小结汇报、年终总结评比帮教工作制度。8月，司法所通过电话、上门走访等方式，对辖区内重点刑释解教人员进行彻底摸查，确定他们户籍及居住地，掌握他们思想动态。2020年，南苑街道安置帮教信息平台开展1次集中排查。

2021年，南苑街道安置帮教信息平台能做到每天看，及时核实。2022年，南苑街道在各社区成立安置帮教工作小组，帮教率100%。对安置帮教人员完善等级管理，提高帮教效果，根据刑释解教人员现实表现，分为宽松管理、普通管理、严格管理3个等级，纳入移动监管范围。对重点管理刑释回归人员，南苑街道联合南苑派出所共同监管。

第三节 综治管理

【南苑街道社会治安综合治理办公室】

2002年1月，南苑街道社会治安综合治理办公室成立（以下简称南苑街道综治办），主任王天喜（南苑街道办事处副主任），有工作人员12人。2003年8月，有工作人员13人。2006年6月，主任吴凤勤（南苑街道办事处副主任），有工作人员15人。2012年7月，主任李一（南苑街道办事处副主任），有工作人员15人。2021年9月，主任朱栋（南苑街道办事处副主任），有工作人员16人。

【社区综治中心】

2019年，南苑街道12个社区（爱达社区、虹苑社区、吉庆社区、兴达社区、庐山社区、国泰民安社区、健园社区、话园社区、鹭鸣苑社区、怡康社区、黄山路社区、泰山路社区）全部建立综治服务中心，并配备1位工作人员。

2022年南苑街道社区综治服务中心负责人更迭表

表14-3

社　区	姓　名	职　务	任职时间（年、月）	备　注
国泰民安	李　晶	主　任	2019.06	社区书记兼
虹苑	郭翠华	主　任	2019.06	社区书记兼
怡康	王　伟	主　任	2019.06	社区书记兼
兴达	尹同财	主　任	2019.12	社区书记兼
话园	徐姗姗	主　任	2019.06	社区书记兼
健园	范　璐	主　任	2019.06	社区书记兼
庐山	车卫玲	主　任	2019.06	社区书记兼

续表14-3

社　区	姓　名	职　务	任职时间（年、月）	备　注
爱达	张海燕	主　任	2019.06	社区书记兼
吉庆	朱　青	主　任	2019.06	社区书记兼
泰山路	陈健华	主　任	2019.12	社区书记兼
黄山路	陶　荣	主　任	2019.06	社区书记兼
鹭鸣苑	胡　燕	主　任	2019.06	社区书记兼

【平安创建】

2002年5月，南苑街道成立创安全社区志愿者协会。协会有10个社区分会，每个分会设有团员青年、流动人口、辖区单位职工、中老年和专业技能5支志愿者服务队，110余人。志愿者服务队与26名社区辅警相互配合，担任社区治安巡逻、帮教两劳解释人员、民事纠纷调解等项义务，在整个社区防范中形成民警、专职保安、辅警、"创安全社区"志愿者等多种防范力量并存的防控网络和信息网络。2003年，综治平安工作落实领导责任制和目标管理责任制，签订二级目标责任书40份，三级目标责任书658份。与房屋出租户签订综合管理责任书945份，召开房屋出租户和流动人口代表座谈会3次。2004年，创安全社区工作，共制作横幅48条，出黑板报64块，宣传标语820余条，创安全社区志愿者义务巡逻队从原来1740人扩充到2100人。2005年，南苑街道打造"平安南苑"建设，开展"七创"[无刑事案件社区（平安社区、无毒社区）、安全文明村组、治安模范单位、安全明星校园、流动人口管理示范点、平安工地、平安家庭]活动。

2006年，南苑街道围绕创建"法治江苏合格街道"，结合综治平安创建月，组织各村（社）委会悬挂横幅20条，出黑板报2期。2007年推进南苑街道、道路卡口、重点单位、公共场所、居住区等5项技防工程建设，"技防社区（村）"45%以上，"技防单位""技防小区"75%以上，南苑街道85%以上。依托动态巡防模块化机制，地区治安防范覆盖面100%，群众参与率80%以上。开展创建"平安社区""平安村""在校生零犯罪""平安学校"等系列平安创建活动,实现创安覆盖率100%。按1：500标准配齐流动人口协管员,与出租户签订治安责任书率95%以上。2008年,制定社会治安综合治理工作计划,与辖区内企事业单位、娱乐场所、学校签订社会治安综合治理责任书160份。制作"平安创建"宣传横幅50条、标语300余条,举办橱窗展18次。2009年,创建"法治建设合格街道"。建设党务、政务、警务"三位一体"管理服务平台,将10名社区民警党组织关系转进社区,任社区党组织副书记,构建南苑街道、社区、派出所联动机制,整合社区辅警、城管执法队员和社区协管员力量,创建平安社区。2010年,南苑街道开展平安创建宣传教育活动,制作悬挂横幅200余条、宣传展板120余块、举办知识竞赛、小区安全防范观摩会、普法讲座等活动30余场次。联合南苑派出所开展小区物业技防设施大排查、大检修活动,对老旧小区监控探头进行检修和软件升级改造。设立治安预警信息员,组织小区门卫、社区模块队员、环卫工人、社工、群众积极分子等150人,组建10支治安预警信息员小队,收集报告辖区各类治安信息。

2011年,南苑街道按照"定期排查、及时化解、帮教跟进、防控结合、群防群治"思路推进平安创建,更新综治和平安创建活动内容,重点进行法制知识、安全生产等内容宣传。是年,举办综治社工培训班3期,培训综治社工10余人,举办法律知识讲座5场,发放法制宣传资料1000余份,受教育人数1500余人次。2012年,南苑街道成立黄山路、泰山路2个社区筹备组后,南苑街道创建社区平安工作站12个,由社区书记担任工作站站长,开展平安宣传和小区安全巡查工作。开展网格化社会治理工作,实行南苑街道网格化社会治理中心挂牌,依托地理位置将辖区内12个社区划分为132个综合网格,配备网格员132名,以网格"一体化平台"为中心,开展流动人口、矛盾纠纷、空巢老人、消防安全、安置帮教排查走访活动,完成率100%。2013年,围绕平安建设,南苑街道发放宣传袋2万个、宣传折页2万张、《致居民一封信》2万份,悬挂横幅80条。48个居民小区,每天安排96名平安志愿者上岗6小时进行巡防。2014年,各社区(村)开展平安创建"勇当第一"竞争态势,大家你追我赶,采取不同方式,主动作为,鼓励引导居民群众参与到社区治理,加入平安志愿者队伍。比如:庐山社区平安志愿者工作室建立后,几支文艺骨干团队相继成立,他们欢聚一堂,唱响平安志愿者之歌,开展平安志愿者服务活动。有党员合唱团;有退休教师补习团,免费帮助困难家庭子女补课;有退休医生卫生保健团,为行走不便的老人上门量血压;有退休律师法律援助团，担任调解员协调业主与物业之间、邻里之间、夫妻之间、子女和老人之间的多种矛盾。2015年，南苑街道与社区签订综治工作责任书，建立社区街道领导联系点制度，重大综治事项联席会办、联席会商制度。张贴《致居民一封公开信》700封，发放《国家安全知识手册》5000册，悬挂综治平安宣传横幅80条，利用宣传屏滚动宣传。各社区建立居民QQ群、微信群，利用网络对居民进行治安防范知识提醒。

2016年，平安志愿者们定期开展宣传，张贴如何预防电信诈骗标语，采用电话提示、微信友善提示，在大街小巷、小区出入口等醒目位置和社区宣传栏张贴500余张"平安建邺"宣传画。让居民家喻户晓，人人皆知，预防各类诈骗活动发生，减少金融诈骗案发率。2017年，与建邺区委政法委相关部门举办1场互动宣传、群众参与的深入社区一线的平安建设广场宣传活动。开展3次新媒体宣传，通过短信、警务通以及职能部门相关平台等方式，利用辖区户外大屏和各场所电子显示屏，开展6次平安建设宣传活动，张贴72份平安创建宣传海报，加大平安建设宣传力度。2018年，南苑街道12个社区132个网格共完成平安志愿者注册4000余人，占比4.14%，超出建邺区平安志愿者协会下达年度注册任务的0.6%。开展群防群治，身着红马甲佩戴红袖标平安志愿者走进社区、遍布街头小巷、行进在各类综合场所，呈现出一片亮丽风景。2019年，南苑街道成立平安协会分会，并挂牌。聘请社区退休老主任担任平安协会分会长及成员，开展平安创建活动，组织社区居民参与平安志愿服务活动，特别是在重大节日、重大活动发挥重要作用。2020年，新冠疫情暴发期间，南苑街道统筹推进疫情防控和经济社会发展，创造安全稳定社会环境，平安志愿者在疫情防控工作中发挥作用。

2021年，成立南苑街道少年法学院，并挂牌，成立少年法学院讲师团，分别在中小学校开展法制宣传和德育讲堂等课目，增强青少年守法意识，提升防范青少年犯罪能力。推进网格化社会治理中心与便民服务中心一体化建设，一站式办理解决居民诉求。2022年，南苑街道创建"红治苑"优秀党建品牌，以党建引领平安创建工作为指引，12个社区分别成立平安志愿者服务队、平安志愿者服务组织，开创平安联盟建设，其中庐山社区凤凰文化广场楼宇党建平安志愿服务联盟获得南京市最佳平安志愿服务品牌，健园社区"五服务一关爱"少数民族平安志愿服务队获得南京市优秀服务团队，爱达社区"巾帼一家亲"平安志愿服务队组织工作者丁桂花获得南京市最优平安志愿服务组织工作者，24名平安志愿者获得建邺区优秀平安志愿者等荣誉，组织480名平安志愿者注册平安联盟App，人均参与平安服务活动在200小时以上。

【禁毒工作】

2002年，南苑街道签订创"无毒社区"工作责任书59份，二级责任书签订率达100%。2003年，南苑街道于"六二六"国际禁毒日在兴达社区开展"依法禁毒，构建和谐"为主题的宣传活动，发放宣传单2000份，悬挂横幅50条，广泛宣传，从而提高群众抵制毒品意识。2004年，南苑街道获得南京市"禁毒工作先进单位""禁毒示范街道"等荣誉称号。6月，中央电视台"新闻联播"节目，对南苑街道"禁毒小天使宣传队"活动开展情况进行报道。2005年，南苑街道共举办各类禁毒知识培训班2期，开展3次禁毒知识宣传教育活动，分发禁毒宣传资料3000余份，张贴标语20份。

2006年，家住南苑新村健园刘某某，在家中向他人贩卖毒品，被公安机关依法收押。2007年，南苑街道制定《禁毒工作计划》，与辖区企事业单位、社区、娱乐场所签订《禁毒工作责任书》《禁毒铲毒责任书》33份。对辖区内原涉毒人员进行摸底，全部落实帮教。配合"六二六"国际禁毒日宣传活动，开展"参与禁毒斗争，构建和谐社会"主题教育活动，做好创建"安全小区""无毒小区""无刑事案件社区"工作。2008年，南苑派出所以"十运会"安保工作为中心，开展禁毒专项斗争，破获毒品案件42起，缴获毒品海洛因626克、毒资5万余元、通信工具手机9部。抓获吸贩毒嫌疑人38人。2009年，南苑街道在每个社区安装固定禁毒宣传橱窗，开展宣传教育活动。"六二六"国际禁毒日前后，以"抵制毒品，参与禁毒"为主题，召开知识讲座、座谈会2场。2010年，南苑街道成立"禁毒工作社工站"，开展"无毒社区"创建工作。

2011年，南苑街道与娱乐场所签订禁毒工作责任书、禁种铲毒责任书36份，并对辖区内200余名涉毒人员进行摸底，落实帮教。2012年，开展禁毒宣传月活动，制定禁毒宣传教育工作方案，重点加强青少年毒品预防教育和高危人群毒品预防教育。2013年，南苑街道召开创建"无毒社区"工作会议，布置禁毒工作计划，设置宣传橱窗专栏22处，每个社区出黑板报26块，张贴禁毒宣传标语168条，组织50人参加"禁毒宣传进企业"活动。2014年，南苑街道在开展"无毒社区"创建活动中，把建立专职禁毒社工队伍，作为平安建设、禁毒工作的一项重大举措，组建基层禁毒工作队伍，夯实基层禁毒工作基础，解决长期以来南苑街道社区"禁毒工作无专人抓、涉毒对象无专人管、思想工作无专人做、出了问题难解决"现状，实现"涉毒对象有人管、排查情况有人说、禁毒工作有人做、具体措施有人抓"工作局面，摸索出一种禁毒工作政府和社会力量良性互动的新模式。2015年，在南京市组织检查考核中，南苑街道"无毒社区"创建达标率80％。全面落实海洛因成瘾者药物（美沙酮）维持治疗工作试点任务，取得明显成效。重点加强青少年毒品预防教育和高危人群毒品预防教育。

2016年，开展创建"无毒社区"工作，设立"无毒社区"工作站4个，与辖区内学校、企事业单位、公共娱乐场所、社区签订禁毒、禁种铲毒责任书。2017年，开展禁毒月宣传活动，制作禁毒展板在社区巡回展，印制《中华人民共和国禁毒法》宣传手册发放给广大群众，从而增强群众防毒拒毒意识。2018年，利用南苑街道"邻里节"系列活动这一平台，把禁毒宣传作为系列活动一项主要内容，同时，南苑街道依靠基层党组织和驻区单位党组织，发挥社区和驻区单位宣传栏、"社区论坛"、板报、标语、横幅、文化活动室、社区广场等宣传教育手段和阵地作用，以漫画、图片、专题片、广场文艺表演等群众喜闻乐见的形式，组织开展经常性、群众性禁毒宣传教育活动，并向2万户居民家庭发放禁毒倡议书，使禁毒宣传工作进入千家万户，进一步增强广大居民群众自觉防毒禁毒意识，把好自家门，管好自家人，不让毒品进家庭，形成"家家珍惜幸福、人人远离毒品"良好氛围。2019年，发挥南苑街道禁毒工作领导小组和组织网络作用，一方面密切配合公安部门，经常深入社区和辖区内出租屋、旅馆、公共场所进行排查摸底，掌握涉毒人员的新情况、新变化，建立准确完善台账资料，控制并严厉打击吸贩毒活动。另一方面加强对吸毒人员强制戒毒工作和戒毒后的管教工作，特别是对8名戒毒后人员，南苑街道安排专人定期上门找其谈话，定期督促其做尿检，使其始终处在有效监管范围之中。2020年，做好对辖区易种植地禁种检查工作，把好禁毒关。

2021年，利用青少年法制学校定期进行法制教育、禁毒教育，以提高青少年法律综合素质，强化青少年禁毒能力和自我保护能力，实现家庭教育、学校教育、社会教育的有效整合与衔接，营造一个"预防青少年违法吸毒犯罪，保护青少年健康成长"社会大环境。2022年，南苑街道开展小公民思想道德实践基地建设，在辖区内的2所中小学开展禁毒专题知识竞赛，把预防工作做在前，把思想工作做到位，齐心合力筑起防毒、禁毒坚固防线。

【信访工作】

2002年，受理来信来访及举报85件，经核查举报不实18件，不属于南苑街道辖区9件，反映违章搭建26件、反映卫生死角及市容方面17件、反映市政绿化方面3件，均处理完毕。2003年，来信来访及举报共计158件，其中由市级转入31件、区级转入51件，南苑街道直接受理76件。涉及违章搭建54件，环境卫生28件，占道经营19件，食品卫生5件，农贸市场27件，灭"四害"4件，其他21件。当年处理完毕109件，占69%。2004年，与辖区77家单位签订责任书。针对企业亏损、效益滑坡、人员下岗等情况，坚持"谁主管、谁负责"原则，把矛盾化解在基层，化解在单位，没有出现群体上访事件。2005年，建立健全信访工作目标责任管理体制，形成南苑街道领导班子、科室、居委会三级信访工作网络。落实信访工作责任制，如涉及市容卫生、城市管理方面问题，由城管科负责；涉及居民生活、计划生育、家庭邻里纠纷方面等问题，由居委会负责。是年，接南京市建邺区信访局转来信访15件，接南京市建邺区市容局举报中心转来举报50件，接待群众来访147人次，各部门调查处理达95%以上，信访报结率100%。

2006年，实行群众来信来访"领导接待日"制度，实施"信访工作进社区"，在南苑街道和10个社区建立信访接待室和接待窗口。接市、区信访局转来信访16件，市、区市容局举报中心转来举报153件，接待来访418人次（不包括10个社区接待来访人次），各部门调查处理率达95%以上。2007年，按照"五到位"（领导责任到位、工作制度到位、教育疏导到位、帮困措施到位、解决问题到位）要求，开展信访集中整治月活动。2008年，做好重点人员信访工作，落实困难户帮扶措施。2010年，开展"信访积案化解年"活动，对前期积案化解工作进行"回头看"，总结经验做法。召开专题会议，排查梳理未化解积案，制定化解计划。对未化解积案由责任领导牵头，民警和责任单位共同参与，做好积案化解工作。是年，受理群众来访115件、来信45件，办理140件，化解信访积案3件。

2011年，解决5起群体性上访事件和潘某某、赵某某医患纠纷等重点上访事件。2012年，强化信访工作"一把手负总责，分管领导具体负责，其他领导一岗双责"领导责任体系。建立健全社区信访工作组织网络，社区党委书记为信访第一责任人，建立楼幢信息员队伍，第一时间掌握信访信息。采取上门走访、约谈等形式，做好重点上访户工作，帮助他们解决实际困难，促进上访问题妥善解决。2013年，重点做好上访人员约谈走访工作，帮助重点信访人员解决家庭困难。2014年，南苑街道共接待来访诉求（包括个访和集体访）500余次，接待来访人员约2300人次，受理信访件98件，其中区级以上信访件32件，网络信访件52件，南苑街道信访件14件。2015年，化解因征地拆迁矛盾纠纷2起。

2016年，受理各类来信来访258件，均得到妥善处理。2018年，完善南苑街道综治中心建设，完善各项规章制度。2019年，化解压积矛盾纠纷15件。2020年，化解信访积案、征地拆迁积案。受理来信来访302件，均妥善处理。2021年，开展南苑街道信访积案化解攻坚年行动，受理各类来信来访260件。化解城镇拆迁信访积案、征地拆迁信访积案、违建拆除信访积案。2022年，开展信访积案攻坚化解年行动，化解教育培训机构跑路群防事件、道路通行群体矛盾、地下车位群体矛盾、更换物业矛盾，化解征地拆迁信访积案，化解地铁施工矛盾纠纷。全年受理各类来信来访案件681件，均得到妥善处理。

第十五章 水电燃气邮政（快递）电信

　　水、电、燃气、邮政（快递）及电信服务是现代生活中不可或缺的基础设施，对于保障居民生活质量和地区经济发展具有重要意义，2002年，南苑街道成立后，街道水、电、燃气服务主要由当地自来水公司、电力公司、燃气公司提供，它们负责确保居民和商业用户能够获得安全、可靠的水、电、燃气供应。为保障服务质量，这些公司定期进行设备检查和维修，同时也提供24小时服务热线，以便在发生故障时及时响应。街道邮政（快递）服务主要由当地邮局，快递公司提供。业务包含各类邮政服务，如信件、包裹收寄等。为了解决日益增长的快递需求，至2022年，街道区域内有邮政（快递）共28家，其中邮政网点1家，快递网点27家。电信服务在街道范围内由各大电信运营商提供，如中国移动、中国联通和中国电信等。这些运营商提供包括固定电话、宽带互联网和移动通信在内各类电信服务。为满足居民需求，它们在街道区域内设立了多个营业厅，并提供多样化套餐和服务选择。此外，随着5G技术推广和应用，电信运营商也在不断升级和优化网络服务，以提供更快、更稳定的通信体验。

第一节　水

【居民用水】

　　居民生活用水指居民日常生活所需用水，包括饮用、洗涤、冲厕、洗澡等。根据南京市实际情况，居民生活用水可以分为基本生活用水和生活附加用水两部分。基本生活用水包括饮用水、洗漱用水、厨房用水等，这部分用水是居民日常生活必需的，而生活附加用水则包括洗车、浇花、洗地等，这部分用水可以根据实际需要适当节约。

【水价】

对于居民一户一表用户，如果年用水量在180立方米及以下，水费为3.04元/立方米；如果年用水量在180至300立方米之间，水费为3.75元/立方米；而当年用水量超过300立方米时，水费则为5.88元/立方米。对于居民合表用户，以及非居民生活用水用户和特种用水用户，则不执行阶梯价格制度，所有用户收费标准均为3.04元/立方米。

2022年南京水务集团有限公司自来水价格表

表15-1

类别	阶梯	用水量（立方米）	供水价格（元）	污水处理费（元）	水资源费（元）	到户价格（元）	类别
居民生活	居民一户一表用户	第一阶梯	年用水量≤180立方米	1.42	1.42	0.20	3.04
		第二阶梯	180立方米＜年用水量≤300立方米	2.13	1.42	0.20	3.75
		第三阶梯	年用水量＞300立方米	4.26	1.42	0.20	5.88
	居民合表用户	不执行阶梯价格		1.42	1.42	0.20	3.04
	执行居民生活用水价格的非居民用户	不执行阶梯价格		1.57	1.42	0.20	3.19

第二节　电

【居民用电】

居民用电是指居民在日常生活中所消耗的电力，包括照明、家用电器等。它是电力市场中的重要组成部分，也是电力供应与需求的主体之一。

居民用电具有季节性、周期性和时段性等特点，受到不同地区气候、居民生活习惯等多种因素的影响。例如，夏季、冬季及夜晚是居民用电高峰期。晚上则是用电高峰段。

【电价】

至2022年，南京市电价分居民生活用电、一般工商业及其他用电、大工业用电、农业生产用电。其中，居民生活用电则享受阶梯价实惠。

2022年南京市电力集团有限公司电价价格表

表15-2

用电分类		电度电价（元/千瓦时）						容（需）量电价	
		不满1千伏	1-10千伏	20-35千伏以下	35-110千伏以下	110千伏	220千伏及以上	最大需量（元/千瓦·月）	变压器容量（元/千伏安·月）
一、居民生活用电	阶梯电价 年用电量≤2760千瓦时	0.5283	0.5183						
	阶梯电价 年用电量>2760千瓦时≤4800千瓦时	0.5783	0.5683						
	阶梯电价 年用电量>4800千瓦时	0.5283	0.8183						
	其他居民生活用电	0.5483	0.5383						
二、一般工商业及其他用电		0.6664	0.6414	0.6314	0.6164				
三、大工业用电			0.6068	0.5968	0.5818	0.5568	0.5318	40	30
四、农业生产用电		0.5090	0.4990	0.4930	0.4840				

第三节　燃　气

【民用液化石油气及价格】

液化石油气又称液化气或压缩汽油，是一种由炼油厂将天然气加压、降温、液化得到的无色、挥发性气体，主要由丙烷、丙烯、丁烷和丁烯等可燃性气体组成。在常温下，液化石油气通过加压或降温即可液化，以方便储存和使用。在市场上，液化石油气通常装入专用钢瓶（俗称煤气罐）中使用，其使用规格有15千克型号钢瓶，2022年售价为135元/瓶；45千克型号钢瓶，2022年售价为405元/瓶。

【民用天然气及价格】

天然气是一种由自然界中天然存在气体组成的能源，其主要成分是甲烷，还有少量乙烷、丙烷、氮和丁烷等。它具有许多优点，包括安全可靠、绿色环保、经济实惠等。至2022年，天然气价格为2.73元/立方米。使用天然气用户已达99%。

2022年南京市民用管道天然气阶梯气价价格表

表15-3

阶梯	3人及以下立方米	3人以上立方米	单价（元）
第一阶梯	不超过300（含）立方米的部分	每增加1人，增加不超过100（含）立方米的部分	2.73
第二阶梯	300（不含）至600（含）立方米的部分	每增加1人，增加不超过100（含）立方米的部分	3.28
第三阶梯	超过600（不含）立方米的部分	每增加1人，增加超过100（不含）立方米的部分	3.82

第四节 邮政（快递）

随着经济不断发展，邮政（快递）需求越来越大，至2022年，南苑街道区域内有邮政（快递）28家，其中邮政网点1家（银桥邮政支局应天大街770-7-8号），快递网点27家。南苑街道邮政快递工作主要承担着居民日常快递收寄服务，包括各类文件、商品和样品等货物寄送。在过去几年中，邮政快递业务量呈现出逐年增长趋势。这得益于邮政快递服务覆盖范围广泛、价格相对较低的优势，以及居民对快递服务需求不断增长。

2022年南苑境内部分快递网点统计表

表15-4

网点名称	网点地址
韵达快递	黄山路29-3
江苏省南京市建邺区奥体高职寄存点	黄山路58号华联超市
南京奥体中通快递	所街29号23号仓库
江苏南京建邺黄山路寄存分部	黄山路29-2韵达寄存点
江苏南京建邺润泰寄存分部韵达快递	应天大街568号润泰市场服务站
江苏南京建邺区奥体兴达寄存点韵达快递	应天大街166号
南京新建邺快捷快递	所街29号
江苏南京建邺天鸿利服务部韵达快递	应天大街837号弘瑞广场小区7-1号（应天大街与恒山路交叉口）
江苏南京建邺区应天公司韵达快递	所街88号
江苏南京建邺区城西公司韵达快递	应天大街837号恒山路7-1门店
江苏南京建邺区城西公司庐山路服务部韵达快递	庐山路52号
南京建邺八部速尔快递	黄山路29-3号

续表15-4

网点名称	网点地址
江苏南京建邺区应天湖西街社区寄存分部韵达快递	湖西街3号
江苏南京建邺区应天所街寄存点	所街88号
江苏南京建邺区应天黄山路仓储分部韵达快递	黄山路58-6号
江苏南京建邺区应天南苑新村寄存点韵达快递	文体路8号
江苏南京建邺区应天第一社区服务站韵达快递	所街90-2号
南京河西安能物流	应天大街恒山路3-1号

第五节　电　信

　　随着科技飞速发展,电信行业发生了翻天覆地的变化。这些变化不仅改变了人们的生活方式,也推动了社会进步。电信设备普及和升级换代是这一时期重要特点。固定电话逐渐进入家庭,成为人们日常通信的主要工具。同时,无线通信技术不断发展,手机逐渐普及,移动通信成为新趋势。随着互联网兴起,电子邮件、社交媒体等新兴通信方式也得到广泛应用。至2022年,通过与电信运营商合作,南苑街道网络覆盖率得到了显著提升,尤其是4G/5G移动网络覆盖。现在,无论在街头巷尾,都能享受到稳定、高速的网络服务。并且南苑街道建立社区信息服务平台,整合各类公共服务资源,如医疗、教育、政务等。居民只需通过手机或电脑,即可轻松获取所需信息,并办理相关业务。借助物联网、大数据等技术,街道在智慧社区建设方面取得显著成果。智能门禁、智能停车、智能照明等系统得到广泛应用,以提升社区安全性和便利性。

2022年南苑境内部分电信、移动、联通网点统计表

表15-5

网点名称	网点地址
中国电信	应天大街819号
	安国村18栋
	所街88号网
	兴达新寓二村房产中介
	南湖路99号
	应天大街新百花园旁
	集庆门大街44号
	集庆门大街125-1号
	应天大街888号金鹰世界负一楼
	应天大街888号四楼
	应天大街769号
	南湖路19号
中国移动	庐山路兴达新寓53号
	集庆门大街67号
	应天西路793号
	南湖路58号苏果超市一楼
	怡康街18号116室
	应天西路94-4号
	庐山路2-1号
	金虹花园8幢-5
	集庆门大街79号
	江东中路225-1号
	南苑新村思园1栋107室门面房
中国联通	应天西路108号天都芳庭14幢105室
	南苑新村思园7幢4单元102室
	应天大街791-15号

第十六章　劳动和社会保障

2003年，南苑街道劳动保障所成立，主要工作包括：劳动就业、养老保险、医疗保险、职业培训、劳动监察、退休人员社会化服务管理等方面。至2022年，安置劳动就业达2.8万余人；为566名被征地老年农民发放生活困难补助，为455名城镇老年困难居民发放补贴；为1.8万余人（不含转保死亡人员）办理参保登记手续；为5200余人开办100余个各类培训班；对属地150余家企业单位（含税源户）上门走访，宣传政策法规，发放南京市企业工资集体合同和建邺区区域性集体合同。每年为8100余名老人进行健康体检。2022年，将2.12万余名退休工人纳入社会化管理。

第一节　机　　构

【劳动和社会保障所】

2003年9月，南苑街道建立劳动和社会保障所，负责人谢夏春，办公地址在湖西街70号，后搬迁至南湖路58号南苑街道政务受理中心。2007年8月，副所长谢夏春，主持工作。2012年1月，所长谢夏春。劳保所为全民事业单位。2022年，有工作人员47人（在编6人，其余41人为建邺区人社局聘用的合同制劳动保障协理员），所长谢夏春。

【社区管理服务站】

2003年，南苑街道爱达社区、虹苑社区、吉庆社区、兴达社区、庐山社区、国泰民康社区、健园社区、话园社区、鹭鸣苑社区和所街村、向阳村，全部建立劳动保障服务站。2008年，建立怡康社区劳动保障服务站。2015年，撤销所街村、向阳村，成立泰山路社区、黄山路社区，所街村劳保站合并到泰山路社区，向阳村劳保站合并到黄山路社区。

第二节 劳动就业与职业培训

【劳动就业】

2002年，南苑街道为辖区内下岗失业人员开展职业指导和就业推荐，发放就业登记证595本，新增就业岗位300个，帮扶下岗失业人员实现就业100人。在各社区和村挂牌建立劳动保障站工作平台，开通劳动保障系统信息网络，实现南京市建邺区和南苑街道、社区四级网络办公平台和信息资源共享。是年，为下岗人员提供600余个就业岗位，为447人办理就业证，安排再就业354人。2003年，制订年度《工作目标任务责任书》，分解目标任务。并成立创建"充分就业社区"和"充分就业保障街道"工作领导小组，当年兴达社区首先通过创建活动成为市级充分就业保障社区。发放就业登记证931本，新增就业岗位400个，帮扶下岗失业人员实现就业150人，开展各类招聘咨询活动5场，推荐就业岗位1600余个，安置就业852人。2004年，加大采岗力度，以推荐和帮扶下岗失业人员就业为工作重心，按季度为辖区内下岗失业人员开展动态跟踪服务，更新数据库信息，熟悉掌握下岗失业人员特别是困难人员就业意向、技能状况及家庭状况等，指导各社区创建"充分就业社区"，发放就业登记证887本，新增就业岗位500个，帮扶下岗失业人员实现就业200人，组织200余人参加技能及创业培训班4场，开展各类招聘咨询活动6场。举办9场次社区招聘推荐会，南苑街道政务受理中心和各劳动社会保障站累计推荐就业岗位1006个，帮助推荐下岗失业人员再就业562人。健园小区、真园小区、安如村小区、虹苑二村小区通过南京市"充分再就业社区"创建考核验收。2005年，按季度为辖区内下岗失业人员开展动态跟踪服务，更新数据库信息，邀请苏果等大型用人单位举办专场招聘会，以活动促就业。所辖9个社区2个村全部创建成为"充分就业社区"，南苑街道也成为"南京市充分就业保障街道"。

2006年，在各社区间轮流举办"送岗进社区"系列招聘咨询活动，帮扶失业人员再就业。落实政府新出台《社会保险补贴政策》，每季度为1000余名就业困难群体申办社保补贴，鼓励以灵活就业形式实现再就业。2007年，制订年度《工作目标任务责任书》，分解目标任务。接受江苏省南京市充分就业委员会对南苑街道和11个社区、村充分就业情况进行复核检查，并获省级充分就业保障街道，为创业人员发放小额担保贷款10万元。2008年，发放就业登记证1412本，新增就业岗位1400个，帮扶下岗失业人员实现就业400人，开展各类招聘咨询活动6场。打造文体路创业一条街创业载体并通过南京市劳动局验收，入驻各类创业户200余家。2009年，接受江苏省南京市充分就业委员会2年1次对南苑街道和10个社区、2个村充分就业情况进行复核检查。发放就业登记证1344本，新增就业岗位1400个，帮扶下岗失业人员实现就业400人，开展各类招聘咨询活动6场，办理外来人员就业证6000余本，扶持创业典型10人，打造所叶路创业一条街创业载体并通过南京市劳动局验收，入驻各类创业户达200余家，发放小额担保贷款150万元。2010年，创建成建邺区第一家"新南京人服务中心"，并通过国家检查验收和授牌。发放就业登记证2201本，新增就业岗位1500个，帮扶下岗失业人员实现就业500人，培育自主创业者140人，开展"三八"国际劳动妇女节春风送岗和"送岗进社区""苏果专场招聘"咨询活动8场。

2011年2月，与各社区、村签订《目标责任书》，落实分解全年目标责任。打造"应天智汇创业园"，年初创业园区通过南京市人社局认定验收。发放就业登记证2821本，新增就业岗位1890个，帮扶下岗失业人员实现就业954人，培育自主创业者239人。开展"'三八'架金桥、春风送岗位、宣传送政策，服务暖人心"专场大型广场招聘活动以及送岗进社区等招聘咨询活动7场。扶持创业，发放创业贷款50万元。2012年，组织开展"春风行动"就业援助月活动，通过自办和联办形式，组织属地用人单位举办"送岗进社区"招聘咨询活动5场，自办1场苏果超市专场招聘会，联办招聘会5场。为1972名失业人员办理和换发新版就业登记证，为342名失业人员申报就业困难认定，为860名灵活就业人员办理社保补贴；为400余人办理领取失业金申领手续，其中办理失业金大龄延长65人，为105名灵活就业人员办理失业保险；扶持初始型创业者235人，为6人申办4000元一次性创业补贴，为5人申办小额贷款100万元。2013年，成功创建江苏省三星级人社所档案室，通过验收，实现挂牌，将劳动就业、社保、监察等资料统一装订成册，并规范台账，实现网络管理。实行"首问负责制度""限时办结制度"，深化"片管专管"（分片区专门管理）工作职责内容，倾情民生服务，提高南苑街道和社区2级工作平台劳动保障队伍综合素质和工作水平。与苏果超市、欧尚超市、应天智汇园区内各类用人单位联系，筹措储备好就业岗位，实现求职与岗位对接。是年，帮扶1137名就业困难人员申报困难认定和社保补贴。突出"真情相助失业人"就业援助主题，在各社区间轮流举办"送岗进社区"和就业招聘、政策宣传活动8场。注重大学生创业工作，与大学生创业人员建立对接和服务关系。对近年来未就业高校毕业生，开展专项走访和座谈，鼓励其自主创业。发挥好创业园、创业街等创业载体作用，为符合条件人员提供创业小额贷款、一次性创业补贴、场地租金及岗位补贴。2014年，围绕新增城镇就业人数、新增高技能人才培训绩效目标，齐抓共管，实现新增城镇就业2380人，新增高技能人才培训75人。指导健园社区、兴达社区成功创建成为江苏省"充分就业示范社区"。与苏果超市、欧尚超市等大型用人单位联系，为不同需求失业人员，有选择性地提供空岗信息，用好用足社会保险补贴等惠民政策，累计为1205名困难人员办理社保补贴。3月，话园社区自办"'三八'架金桥，春风送岗位"就业援助招聘活动，邀请20余家用人单位进场招聘，提供300余个有效空岗，组织130余名失业人员参加招聘，达成初步求职意向42人，发放政策宣传资料200余份。4月，与建邺区就业管理中心联办1场招聘活动，与工商部门加强协调，摸清区域内创业人员信息，按属地进行梳理分解，上门跟踪走访。对区域近年来未就业高校毕业生进行实名制调查，掌握准确信息，并录入江苏省网络平台，开展专项走访、座谈和后续服务，发放小额担保贷款150万元。2015年，指导爱达社区成功创建江苏省"充分就业示范社区"。为1200余名困难人员办理社保补贴。3月，在爱达社区自办"春风暖人心，送岗进社区"就业援助招聘活动，与建邺区就业管理中心联办招聘活动。突出大学生创业工作，对近年来未就业高校毕业生进行实名制调查，并录入江苏省网络平台，开展专项走访和座谈。与大学生创业人员建立对接和服务关系，申报南京市创业优秀项目评选1个；为创业人员赢得奖励资金10万元和风险投资10万元；全年发放小额担保贷款90万元。12月，获南京市人社局2014年度"创业小额担保贷款信用街道"称号。

2016年，继续加强与区域内用人单位联系，为不同需求失业人员，提供空岗信息帮扶就业，开展4场"送岗进社区"就业招聘活动，组织有求职意向失业人员进场招聘。大学生自主创业3个项目被南京市评选为创业优秀项目；为创业人员申报创业补贴，发放小额担保贷款30万元。2017年，邀请16家用人单位，分别在虹苑社区、建邺区人社局各开展2场"春风暖人心，送岗进社区"就业招聘活动。用好用足社会保险补贴等惠民政策，每季度为1200余名困难人员申办并领取社保补贴。督促吉庆社区、虹苑社区，按序时进度完成创业型示范社区创建工作。2018年，加强与区域内大型商业体金鹰世界、涟城汇、应天智汇产业园等用人单位合作与联系，为不同需求失业人员提供空岗信息帮扶就业，全年开办6场专场招聘会，累计为近300名失业人员提供就业政策指导和帮扶。推进南苑街道、国泰民安社区、庐山社区、爱达社区的江苏省创业型示范街道、社区的创建工作。2019年，做好辖区内失业人员跟踪调查工作，准确了解失业人员面临困难和问题，强化重点人群的就业援助服务，做到"三清"（就业人数清、就业去向清、就业需求清）。为311名失业人员办理困难认定，为1015名灵活就业人员申报社保补贴。开展2场"春风暖人心，送岗进社区"就业招聘活动。成立南苑街道创客中心，成功举办"创业扶苗"行动和特色沙龙活动，被《扬子晚报》《中国青年网》等媒体报道，顺利获得"江苏省创业型街道"荣誉称号。2020年，累计联系40余家用人单位，组织200余名失业人员，开办5场"送岗进社区"就业招聘会，达成就业意向80余人。为辖区内315名失业人员办理困难认定手续，对918名社保补贴在领人员，切实做到应保尽保。

2021年，贯彻落实"六稳、六保"（"六稳"即稳就业、稳金融、稳外贸、稳外资、稳投资、稳预期工作；"六保"即保居民就业、保基本民生、保市场主体、保粮食能源安全、保产业链供应链稳定、保基层运转）工作部署和要求，举办2场线上招聘会，联系筛选10家用人单位，组织约100名失业人员参加。举办5场"送岗进社区"广场招聘会，联合各社区50余家用人单位进场招聘，提供近600个空岗，到场求职失业人员550余名，达成就业意向约250人。为辖区内278名失业人员办理困难认定手续，为316名新增灵活就业人员申领社保补贴。2022年，在推进"就业服务进基层专项活动"同时，用好云招聘，助力稳就业，组织2场线上招聘会和1场"送岗进社区"广场招聘活动，每场联系筛选10家用工单位，提供120余个空岗，吸引百余名失业人员参加活动。联系各社区对近一年来未就业高校毕业生进行实名制调查，通过电话、微信等方式联系并掌握其就业意向和去向，将信息结果录入江苏省网络平台，并做好此类人群就业动态跟踪。

【职业培训】

2003年开始，针对辖区内城镇失业人员加强技能培训，根据劳动力市场需求实施定向培训，至2022年，共开设家政、计算机、插花、茶艺、刮痧、中西式面点制作、育婴等近百个培训班，5200余人参加培训。

第三节　养老保险与医疗保险

【养老保险】

2006年，南苑街道对居住在本地区的7846名离退休人员和73名供养人员领取养老金、救济费资格进行网上验证。做好社会保险扩面征缴工作，动员50名中止参保人员续接养老保险，督促26家新增单位办理社会保险登记证，参加社会统筹。对属地133家企事业单位开展上门调查服务，发放《服务指南》等宣传资料650份，对130家单位用工情况、执行劳动保障政策情况据实进行登记，向近30家用人单位发放社会保障证登记表，督促其办理社会保障证，为职工签订劳动合同，依法参保。2007年，为居住在本地区的7696名离退休人员和134名供养人员领取养老金、救济费进行网上资格验证，启动离退休人员纳入社区管理工作，建立基础信息库。做好社会保险扩面征缴工作，全年新增企业参保人数264人，增加社保基金52.2万元，对新增单位实现登记50家，为220名中止缴费失业人员接续社会保险。做好困难群体老年生活补助工作。8月，启动失地农民老年生活困难补助工作，保障所分批为属地近1100名被征收土地老年居民办理失地补助，发放补助金。为54名"三无"（无劳动能力，无生活来源，无法定赡养、抚养、扶养义务人，或者其法定赡养、抚养、扶养义务人无赡养、抚养、扶养能力）人员办理登记申报手续并及时发放补助金，同时为58名回宁定居的"三线"老军工做好生活补助发放工作。2008年8月，为266名符合条件老年居民申办养老补助。为6名失地人员更改安置费金额，调增补助标准；为8名迟建档人员补发2007年补助待遇。开展2007年度被征地人员领取失地补助资格认证工作，并对52名下放"三无"人员领取待遇进行资格认证。2009年，虹苑社区被南京市退休人员管理中心评为市社会化服务示范社区。为63名"三线"老军工领取生活补贴进行定期申报，对150名城镇老年居民开展老年补贴领取认证工作。2010年，开展退休人员养老金、城镇老年补贴、"三无"人员补贴领取资格认证工作，分别认证1.11万人、209人、60人。

2011年，南京市政府出台《南京市被征地人员社会保障办法》，从1983年8月开始，征地货币化安置劳动年龄段人员全部纳入城镇企业职工养老、医疗、失业、生育等社会保险，养老年龄段人员纳入征地社会保障和城镇居民医疗保险。南苑街道结合地区实际，抽调专人负责，为1945名征地人员准确采集征地信息，认定身份，为老征地人员办理转缴手续，算好"缴费"和"享受待遇"两笔账，为1382名失地农民办理进保手续，为属地76名"三线"老军工申报生活补助，为城镇居民老年补贴、"三无"人员生活补贴认证445人。2012年，做好未参保人员补缴社会保险工作，为430人办理补缴手续，使其享受到养老保障。为315名无社保人员（含重残和低保）办理参保，为属地81名"三线"老军工申报生活补助。2013年，为300余名无社保人员（含重残和低保）办理续保和缴费，为属地近百名"三线"老军工申报生活补助。新办和发放市民卡3283张，办理失地进保274人。2014—2019年，确保相关人员及时享受失业金、养老金待遇，南苑街道居民养老保险覆盖率达99%。2020年，对3—12月疫情期间80名领取失业金期满灵活就业人员，申领450元～750元/月不等的失业补助金。

2021年，为辖区内4名失业金在领人员，申报重病慰问金5600元。为287名失业金待遇领取人员做好申领工作，做好98名失业补助金领取人员申报工作。受理灵活就业人员城镇职工养老保险参保、停保业务约150人。2022年，为5名居民办理城镇居民基本养老保险纳入手续，为200余名失业人员办理失业保险金和失业补助金，为约5000人办理灵活就业人员城镇职工参保、停保业务。

【医疗保险】

2007年7月，根据《南京市城镇居民基本医疗保险暂行办法》规定，南苑街道辖区内凡符合参保对象范围的城镇居民，到劳保所办理参保登记手续。至2022年底，劳保所累计办理1.48万人（不含转保、死亡人员）。同时，为近1000名低保免费进保人员办理好续保认证手续，制作和发放市民卡万余张，年均零星报销医药费受理件数约120件。是年，打造成南苑街道为民服务中心南京市"15分钟医保服务圈"示范点。

第四节　劳动监察与劳动维权

【劳动监察】

2005年，劳动保障监察工作纳入南苑街道劳动保障工作范围。配合建邺区劳动监察大队规范属地企业单位用工行为，督促办理劳动保障证，建立南苑街道劳动监察平台。2006年，所辖11个社区、村全部建立劳动监察服务窗口，配合建邺区劳动监察大队在年底对属地大型密集型企业单位开展拖欠工资清查工作。2007年，规范南苑地区用人单位用工关系，评选劳动关系和谐单位。2008年，对辖区内用人单位开展劳动保障书面审查工作，主要内容包括劳动保障制度、与劳动者订立劳动合同、遵守禁止使用童工规定、支付劳动者工资和执行最低工资标准、参加社会保险和缴纳社会保险费等。上门走访新创办企业单位300余家，宣传政策并督促其办理社保登记手续，提高社保基金保障能力。2009年，以社区为单位，深化"片管专管"责任制，宣传劳动就业政策法规，提高劳资双方维权意识，加强对区域内用人单位用工行为监管。南苑街道挂牌成立建邺区劳动保障监察大队南苑中队。4—6月，对辖区内356家用工单位发放书面审查登记表，并录入系统，实行动态管理。会同建邺区司法局、建邺区总工会，组建成立南苑街道劳动争议调解中心，制订出台工作实施方案，10月，南苑街道劳动争议调解中心正式挂牌。2010年，利用劳动监察网格化管理队伍和工作平台，开展劳动监察书面审查工作，对属地490家属地企业（含税源户）进行排查，314家单位送达年度书面审查文件，并将相关信息录入系统。参与15起劳动纠纷案件调处，加强对区域内用人单位用工行为监管，指导辖区内企业单位做好合法用工和安全生产工作。8月，走访辖区内20家在建工地和劳动密集型企业，督促做好夏季防暑降温和安全生产工作。11月，开展民工工资清欠调查工作。

2011年，对567家属地企业（含税源户）开展劳动监察书面审查工作，对正常经营单位上门走访，送达年度书面审查文件及政策法规汇编，及时将信息录入系统。参与调处劳动争议案件37起，并建立好相关台账资料。2012

年，走访属地600余家企业（含税源户），送达书面审查文件及政策法规汇编，告知企业按时到劳动监察机构办理年审手续，并生成网格化数据信息。参与调处劳动争议案件58起。对区域内6个在建工地进行走访、排查，做好民工工资清欠工作。2013年，建立南苑街道、社区监察网格平台。3—4月，对属地600余家企业（含税源户）开展劳动监察书面审查工作，实现计算机信息网格化管理。参与调处劳动争议案件63起。2014年，对近800余家属地企业单位（含税源户）上门走访，发放南苑街道辖区内用人单位书面审查和社保缴费基数申报工作相关资料。

2015—2016年，对842家属地企业单位（含税源户）上门走访，发放南苑街道辖区内用人单位书面审查和社保缴费基数申报工作相关资料，参与调解劳动争议案件35件，完善信息化数据录入，建立企业单位信息化管理。联合建邺区总工会等部门，走访属地大型企业单位，督促签订集体协商劳动合同，做好民工工资清欠工作。2017—2018年，对属地1000余家企业单位（含税源户）上门走访，宣传政策法规，发放年度书面审查和社保缴费基数申报相关资料。2019年，上门走访属地1300余家企业单位（含税源户），发放南苑街道辖区内用人单位书面审查和社保缴费基数申报资料，稳妥调解劳动争议案件。2020年，按照属地梳理分解800余家企业单位（含税源户），向各社区传达和布置集体合同工资协商、集体合同审查工作，及时将信息录入数据库。

2021年，对属地近160余家企业单位（含税源户）上门走访，宣传政策法规，发放南苑街道辖区内用人单位书面审查申报工作相关资料。2022年，对属地165家企业单位（含税源户）上门走访，宣传政策法规，发放南京市企业工资集体合同和建邺区区域性集体合同。

【劳动维权】

2003年1月，南苑街道联合建邺区检察院、团区委在所街流动人口管理站成立外来务工维权站，邀请检察院干部及团员青年担任维权志愿者，义务为外来工提供法律咨询、法律援助等服务。同时，不定期举办劳动维权方面法律知识讲座，引导外来工用法律武器维护自身权益。2020年，成立治理欠薪工作问题专班，加大对辖区内在建工程项目日常监管，做到专人接待各类欠薪投诉，调处化解劳资矛盾，确保元旦和春节期间件件有着落、事事有回音。2021年，共受理150件关于清欠办农民工工资"12345"投诉工单，成功解决多起辖区内重大工地农民工工资纠纷案件，并化解了工地施工方与农民工之间矛盾。2022年，定期开展辖区内18个在建工地的摸底和走访工作，做好分类台账，共受理160件清欠办农民工工资"12345"投诉工单和上门来访案件，特别是在元旦和春节期间，经过多方、多轮沟通协调，有效处理了南京世茂建筑工地的劳资纠纷。

第五节　退休人员社会化服务管理

自2003年9月，南苑街道对退休人员实行社会化服务管理。即：首次走访、重点走访、特定走访、生日慰问、百岁老人慰问、重病慰问、死亡慰问、鳏寡孤独慰问、困难家庭慰问、政策咨询和查询服务、医疗健康服务、开展社会化服务活动、协助报领丧葬抚恤费服务、引导自我管理和互助服务等。至2022年，按照南京市退休人员每2年1次免费健康体检要求，南苑街道每年约有8200名企退老人参加体检，南苑街道接收社会化服务管理企业退休人员21214人。

第十七章　社会事务

　　2002年南苑街道成立后，南苑街道党工委和办事处十分重视社会事务工作，相继成立南苑街道老龄工作委员会（以下简称老龄委）、残疾人联合会、红十字会及"12345"政务热线平台、双拥领导小组等。南苑街道党政主要领导还在一些机构中任主任或组长，分管领导任副主任或副组长，并配备专人专司社会事务工作。

　　老龄委在建立老年协会、法律援助站的同时，还在12个社区建立社区居家养老服务中心（点）。2005年，老龄委抓住《中华人民共和国老年人权益保障法》（以下简称《权益保障法》）颁发的契机，通过举办讲座、出黑板报、文艺演出、建立保健卡、心理咨询等多种形式开展敬老、养老、助老等服务。残疾人联合会从硬件建设入手，建立残疾人托养中心，残疾人之家和社区服务中心设立残疾人医疗站。软件建设则将此项工作列入精神文明考核，并与经济效益挂钩。同时，围绕"助残日"宣传《中华人民共和国残疾人保障法》，为残疾人开设技术培训班，提供就业岗位，并为符合条件的残疾人发放"四类定补"（困难残疾人生活补贴、重度残疾人护理补贴、自主创业补贴、就业服务奖励）等。红十字会组织医务人员为群众进行卫生咨询和医疗服务，向群众宣传《中华人民共和国红十字标志使用办法》，组织适龄献血者无偿献血，必读《初级急救手册》，进行4项急救技术知识培训和初级救护员（暨造血干细胞捐献）持证培训，组织为灾区和特困学生送温暖、献爱心募捐活动。社会救助则为"五保"（指农村无劳动能力，无生活来源，无法定赡养、抚养、扶养义务人，或者其法定赡养、抚养、扶养义务人无赡养、抚养、扶养能力者，对其实行保吃、保住、保穿、保医、保葬）户供养专项救助，为侵华日军南京大屠杀幸存者给予补助，元旦、春节期间为困难户发放实物和慰问金等。"12345"政务热线平台更多是反映群众诉求，为市区街三级政府解决好群众关切的难事。便民服务中心开展劳动保障、社会救助、人口计生等7大类104个为民服务事项，实现公共服务高效运转。

第一节 老龄组织与工作

【老龄组织】

老龄委 2002年11月，南苑街道老龄工作委员会成立，南苑街道党工委副书记、办事处主任张跃根。2004年2月至2022年底，历任主任秦惠莲、李世民、周志林、胡有璋、虞欣。

居家养老服务中心（点） 2013年5月，虹苑社区居家养老服务站（3A）开门试运营，话园居家养老服务站（2A）打造完成，与社会组织签订服务协议。8月，爱达社区成立美特康智能居家养老服务中心，为南京市首家。这3家养老服务站当年通过验收达到省级示范站点要求，上级下拨建设经费21.6万元。2022年，南苑街道所辖12个社区共建立12个居家养老服务中心（点），实现南苑街道范围内全覆盖。

南苑街道居家养老服务中心（点）一览表

表16-1　　　　　　　　　　　　　　　　　　　　　单位：平方米

社区名称	居家养老服务中心（点）	成立时间（年、月）	地址	服务项目	面积
国泰民安社区	国泰民安社区悦心居家养老服务中心	2017.08	安民村39号	助餐、助浴、助医、助洁、助急、助购、护理、探望、助行、助乐、助聊、助学、理疗、精神慰藉、开设家庭养老床位、日间照料服务	260
泰山路社区	迅捷泰山路社区居家养老服务中心	2020.08	应天巷28号	助餐、助浴、助医、助洁、助急、助购、护理、探望、助行、助乐、助聊、助学、精神慰藉、开设家庭养老床位、日间照料服务	271

续表16-1

社区名称	居家养老服务中心（点）	成立时间（年、月）	地址	服务项目	面积
庐山社区	迅捷居家养老服务中心	2021.08	江东中路217-14号	助餐、助浴、助医、助洁、助急、助购、护理、探望、助行、助乐、助聊、助学、精神慰藉、开设家庭养老床位、日间照料服务	210
爱达社区	迅捷居家养老服务中心	2021.05	爱达花园紫藤苑6栋旁	助餐、助浴、助医、助洁、助急、助购、护理、探望、助行、助乐、助聊、助学、精神慰藉、开设家庭养老床位、日间照料服务	260
兴达社区	金德松养老服务发展中心	2010.07	云锦路157号	助餐、助浴、助医、助洁、助急、助购、护理、探望、助行、助乐、助聊、助学、理疗、家政、精神慰藉、开设家庭养老床位、日间照料服务	200
鹭鸣苑社区	金德松养老服务发展中心	2018.05	云锦路127号	助餐、助浴、助医、助洁、助急、助购、护理、探望、助行、助乐、助聊、助学、理疗、家政、精神慰藉、开设家庭养老床位、日间照料服务	200
黄山路社区	银城康养养老服务有限公司	2022.11	白鹭东街78号三楼	居家养老服务、助餐、助浴、助洁、助急、助医、护理、探望、助行、助购、助聊、助学、开设家庭养老床位、精神慰藉、文艺活动、日间照料中心	960
健园社区	尚满天居家养老服务中心——健园社区	2019.04	健园11号楼	助餐、助浴、助洁、助急、助医、护理、探望、助行、助购、助聊、助学、开设家庭养老床位、精神慰藉	200

续表16-1

社区名称	居家养老服务中心（点）	成立时间（年、月）	地址	服务项目	面积
虹苑社区	福惠居家养老服务中心——虹苑站点	2022.05	应天街787号	助洁、助聊、助购、银发顾问、手机培训、助医、护理、日间照料、助乐、助餐、助行、助安、助急、助浴、助学、精神慰藉、政策咨询、智能服务、家政预约、健康管理、日托服务、全托服务、关爱探望	200
话园社区	颐之佳居家养老服务中心	2013.05	真园13幢46号对面	助餐、助浴、助医、助洁、助急、助购、探望、助行、助乐、助聊、助学、理疗、家政、精神慰藉、开设家庭养老床位、日间照料服务	220
怡康社区	迅捷怡康新寓居家养老服务中心	2016.12	泰山路11-1室	助餐、助浴、助医、助洁、助急、助购、护理、探望、助行、助乐、助聊、助学、精神慰藉、开设家庭养老床位、日间照料服务	550
吉庆社区	尚满天居家养老服务中心——吉庆社区	2019.04	文体路109号	助餐、助浴、助洁、助急、助医、护理、探望、助行、助购、助聊、助学、开设家庭养老床位、精神慰藉	200

【老龄工作】

2004年，南苑街道老人服务工作突出"四个一"（开展一次"真情解困交流月"活动，走访孤、寡、残及高龄老人，了解需求，帮助解困；组织一次老人参加南京及周边地区城市建设参观成果活动；组织一次"青年志愿者服务队"面向老年人开展"一助一"结对帮扶活动；举办一次"法律进社区"大型咨询活动，为老年人提供房产、子女赡养等方面咨询解答服务）。2011

年，为百名户籍在建邺区且年满60周岁的独居老人和年满65周岁的困难空巢老人（家庭收入在3000元/月以下）提供政府购买居家养老服务。为200户户籍在建邺区且年满60周岁的老年人免费安装"安康通"。配合建邺区老龄办验收兴达、国泰、吉庆3家社区居家养老服务站。对各社区、村80周岁以上的老年人进行"尊老金"统计，尊老金发放1350人92.61万元。免费为327名老人参保"人寿民安"保险。敬老月期间开展形式多样关爱老人活动。2012年，居家养老服务人数247人。申请"安康通"233人，免费发放老人手机34部。发放尊老金1428人99.71万元。免费为151名高龄老人参保"平安长寿意外"保险。按江苏省南京市建邺区统一部署，做好江苏省老年人优待证的办理及换发工作。在南苑街道广场举办以南京市市花"梅花"为主题的"百梅"雨花石、"百梅"书画（摄影）作品展览。开展医疗保健知识宣传服务和形式多样关爱老人活动。

2013年，政府购买服务新增60余人，至年底享受政府购买服务人数400余人。新安装"安康通"及一键式手机30余部。尊老金发放1519人104.73万元。为1142名困难高龄老人购买平安长寿意外保险。开展"送清凉"慰问活动，对年满60周岁的所有老年人，包括居住辖区一年以上的常住老年人口信息进行一次梳理，梳理出常住老年人口为12337人，为其中4913名60岁老人办理江苏省老年人优待证。开展形式多样的文化娱乐活动、医疗保健知识宣传和关爱老人的活动。2014年，"安康通"累计安装座机220部、手机30余部。全年享受政府购买服务人员225户，450余人。尊老金发放1644人113.93万元。为年满60周岁的老人办理江苏省老年人优待证1万余张。免费为3935名困难高龄老人购买平安长寿意外保险。2015年，为符合标准的老人申请安装"安康通"250部、手机35余部。为符合居家养老服务政策的老人申请政府购买服务250户，近460人。尊老金发放1691人107万元。免费为年满60周岁的老人办理江苏省老年人优待证。

2016年，发放尊老金120.94万元。2017年，发放尊老金125.25万元；为符合申请"安康通"的老人服务195人次。2018年，发放尊老金134.21万元；为符合申请"安康通"的老人服务172人次。2019年，发放尊老金136.76万元；为符合申请"安康通"的老人服务162人次。2020年，发放尊老金150.29万元；为符合申请"安康通"的老人服务183人次；开展形式多样的关爱老人的活动，为60周岁以上老年人提供免费体检。

2021年，发放尊老金158.53万元。为辖区16585名60周岁以上老人特别是52名"失独老人"建立健康档案、开展义诊。2022年，发放尊老金167.34万元，新建家庭养老床位55张，完成适老化改造34户，完成时间银行订单量2110单，时间银行团体志愿者注册2个，成立南苑街道级养老服务质量指导中心，完成建设南苑街道级综合养老服务中心，参加家庭成员照护培训1次，完成阳光惠民系统录入。

第二节　残疾人组织与工作

【残疾人组织】

残疾人联合会　2002年5月，南苑街道残疾人联合会成立，选举产生南苑街道残联主席团主席兼理事长王伟月，副主席翟晓黎，副理事长吴顺彬。2007年11月，南苑街道残联召开残疾人联合会第三次代表大会（随建邺区残联为第三次代表大会，实际上南苑街道残联是第二次代表大会，以下均以区残联为准），选举产生南苑街道残联主席团主席邓力群、副主席兼理事长宋炜，副理事长吴顺彬。2012年12月，南苑街道残联召开残疾人联合会第四次代表大会，选举产生南苑街道残联主席团名誉主席徐新斌、主席兼理事长李世民，副主席兼副理事长茅友明。同年南苑街道残联获得"江苏省基层残疾人组织先进集体""南京市残疾人工作先进单位"称号。2018年1月，南苑街道残联召开残疾人联合会第五次代表大会，选举产生南苑街道残疾人联合会组织，南苑街道残联主席团名誉主席高峰、主席虞欣，副主席兼理事长茅友明、副理事长胡明保。2022年9月，南苑街道残联召开残疾人联合会第六次代表大会，选举产生新一届南苑街道残疾人联合会组织，南苑街道残联主席团主席虞欣，理事长李亮。

残疾人综合协会和联众助残服务社　2006年12月，成立南京市首家残疾人综合协会和联众助残服务社，成员由辖区内肢体残疾、视力残疾、听力残疾、智力精神残疾人亲友等7种类别的人组成，地址在南湖路58号，下设12个社区分会。内有残疾人学雷锋服务小分队并建立助残志愿者服务社服务网络，萤火虫助残社加入助残联志愿者服务社组织网络。

残疾人之家　2016年11月，南苑街道残疾人之家注册登记，残疾人之家是为街道残疾人提供免费服务的民间组织，是在南苑街道残疾人托养中心的基础上，投入资金20万元建立的残疾人餐厅、手工坊、棋牌室、舞蹈室、阅览室、文艺活动室、康复训练室等。康复训练室配备适合残疾人康复的轮椅、乒乓球、羽毛球、篮球、毽球、跳绳等多种康复器材。至2022年12月，登记在册残疾人18名，其中精神障碍1人、智力障碍9人、肢体残疾5人、多重残疾3人。低保户或低保边缘户占33%以上。

【残疾人工作】

扶残助残　2002年，南苑街道与20名残疾人贫困户实施"一助一"助残结对，为2名残疾人免费发放轮椅。2003年，对30户残疾人困难家庭进行慰问，与20名残疾人实施"一助一"结对助残。在南京市整治"三小车"（机动三轮车、电动三轮车以及不符合国家标准的电动四轮车）工作中组织上交有牌残疾人车26辆、无牌残疾人车31辆，并为其中的27名残疾人车主分别落实低保或调整保障金，为128户残疾人家庭办理低保。为2名肢残人捐赠轮椅，为15名贫困盲人捐赠手杖，为10名贫困精神病人办理免费服药手续。2004年，春节期间，慰问156名特困残疾人家庭，送去慰问金2.92万元，实施"一助一"结对助残24名。助残月期间，为44名特困残疾人发放救助金8800元，为3名肢体残疾人免费发放轮椅，免费为25名残疾人进行体检，为双残人家庭子女尿毒症患者救助2000元。与金陵化工试剂厂联合录用残疾人12人。2005年，春节期间，为57户双残人家庭和特困残疾人家庭发放慰问金1.45万元，为10名残疾人家庭发放彩色电视机并免费安装有线电视。南苑街道出资近万元慰问71户特困残疾人家庭，送去米、油等生活必需品。社区分别与24名残疾人实施"一助一"结对助残，为18名贫困精神病患者办理免费服药手续，为6名贫困白内障患者手术。社区残疾人协会多方为残疾人联系就业岗位，推荐残疾人就业48人次，有13名残疾人实现就业，为149户残疾人家庭办理最低生活保障，为6名贫困精神病患者办理住院费用减免手续。4月，成立南苑街道"残疾车"治理领导小组，办事处副主任任组长，领导小组办公室设在社会事务科。7月，完成对南苑街道450名残疾人证的审核工作。为19名贫困肢体残疾人捐赠并发放轮椅，为2名听力语言残疾人捐赠助听器，为8名残疾人提供福利岗位，为尿毒症患者和特困残疾人实施救助人民币2000余元。

2006年4月，南苑街道和社区（村）选配12名残疾人专职委员。南苑街道为36户双残人家庭和特困残疾人家庭发放慰问金和慰问品价值1.28万元，南苑街道出资1万余元慰问71户困难残疾人家庭，给他们送去米、油等生活必需品。与24名残疾人实施"一助一"结对助残。是年暑期，南苑街道出资1万余元为33户贫困残疾人家庭送去生活日用品和防暑降温用品。并为27名贫困精神病患者办理免费服药手续，为5名贫困精神病患者办理住院费用减免手续，为7名贫困白内障患者实施免费手术，为149户残疾人家庭办理最低生活保障，为2名"三无"（无劳动能力、无生活来源、无赡养人和扶养人）老人提供全方位服务，为10名贫困肢体残疾人发放轮椅。2007年，元旦、春节期间，为58户双残人家庭和特困残疾人家庭发放慰问金和慰问品价值约4万元，出资5万余元慰问72户边缘户残疾人家庭。1月，南苑街道成立"省级残疾人社区康复先进区"创建工作领导小组，办事处副主任任组长，社会事务科科长任副组长，成员由残联干事、专职委员、康复医生、社区志愿者等担任。助残月期间，组织开展救助和走访慰问残疾人18户，为157户残疾人家庭办理最低生活保障，开展扶残助残和残疾人康复工作，为33名贫困精神病患者办理免费服药手续，为6名贫困精神病患者办理入院费用减免手续，为4名贫困白内障患者实施免费复明手术，为8名贫困肢体残疾人发放轮椅，为2名听力语言残疾人免费发放助听器，为6名0～6岁残疾儿童实施早期康复器具救助，为57名盲人免费发放盲杖，为123户孤残、重残、老养残和一户多残发放生活补贴14万元。8月，南苑街道颁发《关于落实南苑街道残疾人享受优惠政策的通知》。2008年，元旦、春节期间，南苑街道残联走访8户孤残老人、特困盲人家庭和因病致残致困家庭，为495户残疾人家庭累计发放慰问金22.66万元。年内落实21名贫困残疾人帮扶结对，为2名考取大学的残疾学生及8名残疾人子女实施助学帮扶，为146户（人）孤残、重残、老养残、一户多残等四类残疾人累计发放补助款16.06万元，为27名无固定收入的重度残疾人办理生活补贴。南苑街道组织社区分管残疾人工作的主任和残疾人专职委员举办残疾人保障法知识竞赛，南苑街道组队参加建邺区残联举办的残疾人保障法学习宣传知识竞赛，并获团体第三名。为153户残疾人家庭办理最低生活保障。组织8名残疾人参加计算机初级培训，组织4名残疾人参加计算机平面设计培训，组织5名残疾人及家属参加足疗按摩培训。2009年，元旦、春节期间，慰问残疾人边缘户181户计7.24万元。年内完成820名第二代残疾人证换发及信息采集和录入工作，落实24名贫困残疾人帮扶结对，为147户（人）孤残、重残、老养残、一户多残等四类残疾人累计发放补助款16.98万元，为65名无固定收入的重度残疾人办理生活补贴，为153户残疾人家庭办理最低生活保障，免费发放轮椅8辆、盲杖4个、四脚拐3个，为7名残疾学生实施助学救助2.3万元，为61户残疾人家庭安装牵手热线电话，为35名残疾人车主发放燃油补贴3360元，为4名残疾人车主发放一次性购车补贴5000元，为9户肢体残疾人家庭免费安装无障碍设施，为219名残疾人办理最低生活保障，为11名残疾人专委发放补贴费4.56万元，组织残疾人技术能手参加江苏省南京市技能竞赛，并获得南京市技能竞赛（服装设计）比赛一等奖。2010年，春节期间，慰问残疾边缘户188户，慰问残疾车主、特困残疾人、重点服务对象54户（人），慰问金合计11.18万元。当年有198户残疾人家庭进入城市最低生活保障，为76名无固定收入的重度残疾人办理生活补贴，为8名贫困精神病人办理住院费用减免手续，为32名贫困精神病患者办理免费服药手续，为6名考上高中、大学的残疾学生发放教育专项补贴8500元。为169户（人）四类残疾人累计发放补助款19.68万元，为37名残疾车主发放油贴7104元，落实一助一结对助残61人，为8户肢体残疾人家庭实施家庭无障碍设施改造，为15名重度贫困残疾人办理并发放护理补贴9000元，完成3808名未持证残疾人的信息采集和录入工作。

2011年，元旦、春节期间，慰问边缘户188户，慰问残疾车主、特困户、上访重点户54人，总计人民币12.9万元。为204名残疾人办理城市最低生活保障、为80名重度残疾人发放无固定收入重残生活救助金、为8名贫困精神病人办理住院费用减免手续、为32名贫困精神病患者办理免费服药手续、为6名考上高中、大学的残疾学生发放教育专项补贴8500元。全年共为179名四类残疾人累计发放补助款21.17万元；为14名重度贫困残疾人办理并发放护理补贴1.68万元；为38名残疾车主补发2009—2010年燃油补贴4256元，发放2011年燃油补贴7400元。为61名低保家庭重残人员发放生活补贴3.66万元。全年落实一助一结对助残61人，组织开展"百万贫困白内障复明工程"筛查一次，并为2名贫困白内障患者实施免费手术，为17名盲人和低视力残疾人免费发放盲杖，为7名听力残疾人免费发放助听器，为9名残疾人发放助视器，为5名重度肢残人发放轮椅和3副拐杖，为1名贫困精神病人办理住院费用减免手续，共为9户肢体残疾人家庭实施家庭无障碍设施改造。2012年，上半年发放残疾人四类补贴189人和护理补贴13人共计10.97万元，下半年为188人发放四类补贴11.28万元，全年共计22.25万元。全年享受民政补贴一户多残10人2.64万元、依老养残2人7000元。办理无固定收入重度残疾人补贴76人，年度累计发放补贴43万元。发放低保中重残补贴64人7.5万元，发放残疾人专职委员补贴10人4.8万元，发放残疾人车主燃油补贴37人9700元。办理贫困精神病人住院补贴5人1.92万元，贫困精神病人免费服药38人。办理残疾人免费乘车582人。发放多功能轮椅1部、普通轮椅6部、四角拐8具和盲杖、洗澡椅38件，发放助视器、助听器6只，发放坐便器和无障碍开水报警壶各1个。盲人定向行走锻炼服务培训42人次。发放助学补贴3人4000元。2013年，元旦、春节期间，慰问边缘户268户18.76万元、特困残疾人20户1.2万元、社区残疾人工作者和残疾人综合协会成员20人8000元。发放残疾人四类补贴和护理补贴共计22.25万元。享受民政补贴一户多残10人3.9万元、依老养残3人1.2万元。办理无固定收入重度残疾人补贴89人，年度累计发放补贴58.58万元。全年发放低保中重残人员补贴60人7.2万元。发放残疾人专职委员补贴9人4.32万元，发放残疾人车主燃油补贴36人9360元。办理贫困精神病人住院补贴5人1.92万元。办理残疾人免费乘车320人。给无固定重残人员发放惠民券401张。发放儿童多功能轮椅3部、普通轮椅7部、高级护理床3张、拐杖及助行器9具、盲杖及盲人用品等共48件。2014年，元旦、春节期间，慰问残疾人边缘户249户17.43万元；南京市残联慰问7人3500元；建邺区残联慰问19人（600元/人）1.14万元；南苑街道残联慰问20人每人200元（物）共计4000元；皮皮狗羊绒服饰公司慰问100名1万元。发放残疾人四类定补199人23.43万元、护理补贴38人3.51万元、低保中重残补贴63人7.41万元。无固定收入重残人员补贴发放（从8月起由南苑街道残联审核报区残联发放）8—12月91人发放29.69万元，享受民政一户多残5户10人、依老养残3人发放2.63万元。发放残疾人专职委员补贴9人4.32万元，发放残疾人车主燃油补贴37人9600元，发放贫困残疾人入住福利院补贴1.44万元。发放坐便轮椅7部、普通轮椅5部、拐杖及助行器34具（件）、盲杖及盲人用品等共20件。开展四进家庭（康复知识进家庭、康复指导进家庭、无障碍设施进家庭、辅助器具进家庭）、安装辅具、康复指导共计61人次。盲人定向行走锻炼服务培训12人次。18岁以下智力儿童社区康复12人。办理贫困精神病人免费服药1人。15人接受日常托养服务，开展并完善残疾人托养护理服务共38人。南苑街道残联助残月组织走访慰问25户贫困残疾人1.03万元。发放助学金及助学补贴5人5200元。发放"施宪纲爱心助学金"2人。2015年，元旦、春节期间，慰问残疾人边缘户191户13.37万元、南苑街道残联慰问残疾人托养中心和区福利院8000元及米油等生活日用品、建邺区残联慰问16人9600元、南苑街道残联慰问20人4000元。2月，皮皮狗公司慰问100户特困残疾人家庭2万元。发放残疾人四类定补207人24.3万元、发放护理补贴39人4.8万元。发放低保中重残补贴62人7.32万元、无固定收入重残人员补贴90人74.42万元。享受民政一户多残5户10人、依老养残3人发放6.4万元。发放残疾人专职委员补贴9人4.32万元、残疾人车主燃油补贴38人9880元；办理残疾人免费乘车82人。发放贫困残疾人入住福利院补贴1.44万元。发放轮椅12部、淋浴凳4张、床头桌2张、拐杖3副、矫形器1副、四角拐4副、助行器2副、手杖4副、双拐2副、拐杖（带凳子）1副、报时器4个、收音机10部、助听器4个、洗衣机4台、电风扇8台、电饭锅5只、电视机10台。开展四进家庭、安装辅具、康复指导61人次，盲人定向行走锻炼服务培训12人次，18岁以下智力儿童社区康复12人。办理贫困精神病人免费服药1人，15人接受日常托养服务，开展并完善残疾人托养护理服务共38人。

2016年元旦、春节期间，慰问残疾人边缘户175户12.25万元；南苑街道残联慰问残疾人托养中心和建邺区福利院8000元及米油等生活用品；建邺区残联慰问30人9000元；南苑街道残联慰问10人7000元。发放残疾人四类定补212人24.91万元，发放残疾人专职委员补贴10人4.8万元，发放残疾人车主燃油补贴37人9620元，发放各类辅具25件。公益金助残发放太阳能热水器2套、轮椅4只、微波炉5只、电风扇8台，洗衣机4台、液晶电视机6台、电饭锅4只。发放助学金2人1200元。2017年元旦春节期间，慰问残疾人边缘户175户12.25万元；南苑街道残联慰问残疾人托养中心和建邺区福利院8000元及米油等生活用品；建邺区残联慰问30人9000元；南苑街道残联慰问10人7000元。全年发放残疾人四类定补210人24.69万元，发放残疾人专职委员补贴10人4.8万元，发放残疾人车主燃油补贴36人9360元，发放各类辅具80件。残疾学生专项教育补贴1.35万元。"施宪纲爱心助学金"1200元。2018年，元旦、春节期间，慰问残疾人边缘户165户11.55万元；南苑街道残联慰问困难残疾人及残疾人托养中心和区福利院1万元及米油等生活用品。全年发放残疾人四类定补236人27.88万元，发放残疾人专职委员补贴10人4.8万元，发放残疾人车主燃油补贴36人9360元。发放各类辅具84件，家庭无障碍改造辅具5件。残疾学生专项教育补贴1.35万元。"施宪刚爱心助学金"1200元。2019年，春节慰问83名困难残疾人7.05万元，上门慰问10户长期卧床重度残疾人家庭8000元；开展社区广场发放活动15场次。四类定补243人28.9万元；发放残疾人专职委员补贴10人4.8万元，发放残疾人车主燃油补贴44人1.14万元，发放各类辅具121件。组织20名盲人进行定向行走训练，困难残疾人家庭无障碍改造13户，对57名3～4级残疾人参加居民养老、养老保险费用进行核对并返还保险费1.52万元；残疾学生专项教育补贴1000元。南苑街道残联慰问特困残疾人16名，发放物品价值5500元。公益金助残发放8台套，"施宪纲爱心助学金"600元。联合卫生部门4次上门为12户长期卧床不起、行动不方便的重残人员进行身体检查，为其他残疾人签订家庭医生306份。安排辅助性就业15人。2020年，春节慰问75名困难残疾人6.38万元，社区残疾人专职委员春节慰问补贴10人6000元、工作补贴4.8万元；发放四类定补244人28.6万元；发放残疾人车主燃油补贴49人1.27万元。对36名参加居民医保、居民养老保险的三级、四级残疾人养老保险费用进行核对并返还参保费1.53万元。发放辅具45件，公益金助残发放24台套。"施宪纲爱心助学金"600元，残疾学生专项教育补贴4800元，困难残疾人家庭无障碍改造9户。为30名重度肢体残疾人发放康复体育器材包，并组织专业人员配备视频指导残疾人如何正确使用康复器材，线上就业技能培训14人，实名制医疗按摩师培训2人，新增就业8人。为各类别残疾人更换发放到期残疾证596本。

2021年，春节慰问54名困难残疾人4.59万元，社区残疾人专委10人6000元。全年发放四类定补222人26.27万元，发放残疾人专职委员补贴10人4.8万元；对39名参加居民医保、居民养老保险的三级、四级残疾人养老保险费用进行核对并返还参保费用1.83万元。为47名购买燃油残疾车的肢体残疾人发放燃油补贴1.22万元；发放残疾学生专项教育补贴7000元，发放辅具66件（含假肢、矫形器）。困难残疾人家庭无障碍改造6户，公益金助残发放81台套。为30名重度肢体残疾人发放康复体育器材包，并组织专业人员配备视频指导残疾人如何正确使用康复器材。分别组织电商直播带货、中西式面点、绒花制作、化妆礼仪等项目的就业技能培训，一共培训80名有就业愿望的残疾人。残联联合多家单位分别组织"残疾人大学生专场招聘会""春季专场招聘会""残疾人就业援助月"，多措并举帮助12名残疾人找到工作岗位。2022年，春节慰问68名困难残疾人5.78万元，社区残疾人专委10人6000元，发放四类定补211人26.27万元。发放残疾人专职委员补贴10人4.8万元，对36名参加居民医保、居民养老保险的三级、四级残疾人养老保险费用进行核对并返还参保费用1.86万元。为44名购买燃油残疾车的肢体残疾人发放燃油补贴1.14万元，发放残疾学生专项教育补贴2.2万元，发放辅具51件（含假肢、矫形器）。组织有就业愿望的残疾人参加中式面点、插花、美甲、绿植种植等培训，组织有就业需求的残疾人参加"春季残疾人网上专场招聘会"。进行盲人按摩机构调查，摸排盲人机构按摩师情况，为2名盲人做医疗按摩资格评审。新增按比例就业28人，辅助性就业22人，完成对212名未就业者的状况调查。在"建邺区残疾人网上之家""中华网""龙虎网"等新闻媒体发布有关残疾人各类活动、政策的文章7篇。统计排查377名失能、半失能和智力、精神、视力等重度残疾人居住状况及安全隐患状况，完成69名持证空巢、独居老人基本状况调查，完成31名持证公职人员违规领取残疾人补助资金问题清理清查工作。为15名残疾人提供"邺康莫愁"居家照护行动。

南苑街道残疾人艺术团　2002年5月，南苑街道残疾人艺术团成立，又名"盲人乐队"。以国泰民安社区残疾人为主并吸收其他社区有艺术专长的残疾人参加，共有团员9人，盲人王成满任团长。2003年9月，应邀参加在南京市举办的第六届全国残运会开幕式演出。2006年5月，参加在虹苑社区广场举行的"真实的了解、真挚的关爱"助残日广场活动。2007年5月，参加积善广场携手为人道——建邺区纪念"五八"世界红十字日广场活动。2008年5月，参加建邺区红十字会在和平广场组织的"凝聚爱心，广施人道"纪念"五八"世界红十字日大型广场演出。2010年8月，为江心洲惠恩老年公寓老人义演。年均参加南苑街道、社区广场文艺演出10余场。

助残月（日）活动　2010年，为15名贫困肢体残疾人免费发放轮椅和拐杖，为8名视力残疾人免费发放盲杖，为5名贫困白内障患者实施免费手术，慰问特困残疾人20人4000元。2011年，南苑街道残联与红十字会联合走访慰问49名特困残疾人并发放慰问金1万元，为2名残疾儿童发放"金陵宝宝助学金"2000元，为2名残疾儿童发放每人600元的"施宪纲爱心助学金"，为49户贫困残疾人捐赠21寸彩电，为5名贫困肢体残疾人发放轮椅，为16名视力残疾人发放盲杖和助视器，为4名重度肢残人发放洗浴椅、3名重度残疾人发放坐便器。2015年5月，与怡康社区联合举办精彩365快乐每一天"邻里相助、关注你我他"——第二十五次全国助残日广场活动，现场慰问发放轮椅车8台、电视机10台、洗衣机4台、电风扇8台、电饭煲5台，与红十字会联合慰问30户残疾人家庭9000元；南苑街道残联组织针对孤独症儿童和家长的专题讲座，为孤独症家庭送去慰问金2800元。发放助学金助学补贴5人7000元。

2016年助残月，南苑街道组织孤残儿童及家长参加趣味运动会，组织残疾儿童及助残志愿者春游牛首山。2017年，南苑街道残联积极联系医疗、计划生育、妇联部门，围绕"残疾预防，健康成就小康"主题举办知识讲座，由南苑卫生中心医师主讲，残联、计生、妇联各社区分管主任及残疾人代表共50余人参加。2018年，慰问困难残疾人家庭15户，组织残疾人及志愿者春游；2019年，慰问单亲低保困难残疾人家庭，组织各社区开展助残月活动。2020年，组织慰问辖区内40户困难残疾人家庭1.2万元，社区残疾人专职委员春节慰问11人5500元。联合红十字会慰问贫困残疾人5户1000元。由南苑街道残联牵头，社区残疾人协会配合，上门入户了解残疾人需求。以悬挂宣传横幅、大屏滚动播放等形式，向广大居民和残疾人宣传党和政府发展残疾人事业，保障残疾人权益的政策和措施。

2021年5月，在泰山路社区残疾人之家组织开展"残健融合趣味运动会"。南苑街道残联携手南苑街道残疾人之家、泰山路社区残疾人之家、虹苑社区在虹苑社区广场共同举办"喜迎建党百年、弘扬助残美德"助残月广场活动。南苑街道残联、星星家园儿童发展中心、南京医科大学口腔科联合开展专家义诊（口腔检查）、专家小讲座活动。2022年5月，南苑街道残联携手"南苑街道残疾人之家"举办以"我的爱心只给你"残疾人产品助残促销专卖活动。南苑街道残疾人之家与怡康社区残疾人之家联合举办"喜迎共产党百年华诞红歌大家唱"活动；南苑街道残联组织部分残疾人和助残志愿者参加纪念建党100周年红色之旅活动。

第三节　红十字会组织与工作

【红十字会组织】

红十字会理事会　2002年，南苑街道建立红十字会，并成立理事会。至2022年，历任会长李世民、虞欣。

2007—2022年南苑街道红十字会理事会负责人更迭表

表16-2

姓　名	职　务	任职时间（年、月）	备　注
李世民	会　长	2007.12—2020.02	办事处副主任兼
虞　欣	会　长	2020.02—	办事处副主任兼

社区红十字工作站　2022年，南苑街道红十字会下辖12个社区红十字工作站，站址分别在各社区办公地，站长由分管红十字工作的主任兼任。

【红十字会工作】

2002年3月，南苑街道举行博爱助学捐赠仪式，开展博爱助学捐款活动，以南苑街道为单位采取定人一次性捐助的形式，向莫愁职业高级中学6名特困学生每人捐赠1000元，活动中街道、社区、村捐款1.56万元。2003年，南苑街道机关干部为特困人群捐款4万元。各社区利用宣传栏和悬挂横幅等开展捐献造血干细胞宣传活动。2004年，南苑街道为46名残疾人和1名尿毒症患者发放救助款1.12万元。慰问残疾人和高龄老人421人，累计发放慰问品和慰问金7.25万元，为鼻癌患者捐款1万元，为国泰民安特困户家庭捐款999.60元，为尿毒症患者送去慰问款2000元，向建邺区红十字会上交捐款5060元。9月，在爱达社区科普大学增设"社区红十字家庭救护培训中心"并举办开学典礼，成为南京市首家社区红十字家庭救护培训中心。2005年，南苑街道实施扶贫帮困、慰问残疾人和高龄老人409人，发放慰问品和慰问金7.19万元，为印度洋海啸灾民捐款1.1万元，为辖区困难群体捐款8.79万元。国泰民安社区红十字工作站在建邺区率先成立"博爱之家"救助超市，为辖区居民提供便利的服务环境，为40名失地老年人发放电风扇等防暑降温用品1.2万元。助残日为19名肢体残疾人捐赠轮椅，为特困老年人、残疾人和特困人员送去慰问品和慰问金5.98万元，有8名会员成为南京市造血干细胞捐献志愿者。9月，举办"迎十运，民兵应急救护培训班"和"纪念世界急救日"大型广场活动。为纪念中国红十字会成立，南苑街道各社区红十字工作站围绕"人道、博爱、奉献"的红十字精神，开展一系列活动：制作横幅3条和板报12期宣传红十字知识；组织50名红十字志愿者参加在南湖广场开展红十字会便民服务活动；为居民群众提供修理自行车和小家电、法律咨询等服务。

2006年6月，组织23名符合条件的机关干部参加建邺区红十字会在区政府小礼堂举行红十字会"建邺区红十字会志愿捐献造血干细胞登记采样"活动。南苑街道红十字会出资8000余元对辖区内39户特困老人和残疾人家庭进行走访慰问，"红十字博爱超市"救助特困家庭32户。南苑街道红十字会组织志愿者坚持为残疾五保户老人服务，每月上门看望老人，送去生活日用品。至年底南苑街道实施扶贫帮困、慰问残疾人和高龄老人409人，累计发放慰问品和慰问金7.18万元。为3名白内障患者免费实施手术，募集红十字救灾备灾基金1.13万元。向区红十字会捐款1.13万元，为特困老年人、残疾人和特困人员送去慰问品和慰问金5.98万元。9月，成立"南苑街道社区红十字家庭救护培训学校"。2007年7月，组织22名志愿者参加无偿献血活动，有18名志愿者实施无偿献血。为409名特困老年人、残疾人和特困人员送去慰问品和慰问金13万余元，为3名白内障患者免费实施手术。全年募集红十字救灾备灾基金约2.34万元。南苑街道军转干部为胃癌患者捐款6400元。南苑街道社区红十字家庭救护培训学校全年举办4期社区居民持证救护员培训班，有78位居民经过培训获得救护员证书。2008年，春节期间，南京市红十字会领导走访慰问3户特困残疾人家庭（每户2000元），建邺区红十字会会长等走访慰问虹苑2户大重病特困家庭，慰问大重病家庭133户，南苑街道领导走访慰问22户特困家庭。3月，区、街红十字会领导慰问1名病困家庭病人8068元，建邺区中医院专门为该病人建立家庭病床。为爱达社区低保户癌症患者卢某某、兴达社区低保户白血病患者袁某某各申请大病救助1000元。完成救灾备灾基金募集3.4万元。南苑街道红十字会组织红十字志愿者参加在和平广场举行"学雷锋·树新风"大型广场服务活动，4月，组织3名会员代表南苑街道参加建邺区红十字会第七次会员代表大会和建邺区红十字会社区工作会议，5月，南苑街道红十字工作站在门前广场举办大型广场募捐活动，现场为四川灾区募捐21万余元，总计募集善款25万余元。全年南苑街道募捐救灾备灾基金4.1万元。举办1期社区红十字持证救护员培训班，20人参加，19名志愿者取得合格证书。对已经持证的90名救护员进行复训，参加建邺区基层红十字工作者培训班，5名红十字志愿者参加省红十字会"荷兰艾滋病项目"社区预防艾滋病主持人培训班，完成对100户家庭进行艾滋病知识宣传教育普及工作。庐山社区完成每30户居民有1名持证救护员培训任务。2009年，春节期间，区红十字会会长等慰问2户大重病特困家庭、慰问大重病家庭188户7.52万元。南苑街道领导走访慰问22户特困家庭。区、街红十字会领导慰问任某某家庭，送去2000元慰问金。为鹭鸣苑社区低保户尿毒症患者杨某某、健园社区低保癌症患者朱某某各申请大病救助2000元。3月，南苑街道红十字会组织红十字志愿者参加在南苑街道广场举行的"学雷锋，树新风"大型广场便民服务活动。吉庆、虹苑、爱达等社区在社区广场举办红十字志愿者义工服务活动，并现场进行急救知识演示和红十字知识宣传折页的发放。5月，南苑街道红十字会在南苑街道社区中心广场举办大型广场募捐活动，累计为中国台湾灾区募捐

2.27万元，募捐救灾备灾基金10.6万元。实施大重病救助8.9万元。"五八"红十字日，南苑街道在广场开展宣传活动，邀请辖区卫生院开展义诊，社会组织进行智慧养老宣传及志友（是红十字会捐献遗体器官志愿者之友的简称）关于遗体器官捐赠宣传等活动。9月，庐山社区组织社区居民和红十字志愿者进行有关应急救护知识和急救工作讲座。南苑街道对已经持证的庐山社区20名救护员进行复训；参加建邺区基层红十字工作者培训班；组织各社区红十字站进行艾滋病知识宣传教育普及工作。怡康社区完成每30户居民有1名持证救护员培训任务。12月，南苑街道干部相某某因患癌症去世，区、街红十字会为他实施8万元的大重病救助。虹苑养老院登记为"红十字志愿服务基地"。2010年春节期间，南苑街道慰问大重病家庭261户13.05万元，助学6人。走访慰问22户特困家庭，为鹭鸣苑社区低保户尿毒症患者杨某某、爱达社区低保癌症患者卢某某等9人分别申请大病救助11.9万元。南苑街道干部戴某某因患脑肿瘤，区、街红十字会给予他10.7万元的大重病救助。为白血病患者纪某某捐款4.12万元，1名学生"获红十字唐绍林博爱助学金"。2月，南苑街道红十字会、老龄办和允德乐龄基金会在南苑街道主办"关爱空巢老人座谈会暨新春慰问空巢老人"活动，江苏省老龄委有关领导出席座谈会。会后，南苑街道红十字会和各社区红十字工作站对辖区托老所、养老院和社区困难空巢老人进行走访慰问。7月，对43名特困残疾人和孤老家庭进行慰问，组织外来工子女参加红十字暑期夏令营江心洲一日游活动。南苑街道、社区红十字会开展为玉树灾区献爱心募捐活动，完成捐款3.9万元。全年南苑街道完成捐款22万元，实施大重病救助15.94万元。发放红十字博爱超市救助券34人6800元，发放大病救助款人民币15.78万元。南苑街道举办2期红十字持证救护员复训班，参加建邺区基层红十字工作者培训班，对怡康、吉庆社区完成持证救护员复训任务。

2011年，两节慰问特困及大重病家庭412户24万元。"红十字博爱月"救助53户特困家庭1.06万元，南京市红十字会金陵宝宝博爱资金救助6名儿童。大病救助3人，救助金额5000元。3月，在虹苑社区开展"百万贫困白内障患者复明工程"筛查，有70余名居民参加，筛查出15名白内障患者。5月，南苑街道组织志愿者慰问50户特困残疾人家庭，发放价值1万元救助物品，为5名贫困肢体残疾人免费发放轮椅。组织11名志愿者参加无偿献血，7名志愿者完成造血干细胞捐献血样采集。9月，与建邺区红十字会、工商联以及绿溢集团联合在南苑街道广场举办"迎国庆，献爱心"活动，现场向困难群体42

人发放救助款11万元。南苑街道10个社区举办20期社区居民救护知识培训，有1112名居民参加培训。全年上缴区红十字会理事单位会费5000元，红十字博爱超市救助特困人员67名1.34万元。2012年，两节慰问特困及大重病家庭400户28万元。定向接受南京星光物业管理有限公司给兴达陈某某（其子因病猝死）捐赠5万元，红十字发放困难补助5000元。8月，兴达社区边缘户家庭赵某某接受市扶贫济困专项红十字唐绍林博爱助学金2000元。红十字金陵医疗救助博爱资金申请2人，申请大病救助3户，红十字超市临时困难慰问33人6600元。南苑街道将群众性救护培训工作纳入为民办实事项目抓好落实，举办培训班20场次，完成群众性救护普及培训1225人次，红十字持证救护员培训50人次。9月，配合建邺区红十字会在虹苑广场举办"纪念世界急救日"公益广场活动，发放知识折页和义诊活动。10月，参加南京市救护师资培训1人。南苑街道红十字向社区20户困难家庭发放慰问品金额4000元。11月，南苑街道组织志愿者50人献血，造血干细胞采血5人。

2013年1月，配合建邺区妇联和建邺区红十字会在南苑街道举办单亲母亲座谈慰问会，并与南京大学学生商谈长期结对帮扶意向。与残联共同开展残疾人广场慰问活动，发放金额4000元。两节慰问特困及大重病家庭441户30.87万元。为大病急病患儿办理申请金陵宝宝博爱资金2户4000元，慰问独居老人1户并送去慰问品。为6户大病家庭办理金陵博爱资金救助，金额近2万元。举办红十字应急救护群众普及知识培训15场、1023人次，组织初级救护员250人参加建邺区举办的持证培训。献血50人，捐献干细胞10人。4月，在虹苑社区与区红十字会共同开展学雷锋为民服务活动，参加人数300人，发放宣传折页500份，爱尔眼科为50名老人筛查眼睛疾病。8月，南苑街道与南京电视台教科频道记者给红十字青少年讲科普知识。12月，境内江苏东方正大百货有限公司总经理卓恒生为辖区100名困难群众发放救助物品价值10万元（物品由正大百货提供）。2014年，两节慰问特困及大重病家庭554户38.78万元；江苏省红十字会低保大病家庭一次性救助2人（庐山社区蔡某某，鹭鸣苑社区吴某），每人救助2000元；红十字博爱超市救助39人次，救助超市券9400元；南京市红十字会博爱基金救助6户1.68万元；红十字会专款救助25人2.25万元；为20户困难居民发放米、食用油及棉被。7月，在怡康社区开展"南京市红十字一次性人道救助"活动，为社区10户低保大重病患者进行救助，每户捐助2000元。全年开展红十字救护培训16场，培训1100人次，其中持证培训50人。2015年，两节慰问特困及大重病家庭483户33.81万元；为40户贫困居民送去大米1200千克；红十字博爱超市救助57人次，救助超市券1.01万元；红十字会专款救助12人，1.8万元（其中话园孤儿1名，助学金3000元）；红十字金陵宝宝博爱资金救助3人6000元；南京市红十字会博爱基金救助12人3.02万元。全年开展红十字救护培训17场，培训800人。组织50人参加无偿献血活动，其中38人成功献血，6人成功捐献干细胞入库。

2020年，大重病救助9人1.35万元；红十字博爱超市救助85人次，救助超市券1.7万元；开展红十字救护培训13场，培训800人。2021年，大重病救助7人8500元，两节慰问特困及大重病家庭134户9.38万元。博爱光明行12场，检查居民641人，红十字博爱超市救助100人次，救助超市券2万元。全年开展红十字救护培训21场，培训210人；开展讲师培训1场，培训社工讲师12人合格取得讲师证；由社工讲师开展家庭救护及AED急救技能培训21场，培训220人次。2022年，大重病救助5人5000元，两节慰问特困及大重病家庭38户2.66万元。博爱光明行12场，检查居民766人，检查出白内障66人，手术23人。红十字博爱超市救助100人次，救助超市券2万元。

【"五八"世界红十字日】

2002年5月8日，南苑街道在兴达广场举行纪念"五八"世界红十字日便民服务宣传活动，为居民提供修理自行车、修理鞋子、医疗咨询、测量血压、理发等服务。2006年5月8日，南苑街道红十字会与建邺区红十字会、区残联联合在兴达广场开展"关爱生命、关爱健康、关爱残疾人"的纪念"五八"世界红十字日大型广场服务活动，现场为居民群众提供修理自行车、修理小家电、法律咨询、义诊等服务。为10名肢体残疾人捐赠轮椅。2007年5月，南苑街道组织50名红十字志愿者参加区红十字会在积善广场组织的"携手为人道"大型广场纪念活动，现场为广大居民朋友们讲授4项救护技术。各社区红十字工作站出黑板报12块，宣传横幅13条。南苑街道组织红十字志愿者为12名贫困残疾人家庭每户发放价值4000元救助物品，为22名盲人办理免费乘车证，为8名贫困肢体残疾人免费发放轮椅，为8户双残人家庭发放有线电视充值卡；南苑街道红十字会举办纪念"五八"世界红十字日"爱达杯'五八'"红十字知识竞赛。组织南苑街道盲人乐队参加建邺区红十字会在和平广场组织的"凝聚爱心、广施人道"纪念"五八"世界红十字日大型广场演出，组织30名志愿者现场开展便民服务活动。各社区红十字工作站分别出

1期板报共12块和横幅13条。南苑街道组织红十字志愿者走访慰问20户特困残疾人家庭，给他们发放价值5000元救助物品，为4名贫困肢体残疾人免费发放轮椅，并免费提供家政服务。为15名60岁以上盲人免费进行体检。2009年5月8日，各社区红十字工作站制作12块宣传展板和悬挂8条横幅进行宣传。南苑街道组织红十字志愿者走访慰问20户特困残疾人家庭，给他们发放救助物品，为2名贫困肢体残疾人免费发放轮椅，并免费提供家政服务。南苑街道组织虹苑社区红十字志愿者在双闸五星广场"凝聚人道力量，共建美好家园"纪念"五八"世界红十字日大型广场演出，组织20名志愿者现场开展便民服务活动。2010年，南苑街道红十字会组织红十字志愿者参加在兴达广场举行的"军民携手学雷锋、共建宜居新社区"为主题的大型广场便民服务活动，开展纪念"五八"世界红十字日活动。各社区红十字工作站分别出1期板报、宣传展板等12块，悬挂横幅6条，营造良好氛围。南苑街道组织红十字志愿者走访看望12户特困、病残家庭。组织全体红十字会工作者参加区红十字会在南湖水上广场举行的以"携手人道、服务世博、共建和谐"暨"红十字博爱、宣传、救助"纪念"五八"世界红十字日大型广场活动。制作2块红十字工作宣传展板，南苑街道组织12名捐献造血干细胞志愿者献血，组织志愿者现场开展便民服务活动。南苑街道"禁毒小天使宣传队"参与到"邻里节"系列活动中，虹苑、庐山等社区结合实际组织"防震减灾"等系列讲座等，对43名特困残疾人和孤老家庭进行慰问，组织外来工子女参加红十字江心洲一日游活动。向新闻单位投稿40余篇，分别被《南京市老龄工作》杂志录用1篇、南京市残联网录用1篇、南京红十字录用6篇、南京红十字网录用12篇等。

2014年5月8日，在南苑街道广场为居民朋友现场进行家庭应急急救示范；组织50人参加无偿献血活动，其中6人成功捐献干细胞入库。2015年"五八"世界红十字日，南苑街道通过制作横幅及展板在广场开展宣传活动。2016年"五八"世界红十字日，南苑街道在吉庆社区、国泰民安社区、虹苑社区开展宣传活动，内容包括广场宣传、义诊、家庭急救知识讲座。2017年"五八"世界红十字日，南苑街道在话园社区、吉庆社区开展2场"江苏省红十字养老照护知识"培训活动，培训约80人。组织社区红十字专干及辖区居民参加"为爱行走"公益活动。2018年"五八"世界红十字日，南苑街道特邀建邺区红十字会孙杨主任到社区开展红十字急救知识培训，向社区居民普及红十字急救知识。主要围绕日常生活中常见意外急救方法和突发情况，重点讲述心肺复苏、创伤急救等基本急救知识。并就生活中容易出现的突发疾病急救措施与大家开展互动，帮助大家在实际操作中加深印象，掌握急救技能。为指导广大居民朋友尽快掌握急救方法，吉庆社区红十字会在社区组织社区居民开展"海姆立克的拥抱"广场舞活动。由社区志愿者和舞蹈队共同学习、排练、推广这支舞蹈，社区希望通过居民推广，能将急救法普及给更多居民，学会日常急救知识和方法。2019年5月8日，是第七十二个世界红十字日，南苑街道举行红十字专项宣传活动，邀请南苑社区卫生院、明基医院的医生以及志友宣传队伍到南苑街道进行义诊和宣传。各社区红十字专干、红十字志愿者及社区居民约100人参加，建邺区红十字会俞宁会长、刘彬秘书长也应邀参加活动。同时，南苑街道红十字会联合残联在怡康社区广场开展慰问社区困难残疾人活动，区残联滕宏明理事长、南苑街道人大工委主任司明秀等相关领导参加此次活动，活动现场约有150人。

2020年5月8日，是第七十三个世界红十字日，南苑街道制作宣传横幅在南苑街道广场悬挂，利用电子大屏播放"世界红十字日"宣传画面。南苑街道联合明基医院进行中老年胸痛应对方法线上专题讲座。首先，利用南苑街道大屏对讲座内容采用PPT的形式进行播放；其次，向社区居民发放二维码，居民可以在规定时间扫码进入在线收看；最后，在线收看的同时就自身实际情况进行网上提问，医生在线一一解答。同日，南苑街道红十字向10户共12名困难残疾人进行慰问，每人慰问价值200元生活用品。2021年"五八"世界红十字日，南苑街道开展"人人学急救、急救为人人"惠民实践活动。2022年"五八"世界红十字日，南苑街道吉庆社区、爱达社区、鹭鸣苑社区等多个社区开展红十字宣传广场活动，活动期间邀请辖区内卫生院、社会组织参与宣传，为居民进行义诊。

第四节　社会救助

【专项救助】

城乡困难居民医疗救助　2009年，医疗救助461人次，累计发放救助金额约82.04万元。2010年，医疗救助581人次，累计发放救助金额约93.11万元。2011年，医疗救助680人次，累计发放救助金额105.39万元。2012年，医疗救助855人次，累计发放救助金额154.52万元。2013年，医疗救助287人次，累计发放救助金额31.69万元。2014年，医疗救助131人次，累计发放救助金额9.13万元。2015年，医疗救助157人次，累计发放救助金额6.58万元。2016年，医疗救助442人次，累计发放救助金额39.42万元。2017年，医疗救助619人次，累计发放救助金额62.66万元。2018年，医疗救助184人，累计发放救助金额约41.64万元。2019年，医疗救助140人，累计发放救助金额约18.76万元。2020年，医疗救助34人次，累计发放救助金额约26.28万元。2021年，医疗救助31人次，累计发放救助金额约19.75万元。2022年，医疗救助10人次，累计发放救助金额约7.28万元。

临时救助 2009年，临时救助438户，累计发放救助金额53.67万元。2010年，临时救助459户，累计发放救助金额5.28万元。2011年，临时救助414户，累计发放救助金额5.39万元。2012年，临时救助475户，累计发放救助金额5.71万元。2013年，临时救助493户，累计发放救助金额10.31万元。2014年，临时救助361户，累计发放救助金额9.45万元。2015年，临时救助501户，累计发放救助金额15.76万。2016年，临时救助534户，累计发放救助金额37.45万元。2017年，临时救助1314人次，累计发放救助金额54.3万元。2018年，临时救助1135人次，累计发放救助金额45.7万元。2019年，临时救助867人次，累计发放救助金额37.1万元。2020年，临时救助407人次，累计发放救助金额58.33万元。2011年，临时救助355人次，累计发放救助金额63.61万元。2022年，临时救助209人次，累计发放救助金额39.63万元。

慈善救助 2022年9月，南苑街道成立慈善分会，会长赵国平，秘书长谭秀来。救助方式更加多样化，为更多困难群众排忧解难。慈善特困救助29人次，累计发放救助金额8.93万元。

困难残疾人救助 2017年，发放困难残疾人生活补贴累计2998人次计191.35万元。发放重度残疾人护理补贴累计5011人次计65.14万元。助残服务399人次计15.96万元。2018年，发放困难残疾人生活补贴累计3006人次计199.29万元。发放重度残疾人护理补贴累计5123人次计66.6万元。助残服务403人次计16.12万元。2019年，发放困难残疾人生活补贴累计3099人次计201.55万元。发放重度残疾人护理补贴累计5389人次计70.06万元。助残服务421人次计16.84万元。2020年，发放困难残疾人生活补贴累计3113人次计203.47万元。发放重度残疾人护理补贴累计5511人次计77.15万元。助残服务435人次计17.4万元。2021年，发放困难残疾人生活补贴累计3224人次计204.7万元。发放重度残疾人护理补贴累计5631人次计78.83万元。助残服务446人次计17.84万元。2022年发放困难残疾人生活补贴累计3004人次计197.02万元。发放重度残疾人护理补贴累计5734人次计80.28万元。助残服务300人次计12万元。

【城乡居民最低生活保障】

2002年，对南苑街道辖区内居民进行梳理，完成低保户审核、审批工作，当年低保户605户、1103人。2003年，南苑街道获南京市政府授予城市居民最低生活保障工作先进单位。随着常住人口不断增加，对符合条件的及时纳入低保，发现收入超标的要做好解释工作，并按时退出低保，由于工作细致，群众配合，因此每年都有低保户主动向社区反映自己家庭收入超标，要求退出低保；南苑街道对符合条件的困难人群给予大病救助。2004年，南苑街道做好"低保"户申报、审核、发放、核查工作，重点抓好动态管理、规范动作。坚持每月培训制，加强各社区、村具体工作人员业务学习和相互交流。宣传和讲解《南京市居民最低生活保障工作实施细则》，帮助群众释疑解惑。坚持审前审后2次公示、集体公审制，邀请部分党员、居民骨干共同入户走访，充分接受群众评议、监督，实行"阳光"操作。对劳动年龄段内有劳动能力的"低保"人员，南苑街道、社委会多方寻求就业岗位，推荐40人走上新工作岗位。2005年5月，根据南苑街道困难群体多、失地农民多、困难老人多等特点，成立建邺区第一家慈善超市，为困难群众定时免费发放油、米、衣、被等生活用品，年7万余元。是年，南苑街道获南京市政府授予"南京市社会救助示范街道"称号。2007年7月至2008年8月为辖区受灾居民发放2万余元大衣、米、方便面等生活用品。2009年，获民政部授予"全国社会救助示范街道"称号。2010年，为216户困难家庭申请经济适用房、廉租房。

2012年，南苑街道在册低保边缘户99户，医疗报销中边缘户报销金额占总金额的23.47%。2013年，南苑街道低保边缘户为102户，低保边缘户医疗报销比例提高至55%，大病救助285人次，救助金额35.35万元。9月，南京市全面启动住房新政策，扩大可申请人范围，细化住房申请条件。是年，共进行房屋分配3次，其中经济适用房分配2次计96套，分配公租房1次计12套。2014年，南京市试行"因病支出型贫困家庭医疗救助"政策，南苑街道共受理因病支出型致贫家庭7户计3.37万元。同年，南苑街道在怡康街设立慈善超市便民服务点，为居民提供物资救助，共救助居民118户，救助物资约3万元。2015年，南苑街道成立12个社区未成年人保护站点，多次开展未成年人保护培训，救助困难未成年人3名。2016年，低保及低保边缘户医疗救助244例，发放救助资金24.23万元。2017年，春节慰问最低生活保障户2130户次，发放资金总额181.31万元。2018年，核查低保户金融资产持有情况，严格把关，核查问题户40户，全部按照低保政策规定清退。3月，启用"全国低保信息系统"，南苑街道针对新系统录入进行详细培训，并统一配备高拍仪设备协助信息录入，每月更新相关数据。2019年，南苑街道社会救助工作从最低生活保障、城市街道医疗救助、特困人员供养、生活无着人员救助、孤儿基本生活保障等5个方面继续推进社会救助工作。

2020年2月，按照建邺区民政局《关于疫情防控期间发放困难群众（民政服务对象）一次性基本生活补贴的通知》要求发放困难人员一次性生活补贴，受惠困难群众589户、913人，发放抗击疫情生活补贴27.39万元。4月，按照南京市民政局要求发放困难群众消费券。其中南京市消费券受惠目标群众为：低保、低保边缘、特困、困境未成年人，发放标准100元/人，共计受惠人员达858人，发放消费券8.58万元。建邺区消费券发放标准200元/人（户），共计受惠人员1022人（户），发放消费券20.44万元。根据CPI指数浮动情况以及《关于进一步完善物价上涨与困难家庭临时生活补贴联动机制的通知》要求，上半年共发放物价补贴3次，共计发放困难群众价格临时补贴31.28万元。2021年9月，开始培训并启用"金民工程"全国社会救助业务信息系统，南苑街道社区及时将历史数据搬迁至新系统中。2022年，社会救助工作有序进行。疫情期间，对因疫情原因有突发性困难群众及时给予救助，及时发放救助金，并给困难群众及时配发口罩等防疫物资。

2002—2022年南苑街道低保户情况统计表

表16-3

年份	户数（户）	人数（人）	低保金（万元）
2002	605	1103	124.60
2003	621	1243	132.80
2004	740	1555	216.21
2005	756	1526	241.37

续表16-3

年份	户数（户）	人数（人）	低保金（万元）
2006	804	1616	273.22
2007	856	1688	339.71
2008	876	1683	372.44
2009	878	1668	401.95
2010	833	1552	437.16
2013	808	1431	713.13
2014	779	1369	754.71
2015	746	1269	771.48
2016	727	1209	786.96
2017	663	1082	782.06
2018	553	852	700.75
2019	529	805	658.34
2020	490	741	648.24
2021	449	651	616.21
2022	371	521	546.35

【春节慰问】

2013年春节，慰问低保户837户，发放慰问金79.46万元。2014年春节，慰问低保户813户，发放慰问金89.03万元。2015年春节，慰问低保户773户，发放慰问金约84.21万元。2016年春节，慰问低保户748户，发放慰问金79.48万元。2017年春节，慰问低保户727户，发放慰问金81.59万元。2018年春节，慰问低保户662户，发放慰问金78.08万元。2019年春节，慰问低保户558户，发放慰问金63.75万元。2020年春节，慰问低保户530户，发放慰问金

59.95万元。2021年春节，慰问低保户491户，发放慰问金55.03万元。2022年春节，慰问低保户420户，发放慰问金45.84万元。

第五节　便民服务中心

【机构】

2018年7月，南苑街道便民服务中心成立。主任许德平，有工作人员7人。该便民服务中心位于南苑街道58号南苑社区服务中心一楼，面积1000平方米，为服务辖区居民，南苑街道将劳动保障、社会救助、人口计生等7大类104项行政服务事项集中于此，设8个常用"一门受理"综合窗口和2个机动服务窗口，另设3个国地税服务窗口，通过"前台一门受理、后台综合办理、中心综合管理"运行机制，实现公共服务的高效运转。便民服务中心坚持"为民服务、务实高效、公开透明"工作原则，在大厅内设置咨询台、无线叫号系统和休息区域，为群众提供舒适、便捷的服务环境。通过便民服务指南、办事须知、政策咨询触摸屏等多种形式，将服务事项、办事程序、申报材料、承诺时限、投诉方式等进行公开，严格规范工作流程和办事行为。在每个服务窗口配有老花镜和签字笔等便民设备、照相设备、服务评价设备等，方便居民办事，自觉接受群众监督，提升群众满意度。大厅还设特别服务区，针对有特殊诉求的办事居民，提供一对一专业咨询服务。

【工作】

2018年，南苑街道便民服务大厅在事项维护、办事指南、日常服务等方面主动靠前。窗口人员能够按照《南苑街道为民服务中心窗口工作人员服务规范》《南苑街道为民服务中心考核办法》规范自身言行。南苑街道便民服务大厅共办理居民事项3763件，满意率达到99.6%。2019年，南苑街道便民服务大厅共办理居民事项8507件，满意率达到99.3%。2020年，南苑街道便民服务中心按照建邺区行政审批局要求，24小时自助政务服务区顺利完成招标和施工，7月正式投入运行使用。在自助政务服务区内设置多台自助服务终端，24小时不间断运行，方便辖区内群众办事。办事大厅专门设置办事服务区、政策咨询查询区和等待服务区，采用全新的电子政务办公系统，设置13个"一站式"服务窗口，推行江苏政务服务网一网通办，定期维护和完善南苑街道、社区江苏政府服务网后台信息。并通过对窗口工作人员定期业务培训等方式，提升窗口工作人员的业务素质，扩大"全科社工"队伍，实现"一窗多能、全科服务"。为树立良好的政府服务窗口形象，须对工作人员提出服务规范要求，要求服务人员仪表端庄、仪容整洁、举止得体、文明用语，做到首问负责、首接负责、一次性告知、限时办结。2021年，南苑街道便民服务大厅共办理居民事项8898件，满意率达到99.3%。2022年，南苑街道便民服务大厅共办理居民事项5678件，满意率达到99.4%。

【服务事项】

至2022年，服务事项共7大类104项。其中民政相关事项30项，社会事务34项，计划生育事务17项，残疾人保护事务15项，安居福利事务6项，司法行政事务1项，妇幼保护事务1项。

2022年南苑街道便民服务中心公共服务事项目录

一、民政相关事务（30项）：

最低生活保障申请与定期审核

低保边缘申请及认定

江苏省老年人优待证申领

80周岁以上老人"养老金"申领

居家养老服务申请

办理基层民间组织备案

因病支出型贫困家庭临时生活救助申请

低保家庭管道天然气优惠政策办理

低保家庭水费补贴申请

低保家庭电费补贴申请

低保户及低保边缘户临时救助申领

专项救助申领

孤儿救助申请

骨灰回原籍申请（或到公益性公墓安葬申请）

重点优抚对象医疗补助申领

补办伤残军人证件

调整伤残军人残疾等级申请

评定残疾等级申请

在职伤残军人改为在乡伤残军人申请

伤残军人残疾关系转移

参战退役人员待遇申请

涉核退役人员待遇申请

60周岁农村籍退役士兵老年生活补贴申请

无军籍职工、冬季退伍士兵安置有关事项

享受"三属"（烈士遗属、因公牺牲军人遗属、病故军人遗属）待遇申请

享受带病回乡退伍军人待遇申请

享受部分烈士子女待遇申请

建邺区慈善超市救助申请

建邺区红十字博爱超市救助申请

低保户70周岁以上老人及未成年孩子救助申请

二、社会事务（34项）：

办理被征地劳动年龄段人员参加基本养老保险和失业保险

失业就业登记及年检

就业困难人员认定及就业援助

基本医疗保险异地就医申请

办理社会保障卡（市民卡）制卡、发放、挂失补卡手续，修改社会保障卡（市民卡）密码

人员档案新增、修改（基础信息修改）

南京市人力资源和社会保障网站个人用户注册申请

"三线"老军工生活和医疗补助申请

城镇居民参加基本医疗保险

被征地养老年龄段人员纳入基本生活保障和城镇居民基本医疗保障

城镇居民医保参保人员生育登记、定点医院变更、零星报销

失业保险金申领

大龄失业人员延长失业保险金登记

失业人员创业补贴申报

原支边、插队（场）、下放人员老年生活困难补助受理及领取资格验证

城乡居民参加社会养老保险

低保及重残人员参保年审

企业退（离）休人员及参保人因病非因工死亡社会保险关系终止与待遇申报

企业退休人员供养直系亲属定期救济费申报

社会保险待遇领取资格认证

办理灵活就业人员社会保险补贴

创业小额担保贷款初审

个人申报职业培训补贴

政府补贴培训政策咨询与报名

劳动人事争议仲裁申请

城乡居民基本养老保险待遇申领

城乡居民基本养老保险退保

出具社会保险参保缴费证明

离校未就业高校毕业生实名调查登记和就业服务

劳动力资源动态维护

新南京人综合服务

被征地人员老年生活困难补助待遇申请

企业退休人员社会化管理服务

劳动人事争议调解

三、计划生育事务（17项）：

办理流动人口育龄妇女避孕节育情况免费检查相关手续

办理《流动人口婚育证明》

办理孕妇妊娠14周引产相关手续

办理、发放"独生子女父母光荣证"（含补办）

出具计划生育婚育证明

病残儿医学鉴定

办理"批准再生一个孩子生育证"

受理计划生育公益金补助申请

受理0～14周岁独生子女父母奖励金申请

受理农村部分计划生育家庭奖励扶助金申请

受理城镇非从业居民一次性奖励金申请

社会抚养费征收

医院试管婴儿生育申请盖章、人流申请盖章、报销四项手术费

受理持独生子女父母光荣证退休的企业职工一次性奖励金申请

受理计划生育家庭特别扶助金申请

办理《江苏省流动人口—孩生育服务登记证明》

生育手术并发症鉴定

四、残疾人保护事务（15项）：

低保家庭中重度残疾人补贴申领

生活不能自理、困难残疾人居家护理补贴申领

0～6周岁残疾儿童基本康复免费服务申请

贫困精神病人免费服药申请

贫困残疾人辅具适配服务申请

贫困残疾人家庭无障碍环境改造申请

贫困白内障患者复明手术申请

南京市特殊困难残疾人生活救助申请

高中和高等教育阶段残疾学生教育专项补贴申请

接受中、高等教育残疾学生资助和奖励的申请

残疾人机动轮椅车燃油补贴发放申请

残疾人免费乘坐公共交通申请

帮助残疾人就业

新残疾证发放

残疾人四类定补申请及审核

五、安居福利事务（6项）：

廉租房申请

经济适用房申请

租赁补贴申请

购房补贴申请

南京市公共租赁住房保障

成立业主委员会备案

六、司法行政事务（1项）：

法律咨询服务

七、妇幼保护事务（1项）：

开具0～3周岁私托票据

第六节　"12345"政务热线

【机构】

2010年12月，南京市开通"12345"政务热线电话，南苑街道党政办负责具体工作，有工作人员1名，负责处理"12345"政务热线下派工单。2011年12月，南苑街道党政办内设"12345"政务热线办公室，南苑街道党工委副书记分管，有工作人员2名，各科室、各社区为下一级工单承办单位，有专人负责具体工作。2013年6月，南苑街道社会管理服务中心成立，下设指挥调度室，主任许德平，工作人员4名，主要承担"12345"政务热线下派工单。2014年，南苑街道"12345"服务热线办公室成立，工作人员4名，具体负责群众反映问题的接转、督办和回复工作。2018年，南苑街道"12345"办公室并入便民服务中心。2022年，主任许德平，有工作人员4人。

【工作】

2013年，南苑街道办理各种群众诉求工单2820件，群众满意率87.89%。12月，南苑街道开设"12345"社会管理三级平台，安排约150平方米的办公场地，将其改造成南苑街道指挥调度室。2014年，处理工单4660件，群众满意率90.57%。2015年，制定《南苑街道"12345政务热线"和社管三级平台工作考核奖励办法》。南苑街道处理南京市"12345"平台工单4247件，社会管理三级平台处理工单544件。两个平台接收工单中65%的问题集中在小区管理方面，主要包括物业管理、小区卫生、公共设施维修等方面问题；11.6%的问题是占道经营、违建、建筑垃圾清理、油烟扰民等市容管理类问题。南苑街道组织各社区、科室负责人及"12345"具体承办人员学习新的《南京市"12345"政务热线成员单位工作绩效考核实施细则》，收集各社区在"12345"工作中遇到的问题和建议。

2016年，南苑街道"12345"平台处理工单6067件，社会管理三级平台处理工单506件。两个平台68%的问题反映在社区管理方面，内容主要是物业管理、小区卫生、绿化管养、公共设施维修等；14%的问题是反映占道经营、建筑垃圾方面。2017年，南苑街道制定《南苑街道"12345"政务热线工作绩效考核办法》，全年共接收、办理"12345"投诉7073件，其中物业类投诉占43.2%、城市管理类投诉占45.7%、停车管理类占10%、其他投诉占比1.1%。投诉办结率100%、答复率100%、综合满意率85.79%。2018年，南苑街道接收处理工单6527件，态度满意率92.78%，结果满意率92.31%，首次办结满意率79.07%，综合办结率92.6%，综合满意率93.2%。《南京日报》"直通12345"专版报道3次，南京电视台报道20期，投诉人通过"12345"表扬工单32条，收到投诉人送的锦旗1面。2019年，处理工单7558件，综合满意率91.26%，首次办结满意率78.14%。《南京晨报》"直通12345"专版报道1次，南京电视台报道28期，投诉人通过"12345"表扬工单20件。2020年，南苑街道"12345"政务热线平台办理工单7857件，综合满意率92%以上。其中，物业管理类投诉3823件、市容管理类875件、停车管理诉求483件、物业与业主矛盾类600余件、疫情防控类404件、垃圾分类380余件，其他类1200余件。

2021年，处理工单8702件，首次办结满意率79.85%。南京电视台"直通'12345'"报道15期，投诉人通过"12345"表扬工单23件。对群体性诉求做到第一时间介入，如及时协调解决涟城违章建筑工棚、铂金时代小区业主与物业矛盾、疫情转码问题等群体性诉求，通过南苑街道各科室、社区的联合行动，都得到顺利解决，并受到群众表扬。2022年，处理工单13925件。南京电视台"直通'12345'"报道5期、《南京晨报》报道66期，投诉人通过"12345"表扬工单30件。对所有工单均按照时间节点实行平台自动催办、人工催办，严防出现超期工单。对群体性诉求做到第一时间介入，如及时协调解决世贸天誉小区维权和江南名府、宏图上水云锦业委会换届及金地民京南侧垃圾场扰民、铂金时代小区业主与物业矛盾、疫情类诉求等。是年，南苑街道疫情类投诉共有6207件，其中包含转码、药品供应、隔离方式、管控人员就医、核酸检测、防疫政策咨询等，都得到较好解决。

第十八章　教育卫生

2022年，辖区有幼儿园13所，小学4所（其中1所于2015年停办），特殊学校1所，中学3所，职业教育学校2所，高等教育院校1所。各校吸收国内外先进教育思想和教育理念，制定各不相同的校训，旨在寻求教育创新、发展，为国家培养栋梁之材。与此同时，南苑街道社区教育网络健全完善，培训活动类别多样，效果显著。举办全民终身学习活动周，开展创建学习型家庭、学习型社区，建设学习型社会。20年坚持，成绩斐然。先后被评为全国社区教育示范街道、全国创建学习型社区示范街道、首届江苏省社会教育"百强单位"。

2022年，辖区内有三级甲等医院1所（含涟城门诊部），二级乙等社区卫生服务中心1个，个体卫生诊所31个，各类不同级别卫生服务机构发扬救死扶伤的人道主义精神，为广大患者提供优质服务。

当"非典""禽流感""新冠疫情"发生时，南苑街道党工委迅速成立抗疫机构，组织抗疫队伍，备足抗疫物资，把抗疫工作做到企业、做到社区、做到家庭、做到每个人心上，并在较短时间内，以最快速度控制疫情蔓延，取得了抗疫胜利。

第一节　教　育

【幼儿园简介】

世纪星幼儿园　位于建邺区安如村88号，建于1977年，是一所公办幼儿园，江苏省优质幼儿园。幼儿园占地面积6600平方米，2022年有9个教学班，250余名幼儿，教职工36人。幼儿园先后被评为江苏省优质幼儿园、全国学习科学学会尝试教育实验基地。

南京市爱达幼儿园　位于南京市长虹路389号，建于2013年8月，是一所公办幼儿园，江苏省示范幼儿园。幼儿园占地面积2024平方米，建筑面积3800平方米，2022年有7个教学班，200余名幼儿，教职工33人。幼儿园倡导"以儿童为本"的教育观念，以"童行"为课程理念，注重教科研工作开展，打造童趣篮球特色。

南京晓庄学院实验幼儿园（南京市市级机关第二幼儿园）　位于建邺区恒山路99号，建于2015年8月，隶属于南京市机关事务管理局，是一所公办幼儿园。幼儿园占地面积约1.03万平方米，建筑面积约1万平方米，2022年有20个教学班，650余名幼儿，教职工63人。幼儿园注重吸收国内外的教育思想和先进理念，不断寻求教育创新，促进幼儿健康成长。

南京市建邺区华润悦府幼儿园　位于建邺区湖西街96号，建于2015年10月，是一所公办幼儿园。幼儿园占地面积5401平方米，建筑面积约4600平方米。2022年有9个教学班，240余名幼儿，教职工31人。幼儿园为南京市第五幼儿园分园，采用集团化的管理模式。

南京市建邺区泰山路幼儿园　位于建邺区怡康街19号，建于2018年11月，是一所公办幼儿园，江苏省优质幼儿园。幼儿园占地面积5353平方米，建筑面积3212平方米，2022年有12个教学班，265余名幼儿，教职工28人。幼儿园作为建邺区实验幼儿园分园，秉承总园"阳光成长"文化理念，构建阳光课程，培养阳光宝宝。

南京市建邺区南苑幼儿园　位于建邺区晔园14幢62号，建于1998年3月，是一所公办幼儿园。建筑面积约2000平方米，2022年有9个班级，165名幼儿，教职工37人。2007年12月，被评为江苏省优质幼儿园。

南京建邺区金地名京幼儿园　位于建邺区云锦路139号，建于2010年7月，是一所民办幼儿园。幼儿园占地面积4060平方米，建筑面积2245平方米，2022年有10个教学班，310余名幼儿，教职工45人。2014年10月，被评为江苏省优质幼儿园。

南京市建邺区腾达幼儿园　位于建邺区怡康路29号腾达雅苑小区内，建于2007年9月，是一所民办幼儿园。幼儿园占地面积3020平方米，建筑面积1828平方米，2022年有9个教学班，270余名幼儿，教职员工34人。2012年，被评为江苏省优质幼儿园。

南京东方剑桥欧洲城幼儿园　位于建邺江东中路219号欧洲城小区

内，建于2010年7月，是一所民办幼儿园。建筑面积约4000平方米，2022年有8个教学班，260余名幼儿，教职工35人。幼儿园以幼儿为中心，注重营造充满爱和尊重的园文化及有精神内涵的教育环境。

南京市南西幼儿园　位于建邺区南湖路109号，建于2006年7月，是一所民办幼儿园。建筑面积3000余平方米，2022年有8个班级，200余名幼儿，教职工40人。2010年，被评为江苏省优质幼儿园。

南京市建邺区吉庆幼儿园　位于所街29号，建于2011年7月，是一所民办幼儿园。占地约2600平方米，2022年有7个教学班，幼儿130余人，教职工25人。幼儿园坚持以"一切为了孩子，为了孩子的一切"为办园宗旨，促进幼儿健康快乐成长。

南京建邺区兴达幼儿园　位于建邺区应天西路170号兴达新寓7幢，建于2001年7月，是一所民办幼儿园。占地面积约700平方米，建筑面积约1000平方米，2022年有5个教学班，140余名幼儿，教职工17人。2006年，被评为南京市优质园。

南京市南希幼儿园　位于建邺区集庆门大街15号江南名府20栋，建于2004年，是一所民办幼儿园。占地面积约1000平方米，建筑面积约850平方米，原有4个教学班，110余名幼儿，教职工15人。2022年底，停止办园。

【小学简介】

南京师范大学附属中学新城小学北校区　位于建邺区嵩山路9号，建于2014年，是一所公办小学。学校一期工程占地面积约1.2万平方米，建筑面积为7866平方米。二期工程占地约1.2万平方米，建筑面积约1.9万平方米。2022年学校有47个教学班，1890名学生，教职工125人。学校传承附中优良传统，弘扬"嚼得菜根，做得大事"教育精神，提出"诚·长"教育理念。学校先后获得全国青少年校园足球特色学校、南京市先进基层党组织等荣誉称号。

南京师范大学附属中学新城小学怡康街分校　位于建邺区白鹭东街80号，建于2016年8月，是一所公办小学。学校占地约1.2万平方米，建筑面积约1.48万平方米。2022年学校有30个教学班，1000余名学生，教职工84人。学校秉承南师附中"嚼得菜根，做得大事"校训和"诚朴雄伟"校风，确立"蒙养"办学理念。学校先后获得江苏省节水型学校、江苏省健康促进学校等荣誉称号。

南京市建邺实验小学分校 位于建邺区文体路99号，建于2016年5月，是一所公办小学。占地8668平方米，建筑面积6767平方米。2022年，学校有24个教学班，732名学生，教职工77人。学校秉承"办适合的教育，做最好的自己"办学理念，办一所完全属于儿童、关注儿童成长过程、致力于儿童可持续发展的学校。学校先后获得江苏省希望工程爱心事业先进单位、江苏省红十字示范学校等荣誉称号。

南京市四松庵小学 位于建邺区兴隆大街和黄山路交叉口，建于1947年，是一所公办小学。1995年南京市区划调整后，是隶属于建邺区教育局的一所两轨完小。2007年撤销南京市四松庵小学番号，划归建邺区新城小学作为分校。2010年划归南湖第三小学作为分校，成为建邺区一所招收外来务工人员子女的公办小学。南湖第三小学四松庵校区占地5000平方米，有13间普通教室和4间专用教室。学校有13个教学班，481名学生，皆为外来务工人员子女，教职工32人。2015年，该校停止办校。

【特殊学校·南京特殊教育师范学院附属学校简介】

该校原址位于建邺区水西门大街涵洞口，建于1983年5月，是南京市第一所智力残疾儿童特殊教育学校。1991年异地搬迁至南湖厂圩北街2号，学校占地面积2510.7平方米，建筑面积6550.7平方米，2018年11月正式更名为南京特殊教育师范学院附属学校。学校教育服务覆盖全区适龄智力残疾儿童，承担学龄前智障儿童早期康复训练工作和普及智力障碍儿童九年义务制教育。2022年有在校学生87人、教职工30人。学校先后获得江苏省模范学校、江苏省特殊教育现代化示范校等荣誉称号。

【中学简介】

南京市金陵中学河西分校 位于建邺区梦都大街80号，建于2003年9月，是金陵中学和南京市河西新城国资集团共同创建，由南京市建邺区教育局主管的民办学校。学校占地约15.3万平方米，拥有小学部、初中部、高中部和国际部等学部。学校有5500余名学生，教职工560人。学校秉承金陵中学百年办学文化，以"诚真勤仁"为校训。学校先后获得全国青少年人工智能活动特色单位、第三批国防教育特色学校等荣誉称号。

南京师范大学附属中学新城初级中学怡康街分校　位于建邺区秀山路21号，建于2014年6月，是一所公办初级中学。学校占地面积约2.7万平方米，在校生822人，教职工121人。学校践行"嚼得菜根，做得大事"校训精神，保持"诚朴做人、诚朴做事、诚朴做学问"的诚朴之风，注重探究式课堂构建，丰富小班化发展内涵。学校先后获得江苏省教育工作先进集体、江苏省优秀家长学校等荣誉称号。

南京市建邺初级中学（原名南京市南湖第一中学）　位于建邺区集庆门大街18号晔园，建于1985年，是一所公办初级中学。学校占地面积约1.9万平方米，建筑面积约2.4万平方米，2022年有教学班18个，学生566名，教职工93人。学校定位于创新"适应学生发展需求"育人模式，建设以"尊重信任、欣赏激励、引领自主"为核心的人文校园，把学生培养成"有灵魂的人"。学校曾获得江苏省平安校园、江苏省支教先进单位等荣誉称号。

【职业教育学校简介】

南京莫愁中等专业学校　是经教育部考核评估认定的全日制国家级重点职业学校。该校拥有3年制中职、5年制高职和中高职3+3分段培养3个层次办学资格。学校位于建邺区，2022年有学生3300余名，教职工280余人。学校先后获得江苏省模范学校、江苏省中等职业学校领航计划建设单位等荣誉称号。

学校前身为"南京市莫愁湖初级中学"，创建于1963年8月，校址在水西门外南湖边5号，1967年曾用名"南京市五四红中"，1972年更名为"南京市第三十八中学"，1977年与南京市水西门中学合并，1992年成为独立设置的职业学校，1995年改名为"南京市莫愁职业学校"，1998年更名为"南京市莫愁职业高级中学"。在南京市、建邺区教育布局调整中，学校于2000年整体迁入南湖安国村58号，2000年、2001年四十九中、南湖二中职教类专业先后并入，是年，经南京市政府批准学校被命名为"南京市莫愁中等专业学校"。2013年建邺区电大并入。2016年学校启动奥体南部新校区建设，2019年建成占地约4.2万平方米、建筑面积达6万平方米的智能化、园林式新校区。2019年11月非遗学院整体搬入奥南高庙路10号新校区。学校占地约10万平方米，一校三区办学，主校区坐落在南京市建邺区高庙路10号，另有南湖安国村58

号和南湖边电大校区。学校设有药学系、电子信息系、现代服务系和文化艺术系四系部，拥有药物制剂技术、移动互联应用技术、商贸服务、文物修复与保护四大专业群。

南京市高等职业学校　位于建邺区黄山路58号，是2005年2月经江苏省教育厅批准，由南京职业教育中心升格成立的综合性5年一贯制专科层次国家级重点职业学校，是教育部在职教领域和德国最早合作的第一所项目学校。学校占地12.5万平方米，设有土木工程系、电气工程系、环境艺术工程系、计算机管理系等，共有4大类，17个专业。至2022年，有学生2450余名，教职工314人。学校先后获得全国职业教育先进单位、全国教育系统先进集体等荣誉称号。

【高等教育院校·江苏城市职业学院应天校区简介】

该校隶属江苏城市职业学院，于2004年成立，位于建邺区应天大街832号。学校占地面积6.7万余平方米，建筑面积40万余平方米。2022年，该校有学生2100余名，教职工285人。应天校区已成为一所以工科、商科、艺术类专业为主的高等职业院校。

【社区教育】

2002年，南苑街道社区教育委员会成立，同时在各社区（村）成立社区教育基层组织。2003年，制定"南苑街道创建江苏省社区教育试验区工作实施方案"，同时建立社区教育学校，制定南苑街道社区教育办学章程、工作条例等一系列加强社区教育工作管理的规章制度。开展创建"学习型机关""学习型社区""学习型家庭"等活动。以落实《公民道德建设实施纲要》为重点，开展评选"南京第二届好市民"和推荐"南京好人""万朵鲜花送雷锋""文化、法律、教育、卫生"四进社区等活动。举行全国文化信息资源共享工程·江苏文化网开通仪式和"运动之区、健康之区、活力之区"系列活动启动仪式。2004年9月，南苑街道挂牌建立社区教育学校和社区学习点。2005年，举办家政服务、保安、物业管理、妇女岗前技能培训等培训班，共有258名下岗失业人员通过培训并取得合格证书。围绕"迎接十运盛会、创建文明城市、构建和谐社会、共建美好家园"主题，创办南苑街道首届"邻里节"。组织开展"从我做起、远离毒品、关爱生命"教育活动。7月，南苑街道组织辖区内160名外来工子弟学生，参加以"迎十运，爱我第二故乡"为主题的公益夏令营。南苑街道利用全世界反法西斯战争胜利60周年和抗日战争胜利60周年纪念活动，组织开展"不忘历史、爱我中华、固我国防"主题教育。

　　2006年，南苑街道党工委以爱国主义教育为重点，开展"八荣八耻"社会主义荣辱观教育。通过举办"邻里节"对辖区内青少年开展内容丰富、形式多样的教育活动，全年共开展活动120多场次。是年，南苑街道借助"邻里节"平台，开展"五五"普法宣传系列活动，接受法律咨询群众达500余人次，发放"五五"普法（是指从2006年开始到2010年结束的第五个五年法制宣传教育规划）宣传资料及法律法规书籍2000余册。各主要路口、社区共悬挂法制宣传标语33幅，张贴法制宣传画30余幅。发放《劳动法》《工会法》《中国工会章程》《江苏省实施〈中华人民共和国工会法〉办法》《妇女儿童权益保障法》和《最低工资规定》等宣传资料2万余份。2007年，落实科教兴区战略。7月，南苑街道组织各社区中小学生举办"迎奥运国防科技夏令营"活动。举办"青少年篆刻培训班"1期，举办"红领巾剪纸培训班"2期。全年参加培训达4万余人次。2008年，社区教育以老少同行"颂改革、迎奥运、爱建邺、创文明城市"为主题，参与建邺区、南苑街道、社区三级组织的关心下一代和社区教育各项活动。7月，举办"情系灾区、奉献爱心、老少作品义卖活动暨小小民间艺术家培训成果展"。共有53幅书画作品、55个丝网花作品、20幅十字绣作品、70余张剪纸作品、15个泥塑作品展示义卖。8月，在南苑街道广场举办"扬奥运精神，展银龄风采·'一助一'"广场活动，南苑街道党政领导现场捐款，帮助社区困难家庭及其子女就学。是年，南苑街道被评为社区教育全国示范街道。2009年，各社区居民学校立足实际，采用"我读你听、你说我写""周末夜校"等送学、助学形式，保证学习实践活动的参与率和学习效果。3月，开展"军民携手学雷锋，共建文明新建邺"为主题大型便民服务广场活动。全年完成居民培训达8.3万人次，其中青少年达9300人次，老年居民达3.8万人次。完成再就业培训760人。2010年，南苑街道和各社区建立道德讲师团、法律宣讲组、文工团等民间组织和志愿者团队150余个。全年围绕重要节点开展学雷锋活动周，科普宣传月活动和法治安全教育宣传月活动，举办建党89周年、建军83周年和中华人民共和国成立61周年爱党教育，国防教育及艺术节等活动。

2011年，全年各类培训累计7.22万人次。其中，再就业培训2.17万人次，外来务工人员培训1.35万人次，其他培训3.7万人次。7月，在兴达社区举行兴达科普馆开馆仪式。8月，在兴达社区开展"暖巢行动"之首届"百家乐"公益夏令营周活动。2012年，全年开展对居民各类教育和活动达924场次。暑期组织举办青少年"学雷锋、知党恩、讲品德、见行动"主题教育。举办"百梅绽放迎青奥，南苑盛歌颂河西"大型广场活动。开展首届南苑街道"学习型社区评比"，国泰民安社区和虹苑社区被评为学习型社区，怡康社区获得学习型社区优秀组织奖。承办"江苏省首届绿色社区行"启动仪式。2013年，启动社区学校共建、双向服务项目立项工作。"夕阳e之旅""健康驿站""怡康学堂·青春正能量""孝德社"4个项目为重点立项项目，"欢乐亲子园""e生活""余晖照萌芽""暖心行动进行时""白鹭育儿坊"5个项目为一般立项项目。开展数字化学习型社区评选，怡康社区和吉庆社区评为区级数字化学习型社区，鹭鸣苑社区评为区级数字化学习型社区推进奖。举办"老少共话中国梦"演讲比赛。南京市"现代远程教育参与社区教育发展的实验"项目结题。全年开展形式多样活动达1566场，培训约7.4万人次。2014年，吉庆社区、话园社区、健园社区和怡康社区4个社区先后举办电脑培训班12期，参加培训学员630人。吉庆社区的"'雏鹰启航'青少年校外成长计划"获得南京市公益创投项目立项。话园社区的"生活废品再利用"和吉庆社区的"祥和苑有机蔬菜栽培"项目获得南京市科技基金会项目立项。是年，南苑街道先后获得江苏省标准化社区教育中心称号，获全国创建学习型社区示范街道称号。2015年，南苑街道开展数字化学习社团评比，吉庆和兴达2个社区获一等奖。开展"立德守法、做文明有礼建邺人"主题教育67场。举办主题"发展全民终身学习、推进法制社会建设"·第十一届全民终身学习活动周活动。"发挥MOOCs对老年居民学习作用的实践研究""社区终身学习机制创新研究"2个项目首次被中国成人教育协会立项。南苑街道首次实现国家级项目突破。

2016年，全年完成社区教育培训7.6万人次，其中老年教育1.3万人次，各类劳动力再就业培训总计9000人次，青少年参加活动约1.1万人次。南苑街道社区学校共建双向服务项目结题，其中"童叟牵手网上阅读联盟·数字学习与交流模式研究""科学养生堂·老少健康生活、科学养生试验园"2个项目被评为优秀推进项目。承办南京市开放大学"妈妈的味道"·厨艺大赛。开展"关爱未来花朵、快乐幸福南苑"·迎"六一"走访和慰问活动。针对青少年特点，南苑街道社区教育中心举办"学科学知识树报国之志"夏令营和科普讲座，组织青少年到科技馆、海底世界参观，开展科技论文比赛、车模比赛等活动。是年，南苑街道获江苏省首届社会教育"百强单位"称号。2017年，编制《社区教育培训指南》，推出210项培训项目。举办"发挥慕课对老年居民学习作用实践研究"项目培训班4期。承办建邺区"学校社区结对共建、双向服务"第二期立项社区教育实验项目结题暨第三期项目立项汇报会。7月，举办"学史立志、崇德向善"为主题的国防夏令营，开展活动60余场。10月，举办"建邺区全民终身学习活动周启动仪式暨建邺老年开放大学揭牌仪式"，南京市教育局副局长潘东标、建邺区委副书记曹署、宣传部部长周峰、南苑街道工委书记陈斑等领导参加。是年，南苑街道被评为建邺区暑期青少年教育先进集体。2018年，全年开展各类活动712场次，参加培训居民约7.4万人次。2月，在南苑街道广场承办"中华文化进社区·南京水墨缘迎春"送福进社区活动，在社区教育中心举办南苑街道"学习十九大迎新年"居民书画大赛与"慕课对老年居民学习作用的实践研究"项目成果展；举办"第四届NERC杯全国社区教育优秀微课程评选"活动，共收集参赛作品14件。吉庆社区《应急包使用》微课获区级一等奖。8月，举办南苑街道第六届青少年夏令营活动，举办科普、国防教育、青少年拓展、地震逃生和思维训练营等活动11场。排查校外培训机构364家。开展联合执法4次，整改违规培训机构44家，取缔无证无照培训机构21家。2019年全年完成职业技能培训1.41万人次。居民参加社区教育活动9.5万人次，其中青少年达1.12万人次。建成黄山路、国泰民安2个社区老年开放大学学习点并挂牌。举办南苑街道"科技强国、科普育民、科学有你"青少年主题教育夏令营活动。开展辖区校外培训机构专项治理行动2次，排查各类培训机构164家，行政综合执法2次，整改违规机构16家，取缔无证无照机构4家。2020年，全年完成职业技能培训600人，居民参加社区教育活动9.51万人次，其中青少年达9700人次。建成话园社区和吉庆社区老年开放大学学习点建设并挂牌。疫情期间，南苑街道排查辖区机构170家，综合执法4次，同意符合条件的54家复课。举办"智学南苑，慧学居民暨南苑街道抗疫精神精品雨花石展""南苑街道老年居民慕课学习培训班"和南苑街道第三届"翰墨书香、阅读南苑"读书节等活动17场。

2021年，全年开展各类教育培训76项，培训9.36万人次，其中老年培训4.5万人次，青少年培训1.3万人次。排查培训机构344家，同意符合条件的82

家复课。是年，"吉庆石景课堂"被江苏省教育厅评为社区教育特色品牌项目。2022年，全年完成培训8.40万人次，其中老年人4.2万人次，青少年1.1万人次。7月，举办"同声共唱红治苑，携手喜迎二十大"青少年主题教育暨第九届科普夏令营实践活动月。举办"走进科技，探索碳中和"主题夏令营活动。完成吉庆社区雨花石科普馆"江苏省社会教育学习体验基地创建、长三角市民终身学习体验基地"申报工作。启动泰山路社区关于养老"养教体验示范基地"建设工作。举办"大力发展老年教育、构建终身教育体系"为主题的全民终身学习活动周。

第二节　卫　生

【江苏省第二中医院（南京中医药大学第二附属医院）简介】

该院成立于1988年12月，为江苏省针灸推拿医院、江苏省第二红十字中医院、江苏省第二中医院互联网医院、南京中医药大学第二临床医学院，也是江苏省涉外教学医院。医院本部位于南京市南湖路23号，是一所融医疗、教学、科研、预防保健为一体的公立省级综合性三级甲等中医院。

医院核定床位1500张，2022年开放床位600张，配备有西门子3T高端磁共振、128排CT、三维彩超、超声电子支气管镜等国内先进医疗设备。医院汇集全国、江苏省名老中医药专家继承人、特色技术传承人及国家优秀中医临床人才等，其中，高级职称173人，研究生以上学历233人。医院获批多项国家自然基金、江苏省自然基金、江苏省中管局专项课题基金。年度发表多篇SCI、中文核心、科技核心等学术论文。医院被南京中医药大学国教院定为优秀境外生临床教学基地和博士后培养基地，并被评为江苏省文明单位。

医院临床科室齐全，设有包括内、外、妇、儿、骨伤、针灸、推拿、康复、急诊等38个临床科室；设有医学影像科、医学检验科、药学部等11个医技检查科室；设有省级中医重点专科6个；设有国家级、省级名老中医药专家和师承指导老师王灿晖、汪建民、李玉堂、顾兆军、郑亮等工作室8个及内科、外科、妇儿、针推康复、诊断技能、护理、药学、中医骨伤科学、急危重症医学等9个教研室，还设有国家级"卒中中心"及其他多个医疗中心。

医院为弘扬中医康复特色，于2021年在本部建成医疗康复中心，中心共6层，总建筑面积约6000平方米。内设运动康复中心、脊柱康复中心、骨关节康复中心、神经康复中心、心肺康复中心、盆底康复中心等6个治疗专科和评估区、物理治疗康复区、作业治疗康复区、言语治疗康复区、针灸推拿康复区及盆底康复中心等6个康复区域。为广大居民及各种医疗需求者提供全方位、高层次、多样化的中医药医疗、康复、养生等优质服务。

【江苏省第二中医院（南京中医药大学第二附属医院涟城门诊部）简介】

该门诊部成立于2011年5月，位于建邺区怡康街11号。该院共2层，面积1798平方米。该门诊部交通便利、环境幽雅、设备设施功能齐全、布局合理、流程科学。一楼为中医治疗区，提供中医养生和亚健康中医调理服务、针灸推拿常规门诊、失眠，便秘特色门诊、中医特色护理门诊、中医静疗门诊等服务。二楼为健康体检区，体检流程合理，设备先进，设有女性检查区，内外口腔眼耳妇科齐全；提供专病体检服务，开展各类早期癌症专项筛查活动。

该门诊部技术力量雄厚，人才梯队合理，其中体检医生均为高年资临床一线医生。中心有突出贡献的中青年专家、优秀医学人才、中医领军人才及江苏省"333高层次人才培养工程"中青年科学技术带头人，还拥有全国中医临床优秀人才、援外高级专家等。

该门诊部特设治未病中心、慢病管理中心等具有现代化中医特色的健康管理中心。同时还汇集江苏省第二中医院及南京中医药大学优质医疗资源、教学资源和科研资源，致力于为广大市民提供健康体检、亚健康干预、中医药养生保健等综合性健康促进服务。

【南京市建邺区南苑社区卫生服务中心简介】

该中心前身是2012年的建邺区中医院，位于建邺区庐山路90号。为江苏省中医药特色社区卫生服务中心、江苏省示范城市社区卫生服务中心、江苏省社区医院、江苏省老年友善医疗机构、江苏省健康促进医院、江苏省中医院中医全科医生规范化培训基层实践基地、南京中医药大学社区教学实践基地、建邺区中医药适宜技术推广基地，是省市医保定点单位。

至2022年，中心有业务用房建筑面积6000余平方米，职工135人，其中执业医师47人，护士43人，高级职称22人，中级职称50人，全科医师33人。设置住院床位59张，设置全科、中医科、康复医学科、眼科等15个临床科室，检验、B超、影像等5个医技科室，计划免疫科、慢病管理科等4个公共卫生科室。现有大型设备7台，包括GE螺旋CT、奥林巴斯CV290电子胃肠镜系统、GE数字化摄片系统（DR）、GE彩色多普勒超声诊断仪、全自动生化分析仪等。中心下设涟城分中心、虹苑家庭医生工作室、健园家庭医生工作室、黄山路家庭医生工作室、机关健康小屋、机关医务室，实行中心一体化管理。

中心现有省级中医特色康复医学科1个，市级特色针灸科、消化内科各1个。康复医学科配备有系列康复训练器材和康复治疗仪，设备有系统空气波压力治疗仪、上肢主被动训练器、下肢主被动训练器、电动起立床、分指板、助行架、脑功能治疗仪、电脑中频治疗仪、升降PT床等。设有中风康复单元、骨关节与运动系统损伤康复单元、疼痛康复单元，主治中风、脑外伤后偏瘫、脊髓损伤伴截瘫、四肢瘫；周围神经疾病、关节置换术后及截肢术后，颈、肩、腰、腿疼痛等。以中西医结合为特点，开展：步态分析与治疗；言语、吞咽、认知治疗；作业治疗；物理因子治疗；运动疗法；康复护理等手段与传统康复治疗如针灸、推拿、拔罐、中药外熏等疗法有机结合。针灸科设有冲击波治疗仪、高能红光治疗仪、中频治疗仪等设备，开展针灸、推拿、透药治疗、穴位注射、耳针等特色服务。传统医药世家传人刘乃森医生开展中医点穴法获得良好口碑，被主流媒体多次进行采访报道，初具品牌效应。消化内科以"建邺区第一批医联体建设项目"为契机，发挥三级医院专家优势，2018年开设了消化科门诊，对于消化内科常见病、多发病诊治积累经验，开展Hp及胃功能检测、上消化道肿瘤的筛查等，奥林巴斯电子胃肠镜系统提供精准检查服务，通过早诊早治降低医疗费用，减轻患者负担；降低胃癌发病率，提高居民健康水平。2021年，消化科成功创建成为南京市基层医疗卫生机构特色科室。

【南苑境内个体诊所】

至2022年12月，南苑街道境内共有个体诊所31家。

2022年南苑境内个体诊所一览表

表18-1

机构名称	机构地址	法人姓名	负责人姓名
南京肛泰中医医院	黄山路2号	李 华	李 华
南京元汇口腔门诊部	宏图一期南边	林汤毅	胡 磊
南京龙盛口腔门诊部	尚文东苑北边	黄华松	黄龙生
南京乐雅口腔门诊部	尚文西苑北门	胡方兴	刘佳佳
南京建邺晶齿丽口腔门诊部	华隆新寓南门	李 进	戴 雪
南京建邺恒宇口腔诊所	江南名府北门	伍中华	伍中华
南京建邺博睿佳口腔诊所（备案）	涟城汇	朱林妹	韩 阳
南京建邺易可中医诊所	江南名府北门	朱 炜	马鸣凤
广州我有奇方诊所有限公司南京建邺中医诊所	集庆门大街	陈慧杰	圣 科
南京建邺允和泰中医诊所	苏建艳阳居西门	谢允超	端小莉
南京市建邺区迅捷怡康新寓居家养老服务中心护理站	怡康新寓	郭小迅	郭小迅
南京市建邺区金德松养老服务发展中心护理站	兴达新寓	陈金松	陈 萍
南京建邺瞳眸诊所（备案）	兴隆大街	谭 韬	陈晓敏
南京建邺艺颜医疗美容诊所	欧洲城	鞠黎春	王 忍
南京建邺优缇美医疗美容诊所	金鹰世界	言小璇	孙 露
南京建邺莱兴姬颜医疗美容诊所	涟城汇	张书侠	陈 洁
南京建邺瑞淇卓越医疗美容诊所	金鹰世界	金前进	汪玲玲
南京建邺爱齐博口腔门诊部	金虹花园东门	胡华分	杨雪荣
南京晶亮口腔诊所	泰山路	李 晶	孙 贵
南京建邺金鹰世界医疗美容诊所	金鹰世界	王 凯	汪东升

续表18-1

机构名称	机构地址	法人姓名	负责人姓名
南京建邺应天大街洁宇口腔门诊部	天都芳庭北门	于英宝	占彩虹
南京建邺云康诊所	庐山路	陈 康	陈 康
南京建邺明医医院	欧洲城	任东亚	任东亚
南京新华卓越门诊部（新华健康）	欧洲城	孙 帆	孙 帆
南京建邺众一锐齿口腔诊所	集庆门大街169号02幢169-7号	伍国城	伍文婷
悦初医疗美容建邺诊所	江东中路217-4号	杨明星	王玉环
瑞淇卓越诊所	应天大街888号河西金鹰健康C座23楼	金前进	汪玲玲
南京建邺国安诊所	泰山路9-3号	黄金斑	黄金斑
南京建邺允朵医疗美容诊所	应天大街888号金鹰世界C座内的26层部分（实际楼层为22层）	苏 亮	苏 亮
南京建邺欣逸睿颜悦己医疗美容诊所	应天大街888号金鹰世界C座26层C区（实际楼层为22层）	沈利国	沈利国
南京建邺桃颜中医诊所	所街100号321室	陶文静	陶文静

【防治"非典"】

2003年4月，南苑街道成立以南苑街道党工委、办事处主要领导任组长的"非典"防治工作领导小组。下设办公室和宣传工作组、思想教育组、后勤保障组。在抗"非典"斗争中，南苑街道党工委从讲政治高度、以保障人民群众生命安全和地区社会稳定为使命，承担属地化管理重任，构筑严密的防"非典"组织网络，组成2000余人的抗"非典"志愿者队伍，向居民和驻地单位发送抗"非典"宣传材料2.4万余份，张贴宣传画1100余幅，悬挂横幅

60条，与社区、村、驻地单位签订责任书775份；成立61人的消杀队伍，使用消毒药水1175千克。统计上报从"非典"发生疫区回宁人员计576人，建立了3个集中隔离点，对106个家庭372人实施了分户隔离措施，实施封户隔离111处384人。南苑街道累计投入抗"非典"资金80余万元。确保本地区没有漏报一人，没有出现一例"非典"疑似病患者。6月3日《南京日报》以"抗非大旗下的全新攀越"为题，对南苑街道抗"非典"工作进行专题报道。是年，南苑街道被区委、区政府授予抗"非典"先进集体称号。

【防治"禽流感"】

2004年2月，南苑街道成立高致病性禽流感防治工作领导小组，由南苑街道党工委主要领导任组长，南苑街道党群科、办公室、城建城管科、经济科、社会事务科、综治办以及村、公司、社委会为成员单位，领导小组办公室设在城建城管科。为防止"禽流感"蔓延，南苑街道通过宣传栏、展板、发放宣传资料等形式，在辖区内宣传高致病性禽流感的病因、危害及预防知识，引导居民群众采取科学、文明、健康的生活方式，增强居民群众自我保健意识和自我防护能力。与此同时，南苑街道成立了一支20人的突击队伍，所街、向阳两个村成立消杀队伍和储备足够的消杀药物、器种，对辖区6家农贸市场和3家家禽交易批发市场进行检查督促。12月，对振兴货栈进行24小时值班看守，禁止活禽交易。对居民散养的220余只家禽进行集中捕杀，配合区动物防疫指挥部对辖区677只鸽子进行禽流感免疫接种。

【抗击"新冠疫情"】

2021年初，"新冠疫情"袭来，南苑街道围绕抗击疫情、保障人民生命安全的宗旨，迅速成立由党工委书记任政委、办事处主任任指挥长的疫情防控指挥部，同时组建综合协调、社区管控、物资保障等9个专项组，后增至15个专项组；成立由267名共产党员组成的13个行动党支部在抗疫第一线；有500余名市、区机关干部、教师志愿者深入社区，下沉到各个点位助力抗疫工作。

疫情发生后，南苑街道从多方面加大防疫防控力度：发放《给居民朋友一封信》和万份宣传折页，开设15个宣传栏，启动LED屏13个，悬挂横幅200余条等，向小区居民宣传抗疫防控方针、政策，传授防控防护方法，指导如何做好封闭小区的居民生活、就医治病等保障工作；制定《九小行业的防疫检查指南》，与前期关停的60余家房产中介签订商户防疫防控承诺书，区域内56个企事业单位伸出援手，主动为居民群众纾困解难。南苑街道共计发放防护服、隔离服、面屏等防疫物资约13万件，接受来自南京市总工会、市侨联、建邺区房产局、江苏思忆泽、金基集团等单位捐赠的防疫物资2万余件，自购一次性医用口罩、酒精等物资2.2万件；核查中高风险地区来宁返宁人员4254人，均有效闭环，并完成5次街道全员核酸检测任务。同时先后征用辖区维也纳酒店、桔子酒店、汉庭酒店、如家酒店、格林豪泰酒店、港际宾馆等6家酒店，安全转运867名隔离人员；当辖区内思园小区、吉庆家园小区分别有1名居民核酸检测结果为阳性后，小区实施封闭管理。应急小分队封控小区出入口，严格落实"只进不出"要求，并对小区全体成员进行核酸检测。南苑街道成立综合协调、现场处置、医疗保障、综治稳控、物资保障、咨询服务6个专项组，在落实居民生活用品和急需药品采购的同时，发出致小区居民的第二封信、第三封信和封闭期管理工作方案。实施支持7天过渡期管理，并取得了最后胜利。中央电视台对思园小区封闭管理、过渡期管理以及转入常态化防控进行现场直播。至抗疫基本结束，南苑街道民意诉求组共处理约5000条与疫情相关的12345投诉，满意率达99%。中央电视台及省市新闻媒体平台刊播抗疫先进事迹25篇（次）。

第十九章　文化体育

2003年10月南苑街道文化活动站（以下简称文化站）成立，设有图书、形体、棋牌等8个活动室。2004年6月更名为南苑街道文体活动站。2014年9月，增设南苑街道文化体育活动中心。南苑街道下辖12个社区均建有文体活动室。

南苑街道在加强文化设施建设的同时，紧紧围绕"锦绣365·快乐每一天"理念，社区70余支文体团队以"文润建邺、艺美生活"为主题，每年开展各类文体活动达1万余场次，参与者、观看者达数百万人次；图书馆完成与12个社区图书室通联通借网络建设，带动了读书活动的开展；体育活动多姿多彩，尤其是286名指导员下沉各社区晨晚练点和健身路径，开展辅导、培训等活动，助推广大体育爱好者身体素质和健康水平提高。

第一节　文　化

【文化站】

该站建于2003年10月，站址在建邺区南湖路58号。站舍面积约2000平方米。历任站长吴顺彬、唐荣生、曹境真。

该文化站设有图书馆（室）（含电子阅览室、信息资源共享工程）书画室、乐器排练室、形体房、健身房（含体质监测中心）、乒乓球室、桌球室、棋牌室等8个功能室，各活动室周一至周五对辖区居民免费开放。2004年，更名为南苑街道文体活动站。2014年9月，增设南苑街道文化体育活动中心。2022年，下辖国泰民安社区、虹苑社区、吉庆社区、健园社区、话园社区、庐山社区、鹭鸣苑社区、泰山路社区、兴达社区、爱达社区、黄山路社区和怡康社区12个社区建有活动室，并开展各不相同、富有特色的文体活动。同时建有舞蹈、秧歌、合唱、书画等群众性文化团队46支1039人。每年开展各类文化活动达4000余场次。南苑街道"飞翔艺术团""博爱艺术团""千姿艺术团"在江苏省、南京市、建邺区各类比赛活动中多次获奖。

【图书馆（室）】

2003年，南苑街道图书馆（室）建立，设在文化站内。藏书2万余册，南苑街道每年投入经费添置各类书籍，订购报纸杂志30余种。开放时间是每周一至周五，上午9时至下午6时，每年借阅约1万人次。2013年，南苑街道在图书馆设立"南苑国学馆"，免费向市民开放。国学馆活动内容主要分为三类："国学书香"，提供市民阅读条件；"国学美展"，提供市民参观民族艺术品；"国学大讲堂"，聘请来自全市国学爱好者组成的15名志愿者担当讲师团成员。每月制定活动安排表。自开馆以来，阅读、展览、讲座三线并举，南苑街道图书馆先后获南京市十佳图书馆、南京市万册图书馆、职工书屋等荣誉称号，进馆直接受文化熏陶教育者达2000余人次。

【群众文化活动】

2002年，参加南京市建邺区首届社区文艺创作调演荣获优秀组织奖。2003年，南苑街道群众文化工作被评为市级综合考评一等奖。2004年，组建命名南苑街道文体团队33支，举办大型广场文艺活动11场。2005年，南苑街道首创"邻里节"。3月，在兴达广场举行创文明城市迎十运盛会暨南苑街道"邻里节"启动仪式。10月，在南京市建邺区迎十运盛会、创文明新城社区文艺专场巡回演出活动中秧歌《风风火火走一回》荣获优秀节目奖，南苑街道获组织工作奖。12月，在兴达广场举办南苑街道首届"邻里节"活动表彰大会暨社区文艺会演。2006年2月，参加南京市爱我中华群英杯首届全国城乡社区文化会演活动荣获优秀组织奖。8月，首届中国南京"邻里节"系列活动"和谐一家亲邻里运动"在南苑街道兴达社区广场举行。11月，参加建邺区第三届"新城区、新文化、新风采"社区文化月活动获优秀组织奖。2007年，围绕"和睦邻里、和谐社会、人文南苑"南苑街道和社区月月有文化活动、季季有广场演出。同时整合辖区学校、企事业单位及共建部队文化资源。创建五星级文化站、打造文化品牌，营造文明、和谐的人文南苑。2008年，参加建邺区首届"百姓文化节"暨第四届"新城区、新文化、新生活"社区文化月活动荣获优秀组织奖。11月，参加南京名城会的各国市长参观南苑街道在国泰民安社区举办的民间艺术品展。2009年5月，时任中央政治局常委李长春到国泰民安社区考察了解社区文化建设情况，参观在该社区举办的民间艺术品展，并与剪纸艺术家陈耀合影留念。9月，南苑街道在兴达广场举办歌颂祖国、唱响南苑·庆祝建国六十周年社区红歌赛，并组织参加建邺区庆祝建国六十周年社区红歌赛荣获优秀组织奖和参赛节目《祝福祖国》一等奖。南苑街道千姿艺术团在第二届大连国际服装节暨庆祝建国六十周年全国中老年服饰艺术模特、舞蹈展演大赛中，《华韵风采》荣获团体金奖和优秀组织奖。2010年，国泰民安社区举行"快乐驿站"试运行启动仪式。全年南苑街道文化站举办大、中型文体活动53场次，参演人员954人次，观众3500余人次，投入活动经费30万元。

2011年，南苑街道举办庆祝建党90周年群众性红歌比赛。健园社区民族之家艺术团承办"唱响金秋、为青奥加油"文艺演出活动。怡康社区举办"学雷锋"广场便民活动。虹苑社区举办"享受阳光"百场公益演出广场行，兴达社区党员展风采服务促和谐迎"三八"国际妇女节广场志愿服务活动。国泰民安社区组织青少年参加嗨"陶"一夏活动。2012年，南苑街道举办迎国庆红歌颂，健园社区举办喜迎"七一"书画展，怡康社区举办书画笔友会活动，兴达社区举办"小小民间艺术家"剪纸活动，国泰民安社区组织盲人乐团参加南京市残疾人文艺会演。2013年，南苑街道举办"健康生活，快乐老年"暨建军86周年合唱比赛。健园社区在小广场举办"精彩365，送'福'到你家"广场活动。虹苑社区举办"九九重阳节、浓浓敬老情"越剧专场演出。吉庆社区举办"精彩365，快乐每一天"摄影展、老年计算机培训班。2014年，南苑街道组织"迎青奥、讲礼仪"老少同台演讲比赛。健园社区举办"家好月圆庆中秋"民族文艺广场演出活动。吉庆社区举办主题为"精彩365，快乐每一天"书画笔会活动。2015年，南苑街道承办建邺区文化局、区妇联举办的全区腰鼓、广场舞大赛。怡康社区开展"迎新春联欢会"，虹苑社区举办"喜气洋洋过新年、阖家欢乐大团圆"第十五届春节联欢会，兴达社区举办全民健身节活动之广场舞赛，吉庆社区举办国学堂开班仪式。

2016年，完成建邺区"书香建邺"创建台账资料及硬件工作。围绕"精彩365，快乐每一天"主题，全年举办文化活动120余场。参加市年度鼓乐比赛获一等奖1个，二等奖2个。广场舞比赛获一等奖1个，二等奖1个。2017

年，全年举办各项文化活动104场，全年开展各类全民阅读活动25场。参加区级文化活动比赛，获各类奖23项，南苑街道多次获优秀组织奖。2018年，全年举办各项文化活动110余场。庐山、黄山路、泰山路、怡康、话园、健园等6个社区开展省级社区综合文化服务中心创建工作。举办南苑街道迎春文艺比赛及广场舞、大合唱选拔赛，参加区级各项比赛获奖19项。2019年，全年举办各项文化活动59场。举办迎春文艺会演、广场舞（鼓乐）比赛并选拔节目参加区级比赛获11个奖项。2020年，举办"不负韶华、腾飞新南苑"迎新文艺会演，南苑街道、社区、共建部队、江苏省文联200余人参加演出。南苑街道组织人员参加江苏省文联迎新系列"书法家写福、送福、送春联"活动。南苑街道派员先后参加南京市公共文化服务管理系统业务培训、江苏省体育场地统计培训、建邺区文化和旅游局文联业务工作培训。

2021年，与建邺区文化和旅游局联合主办"缤纷建邺、到此莫愁"文化嘉年华广场系列活动5场，首场活动在南苑街道广场举办，其他4场分别在爱达花园、河西中央商场广场、虹苑新寓广场、黄山路社区举办。举办"千秋伟业、百年芳华"南苑街道庆祝建党100周年书画摄影展，并邀请南京六朝风书画院书法家、画家在南苑街道举办丹青笔会。南苑街道拨付12万元给12个社区，用于文化阅读等活动开展。2022年，文体站与南苑街道各文艺团队签订协议，以书面的形式明确双方职责及团队应履行的义务。联合社区督查辖区内文化体育经营场所（网吧、健身中心等），南苑街道组织开展建邺区南苑专场"少儿才艺大赛""科技阅读奇妙游""一飞冲天科学实践及萌娃传承非遗泥塑手作""生活文化活动——muji布包diy"。开展"红色建邺、文化建邺、乐活建邺"文化进社区活动20余场。引入师资开展为期3个月培训，一是培育一支青少年小小主持人团队，二是提升怡康社区合唱团的演唱水平，培训成果在全区巡演中展示。11月，组织开展"礼赞新时代奋进新征程"系列主题巡展活动4次。全年上报南京市公共文化服务管理平台并通过建邺区文化和旅游局审核各类文化活动150场，完成南苑街道高质量发展绩效评价考核指标"开展各类文化活动120场"的任务。

【群众文化团队】

至2022年，南苑街道和社区共有文化团队46支，其中文艺团队44支1039人，书画摄影团队2支70人。

2022年南苑街道、社区群众文化团队一览表

表19-1

街道、社区名称	队伍名称	成立时间（年）	人数（人）	团队负责人
南苑街道	华韵艺术团	2002	36	张 华
	南京千姿艺术团	2002	35	刘 青
	星光舞团	2009	16	张秀兰
	博爱艺术团	2012	32	吴 远
	南苑京剧团	2017	26	王金桂
	紫灵艺术团	2018	30	屠丽琴
	超级人生舞韵艺术团	2019	20	嵇 军
	南京七彩越音艺术团	2022	20	吴红云
话园社区	天天乐合唱团	2001	32	王 辉
	话之声朗诵班	2022	15	王尚平
虹苑社区	虹苑合唱团	2007	50	徐长美
	虹苑越剧团	2007	21	卜昭云
	虹苑走秀艺术团	2015	22	宛志兰
吉庆社区	吉庆合唱团队	2005	30	袁宝珠
	吉庆戏曲队	2007	10	戴素琴
	吉庆葫芦丝队	2019	15	孙德才
黄山路社区	黄山戏曲队	2018	10	金玉若尘
	黄山朗诵队	2018	8	黄德琴
	黄山合唱队	2018	20	邵兰英
庐山社区	"阳光艺术"乐器团	2013	22	宋立本
	庐哥山妹合唱队	2022	40	唐焕忠
	"小桂花"旗袍队	2022	15	芮金柱
	庐山快板队	2022	6	杨 勇

续表19-1

街道、社区名称	队伍名称	成立时间（年）	人数（人）	团队负责人
健园社区	"银灵"合唱团	2022	20	刘晓峰
泰山路社区	泰山合唱团	2017	55	杨夕才
	泰山路社区朗诵队	2017	30	徐玉兰
	泰山路社区模特队	2017	15	杨红玉
	泰山路社区老来乐队	2018	10	朱承华
	涟城俏夕阳合唱团	2020	35	张丽
怡康社区	怡康社区合唱团	2009	50	王维莉
	怡康社区模特队	2018	15	吴晓红
	怡康社区竖管队	2022	12	胡美萍
国泰民安社区	国泰时装队	2014	20	魏秀华
	国泰民乐队	2020	20	唐家业
	国泰夕阳红队	2021	6	吴建平
鹭鸣苑社区	鹭鸣苑社区合唱团	2010	30	陆文平
	鹭鸣苑社区老年模特队	2012	15	付成盛
	鹭鸣苑社区京剧票友会	2016	15	高静
	鹭鸣苑艺术团	2018	16	王荣
爱达社区	爱达社区合唱团	2020	50	陈陵莉
	爱达社区越剧班	2020	10	周桂红
	爱达社区摄影班	2020	50	赵志华
	爱达社区书法协会	2020	20	张童生
	爱达社区走秀队	2020	20	徐玲
兴达社区	兴达云裳时装表演队	2009	24	程素琴
	兴达群星合唱团	2010	40	孙秀萍

【共享工程基层点】

2006年根据江苏省文化厅苏文社【2004】1号文关于江苏省"共享工程"基层点建设的补充意见，建成南苑街道共享工程基层点。兼职工作人员1名，接受上级中心资源120GB，视频360个，容量120GB，投入经费10万元，电子阅览室面积30平方米，机位数量10台。

该基层点面向南苑街道，为辖区内全体居民免费开放，包括图书借阅、电子阅览、书画活动及读书活动等。南苑街道电子阅览室免费向居民提供电子阅览，每月为群众放映1～2场电影，举办1次科普知识讲座。

注：共享工程是指全国文化信息资源共享工程。它充分利用现代高新技术手段，将中华民族几千年来积淀的各种类型文化信息资源精华以及贴近大众生活的现代社会文化信息资源，进行数字化加工处理与整合，建成互联网上中华文化信息中心和网络中心，并通过覆盖全国所有省、自治区、直辖市和大部分地（市）、县（市）以及部分乡镇、街道（社区）文化信息资源网络传输系统，实现优秀文化信息在全国范围内共建共享。

【境内文物·赛虹桥】

位于南京集庆门西南，赛虹桥立交以北，跨秦淮河支流。明洪武年间建造，为三拱石桥，曾名赛工桥、赛公桥，桥外原正对明外郭城驯象门。石桥现为南京市文物保护单位。

传明太祖朱元璋筑京城，工部与应天府分段承办。应天府筑城已竣，尚有余资，遂建石桥于此，名曰赛工桥，意为赛过工部。后地方官吏为避免"轻侮上台"，乃取唐代杜牧《阿房宫赋》"长桥卧波，未云何龙；复道行空，不霁何虹"之意更名赛虹桥，亦名赛公桥、栅洪桥。

赛虹桥于清康熙年间重建。桥宽50余米，分水桥墩长60余米，拱矢高8.95米，至今仍能负载8吨。其宽度在南京古桥史上罕见。1947年建"赛虹桥保卫战纪念塔"于桥旁。

2003年赛虹桥立交建成，因其靠近赛虹桥故名赛虹桥立交，赛虹桥立交北起水西门高架，南接凤台南路，东起中山南路，西连应天西路，包括凤台路拓宽、凤台路顺河桥、集庆门隧道等工程。

赛虹桥立交不仅是南京城建史上也是目前中国最大的城市全互通双向立交，工程总投资12亿元，总面积13.26万平方米，桥路全长10千米，为39米宽双向6车道柏油路，单桥桩就有486个，立交从顶层到地面分四层，高23米，有8层楼高。

第二节　体　育

【群众体育活动】

2002年6月，南苑街道成立体育工作领导小组，组长南苑街道办事处副主任张跃根（主持工作，9月任办事处主任），副组长南苑街道办事处副主任王伟月、瞿晓黎，文化站站长吴顺彬负责具体工作。2003年，组织各类体育队伍参加建邺区举办的篮球、自行车、羽毛球等比赛，分别获得一等奖、二等奖、三等奖及优秀组织奖。参加南京市总工会组织的健美操比赛获二等奖。南苑街道文化站经建邺区文化和旅游局综合考评为一等奖。2004年，南苑街道全年组织社区体育比赛16场次。同时在地区招募2500余人，组成迎十运创建志愿者服务队伍。2005年，围绕"迎接十运会、当好东道主"，组织辖区居民参与市、区主办的万人太极拳展演、新城狂欢元宵节，万人健步走、健身腰鼓等系列活动。同时还以不同形式组织开展16场"邻里节"系列活动，参加者达1万余人。2006年，南苑街道在"南京市举办的元旦万人长跑"活动中获得优秀组织奖。全年接待200余名来自全国各地的体育同行到南苑街道参观交流。2007年，依托"邻里节"，组织开展居民群众喜闻乐见的特色体育活动。2008年，在南京市奥体中心广场举行第十届全国运动会我们万众一心中国"石化杯"火炬传递活动江苏省起跑仪式。2009年，建立各社区健身器材档案，对小区健身器材进行维修和补充。为社区新配18张乒乓球台。与南京市体育局群体处协调，为3个小区配备健身器材。是年，南苑街道荣获全国体育健身示范点称号。2010年，与南京市体育局群体处协调，为3个小企业配备健身器材。是年，南苑街道荣获国家级体育俱乐部示范街道称号。

2011年，对部分社区广场体育器械进行修理和配备，同时配置居民休闲椅（凳）。围绕重要节点，举办"唯嘉杯"首届社区中青年篮球嘉年华等20

多场体育活动。2012年，完成爱达花园小区老旧体育健身器材的更换工作。购置安装2张室外乒乓球台。另有2套体育器材，分别配置到紫藤园和鸿仁名居小区。是年，在调研论证基础上，对兴达体育馆进行改造提升，制定方案并联系专业单位进行规划设计。2013年，开展迎亚青文化体育活动60多场次。组织100余名青少年和居民群众参与网络火炬传递，共组织3场2000余人参观比赛。开展中小学网球运动试点工作，完善中小学女足运动基地学校建设。15所学校通过南京市健康促进学校创建。组织开展学生体质健康监测工作。10个社区全部完成10分钟体育健身圈申报工作。是年，南苑街道被评为全国群众体育工作先进单位。2014年，10个社区完成健身器材建档工作，同时明确每个社区体育干事为体育健身器材巡修员，负责辖区所有器材日常管理工作。启动为期3个月的全国第六次体育场地普查工作。承办建邺区体育局第二届老年体育节开幕式暨街道体育总会成立揭牌活动。国泰民安社区3片健身场塑胶场地铺设。为话园社区南湖春晓小区、莺鸣苑新禧家园、话园小区各配置1套体育健身器材。为虹苑社区天都芳庭小区更换1套体育健身器材。为500名居民进行体质监测，合格率99%，优秀率40%。2015年，完成兴达体育馆改造。解决部分社区广场体育器械的配备和修理。申请宜居幸福圈专项资金，对社区体育馆进行维修，并引进专业团队管理。是年，体育馆面向社会开放。社区还联合南京市户外运动协会举办首届社区全民健身节。全年开展各类活动50余场次。

2016年，组织20人参加南京市第三十四届元旦长跑。是年4月，组织团队参加在沙洲街道举办建邺区第四届体育节"沙洲杯"健身秧歌比赛。5月，参加"双闸杯"趣味运动会比赛。8月，参加"南苑杯"跳绳比赛。10月，参加"江心洲杯"健身气功比赛。11月，参加"莫愁湖杯"广场舞比赛。12月，参加"兴隆杯"乒乓球比赛。参加区级健身气功、广场舞、空竹三级指导员培训工作。参加南京市第二十一届运动会的跳绳、趣味篮球、自行车慢骑、健身气功等部分比赛项目。2017年，承办建邺区体育节暨"南苑杯"太极拳（剑）比赛并组织太极拳特色展演。是年，组织开展国民体质监测，完成600人普查及100人抽查。完成6个社区9套器材改造出新。完善在册体育指导员数据整理和分类。2018年，联合主办建邺区第八届运动会太极拳项目比赛暨第二届"南苑杯"太极拳交流展示活动，并获优胜奖。组织参加建邺区第八届运动会乒乓球项目比赛，获第一名。完成600人国民体测。实施庐山社区凤凰和熙园、黄山路社区天成苑、泰山路社区城西纺织公寓、鹭鸣苑社区湖西街42号、吉庆社区思园、兴达社区华隆新寓等6个全民健身工程建设。是年，南苑街道拥有公共体育设施面积5.7万平方米，超额完成5.4万平方米的目标。2019年，完成全国第七次体育场地普查及数据上报，并顺利通过上级审核及抽查。是年，南苑街道共有体育场地121处，面积8.3万平方米。联合建邺区体育局共同举办第六届建邺区老年人体育节开幕式暨第三届"南苑杯"太极拳（剑）交流比赛，南苑街道组队参加的腰鼓、广场舞比赛分获优胜、优秀奖。组织600人参加区级国民体质监测工作，完成合格率超过94%的目标。更新庐山社区凤凰和熙园二期、鹭鸣苑社区缤纷家园小区、吉庆社区城开怡家及香缇丽舍小区、国泰民安社区安康、安如及安泰小区、健园社区、健园小区等8个全民健身工程点。2020年，更新国泰民安社区金虹花园小区、兴达社区横塘西苑小区2个健身项目。在话园、国泰、泰山路、怡康、爱达5个社区新增7个健身项目。组织176人参加国家级国民体质监测抽样调查，组织600人参加市级国民体质监测调查。

2021年，组织开展全民健身活动30场。配合建邺区体育局开展"你点我送"体育健身进社区活动6场。组织开展市级国民体质监测调查，完成700人目标任务，监测人员合格率超标。同时组队参加《国家体育锻炼标准》达标赛及市区两级多项体育活动。组织参加社会体育指导员培训8期。2022年，南苑街道开展以"喜迎二十大、健身健康行"为主题的建邺区第三届老年人运动会启动仪式暨"南苑杯"太极拳（剑）联赛。组织753人进行市级国民体质监测调查。全年组织各社区开展"全民健身"体育活动26场，组织参加长江经济带全民健身大联动比赛活动1场。申报并完成全民健身路径更新8套，新建1套。

【群众体育团队】

至2022年，南苑街道、社区共有体育团队29支，共556人，其中太极拳队71人。同时拥有社区体育指导员286名，其中国家级社区体育指导员2名、一级社区体育指导员11名、二级社区体育指导员47名、三级社区体育指导员226名，他们常年活跃在晨（晚）练点并传授体艺技能。

2022年南苑街道、社区群众体育队伍一览表

表19-2

街道社区名称	队伍名称	成立时间（年）	人数（人）	负责人姓名
南苑街道	南苑街道武术协会太极拳队	2017	31	林宝成
话园社区	话园舞蹈队	2021	14	马洁
虹苑社区	虹苑打鼓队	2004	26	刘兰萍
	虹苑太极队	2013	10	孙锋
	虹苑舞蹈队	2014	15	秦秀兰
吉庆社区	吉庆健康舞蹈队	2004	20	袁宝珠
	吉庆昇华舞蹈队	2022	10	赵国先
黄山路社区	黄山舞蹈队	2016	30	何红梅
	黄山太极拳队	2017	10	曹其平
庐山社区	"万年青"舞蹈队	2022	25	王爱萍
	"小阿姨"腰鼓队	2022	20	赵秀英
健园社区	"健之声"体育舞蹈队	2022	15	吴翠玲
	"乐动"舞蹈队	2022	15	刘瑞兰
泰山路社区	泰山路社区腰鼓队	2009	22	娄正棠
	青春舞蹈队	2009	16	赵军
	兴隆舞之恋	2013	30	桑苏娥
	泰山路社区太极拳队	2017	20	冯明
	经纬舞蹈队	2022	20	韩燕
怡康社区	怡康社区舞蹈队	2009	15	严莹
国泰民安社区	国泰空竹队	2014	16	肖国平
	国泰新疆舞蹈队	2019	15	何玉兰
鹭鸣苑社区	鹭鸣苑社区舞蹈队	2010	12	逄艳
	轻舞飞扬美体健身队	2018	20	王敬梅

续表19-2

街道社区名称	队伍名称	成立时间（年）	人数（人）	负责人姓名
爱达社区	爱达社区舞蹈队	2020	20	刘根荣
兴达社区	兴达星光舞蹈队	2000	21	张秀兰
	兴达快乐舞蹈队	2006	24	钟莉莉
	兴达六零童舞蹈队	2006	20	戴巧玲
	兴达兴乐舞蹈队	2012	20	鲁照荣
	兴达飞翔舞团	2017	24	颜　辉

【社区晨晚练点】

至2022年，南苑街道共有晨晚练点12个。

黄山路社区晨晚练点在苏建艳阳居，活动项目有健身舞、健身操、太极拳等。

虹苑社区晨晚练点在虹苑新寓广场，活动项目有跳操、太极拳、广场舞。

兴达社区晨晚练点在兴达新寓广场，活动项目有跳操、太极拳、抖嗡、柔力球等。

鹭鸣苑社区晨练晚点在金地名京，以跳舞、打拳为主。

话园社区晨晚练点在庆园小广场、社区小广场、居家养老服务中心，活动项目有太极拳、扇子舞等。

吉庆社区晨晚练点在吉庆家园，活动项目有健身舞、民族舞、太极剑、腰鼓队、抖嗡等。

国泰民安社区晨晚练点在莫愁职校操场，活动项目有太极拳、太极剑、腰鼓舞蹈及健身舞等。

爱达社区晨晚练点在兰花园4幢西面，以健身舞、腰鼓、太极拳活动为主。

怡康社区晨晚练点在怡康社区涟城一期，以健身舞、腰鼓、太极拳活动为主。

庐山社区晨晚练点在铂金时代，活动项目有广场健身舞、太极拳、轮滑、腰鼓等。

健园社区晨晚练点在台园小区4幢前，活动项目有健身舞、太极拳、轮滑、腰鼓等。

泰山路社区晨晚练点在城西纺织公寓，活动项目有健身舞、健身操、太极拳等。

【社区健身路径点】

至2022年，南苑街道各社区共有健身路径69条，健身器材626件。

2022年南苑街道各社区健身路径点一览表

表19-3

社 区	场地名称	建成年份（年）	器材件数（件）	路径条数
爱达社区	江南名府集庆门大街15号全民健身路径	2009	10	7
	鸿仁名居全民健身路径	2011	10	
	紫藤园全民健身路径	2015	10	
	兰花园全民健身路径	2016	10	
	西城映象全民健身路径	2018	10	
	紫藤园14幢全民健身路径	2020	10	
	紫藤园14幢第二套全民健身路径	2020	10	
国泰民安社区	安如村9幢西侧全民健身路径	2013	9	8
	安泰村5幢西侧全民健身路径	2013	9	
	金虹花园全民健身路径	2013	5	
	安国村8幢南侧全民健身路径	2016	10	
	幸福河全民健身路径	2016	9	
	安民村8幢南侧全民健身路径	2017	10	
	金虹花园内小池塘旁全民健身路径	2020	10	
	安康村7幢全民健身路径	2020	10	

续表19-3

社　区	场地名称	建成年份（年）	器材件数（件）	路径条数
虹苑社区	虹苑五村全民健身路径	2017	10	4
	天都芳庭全民健身路径	2017	10	
	文化广场全民健身路径	2017	10	
	虹苑二村全民健身路径	2018	10	
话园社区	真园小区全民健身路径	2013	10	4
	嘉怡苑全民健身路径	2014	10	
	话园小区全民健身路径	2014	10	
	话园小区10幢全民健身路径	2020	10	
黄山路社区	苏建艳阳居全民健身路径	2014	10	3
	腾达雅苑全民健身路径	2018	10	
	天成苑全民健身路径	2018	10	
吉庆社区	城开东园2全民健身路径	2006	5	14
	城开西园全民健身路径	2006	5	
	香缇丽舍全民健身路径	2006	8	
	城开东园1全民健身路径	2006	5	
	海苑华庭全民健身路径	2015	10	
	铂领公寓全民健身路径	2015	9	
	金轮翡翠全民健身路径	2015	5	
	贡园全民健身路径	2016	10	
	吉庆家园全民健身路径	2017	20	
	思园全民健身路径	2018	8	
	思园2全民健身路径	2018	2	
	城开怡家全民健身路径	2019	5	
	城开怡家全民健身路径	2019	5	
	全民健身路径	2019	9	

续表19-3

社　区	场地名称	建成年份（年）	器材件数（件）	路径条数
健园社区	健园小区8幢全民健身路径	2006	10	2
	台园小区16号全民健身路径	2006	10	
庐山社区	凤凰和熙全民健身路径	2018	10	6
	兴宏园全民健身路径	2018	4	
	凯旋丽都全民健身路径	2018	8	
	凤凰和熙二期全民健身路径	2018	5	
	南京高等职业技术学校全民健身路径	2018	12	
	凤凰和熙二期全民健身路径	2019	10	
鹭鸣苑社区	云锦路139号金地名京全民健身路径	2010	17	6
	集庆门大街189号银轮花园全民健身路径	2013	10	
	湖西街44号全民健身路径	2014	11	
	凤鸣苑小区全民健身路径	2016	4	
	湖西街42号全民健身路径	2018	8	
	缤纷家园全民健身路径	2019	9	
泰山路社区	兴隆纺织公寓全民健身路径	2014	10	5
	招商雍华府全民健身路径	2015	6	
	城西纺织公寓全民健身路径	2018	10	
	秀山路18号涟城二期3幢9幢全民健身路径	2020	10	
	涟城2期全民健身路径	2020	10	
兴达社区	兴达新寓广场南全民健身路径	2016	10	5
	兴达新寓广场东全民健身路径	2016	10	
	金陵世家全民健身路径	2017	10	
	横塘西苑1幢旁全民健身路径	2018	10	
	华隆新寓全民健身路径	2018	10	

续表19-3

社　区	场地名称	建成年份（年）	器材件数（件）	路径条数
怡康社区	怡康新寓4幢旁全民健身路径	2012	10	5
	新百花园6幢旁全民健身路径	2012	10	
	新百花园11幢旁全民健身路径	2015	10	
	涟城一期全民健身路径	2016	4	
	怡康新寓全民健身路径	2020	10	
合计			626	69

第二十章 "五节"传统习俗与新时令俗

　　"五节"为春节、清明节、端午节、中秋节和重阳节，是我国民间传统节日，也是家人团聚的日子。这一刻人们以吃年夜饭、祭扫踏青、登高赏菊、拜月品饼等多种方式追忆历史，追思先人，更是怡悦心情，享受生活的融合。

　　"新时令俗"为"元旦"（公历1月1日，又称阳历年）、"三八"国际妇女节、"五一"国际劳动节、"五四"青年节、"六一"国际儿童节、"七一"建党节（1927年7月1日，中国共产党成立的日子）、"八一"建军节（1927年8月1日，中国人民解放军建军的日子）、"十一"国庆节（1949年10月1日，中华人民共和国成立的日子）和老人节（1989年始，每年农历九月初九重阳节又定为老人节），是国家认定的节日。这一天，南苑街道各部门、各群众团体、各社区根据各自工作职能，围绕爱党、爱国、爱人民的主题，开展内容丰富、形式多样的活动，旨在携手与广大人民群众共同建设和谐、幸福新南苑。

第一节 "五节"传统习俗

【春节习俗】

　　春节，俗称过年，一般从农历腊月三十开始，至正月十五结束，是中国农历新年。

　　中国"年"俗由来已久。"年"最初叫"稔"，意为庄稼成熟。夏朝开始用"年"，以表达时间的含义。但传说中"年"是怪物，每逢年终岁末就出来伤人害畜。后来人们用燃放爆竹、悬挂红灯、点燃火堆，守岁至子夜十二点等办法战胜了"年"。这虽是传说，但"年节"及其习俗亦传承下来了。

秦汉以后，因历朝使用的历法（农历）不同，"年节"日期不同，名称也不同。汉代春节称"正日"，指立春那一天；南北朝春节称"元辰"。1912年1月1日民国成立，改用公历。从此，公历1月1日称"元旦"。农历"元旦"改称春节，也就是通常说的"过年"。中华人民共和国成立后，春节作为农历新年的名称广泛在全国使用，国家还规定初一至初三为法定假日。人们在辞旧迎新中合家团聚，并尽情品尝"年味"，观赏"年趣"，享受"年"给予的欢乐。

吃腊八粥 "腊八"即农历腊月初八，古称腊日。又因远古时"猎""腊"同为一字，所以"腊"也是一种祭礼。其时，人们向天地神灵"报功"，让天地神灵和人们一起分享丰收的喜悦。那么腊月初八为什么又有吃"腊八粥"的习俗呢？因为这一天佛祖释迦牟尼得道成佛。为了纪念这个日子，佛门弟子在每年农历腊月初八以米和果品煮粥供佛，并施舍给人们。境内一些社区、居民每到此日亦煮腊八粥慰问社区老人或全家食之。所熬制的腊八粥除糯米、红豆外，还有红枣、栗子、核桃、莲子、瓜子仁、白果、白糖等。多种成分互补，可谓营养丰富。南苑人还有一说，吃了腊八粥，"年"离我们越来越近了。

送灶 亦曰祭灶，又叫过小年。20世纪80年代前，境内绝大多数人家烧饭做菜都用大灶大锅，因而送灶习俗盛行。每至腊月二十三日前，许多人家将印有"上天言好事，下界保平安"的灶王套色木版画贴于灶上，有的还将大灶吉祥彩画和印有"善""恶"字样罐子出新等。到了二十三日，家家户户在灶前摆上元宝糖、炒米花和欢喜团。让灶王爷吃了嘴变甜，目的是让他"上天言好事，下界保平安"，就是再穷的人家，也要摆上一碟灶糖和一副香烛，祷求"灶王"保佑儿孙健康。随着人们生活条件的改善，煤炉、煤气包、天然气管道基本上代替了烧柴、烧草的大灶，送灶的习俗也渐渐地被人们淡化。

除尘 腊月二十四为除尘日，境内家家户户忙除尘，因为民间有年初一至初五不动扫帚、不动刀剪的禁忌，所以除尘一直忙到腊月三十日。因"尘"与"陈"为谐音，除尘更深的含义是除尘、除旧，在除尘过程中把过去一年的"穷运""晦气"扫地出门。除尘内容包括掸尘：其时主妇以巾裹头，长杆缚帚，先掸后清，条件好的则用吸尘器、机器人扫地机等现代化工具。然后再将家里用具、玻璃窗、门、灯具等擦洗一遍，使之面貌焕然一新；剃头洗澡：就是打扫个人卫生，即使工作再忙，事情再多，年三十前也要剃头（也称理发），否则来年"从头晦气"。然后再去澡堂洗澡，让水冲走污秽，带来好运；洗衣缝补：这是节前必做的，主妇把家人及子女的内外衣服换洗一次，及时晒干，并逐一检查，如发现掉纽扣、脱线、破损，及时补好钉上。如衣服来不及洗，只好藏起来放到初五以后再洗。除尘是一种好的习俗，随着社会文明程度提高，有些不合时宜的习俗已弱化或消失，但全民讲卫生、讲健康的文明新风得到发扬。

炒什锦菜　这一习俗在境内得到传承。年前忙完除尘，许多人家开始炒什锦蔬菜。主要原料有酱黄瓜、胡萝卜、金针菜、木耳、冬笋、白芹、酱油干、百页、黄豆芽、马齿苋10种，谓之十景菜。后来增加荠菜、菠菜等，多时达18种，故称什景菜，按其谐音，也称什锦菜。不管如何增加，前10种是最正宗的，也称吉祥菜。如马齿苋称安乐菜，黄豆芽称如意菜等。炒好之后主妇还装上一碗送至左邻右舍，一道品尝。随着人们工作节奏加快和天气变暖，现在境内家庭炒什锦菜的越来越少，但超市、熟菜店常年都有什锦菜出售。

贴春联　春联又称门对、春贴。历史上境内贴春联之风盛行。始贴"神荼""郁垒"二神像避邪，后贴"字联"颂平安、咏吉祥、祝好运等。北宋王安石诗曰："千门万户曈曈日，总把新桃换旧符。"也是对境内贴春联的描绘。解放后，境内贴春联更为普遍，人们根据家庭身份、行业特点，选择不同内容的春联张贴。如书香门第则贴"清新隽永诗歌意，朴素天真翰墨情"；经商者贴"生意兴隆通四海，财源茂盛达三江"；出行地铁口则有"交通国脉继往开来，砥柱础石扛大任；地铁系民承恩施善，欢歌笑语贯全程""永恒微笑张扬地铁春风，流动文明传递古城文明"；银行贴有"古都上下朵朵梅花争艳，商行内外张张笑脸迎春""存款便民秉赤心，聚财兴国安黎庶"等。而农村贴春联则更讲究。从大门贴到二门、角门、厢房门，从谷屯贴到水缸、猪圈、牛栏，红红火火，喜气洋洋。而内容多是吉祥、喜庆。如谷屯上贴的是"五谷丰登"，圈栏上贴的是"六畜兴旺"。贴"福"字要倒过来，意寓"福"到。

吃年夜饭　大年三十，是阖家团聚的日子，而吃年夜饭则显得比任何一餐都重要。境内人家一般在晚上六七点钟左右用餐，用餐之前先要祭祖，然后按照长幼之序围坐，即首席；人数多的则在首席下方再摆一桌或两桌，谓次席。年夜饭，菜要成双，至少10个菜，鱼是不能少的，鱼应以鲢鱼为好，上桌后，不动筷子，要留到初三之后方可食用，以寓年年有余；随着生活方式改变，年夜饭形式也在不断变化，人们除亲自下厨外，或请厨师、购预制菜在家做一桌可口佳肴，或到饭店、酒楼吃团圆饭，尽情享受这一年中最具家庭亲情、充满温馨祥和的家宴。

拜年　拜年与除夕夜的团圆饭一样，是最重要、最普遍、最能体现"年"味的春节习俗。它始于汉高祖时，开始只是过节"朝贺"，历代相传，遂成习俗。后延续成初一拜父母，初二拜岳父、岳母，初三拜亲戚，朋友互拜的习俗。拜年形式有很多：有团拜，每年春节，南苑街道都要举行春节团拜会，届时各级领导与下属欢聚一堂，辞旧迎新，共祝新春，并通过他们向其家属表示节日的问候；也有用贺卡拜年，卡上写有"新年快乐、万事如意、健康长寿、事业有成"等不同的祝愿之语。如今，已进入信息时代，手机拜年、短信拜年、网上拜年在境内越来越时兴。拜年内容除了送去吉祥如意的祝词，还送去轻松浪漫的幽默、温馨美好的祝福，形成春节拜年习俗中一道靓丽风景线。但境内，登门拜年的习俗亦还存在。

【清明节习俗】

清明，是农历二十四节气之一，是农民春耕春种的时节。农谚说"清明前后，种瓜得瓜，种豆得豆"；又说"清明谷雨紧相连，浸种春耕莫迟延"。这说明清明与农业生产有着密切关系。后来，清明节气在运行中与寒食节（清明前1~2天）融合，形成禁火冷食、扫墓祭祖两大习俗，即清明节。后又吸收上巳节内容。清明节，一般在公历4月5日左右，是纪念祖先及离世亲人的节日。人们在扫墓、踏青等活动中，追悼思念，亲近自然，增强爱国之心，沟通人与人的交往，实现社会和谐。

三月三与荠菜花　农历三月初三，晋时为上巳节，官民共欢乐。主要习俗是踏青、被禊。这一天，还传是荠菜花生日，家家户户习用荠菜悬门、置灶、铺席下，妇女戴荠菜花。民谣说："三月三，荠菜花赛牡丹，女人不戴无钱用，女人一戴粮满仓。"又说："三春荠菜花，桃李羞繁华。"现在，每逢三月初三，境内农贸市场就有卖荠菜花的，但更多人是去郊外，去江心洲采摘整棵野荠菜，回来后，用水洗净，与鸡蛋相煮，煮沸后取出鸡蛋，将蛋壳砸裂，再放入荠菜花水内煮熟食用。既可明目养胃，利肝中和，还可治头痛。

扫墓　一般在清明节前数日，也有在当日，但不可在节后。上坟这一天，家庭成员尽力从各处赶来，集中于父母处，如父母已故去，则集中到兄长处，如兄长不在，可直接去墓地集中。到了墓地，按长幼顺序围绕墓地转一圈，或站一排，口中默念故人的称谓，也有直接喊出声的，如爷爷、奶奶、爸爸、妈妈等。意思是说家人又来看你了，为你修坟扫墓。然后，众人动手，拣掉杂草枯枝，挖上新土培坟，用清水抹去石碑上灰尘，再插上青柳条或鲜花。南京有"清明不插柳，死了变黄狗"一说。因为"柳"是"留"的谐音，希望能留住亲人，又愿亲人在另一个地方能开始新生活。同时也有避邪作用。坟修葺一新后，主事者摆上带来的供品，一般设三样，一是用竹筷串成的面饼（多为糯米饼），二是一碗米饭，三是一碗肉或鱼。如故人为男性，另置一杯酒。而后全家人跪于坟前，点燃纸钱（黄草纸或冥票），口中念叨祈望故人保佑等语，烧完纸钱，按幼长顺序在坟前磕头、鞠躬、默哀，礼毕，至此上坟方告结束。随着殡葬制度改革，火葬代替土葬，公墓代替私坟。加之"厚养薄葬""文明祭祀"兴起，传统祭扫风俗淡化，鲜花祭扫逐步成为清明节的时尚。不仅如此，境内每到清明节前后，还组织机关干部、居民群众前往侵华日军南京大屠杀遇难同胞纪念馆（丛葬地）、恽代英烈士殉难处，有的是个人自发前来的。他们通过祭扫、献花或举行入队、入团仪式等各种方式，以表达对先烈缅怀之情和历史追忆。

踏青 南京人踏青风俗由来已久，而踏青地点多集中在南郊雨花台。《正德江宁县志》载："二月携酒游山，城南雨花台最盛，谓之踏青，每日游人晚归如蚁，迄三月终无日。清明插柳，村夫稚子皆佩之。"而南苑人对踏青更痴情，除莫愁湖、南湖等处，还去中山陵、雨花台及农家乐等地，也有上江心洲观自行车环岛游，有中年妇女三五成群结伴上岛探摘荠菜、马齿苋、母鸡头、马兰头等野菜；还有中小学生上岛学干农活、识别作物、放风筝、捉蝴蝶等。

【端午节习俗】

端午节，始于春秋战国时期，和楚国大臣屈原之死有关。战国时期，在楚秦争霸中，屈原提出"举贤任能、富国强民、联齐抗秦"的主张，遭到保守派反对，后又被逐出楚国都城郢。在得知秦攻楚连夺八城，楚怀王被囚，客死秦国等消息，恨不能尽忠报国，在写下绝笔作《怀沙》后，抱石投入汨罗江。这一天，正是农历五月初五，因"五"与"午"相通故称端午，又称端阳。传说屈原死后，楚国百姓十分悲痛，人们纷纷来到汨罗江边，向水里扔饭、丢鸡蛋、倒黄酒，后又抛粽子（用楝树叶包饭，外扎彩丝带）给鱼或水兽吃，愿屈原尸体免遭伤害。此后，人们每到端午节这天，都要用吃粽子、喝黄酒、悬彩囊或划龙舟等方式纪念屈原。

食粽子　食粽子风俗，源于纪念春秋时晋国介子推而形成的"寒食节"，后人附会于纪念屈原，则反映民众心愿。最早的粽子是用菰叶（茭白叶）包黍米成牛角状，称"角黍"；用竹筒装米密封烤熟，称"筒粽"。到晋代，端午食粽子成为全国性风俗。现在境内每逢端午即临，许多家庭主妇喜欢购买新鲜箬叶包粽子。就形状而言，多为三角形、枕头形，也有斧头形；就口味而言，粽子馅荤素兼具，有甜有咸，可分三种，一是用纯糯米制成的白粽子；二是用红枣、红豆、桂圆肉、果脯等原料做馅的甜粽；三是用咸肉、火腿、咸蛋黄等原料做馅的咸粽。无论哪种，均清香扑鼻，甜咸宜人。如今在境内街头巷尾、超市商场都能买到适合自己口味的粽子。粽子还是馈赠亲朋好友的礼品。

吃"五黄"　境内过端午节，历来有吃"五黄"的食俗。"五黄"指：黄鱼、黄鳝、黄瓜、咸蛋黄、黄酒，尤为黄鳝必食。因端午节的黄鳝圆肥丰满，肉嫩鲜美，营养丰富，不仅食味好，而且具有滋补功能。因此，民间有"端午黄鳝赛人参"之说。除此之外，还要饮雄黄酒。俗话说："饮了雄黄酒，百病都远走"。儿童不会饮酒，就在额头上用雄黄酒抹一个"王"字，与虎额头相似，以避鬼魅。现在医疗条件好了，喝雄黄酒的不多了，随着时间的推移，现在又有了吃"五红"的食俗。"五红"指：红苋菜、红烧肉、龙虾、烤鹅、红葡萄酒或干红。医学证明，酌饮红酒有滋阴补肾、防老美容、促进消化、防止心脑血管疾病的作用。

挂艾蒲　古人认为农历五月五日是"恶月""毒日"。皆因天气渐转湿热，百病易生。故挂艾蒲以求健康平安之俗历代相传。民间有清明插柳，端午插艾之习俗。艾，即白艾，又叫家艾、艾蒿，是一种菊科多年生草本植物，叶子有香气，皆具有较强杀菌能力。白艾入中药，性温，味苦，可以祛寒湿。干艾搓成绳，点燃后可以驱蚊蝇，艾绒做成灸条可以治病。蒲，即菖蒲，是一种天南星科多年生草本植物，有开窍、行气、止痛、祛风湿的功效。正因如此，每逢端午，境内许多妇女或去郊外采摘艾蒲，或去街头购买艾蒲，用线扎成一束，或将菖蒲剪成剑形悬挂在自家门上，避邪保安康。

【中秋节习俗】

中秋节，农历八月十五，恰值三秋之半，故称中秋。据说此夜月球距地球最近，月亮最大最圆最亮，乃团圆之象征，故又有"团圆节"之称。其时又是秋收，人们通过祭月、拜月祈求天下太平、五谷丰登、家庭幸福、步步高升等等。中秋节的形成另有一说与"嫦娥奔月"有关。因嫦娥偷吃王母不死之药，被追杀，奔向月宫，成为月神，所以早在周代就有中秋祭月、拜月的习俗。

中秋赏月　中秋赏月在境内历史悠久，唐代大诗人李白游金陵时，闻东晋谢尚、袁宏月夜泛舟牛渚（今采石矶，汉时属丹阳郡秣陵今南京）之事，即赋诗曰："昔闻牛渚咏五章，今来何谢袁家郎？"遂登城西（南京西）孙楚酒楼（后为太白楼）"玩月达曙"。明洪武年，朱元璋为庆徐达八月二日攻下元大都（今北京），传口谕，在即将来临的中秋节，官兵、军民同乐。这一夜境内人们绘月宫图、陈列鲜果、月饼，讲"嫦娥奔月""吴刚伐桂""玉兔捣药"故事等，热闹非常。解放后，赏月习俗延续。南苑街道至时举办中秋赏月联谊会、中秋之夜文艺演出等，遥寄对海外亲人的思念，对台湾同胞的怀念，并盼海峡两岸早日团圆。许多家庭还摆上鲜嫩多汁的花香藕，微开紫花的鸡头果，一盘带柄的红鲜菱，其他还有梨子、芋头、石榴、月饼等拜月祈福。正如《新编醉翁谈录》载："倾城人家子女，登楼或中庭焚香拜月，各有所朝，男愿早步蟾宫、高攀仙桂……女则愿貌似嫦娥、圆如洁月。"现时人们祝愿的内容与过去虽有所不同，但保健康、保平安则是不可缺少的。

吃月饼　月饼，又称圆饼。宋苏东坡诗曰"小饼如嚼月，中有酥和饴"，酥是油酥，饴就是糖，可见月饼在宋代就有了。元末，境内反元情绪高涨，人们在做月饼时馅子中夹进纸条，上面写道："八月十五杀鞑子！"然后再把做好的月饼送给各家各户，人们一吃到月饼就看到了纸条，于是中秋节这一天，境内百姓走出家门，加入南京起义队伍之中，给元朝统治者以沉重打击。这以后南苑人吃月饼形成了长盛不衰的传统习俗。现在境内月饼品种繁多，做工考究。有代表性的是苏式月饼，酥皮，馅多用桃仁、瓜子、松子，配以桂花、玫瑰花等天然香料；有广式月饼，以糖浆面皮为主，分酥皮、硬皮两种；有京式月饼，酥皮、冰糖馅。近年来，人们食用讲究质量，以果类为馅的低糖少油月饼逐步替代传统糖多油重的月饼。月饼象征着团圆，象征着美丽，象征着甜蜜，所以南苑人都把它作为中秋佳节必不可少的食品和礼品。

吃盐水鸭 中秋节吃盐水鸭是境内习俗。据《建邺史话》载，清同治年间韩荣贵在南京水西门一带开"清真韩复兴板鸭店"，夏秋销盐水鸭，冬春销板鸭，生意十分红火。究其原因是鸭子品种好，其来源于江苏邵伯、高邮，为麻鸭，即瘦形鸭。后为自养鸭，多喂稻谷。加工后的盐水鸭皮白而细，肉肥而嫩，油多而鲜，吃口好，尤其桂子飘香时的盐水鸭味更美，雅称"桂花鸭"。南京文献中的《白门食谱》载："金陵八月时期，盐水鸭最著名，人人以为肉内有桂花香也。"时逢中秋家庭团圆，盐水鸭必是餐桌上的佳肴。而由此派生的水晶鸭、烧鸭、烤鸭、酱鸭、香酥鸭等在境内街头巷尾都有出售，且也受到人们喜爱。

【重阳节习俗】

重阳节，古代将"九"定为阳，农历九月九日两九相重，故称"重阳节"。重阳登高、佩茱萸、赏菊花和饮菊酒始于东汉。据《续齐谐记》载，东汉时，汝南有个桓景，跟随道人费长房游学。一天，费对桓说，九月九日，你家有灾，速回去，要每人制一绛色囊袋，内装茱萸，系在臂上，登高饮菊花酒，此祸可除。桓照此办理，晚上归家时，发现牲畜都暴死，人皆幸免。这个神话故事，是劝人登高游赏，呼吸新鲜空气，以健康身体，延年益寿。此后，人们每逢此日就登高、秋游、佩茱萸、赏菊花、饮菊花酒，以求免祸呈祥。从此历代相沿，便成为重阳节风俗。

登高赏菊 登高赏菊是重阳节风俗，也是境内习俗。《金陵岁时记》载："九月登高，南则雨花台，北则北极阁，即明之钦天山也。山后花农多以种菊为业，紫艳黄英，垄亩相望，游人载菊而归。俗云山后看菊。"除此，南苑人还选择攀紫金山、登石头城、汉中门，也参与登楼、登山比赛。其目的不再是"避邪"，而是纵目远眺大好河山和南京新貌。而赏菊则去玄武湖，多为家人组合，也有集体组织观赏。菊花是多年生草本植物，叶子有柄，呈卵形，边缘有缺刻或锯齿，秋季开花，品种很多。因菊花有观赏、药用价值，赏菊既能怡悦心情，也能益寿延年。

食重阳糕 唐代，虽然粉面蒸饼已经出现，但不是重阳节的专属食品。

宋代，市井内有了独立经营糕饼食品的店铺，因"糕"与"高"谐音，于是吃糕与登高同成节俗。重阳节食重阳糕也是南苑人的习俗，据明《正德江宁县志》及《金陵岁时记》述，这一天家家户户蒸重阳糕，"或粉或面为之，又用面裹肉炊，曰骆驼蹄"，人皆喜。有的还加枣、栗，称枣栗糕，赏给儿女，取"早日自立高升之意"，境内许多人家还"以五色纸镂为纹，中嵌令字，或插门楣，或为儿童玩具，竞称庆贺重阳"。如"吾乡女子新嫁，母家必遗以旗，而以时鲜佐之，谓之重阳节盒"。同时，儿女们也祝福父母，"福如东海、寿比南山"，这就是食重阳糕的含义。现在，境内市面上，重阳前后亦有重阳糕、枣泥糕销售，但插五色旗的习俗已很难看到。

尊老敬老　农历九月初九是重阳节，也是全国敬老日。这就为重阳节赋予了敬老孝亲的主题，增添新的风俗内涵（详见第二节中"老年节新时令俗"）。

第二节　新时令俗

【"元旦"新时令俗】

"元旦"，即公历的1月1日，是世界多数国家通称的"新年"。在我国，"元旦"一词古已有之。民国二年（1913）规定阴历一月初一为新年。1949年中华人民共和国成立，确定以公历1月1日为"元旦"，即"阳历年""新历年"或"公历年"。

2002年，南苑街道成立后，围绕"我们的节日'元旦'"这一主题，召开元旦茶话会，邀请各界人士齐聚一堂，"畅"谈祖国美好，更感党的恩情；组织华韵、千姿、星光、博爱等其他文艺团队为广大居民群众表演舞蹈、走模特步、打腰鼓和戏曲演唱、器乐演奏等节目；邀请"金陵神剪张"第五代传人张钧介绍、展示民俗艺术剪纸工艺。同时举办猜灯谜、浇糖画、捏面人、做花式棉衣糖和糖葫芦等活动，使人们在观赏中感受中国传统民俗文化的历久不衰魅力所在；与共建单位共同开展"党员暖心服务"活动：为困难户家庭送慰问金、慰问品，举办广场咨询义诊、为孤寡老人送医送药，传授冬季养生知识等活动。

【"三八"妇女节新时令俗】

"三八"妇女节即国际劳动妇女节,全称是"联合国妇女权益和国际和平日"。1949年,中华人民共和国成立后,中央人民政府决定,将3月8日定为妇女节,该日全国妇女放假半天。

南苑街道在这个日子里开展"巾帼共观影,孝道齐传承"妇女节观影主题活动。携手南京中医药大学第二附属医院举办"关爱女性,皮肤养护"主题健康讲座,医生现场讲授健康春季护肤知识。成立"心连心工作站",为辖区内妇女儿童提供帮助。慰问辖区内少数民族。邀请单亲母亲,贫困空巢老人参加"牵手同行、与爱同行、我们在一起温暖'三八'"助困活动,送上节日慰问。在学雷锋活动中为社区群众提供义诊、健康咨询、理财、保险、女性就业招聘、小家电维修、理发、修鞋等便民服务。与南京电视台生活频道《欢乐社区》联合开展"迎'三八',学雷锋"志愿服务活动。承办"建邺姐妹心向党·巾帼建功新时代"为主题的南苑街道庆"三八"暨慰问表彰活动。联合手工工作室为女同胞们举办团扇DIY手工活动。开展以"文润建邺,艺美生活"为主题的"三八"妇女节活动。开展"巧手剪纸心向党,巾帼喜迎二十大"的主题活动。邀请剪纸手工传承人杨静老师介绍中国剪纸文化艺术的历史传承和鉴赏知识。同时为女性居民举办插花教学讲座。联合社工服务组织开展"巧手扮家,幸福生活"插花和微景观制作活动。邀请手工绒花制作非遗传承老师现场教授制作手工绒花。邀请辖区共建单位妇联开展"平凡努力向阳生,魅力女性放光彩"健康主题活动。邀请律师事务所开展"妇儿权益维护与安全守护课堂"及女性如何保护自己的财产权利公益讲座及"民法典宣传"等活动。开展以"柔肩担重任,巾帼绽芳华"为主题的体育健身、形象礼仪讲座、集体观影3项活动。开展"书香飘万家,巾帼心向党"活动,使广大妇女在读书中分享快乐。

【"五一"劳动节新时令俗】

"五一"劳动节又称"国际劳动节""国际示威游行日",是世界上80多个国家的全国性节日。中华人民共和国成立以后,中央人民政府政务院于1949年12月将5月1日定为法定的劳动节,全国放假一天。

　　为庆祝每年"五一"国际劳动节，南苑街道总工会围绕创学习型工会，组织基层工会干部学习《中华人民共和国工会法》《中国工会章程》等，邀请律师对企业职工进行法律辅导，以解决企业关于工资的确定、劳动合同签订及工会组建难点问题；开展"五比"活动，即比优秀工程出精品，比安全生产零事故，比职工创新出成果，比文明工地树形象，比工程预算控制好；关爱困难群体，工会会员与境内特困难家庭结成"一助一"帮扶对子，为贫困职工子女入学爱心捐助，为环卫工、农民工、女职工等提供免费体检；组织登山、游泳、健步走、环湖跑、篮球赛；举办职工演讲比赛、摄影展览、文艺演出、技术练兵、就业招聘；参观侵华日军南京大屠杀遇难同胞纪念馆、雨花烈士陵园、李元龙纪念馆、赵亚夫事迹展览馆等。

【"五四"青年节新时令俗】

　　1919年5月4日，在中国爆发了一场以青年学生为主导的反帝反封建爱国运动，即五四运动。为纪念这一历史事件，1939年，陕甘宁边区西北青年救国联合会规定5月4日为中国青年节。1949年12月，中央人民政府政务院正式宣布将5月4日定为中国青年节，并放假半天。

　　这一刻，南苑街道团委组织团员青年参观梅园新村、南京博物院等爱国主义教育基地，观看纪念邓颖超、邓小平生前事迹展。开展"缅怀革命先烈，弘扬民族精神"主题团日活动，到雨花台革命烈士墓祭奠。开展"学党史、强信念、跟党走"青年学党史活动。开展"比作风、比形象、比服务、比水平"竞赛。利用橱窗、青年论坛等多种形式，介绍共青团工作和青年典型。举办"关注弱势群体，构建和谐社区"暨开展学习宣传《低保条例》知识竞赛、"爱我建邺，美化家园"征文大赛。举办"南苑街道迎青奥青年社工演讲比赛"。

　　组织团员青年到"博爱之家"社区慈善救助超市，现场捐助、书画义卖。组织金陵中学河西分校志愿者与低保户、特困户家庭子女结对，开展义工志愿者义务家教活动。组织中等医药学校志愿者与社区内的孤老结对，开展"送医（药）上门"活动。组织辖区外来工子弟参加南京市百场公益夏令营。会同民政部门给辖区特困家庭学生发放帮困资金。推荐贫困儿童参加团市委"牵手行动"等助学活动。为应届高考学生申办"圆梦基金"。

　　组织禁毒志愿者、"禁毒小天使"参加"杜绝毒品，爱我家园"创建平安社区千人签名宣传活动。开展"交通协勤一小时,方便快捷你我他"志愿协勤。开展以"志愿服务青奥,给力高考我服务"为主题的团日活动。联合辖区内多家社会机构举办"青春如火,南苑青年在行动"学雷锋活动,组织团员到紫金山开展"保护母亲山"捡垃圾活动。举办"五四"就业招聘会、退伍士兵座谈会、应届大学毕业生恳谈会。联合团区委、社区及辖区公益服务中心,举办无臂艺术家夏虹"点亮心中奇梦——大型励志教育演讲"讲座,开展建邺区纪念建团98周年、99周年青年读书会活动。联合区有关部门、辖区各单位共同举办"深化学与做、友谊架金桥"青年婚恋交友活动。

【"六一"儿童节新时令俗】

1931年,中华慈幼会根据在瑞士日内瓦召开的关于儿童福利的国际会议的建议,确定每年4月4日为儿童节,并得到南京国民政府教育部的批准,成为全国性节日。中华人民共和国成立后,为与国际接轨并纪念在法西斯侵略战争中死难的儿童,中央人民政府政务院于1949年12月23日决定将中国儿童节定为每年6月1日。从此,"六一"儿童节成为中国儿童的重要节日。

每年的这一天,围绕"一'鹭'伴你幸福"儿童节,举办"润心共守护,携手同成长"家庭亲子心理志愿公益服务活动。举办"你的微心愿,我帮你实现"公益专场活动。针对辖区困境儿童,开展"'六一'微爱,友爱童行"圆梦主题活动,举办"童心向党,筑梦成长"欢度"六一"儿童节文艺会演。特邀蛋糕师傅在欢乐庆"六一"的日子里,为亲子传授制作甜品的手工流程。为少年儿童开展国防教育,通过举办讲座和微阵地体验,激发爱国情怀、民族自豪感和崇军尚武的志气。携手辖区幼儿园,捐助儿童玩具和儿童清洁用品,将其赠送困境家庭儿童。联手境内中优关爱儿童之家、未成年人保护工作站等单位,开展"童心向党"绘画党徽,同时为少年儿童传授绘制京剧脸谱技艺、红色腰鼓创意。联合大爱之家"成长智慧阁"为辖区少年儿童提供课外辅导、培养兴趣爱好、开展文化活动。联合南京青少年科技教育协会举办"天宫探秘"科普活动,同时举办机器人展示及简易编程科普活动。

【"七一"建党节新时令俗】

1921年中国共产党在上海召开第一次全国代表大会,宣告中国共产党正式成立。1938年，毛泽东在《论持久战》一文中提出："今年七月一日，是中国共产党建立的十七周年纪念日。"1941年，中国共产党中央委员会发布《中央关于中国共产党诞生二十周年、抗战四周年纪念指示》，正式确定"七一"为党的成立纪念日，即建党节。

在隆重纪念的日子里，南苑街道开展系列活动，举办"我的'五心'（真心、诚心、细心、耐心、爱心）诉说'初心故事'"专题讲座和优秀共产党员抗疫事迹报告会。关心、资助、慰问高龄、空巢、困难党员。开展"礼赞新时代、追梦复兴路"主题宣讲活动。结合"精彩365，快乐每一天"的主题，举办"颂歌献给党，共创新辉煌"南苑街道庆祝改革开放40周年暨建党97周年大合唱比赛。组织党员参观西舍"红色堡垒"党员教育基地。在中国共产党成立98周年之际，围绕"奋斗百年路，起航新征程"，开展"红色印记伴我行"之红船制作活动，举办学党章、守初心、强党性等党日活动，举办以"各族颂党恩，和谐一家亲"为主题的民族风情节。在庆党百年活动之际，召开表彰会，表彰一批先进基层党组织、优秀党务工作者、优秀共产党员和学习之星。举行发放"光荣在党50年"纪念章及党员宣誓，重温入党誓词等活动。同时为"头雁讲堂"揭牌并为党员上党课，为老党员集体过"政治生日"，组织党员前往雨花台、桂子山烈士陵园开展以"缅怀革命先烈，传承红色精神"为主题的学习教育活动。

【"八一"建军节新时令俗】

1927年8月1日凌晨2时，周恩来、朱德、贺龙、叶挺、刘伯承等指挥的各路起义军向驻守南昌的国民党军队发动进攻，经过4个多小时的激战，占领了南昌城。这次起义打响了武装反抗国民党反动派的第一枪，标志着中国共产党独立领导武装斗争和创建人民军队的开始。因此，8月1日被定为中国人民解放军的建军节。

南苑街道在这一天组织走访慰问共建部队、重点优抚对象、困难人员以及辖区内困难退役军人及其家庭和现役官兵家庭。开展"爱心献功臣、情系边海防官兵"等拥军优属活动。组织青少年志愿者开展"情暖老兵，关爱帮扶"活动。开展党建引领文化润民进军营活动，深化"五老"志愿者的"互助、服务、奉献"精神，强化消防安全意识，掌握消防安全知识。联合社会福利机构举办"老少心向党、喜迎二十大"红歌汇，开展"与青少年共迎

'八一'建军节"活动。组织学生走进十月军校雷锋文化展馆和党史展馆,重温中国革命年代的烽火岁月,感受军人的赤子情怀,通过纪念馆文献档案、历史图片与文物,感受老一辈无产阶级革命家们的革命精神和爱国情操。特邀原天狼突击队狙击队队长邱国忠教官为青少年讲解特种兵的训练生活。

【"十一"国庆节新时令俗】

1949年10月1日下午3时,毛泽东主席在天安门城楼上庄严宣告:"中华人民共和国中央人民政府今天成立了!"随后,举行了盛大的阅兵式和群众游行,庆祝中华人民共和国的诞生。自此以后,每年的10月1日成为中国全国各族人民隆重欢庆的节日。

在这个欢庆的日子里,中国的传统节日中秋节往往会融合其中。文化站围绕迎中秋庆国庆举办"歌颂新时代,谱写新篇章"喜迎国庆文艺演出,邀请江苏省第二中医院、南京市建邺区逸怀居家养老服务中心为居民群众提供义诊、教授手工月饼制作,衣物织补志愿服务等。举办"踔厉奋发强国防,勇毅前行向复兴"喜迎中秋欢度国庆活动,辖区各企事业单位、各物业公司现场为大家提供法律咨询、文艺演出、医疗康养、运动健身等便民惠民服务和美术、书法、摄影展览、制作冰皮月饼等活动;举办喜迎十九大广场志愿服务,组织"我与祖国心连心"文艺会演;举办"双节满月共庆典,社企联谊话团圆"主题活动。与辖区社会组织、共建单位、党员志愿者及携手南京广播电视集团、蒙正公益中心、福惠居家养老中心、悦善淘慈善超市、南京高职校等单位,开展"党建联盟一家亲,国庆中秋齐欢庆"广场活动,现场义诊、义卖、做月饼、文艺会演等活动。还邀请建邺区文化馆开展"弘扬中国文化,传承京剧之韵"京剧演唱、脸谱手作等活动。

【老年节新时令俗】

1989年,中国政府决定将每年的重阳节(九月初九)定为"老人节"或"敬老节"。2006年,重阳节被国务院列入首批国家级非物质文化遗产名录。2013年7月1日起实施的《老年人权益保障法》中规定,"每年农历九月初九为老年节",以法律形式明确了老年节的地位。

在这敬老孝亲的日子里,南苑街道宣传《老龄人权益保护法》,以及老有所为、为老服务等先进典型。通过召开庆祝会、座谈会，走访慰问，关爱孤、寡、残、高龄老人；举办有特色的文艺演出，开展以"崭新南苑，靓丽南苑"为题的老年书画摄影展，"老人象棋赛"和"看新城"活动；境内医院、卫生中心、卫生服务站，义务为福利院老人及90岁以上高龄老人体检、义诊；团委组织中小学生、青年志愿者为敬老院和居家老人开展生活帮助；南苑街道按照"星光计划"要求，利用广场阵地，开展小型分散的各类活动。开展多种形式的敬老爱老活动，使老有所医、老有所乐、老有所养得到落实，使中华民族尊老敬老传统美德不断发扬光大。

第二十一章　地名

　　本章"地名"源于2018年6月建邺区第二次全国地名普查的资料,共分"道路、街巷名""河流、桥梁名""住宅小区名"和"消失的地名"4类。部分地名或镌刻在历史实体上,或固化在自然地理中,如文中收录的南河、赛虹桥、白鹭东街、鹭鸣苑社区等;部分地名随城市化建设出现,如尚文苑、安康村、吉庆家园、幸福河、兴隆大街等;部分消失的地名已收录至《南苑街道志》。

第一节　道路、街巷名

【集庆门大街】

　　在南苑街道。跨建邺区莫愁湖街道、秦淮区、鼓楼区。1996年将长虹西路拓宽并向东西延伸。1997年,因该路邻近集庆门而命名。2014年从江东中路西延调整命名。东起集庆门,西至扬子江大道,长4973米,宽40米。区境东起集庆门桥,燕山路至清河路之间路段为建邺区、鼓楼区界路,长4900米。南苑段长2800米。

【应天大街】

　　在南苑街道。跨建邺区兴隆街道、雨花台区、秦淮区。1995年以南京曾用名应天府命名,凤台路东边为应天路、西边为应天西路。2004年应天西路及西延段更名为应天大街。2005年应天路也更名为应天大街,西起扬子江大道,东至大明路。长4450米,宽30米。该路高架路为南京井字内环南线。区境东起拖板桥，长4470米。南苑段长2600米。

【怡康街】

在南苑街道。跨雨花台区。2002年因路经怡康新寓而命名为怡康路。2004年更今名。2015年西城路东延，西起江东中路，东至凤台南路。长2650米，宽23米。区境东起怡康街南河桥，长2330米。南苑段长2200米。

【兴隆大街】

在南苑街道。跨建邺区兴隆街道、雨花台区。2004年取兴旺发达之意而命名。同时废弃原兴隆路路名。东起凤台南路，西至扬子江大道。长4324米，宽40米。区境东起兴隆大街南河桥（现名毛公渡桥），长4130米。南苑段长2100米。

【梦都大街】

在南苑街道。跨建邺区兴隆街道、雨花台区。2004年寓意梦幻之都而命名。同时废弃原梦都路路名。东起凤台南路，西至扬子江大道。长4800米，宽65米。区境东起梦都大街南河桥，长4710米。南苑段长2200米。

【爱达路】

在南苑街道。跨雨花台区。2012年因通往爱达花园而命名。南起应天大街，北至爱达花园南门。长370米，宽6米。区境南起与雨花台区交界处，长300米。南苑段长100米。

【长虹路】

在南苑街道。跨建邺区莫愁湖街道、秦淮区、雨花台区。1981年因此路较长且途经赛虹桥而命名。北起水西门外大街（水西门大街），南至宁芜公路（雨花西路）。长3345米，宽13.5~20米。北起点至赛虹桥为区境（与秦淮区交界处）段，长1860米。南苑段长822米。

【白鹭东街】

在南苑街道。2004年5月命名。因河西古时为白鹭洲，故名。西北起江东中路，东南止西城路。长2190米，宽12米。支路。

【松花江东街】

在南苑街道。2004年5月以黑龙江最大支流松花江命名。西北起至江东中路，东南至西城路。后因规划调整，其道路西北起至江东中路，东南止庐山路。长340米，宽11米。支路。

【云锦路】

在南苑街道。跨建邺区莫愁湖街道。2004年5月以南京特产云锦命名。北起汉中门大街，南止庐山路。长3100米，宽26米。次干路。南苑段长2100米。

【湖西街】

在南苑街道。跨建邺区莫愁湖街道。1985年5月因在南湖新村之西而命名。北起水西门大街，南至南湖南河。1990年6月调整命名，南延伸至集庆门大街。1996年3月再次调整命名，南延伸至应天大街。北起水西门大街，南止应天大街。长1400米，宽30米。次干路。南苑段长910米。

【庐山路】

在南苑街道。跨建邺区沙洲街道。2004年5月以江西名山庐山命名。东北起应天大街，西南至江山大街。2013年9月向西南延伸至头关街。东北起应天大街，西南至头关街。长9650米，宽35米。主干路。南苑段长2300米。

【恒山路】

在南苑街道。跨建邺区沙洲街道。2004年5月以北岳恒山命名。东北起应天大街，西南止金沙江东街。长4900米，宽24米。次干路。南苑段长1600米。

【南湖路】

在南苑街道。跨建邺区莫愁湖街道。1985年5月以南湖命名。北起水西门大街，南止南湖南河。1990年6月向南延伸至集庆门大街。1996年3月向南延伸至应天大街。北起水西门大街，南止应天大街。长1845米，宽30米。次干路。南苑段长900米。

【黄山路】

在南苑街道。跨建邺区沙洲街道。2004年5月以安徽省黄山命名。北起应天大街，原命名南至金沙江东街，现实际南延伸至江山大街。长5350米，宽23米。主干路。南苑段长1600米。

【嵩山路】

在南苑街道。跨建邺区沙洲街道。2004年5月以河南嵩山命名。2018年从金沙江东街南延伸调整命名。东北起应天大街，西南至问学路。长5340米，宽24米。次干道。在现实和规划之中，该路被明基医院分为两段。北段南至河西大街；南段规划北至嘉陵江东街，现实际北至雨润大街。南苑段长680米。

【文体路】

在南苑街道。跨建邺区莫愁湖街道。2004年5月由原文体街、南苑路合并命名。北起水西门大街，南止应天大街。长2030米，宽15米。次干路。南苑段长912米。

【泰山路】

在南苑街道。跨建邺区沙洲街道。2004年5月以山东省泰山命名。东北起应天大街，南止金沙江东街。长5180米，宽15米。主干路。南苑段长1600米。

【西城路】

在南苑街道。跨建邺区沙洲街道。2004年5月因位于河西新城而命名。东北起集庆门大街，西南止雨润大街与金沙江东街相交处。长5500米，宽15米。支路。南苑段长2050米。

【厂圩街】

在南苑街道。1990年以邻近原厂圩自然村命名。东北起集庆门大街，西南至湖西街。长490米，宽10米。支路。

【厂圩南街】

在南苑街道。1994年5月因位于厂圩街南而命名。南起康泰街，北止厂圩街。长210米，宽4米。支路。

【凤鸣苑路】

在南苑街道。2001年以凤鸣苑命名。北至集庆门大街，南至凤鸣苑内部道路。长115米，宽5米。支路。

【弘新路】

在南苑街道。2013年4月以弘扬河西新城特色而命名。东起西城路，西止吉山路。长300米，宽16米。支路。

【吉山路】

在南苑街道。2004年5月以江宁区吉山取吉祥、吉庆之意而命名。并与同向的泰山路、嵩山路、黄山路等形成山字系列地名。同时撤销应天巷命名。东北起应天大街，西南止松花江东街。长970米，宽18米。支路。

【健园北街】

在南苑街道。2012年11月因该路位于南苑新村健园以北而命名。东起西城路，西止台晔路。长200米，宽8米。支路。

【健园南街】

在南苑街道。2012年11月因该路位于南苑新村健园以南而命名。东起西城路，西至台晔路。长200米，宽8米。支路。

【康泰街】

在南苑街道。1994年5月命名。以国泰安康之意，故名。西北起厂圩街向南至康泰南街折向东至南湖路。长425米，宽15米。支路。

【康泰南街】

在南苑街道。1994年因位于康泰街南而命名。北至康泰街，南至所街。长211米，宽15米。支路。

【所街】

在南苑街道。2004年因道路拓宽且靠近所街，故将所叶路更为今名。东起西城路，西止江东中路。长2240米，宽20米。次干路。

【台晔路】

在南苑街道。2001年以邻近南苑新村台园、晔园两幢住宅小区而命名。北起集庆门大街，南至健园南街（幸福桥）。长461米，宽10米。支路。

【秀山路】

在南苑街道。2004年5月命名。或以南京市高淳区秀山，取秀丽、秀美之意而命名。并与同向的吉山路、泰山路、嵩山路等形成山字系列地名。北起弘新路，南止兴隆大街。长840米，宽20米。支路。

【叶天路】

在南苑街道。2014年8月以当地老地名叶家套自然村而命名。北起所街，南止南京钢锯厂（今翡翠球场）。长200米，宽20米。支路。

【忠字街】

在南苑街道。2001年因来自与其相连的忠字桥而得名。北起所街，南止应天大街。长304米，宽8米。支路。

第二节 河流、桥梁名

【外秦淮河】

在南苑街道。跨建邺区莫愁湖街道、秦淮区双塘街道、朝天宫街道。因是秦淮河绕南京坡外河段，故名。外秦淮河最早是五代十国时开凿的护城河，以后历经多个朝代修浚形成今日形态。东起通济门外九龙桥，向南至节制闸，经雨花桥折西至风台桥，再折向西北方向由三议河口入江。长约16千米。区境南起风台路桥，北至石城桥，长3200米。南苑段北起集庆门大街，南至赛虹桥立交（西岸），长650米。

【南河】

在南苑街道。跨建邺区沙洲街道、雨花台区赛虹桥街道、西善桥街道。古名阴山河。民国初因在南京市南郊（偏西南），更名为南河。北起赛虹桥，原从西南至大胜关入江，1979年改道入秦淮新河。长8700米。大部分河段为建邺区、雨花台区界河。南苑段长3000米。

【沙洲西河】

在南苑街道。跨建邺区沙洲街道。2006年由中心河更名为沙洲西河，因位于沙洲街道西侧，故名。北起幸福河，南至江山河。长5500米。南苑段长2000米。

【怡康河】

在南苑街道。跨建邺区兴隆街道。1975年开挖，得名齐心河。2000年，因沿河道北侧有怡康街，更今名。西起燕山路东侧（怡康河西闸），东至泰山路东侧南侧暗沟。长2000米。南苑段长1500米。

【幸福河】

在南苑街道。1963年开挖，得名幸福沟。1977年重建，更名为幸福河。西起江东中路东侧，东至西城路。长2200米。

【忠字河】

在南苑街道。因位于忠字街边而得名。北起所街，南至应天大街。长300米。

【应天大街高架桥】

在南苑街道。跨建邺区兴隆街道、秦淮区、雨花台区。2004年以位于应天大街之上而得名，为城市高架桥。西至长江，东至大明路。长9540米，宽25米。南苑段长2200米。

【集庆门桥】

起于南苑街道东边缘，跨建邺区莫愁湖街道、秦淮区。1999年建成以桥近集庆门而得名。位于集庆门大街上、跨外秦淮河。长117.8米，宽40米。

【赛虹桥】

起于南苑街道东边缘，跨雨花台区、秦淮区。明洪武年间建造。取唐代诗人杜牧《阿房宫赋》"长桥卧波，未云何龙？复道行空，不霁何虹？"之意而得名。又名赛工桥，赛公桥。位于长虹路上，跨秦淮河支流南河。长45米，宽30米，高8.9米。

【南河桥】

起于南苑街道东边缘，跨雨花台区。1997年因在南河上而命名。位于兴隆大街东段，跨南河，向东接凤台路。因位于原拆除的毛公渡桥址不远，也称之为毛公渡桥。长90米，宽16米。

【拖板桥】

起于南苑街道东边缘，跨雨花台区。相传民国时期由财主王寿保出资建造土板结构的小桥。初名土坂桥，后谐作拖板桥。位于应天大街上，跨南河。长35米，宽66米。

【湖西桥】

在南苑街道。2003年建成。因位于湖西街而得名。跨幸福河。长104米，宽20米，最大跨度8米。

【幸福桥】

在南苑街道。1977年建，因跨幸福河上，故名。在台晔路上。长28米，宽12米。

【金虹桥】

在南苑街道。2002年建成。因靠近金虹花园小区而得名。位于南湖路上，跨幸福河。长21.7米，宽39.9米。

第三节　住宅小区名

【3503厂宿舍】

在南苑街道吉庆社区。1985年命名。东、南、西、北均与南京际华3503厂服装有限公司相邻。占地面积14.4万平方米。

【铂领公寓】

在南苑街道吉庆社区。2006年3月取谐音"白领"，寓意为个性独特、品位高尚的住宅而命名。东至停车场，南至应天大街高架桥，西邻南京钢锯厂，北邻南京电力电容器厂。占地面积1.51万平方米，建筑面积3.08万平方米。

【城开怡家】

在南苑街道吉庆社区。2006年12月命名。东至南湖路，南至所街，西至湖西街，北至幸福河。占地面积2.1万平方米。

【翡翠名园】

在南苑街道吉庆社区。2010年8月因南京翡翠金轮置业有限公司建设，故以公司专名"翡翠"而命名。东至叶天路，北至所街。占地面积7200平方米，建筑面积3万平方米。

【海苑华庭】

在南苑街道吉庆社区。2013年3月命名。东至西城路，西、南至南京电力电容电器厂，北至所街。占地面积6700平方米，建筑面积2.7万平方米。

【吉庆家园】

在南苑街道吉庆社区。2001年9月寓吉祥喜庆之意而命名。东至文体路，南至应天大街，西至香缇丽舍，北至所街。占地面积2.25万平方米，建筑面积20万平方米。内有逢春苑、仲夏苑、金秋苑、旭冬苑、百花苑等5个组团。

【吉庆家园百花苑】

在南苑街道吉庆社区。2001年9月命名。位于吉庆家园中部，内组团之一。寓百花争艳之意，故名。东至仲夏苑，南至旭冬苑，西至香缇丽舍，北至金秋苑。

【吉庆家园逢春苑】

在南苑街道吉庆社区。2001年9月命名。位于吉庆家园东南部，内组团之一。以一年四季中"春"字，即逢春，故名。东至文体路，南至应天大街，西至旭冬苑，北至百花苑、仲夏苑。

【吉庆家园金秋苑】

在南苑街道吉庆社区。2001年9月命名。位于吉庆家园东南部，内组团之一。以一年四季中"秋"字，即金秋，故名。东至仲夏苑，南至百花苑，西至南湖路，北至所街。

【吉庆家园旭冬苑】

在南苑街道吉庆社区。2001年9月命名。位于吉庆家园西南部，内组团之一。以一年四季中"冬"字，即旭冬，故名。东至逢春苑，南至应天大街，西至香缇丽舍，北至百花苑。

【吉庆家园仲夏苑】

在南苑街道吉庆社区。2001年9月命名。位于吉庆家园东北部，内组团之一。取一年四季中"夏"字，即仲夏，故名。东至文体路，南至逢春苑，西至金秋苑，北至所街。

【南苑新村】

在南苑街道话园、健园、吉庆3个社区。1993年9月因地处城西与城东的北苑新村遥相对应而命名。东至西城路，南至所街，西至南湖路，北至集庆门大街。占地面积42.6万平方米，建筑面积40万平方米。内有宇园、话园、台园、趣园、澄园、真园、开园、健园、晔园、贡园、思园、发园等12个组团，共建住宅楼110栋。

【南苑新村贡园】

在南苑街道吉庆社区居委会。1993年9月命名。位于南苑新村南部，内组团之一。因是雨花台区城镇开发公司开发，取"公"字谐音"贡"，故名。东至西城路，南至所街，西至文体路，北至幸福河。占地面积2.8万平方米。

【南苑新村思园】

在南苑街道吉庆社区。1993年9月命名。位于南苑新村南部，内组团之一。因是雨花台区城镇开发公司开发建设，取"司"谐音"思"字得名。东至文体路，南至所街，西至南湖路，北至幸福河。

【香缇丽舍】

在南苑街道吉庆社区。2003年12月寓意将打造成高标准、高起点的时尚、浪漫住宅小区而命名。东至吉庆家园，南至应天大街，西至南湖路，北至绿地广场。占地面积2.9万平方米，建筑面积7.8万平方米。

【安国村】

在南苑街道国泰民安社区。1990年6月取国泰民安之意而命名。东至南湖路，南至康泰街，西至厂圩街，北至集庆门大街。占地面积5.7万平方米。

【安康村】

在南苑街道国泰民安社区。1990年6月寓意太平安康而命名。东、南至广圩街，西至湖西街，北至安民村。占地面积4.7万平方米。

【安民村】

在南苑街道国泰民安社区。1990年6月寓意安定人民生活而命名。东至安国村，南至安康村，西至湖西街，北至集庆门大街。占地面积2.7万平方米。

【安如村】

在南苑街道国泰民安社区。1994年5月寓意平安如意而命名。东至康泰南街，南至幸福河，西至湖西街，北至安康村。占地面积5.3万平方米。

【安泰村】

在南苑街道国泰民安社区。1990年6月取国泰民安之意而命名。东至南湖路，南至安意村，西至广圩南街，北至安国村。占地面积5万平方米。

【金虹花园】

在南苑街道国泰民安社区，2002年8月寓意金色的彩虹，美好、快乐的居住环境而命名。东至南湖路，南至幸福河，西至康泰东街，北至康泰街。占地面积4.4万平方米，建筑面积8.5万平方米。

【上水云锦花苑】

在南苑街道庐山社区、黄山路社区。2014年12月因邻近云锦路，故以开发商上水系列品牌而命名。东至黄山路，南至白鹭东街，西至云锦路，北至怡康街。占地面积13.4万平方米，建筑面积28万平方米。以庐山路为界，其二期位于黄山路社区。

【横塘西苑】

在南苑街道兴达社区。2005年10月命名为万盛馨园，2007年7月改为今名。东至盛世公馆，南至怡康街，西至恒山路，北至弘瑞广场。占地面积1.9万平方米，建筑面积2.9万平方米。

【华隆新寓】

在南苑街道兴达社区。1999年9月寓中华兴隆，繁荣昌盛之意而命名。东至恒山路，南至怡康街，西至庐山路，北至苏建豪庭。占地面积4万平方米，建筑面积6万平方米。内有一村、二村2个组团。

【华隆新寓一村】

在南苑街道兴达社区。2000年9月命名。位于华隆新寓北部，内组团之一。以建设时间和顺序数号，故名。东至恒山路，南至华隆新寓二村怡康街，西至庐山路，北至苏建豪庭。

【华隆新寓二村】

在南苑街道兴达社区。2000年9月命名。位于华隆新寓南部，内组团之一。东至恒山路，南至怡康街，西至庐山路，北至华隆新寓一村。

【金陵世家】

在南苑街道兴达社区。2001年7月因金陵饭店置业有限公司开发建设，取公司专名而命名。东至华冠产业园，西、南至兴达新寓，北至应天大街。占地面积2.45万平方米，建筑面积4.2万平方米。

【盛世公馆】

在南苑街道兴达社区。2010年寓意繁盛欣荣之意而命名。东至黄山路，西、南至横塘西苑相邻，北至金陵机动车检测大厦。占地面积1.2万平方米。

【苏建豪庭】

在南苑街道兴达社区。2004年5月由苏建房地产开发有限公司开发建设，取豪华、气派之意而命名。东至弘瑞广场，南至华隆新寓，西至庐山路，北至应天大街。占地面积4.3万平方米，建筑面积10.7万平方米。

【兴达新寓】

在南苑街道兴达社区。1998年4月寓兴盛发达之意而命名。东至庐山路，南至康怡街，西至兴达广场，北至金陵世家。占地面积4.3万平方米。内有兴达新寓一村和兴达新寓二村2个组团。

【兴达新寓一村】

在南苑街道兴达社区。2000年7月命名。位于兴达新寓西部，内组团之一。以开发时间和序数号，故名。东至兴达新寓二村，南至怡康街，西至兴达广场，北至南京市兴达幼儿园。面积12411平方米。

【兴达新寓二村】

在南苑街道兴达社区。2000年7月命名。位于兴达新寓东部，内组团之一。以开发时间和序数号，故名。东至庐山路，南至怡康街，西至兴达新寓一村，北至金陵世家。占地面积1.93万平方米。

【南苑新村澄园】

在南苑街道健园社区。1993年9月命名。位于南苑新村南部，内组团之一。因是雨花台区城镇开发公司开发建设，取"城"谐音"澄"字得名。东至健园，南至幸福河，西至文体路，北至建邺初级中学。

【南苑新村发园】

在南苑街道健园社区。1996年2月由澄园的东半部划出命名。位于南苑新村南部，内组团之一。寓意蓬勃发展和积极向上，故名。东至台晔路，南至幸福河，西至澄园，北至建邺初级中学。

【南苑新村健园】

在南苑街道健园社区。1993年9月命名为发园，1996年2月更今名。位于南苑新村东部，内组团之一。由于南苑新村东从雨花台区划入建邺区，因此为更好地体现建邺形象，故以建邺谐音分别命健园、晔园组团名。东至西城路，南至幸福河，西至台晔路，北至健园北街。

【南苑新村趣园】

在南苑街道健园社区。1993年9月命名。位于南苑新村中部，内组团之一。因是雨花台区城镇开发公司开发建设，取"区"谐音"趣"字得名。东、南至建邺初级中学，西至文体，北至台园。

【南苑新村台园】

在南苑街道话园社区。1993年9月命名。位于南苑新村北部，内组团之一。因是雨花台区城镇开发公司开发建设，取"台"字组合命名。寓意环境优美之意。东至台晔路，南至趣园，西至文体路，北至尚文东苑。

【南苑新村晔园】

在南苑街道健园社区。原名为中园。1996年3月更今名。位于南苑新村东北部，内组团之一。由于南苑新村东从雨花台区划入建邺区，因此为更好地体现建邺形象，故以建邺谐音分别命健园、晔园组团名。东至西城路，南至健园北路，西至台晔路，北至集庆门大街。占地面积2.85万平方米。

【尚文苑】

在南苑街道健园社区、话园社区。2004年8月因地处文体路两侧，寓高尚、文明之意而命名。东至台园，南至台园、话园、宇园，西至宇园，北至集庆门大街。占地面积2.07万平方米，建筑面积3.18万平方米。内设尚文东苑、尚文西苑两个组团。

【尚文东苑】

在南苑街道健园社区。2004年8月命名。位于尚文苑东部，内组团之一。以地处文体路之东，故名。东至台晔路，南至台园，西至文体路，北至集庆门大街。

【虹苑新寓】

在南苑街道虹苑社区。1996年10月因是南京市经济实用住房发展中心在蒿山路东西两侧兴建的"解困房"，以邻近赛虹桥而命名。东至泰山路，南至怡康街，西至黄山路，北至应天大街。占地面积12.9万平方米，建筑面积16.8万平方米。内有虹苑一村、二村、三村、四村、五村等5个组团，共建住宅楼41栋。

【虹苑新寓一村】

在南苑街道虹苑社区。1997年7月命名。位于虹苑新寓东北部，内组团之一。以建设时间和顺序数号，故名。东至泰山路，南至虹苑新寓二村，西至蒿山路，北至应天大街高架。占地面积2.18万平方米。

【虹苑新寓二村】

在南苑街道虹苑社区。1997年7月命名。位于虹苑新寓东部，内组团之一。以建设时间和顺序数号，故名。东至泰山路，南至虹苑新寓三村，西至蒿山路幼儿园，北至虹苑新寓一村。

【虹苑新寓三村】

在南苑街道虹苑社区。1997年7月命名。位于虹苑新寓东南部，内组团之一。以建设时间和顺序数号，故名。东至泰山路，南至怡康街，西至新城小学北校区，北至虹苑新寓二村。

【虹苑新寓四村】

在南苑街道虹苑社区。1997年7月命名。位于虹苑新寓西部，内组团之一。以建设时间和顺序数号，故名。东至嵩山路，南至虹苑新寓五村，西至黄山路，北至天都芳庭。

【虹苑新寓五村】

在南苑街道虹苑社区。1999年11月命名。位于虹苑新寓西南部，内组团之一。以建设时间和顺序数号，故名。东至嵩山路，南至怡康街，西至黄山路，北至南苑新寓四村。建筑面积47245平方米。

【天都芳庭】

在南苑街道虹苑社区。2002年2月命名。因靠近应天大街而建，寓意似人间仙境的美好居所，故名。东至嵩山路，南至虹苑新寓，西至黄山路，北至应天大街。占地面积4.3万平方米，建筑面积5万平方米。

【农机大院】

在南苑街道话园社区。1988年因是江苏省农机局的办公区及职工住宅区而得名。东至南苑新村开园，南至利星公寓，西至南湖路，北至嘉怡苑。建筑面积2.7万平方米。

【利星公寓】

在南苑街道话园社区。1995年4月命名。因是利星房地产开发有限公司开发兴建，故以公司专名得名。东至南苑新村开园，南至幸福河，西至南湖路，北至农机大院、南苑新村开园。占地面积6500平方米，建筑面积1.36万平方米。有5幢住宅楼。

【嘉怡苑】

在南苑街道话园社区。2003年7月取美好、喜悦、快乐之意而命名。东至南苑新村真园，南至省农机化服务站，西至南湖路，北至江苏省第二中医院。占地面积1.5万平方米，建筑面积4.4万平方米。

【南苑新村话园】

在南苑街道话园社区。1993年9月命名。位于南苑新村中部，内组团之一。因是雨花台区城镇开发公司开发建设，取"花"谐音"话"字得名。东至文体路，南至庆园，西至江苏省第二中医院，北至尚文西苑。

【南苑新村开园】

在南苑街道话园社区。1993年9月命名。位于南苑新村中部，内组团之一。因是雨花台区城镇开发公司开发建设，取"开"字组合命名。东至真园，南至幸福河，西至利星公寓，北至江苏省农机化服务站、江苏省水利科学研究院。

【南苑新村庆园】

在南苑街道话园社区。2004年4月命名。位于南苑新村中部，内组团之一。寓喜庆新居之意，故名。东至南苑路，南至南苑真园，西至嘉怡苑，北至南苑话园。占地面积1.1万平方米，建筑面积1.8万平方米。

【南苑新村宇园】

在南苑街道话园社区。1993年9月命名。位于南苑新村西北部，内组团之一。东至话园、尚文西苑，南至江苏省第二中医院，西至通达特种橡胶件厂，北至集庆门大街。

【南苑新村真园】

在南苑街道话园社区。1993年9月命名。位于南苑新村中部，内组团之一。因是雨花台区城镇开发公司开发建设，取"镇"谐音"真"字得名。东至文体路，南至幸福河，西至开园，北至庆园。

【尚文西苑】

在南苑街道话园社区。2004年8月命名。位于尚文苑东部，内组团之一。因地处文体路以西，故名。东至文体路，南至话园，西至宇园，北至集庆门大街。

【爱达花园公寓】

在建邺社区南苑街道爱达社区。1994年1月取充满爱心、四通八达之意而命名。东、西、北至南河，南至建邺区与雨花台区边界线。占地面积7.6万平方米。内有兰花园、墨竹园、紫藤园、杜鹃园、丁香园5个组团。

【爱达花园丁香园】

在南苑街道爱达社区。1997年5月命名。爱达花园公寓内组团之一。

【爱达花园兰花园】

在南苑街道爱达社区。1997年5月命名。位于爱达花园公寓南部，内组团之一。

【爱达花园墨竹园】

在南苑街道爱达社区。1997年5月命名。爱达花园公寓内组团之一。

【爱达花园紫藤园】

在南苑街道爱达社区。1997年5月命名。位于爱达花园公寓北部，内组团之一。

【爱达花园杜鹃园】

在南苑街道爱达社区。1997年5月命名。爱达花园公寓内组团之一。

【爱达鸣嘉楼】

在南苑街道爱达社区。2021年12月因该楼位于爱达花园公寓东南部，寓意项目一鸣惊人，住户幸福美满之意而命名。东至爱达花园公寓东侧围墙，南至爱达花园公寓南侧围墙，西至爱达花园兰花苑9号楼，北至爱达花园兰花苑13栋14栋。占地面积5049平方米，建筑面积1.8万平方米。

【鸿仁名居】

在南苑街道爱达社区。2002年12月因由鸿仁开发公司承建而命名。东至长虹路，南、西至南河，北至西城映象家园。占地面积1.6万平方米，建筑面积2.9万平方米。

【江南名府】

在南苑街道爱达社区。2004年4月因小区建成后将具有浓郁的现代江南园林特征而命名。东至长虹路，南至西城映象家园，西至南河，北至集庆门大街。占地面积5.8万平方米，建筑面积10万平方米。

【西城映象家园】

在南苑街道爱达社区。2003年7月以地处河西新城区域而命名。东至长虹路，南至鸿仁名居，西至南河，北至江南名府。占地1.1万平方米，建筑面积2.1万平方米。

【缤纷家园】

在南苑街道鹭鸣苑社区。2002年4月因期望居民区内的花草树木四季都能花团锦簇、绿树成荫而命名。东临中石化加油站，南至春晓花园，西至凤鸣苑，北至集庆门大街。占地面积1万平方米，建筑面积1.9万平方米。

【春晓花园】

在南苑街道鹭鸣苑社区。2008年6月以小区出色的园林绿化和宜人的居住环境而命名。东至新禧家园，南至南京医药中等专业学校，西至云锦路，北至凤鸣苑、缤纷家园。占地面积8.9万平方米，建筑面积20万平方米。

【凤鸣苑】

在南苑街道鹭鸣苑社区。1999年7月因此处为唐代"白鹭洲故址"又取李白"登金陵凤凰台"诗意而命名。东至缤纷家园，南至春晓花园，西至凤鸣苑路，北至集庆门大街。占地面积1.2万平方米，建筑面积1.4万平方米。

【品阁公寓】

在南苑街道鹭鸣苑社区。2008年6月因该小区品质高档、色彩华丽而命名。东至湖西街，南至湖西街小区，西至新禧家园，北至集庆门大街。占地面积1.2万平方米，建筑面积1.95万平方米。

【天誉府】

在南苑街道鹭鸣苑社区。此处原为1995年命名的白鹭花园鹭鸣苑。2018年1月命今名。寓影响大、通誉海内外之意。东至云锦路，南至幸福河，西、北至世茂国际商业中心。占地面积2.1万平方米，建筑面积18.1万平方米。

【新禧家园】

在南苑街道鹭鸣苑社区。2000年9月寓新世纪千禧年之意而命名。东、北至品阁公寓，南至湖西街小区，西至春晓花园。占地面积9600平方米，建筑面积1.7万平方米。

【银轮花园】

在南苑街道鹭鸣苑社区。2000年4月因是交通部轮船总公司建造的住宅区而命名。东至凤鸣苑，南至春晓花园，西至云锦路，北至集庆门大街。占地面积2.1万平方米，建筑面积3万平方米。

【悦府】

在南苑街道鹭鸣苑社区。2011年9月取悦己悦家人、家和万事兴之意而命名。东至湖西街，南至应天大街，西至云锦路，北至所街。占地面积8.2万平方米，建筑面积36.9万平方米。

【康庄馨苑】

在南苑街道怡康社区。2021年2月寓意着健康向上，充满生机活力的居住环境而命名。东至西城路，南至弘新路，西至吉山路，北至应天大街。占地面积7393平方米，建筑面积2.2万平方米。

【涟城】

在南苑街道怡康社区、泰山路社区。2013年1月该项目因邻近南河风光带，取南河水面微波荡漾之意而命名。东至西城路，南至白鹭东街，西至吉山路，北至弘新路。占地面积12万平方米，建筑面积51.7万平方米。其中，一期、三期位于怡康社区，二期位于泰山社区；此外还有涟城里、涟城汇大厦2个商办组团。

【双润居】

在南苑街道怡康社区。2005年6月命名。东至吉山路，西、南至新百花园，北至应天大街。占地面积4800平方米。

【怡康新寓】

在南苑街道怡康社区。2002年4月因地处康怡街而命名。东至吉山路，南至怡康街，西至泰山路，北至新百花园。占地面积3.6万平方米，建筑面积5万平方米。

【新百花园】

在南苑街道怡康社区。2000年9月因是新百房地产开发公司投资兴建而命取公司专名而命名。东至吉山路，南至怡康新寓，西至泰山路，北至应天大街。占地面积4500平方米，建筑面积6.8万平方米。

【铂金时代公寓】

在南苑街道庐山社区。2005年1月以寓意现代而时尚而命名。位于凯旋城、凯旋明珠商业广场内北部。东至庐山路，南至凯旋明珠商业广场，西至江东中路，北至松花江东街。

【和熙园】

在南苑街道庐山社区。2009年3月寓意美好、和乐、吉祥兴盛，且用项目地处"河西"地区谐音而命名。东至云锦路，南至兴隆大街，西至江东中路，北至怡康街。占地面积10.1万平方米，建筑面积24.2万平方米，内有和熙文化广场、和熙翔苑、和熙星苑3个组团。

【和熙翔苑】

在南苑街道庐山路社区。2009年3月命名。位于和熙园东北部，内组团之一。以"和熙"和"翔苑"组合，故名。东至云锦路，南至白鹭东街，西至和熙文化广场，北至怡康街。建筑面积8.62万平方米。

【和熙星苑】

在南苑街道庐山路社区。2009年3月位于和熙园东南部，内组团之一。以"和熙"和"星苑"组合而命名。东至云锦路，南至兴隆大街，西至和熙文化广场，北至白鹭东街。建筑面积7.76万平方米。

【凯旋丽都花园】

在南苑街道庐山社区。2005年1月命名。位于凯旋城北部，内组团之一。东至兴隆新寓，南至松花江东街，西至江东中路，北至兴隆大街。占地3.3万平方米，建筑面积11.2万平方米。

【兴隆新寓】

在南苑街道庐山社区。2001年3月因地处原兴隆村境而命名。东至云锦路，南至松花江东街，西至凯旋城，北至兴隆大街。占地面积3.9万平方米，建筑面积4.5万平方米。内有兴盛园、兴邦园、兴居园、兴宏园4个组团。

【兴隆新寓兴邦园】

在南苑街道庐山社区。2001年3月位于兴隆新寓东南部，内组团之一。取兴旺、安邦之意而命名。东至云锦路，南至松花江东街，西至兴居园，北至兴盛园。

【兴隆新寓兴宏园】

在南苑街道庐山社区。2001年3月命名。位于兴隆新寓西北部，内组团之一。取兴旺、宏达之意，故名。东至兴盛园，南至兴居园，西至凯旋丽都花园，北至兴隆大街。

【兴隆新寓兴居园】

在南苑街道庐山社区。2001年3月命名。位于兴隆新寓西南部，内组团之一。取兴旺、安居乐业之意，故名。东至兴邦园，南至松花江东街，西至凯旋城，北至兴宏园。

【兴隆新寓兴盛园】

在南苑街道庐山社区。2001年3月命名。位于兴隆新寓东北部，内组团之一。取兴旺、盛世华庭之意，故名。东至云锦路，南至兴邦园，西至兴宏园，北至兴隆大街。

【海玥花园】

在南苑街道黄山路社区。2018年1月命名。海，为上海建工集团房产有限公司；玥，古代指神珠；海玥寓指所建居民区品质上佳。东至黄山路，南至兴隆大街，西至学校建设用地，北至白鹭东街。占地面积6.9万平方米，建筑面积26.3万平方米。

【海玥花园万境园】

在南苑街道黄山路社区。2019年11月命名。位于海玥花园东部，内组团之一。东至黄山路，南至兴隆大街，西至恒山路，北至白鹭东街。占地面积4.49万平方米，建筑面积17.17万平方米。

【海玥花园观物园】

在南苑街道黄山路社区。2019年11月命名。位于海玥花园西部，内组团之一。东至恒山路，南至兴隆大街，西至学校建设用地，北至白鹭东街。占地面积2.43万平方米，建筑面积9.17万平方米。

【苏建艳阳居】

在南苑街道黄山路社区。2004年5月由苏建房地产开发有限公司开发建设，寓意明媚的风光之意而命名。东至嵩山路，西至庐山路，南至白鹭东街，北至应天大街。占地面积3.63万平方米，建筑面积8.8万平方米。

【腾达雅苑】

在南苑街道黄山路社区。2002年8月取经济腾飞、实业发达之意而命名。东至泰山路，南至白鹭东街，西至嵩山路，北至怡康街。占地面积4万平方米。

【天成苑】

在南苑街道黄山路社区。2004年6月由江苏天诚物业发展有限责任公司开发建设，取公司名称天成谐音而命名。东至黄山路，南至庐山路消防救援站，西至晓庄学院实验幼儿园，北至幸福河。占地面积9300平方米，建筑面积3.6万平方米。

【城西纺织公寓】

在南苑街道泰山路社区。1999年取名纺织公寓。2003年3月改为今名。东至吉山路，南至白鹭东街，西至雍华府，北至怡康街。占地面积2.4万平方米，建筑面积3.4万平方米。

【兴隆纺织公寓】

在南苑街道泰山路社区。2004年10月因紧靠兴隆大街，且是纺织系统的员工的居住地而命名。东至西城路停车场，南至兴隆大街，西、北至拆迁空地。占地面积1.1万平方米，建筑面积1.5万平方米。

【雍华府】

在南苑街道泰山路社区。2013年4月因该项目临近秦淮河，处于老城和河西新城中间地带，具有传承古都金陵文脉之意而命名。东至城西纺织公寓，南至白鹭东街，西至泰山路，北至怡康街。占地面积5.8万平方米，建筑面积18万平方米。

【紫京府】

在南苑街道泰山路社区。2015年1月因是北京开发企业投资兴建，以项目建筑外立面及园林设计有紫色元素而命名。东至吉山路，南至兴隆大街，西至泰山路，北至白鹭东街路。占地面积5.75万平方米，建筑面积23.77万平方米。

第四节　消失的地名

【安意村】

在南苑街道国泰民安社区。1994年5月寓平安如意之意而命名。东至南湖路，南至康泰街，西至厂圩南街，北至安泰村。现该村的村名已停用。

【白鹭花园鹭鸣苑】

在南苑街道鹭鸣苑社区居委会。1995年7月命名。白鹭花园内组团之一。因临近白鹭洲，常有白鹭群栖鸣叫，故名。现已拆迁兴建天誉府。

【南苑新村中园】

在南苑街道话园社区。1993年9月命名。位于南苑新村东北部，内组团之一。1996年9月更名为晔园。

【白鹭村】

在南苑街道。原属江东公社江东大队。唐朝为洲滩，曾因有白鹭栖息，故名。1995年原村境建白鹭花园居民区。此村已经拆迁。

【厂圩】

在南苑街道。原属江东公社所街大队。明朝为牧马场，亦为东风厂圩。后"场"讹为"厂"，简称厂圩。已经拆迁。

【石家庄】

在南苑街道。原属江东公社所街大队。清代因石养余后代居此，故名。已经拆迁。

【叶家套】

在南苑街道。原属江东公社所街大队。明代，叶姓在此南河边建房，并在河上搭有跳板以方便出行，村因此而称叶家跳。后讹"跳"为"套"。2000年后因城市建设，将此村拆迁。

【郑家庄】

在南苑街道。原属江东公社江东大队。清初，郑姓居此，故名。

【沈家庄】

在南苑街道。原属江东公社江东大队。明初，沈姓在此建庄，故得名沈家庄。2004年后因征地拆迁而消失。

【王家庄】

在南苑街道。原属江东公社江东大队。清初，王姓居此，以姓氏得庄名。2004年后因征地拆迁而消失。

【兴隆路】

在南苑街道。跨建邺区兴隆街道、雨花台区赛虹桥街道。1997年因经过兴隆村而命名。东起风台南路，向西折西北至河北大街。2004年从今燕山路附近向西直延至扬子江大道并更名为兴隆大街，路名消失。

【向兴一路】

在南苑街道。跨建邺区兴隆街道。20世纪90年代初期，以连接向阳村和兴隆村第一条道路而命名。因道路拓宽并入兴隆路，路名消亡。

【向兴二路】

在南苑街道。跨建邺区沙洲街道、兴隆街道。20世纪90年代初期，以连接向阳村和兴隆村第二条道路而命名。因道路拓宽并入梦都大街，路名消亡。

【厂圩北街】

在南苑街道。1990年6月命名。位于南湖新村南，安国村中部。南起厂圩街，北至集庆门大街。2000年后因规划建设居民住宅区，此路消失。

【贡发路】

在南苑街道。1993年9月以邻近南苑新村贡园、晔园、健园而命名。2001年因建台晔路，此名废除。

【贡开路】

在南苑街道。为南苑新村内部道路。1993年9月因路起于贡园，止于开园，以起止点两地名的首字组合而命路名。2004年5月因河西道路整体规划调整时废。

【虹苑东路】

在南苑街道。2001年7月因该路位于虹苑新寓之东而命名。北起应天大街，南止兴隆大街。2004年5月并入泰山路。

【华阳路】

在南苑街道。2001年12月以"华阳"二字命名。位于泰山路东侧。北起兴隆大街，南至松花江东街。2004年5月因河西道路整体规划调整时废。

【金叶路】

在南苑街道。2001年12月取当地老地名近华村"近"谐音和陈叶村"叶"字组合而命名。东起郑家庄，西止颂阳路。2004年5月并入松花江东街。

【梦都街】

在南苑街道。2002年4月因此路邻近南京烟厂，故以品牌梦都而命名。北起兴隆大街，南止梦都大街。2004年5月并入泰山路。

【梦都路】

在南苑街道。2002年4月因此路邻近南京烟厂，故以品牌梦都而命名。西起江东中路，东止风台路高架桥。2004年5月更名为梦都大街。

【南苑路】

在南苑街道。位于水西门外南苑新村内。1993年9月以村名"南苑"命名。北起集庆门大街，南至应天大街。2004年5月与文体街合并，更名为文体路。

【颂阳路】

在南苑街道。2001年12月命名。东起兴隆大街，南至松花江东街（原金叶路）。2004年5月因河西道路整体规划调整时消亡。

【所叶一路】

在南苑街道。1991年因连接所街和叶家套而命名。东起南河大堤，西至所街。2003年更名为所叶路。

【所叶二路】

在南苑街道。1991年因位于所叶一路南并与其平行而得名。西起江东中路，东止南河大堤。1995年因拓宽为应天西路而废。2003年正式销名。

【所叶路】

在南苑街道。2003年6月因并入其中的所叶一路而得名。东起南河大堤，西至所街村。2004年5月因道路拓宽而更名为所街，路名消失。

【向石路】

在南苑街道。1995年因位于向阳、所街两村境内，且东邻石家庄而命名。北起应天西路，南至向兴一路（今兴隆大街）。2004年5月废入黄山路。

【向石南路】

在南苑街道。位于兴隆街道东南部。1997年因位于向石路南而命名。北起兴隆路，南至向兴二路。2004年5月并入黄山路。

第二十二章 方言 谚语 歇后语

方言，是别于标准语的地方语言。流传在南苑地区的方言则是"南京话"的一部分，多为中老年人使用。谚语，以简练、固定式的语句，反映简单、通俗的道理。歇后语，似谜语，前句是谜面，后句是谜底，后句表达的是本义。以下方言、谚语和歇后语仍在南苑人的日常生活、工作交往中展现语言魅力。

第一节 方 言

胎气——非常大方，不吝啬

不作兴——不应该

大老喔——大叔叔

钢丝车——自行车

包芦——玉米

缸缸灶——旧时用泥土做的小锅台，经窑烧后成形，烧柴火，可移动

火钳——烧缸缸灶时，用来夹柴火的铁制用具

出份子——红、白喜事给的礼钱

老巴子——家里排行最小的子女

炮子子——调皮的小男孩

扛皮——饿肚子

盘嘴——搬弄是非

芋头子——芋苗

鸡得果——芡实

老虎灶——茶水炉子

跨缺吧子——过小沟缺口（或农田淌水的小渠）

吃下粥——农忙时下午加餐

哪块——什么地方

算活拉倒——算了吧

一塌带一抹——非常

黑漆嘛乌——非常黑，漆黑一片

活闹鬼——小混混，爱闹事的人

拖鼻龙——流鼻涕

尿样——胆小怕事，没用的人

歪歪密——蛤蜊壳化妆品

木里是故——做事没分寸，盲目

搔包——爱炫耀

挺尸——睡觉

豁是滴——表示不满意

二年半——老半天

把汤独一下独——小火烧开

小把戏——顽皮的孩子

算和拉倒——至此结束，不再拉扯

半调子——做事不能善始善终

异怪——恶心，看不下去

拉瓜——不整齐，脏乱，无条理

糊糊——将就，凑合

抬杠——无道理的争论

癫癫咕子——蛤蟆，蟾蜍

犯嫌——讨厌

歹怪——奇怪

刷刮——办事又快又好

甩蛋——品行不端的人

节棍——出色

推般——差一点

搭疆——马虎（不靠谱）

洋乎——满不在乎（傲气）

宜当——妥当

歪歪——河蚌

煞渴——解渴

脊背心——指人的后背

韶——话多

马即——立刻、立即

雷堆——形容一种人笨拙，做事不到位

来丝——表示出色，了不起

无歹——人品差，货不好

茅斯——厕所

木固——不分轻重，迟钝

第二节　谚　语

小寒胜大寒，常见不稀罕。

新老大，旧老二，缝缝补补是老三。

蜻蜓吃尾巴，自吃自。

为人不做亏心事，半夜敲门心不惊。

补漏趁天晴，学习趁年轻。

山中无大树，茅草亦为尊。

山中无老虎，猴子称大王。

有缘千里来相会，无缘对面不相识。

吃不穷，穿不穷，没有算计一世穷。

宁吃少年苦，不受老来穷。

花里拣花，越拣越花。

人上一百,五颜六色。

早霞不出门，晚霞行千里。

少壮不努力，老大徒伤悲。

活到老，学到老，还有三分没学到。

早饭要饱，中饭要好，晚饭要少。

春雾雨，夏雾热，秋雾凉风，冬雾雪。

春天孩子面，一日三变脸。

雨雪年年有，不在三九在四九。

头九冷，九九冷。

三九不冷也打战，三伏不热也出汗。

七九六十三，行人把衣担。

吃了夏至面，一天短一线。

吃了冬至面，一天长一线。

西风不过酉，过酉连夜走。

一年三季东风雨，唯有夏季东风晴。

邻居好，赛金宝。

手稳，嘴稳，处处安稳。

吃人的嘴短，拿人的手软。

吃的盐和米，讲的情和理。

过头饭可吃，过头话不可讲。

不吸烟不酗酒，病魔见了绕道走。

过饥伤脾，过饱伤胃，过忧伤心。

站如松，坐如钟，卧如弓，行如风。

冬吃萝卜夏吃姜，不劳医生开药方。

瓜好吃不在大小，人健康不在胖瘦。

久视伤神，久立伤胃，久行伤筋，久坐伤血，久卧伤气。

未言先带笑，问路礼当先。

山美不在高，人美不在貌。

患难识知己，路遥知马力。

婆媳亲，家业兴。

三天不吃青，肚里冒火星。

寒从脚下起，病从口中入。

天天睡前洗脚，不用求医吃药。

三百六十行，行行出状元。

儿不嫌母丑，狗不嫌家穷。

人无千日好，花无百日红。

痒要自己抓，好要别人夸。

师傅领进门，修行靠个人。

学好千日不足，学坏一日有余。

教子不严父母过，教儿不改儿之错。

门前拴的大红马，不是亲来也是亲。

门前挂的破草帘，嫡亲郎舅不上门。

读十遍不如做一遍，好记性不如烂笔头。

一日之计在于晨，一年之计在于春，一生之计在于勤。

惊蛰打雷，小满发水，白米成堆。

清明前后一场雨，豌豆麦子中了举。

谷雨前后，种瓜点豆。

小满两头忙，栽秧打麦场。

芒种火烧天，夏至雨绵绵。

夏至东南风，终日雨纷纷。

小暑头上雷一雷，二十四个倒黄梅。

立秋三场雨，遍地出黄金。

处暑处暑，处处要水。

白露三朝雾，好稻满大路。

寒露霜降，蚕豆豌豆坡上。

小雪雪满天，来岁必丰年。

冬至多风，寒冷年丰。

吃了端午粽，才把棉衣送。

第三节　歇后语

人影子不见帽顶子——无影无踪（不知去向）

一个吹箫，一个捺眼——互相配合

阴沟里的鸭子——顾嘴不顾身

头顶糨糊盆，脚踩西瓜皮——滑到哪里糊到哪里

小鬼晒太阳——没有影子

黄鼠狼给鸡拜年——没安好心

老头卖花生——就这么一堆

嘴巴上挂油瓶——油嘴滑舌

腌菜烧豆腐——有盐（言）在先

嘴上抹石灰——白说

茶壶掉了把——只剩一张嘴

茶馆里说书——讲的讲，听的听

裁缝掉了剪子——光剩下尺（吃）

眉毛胡子一把抓——主次不分

黄鳝的尾巴——又尖又滑（又奸又滑）

穷人买米——升把升（声把声）

戴草帽亲嘴——差得远

马屁股上钉掌子——离蹄（题）太远

红烧鲫鱼——死不瞑目

八月的生姜——越老越辣

厕所里照镜子——臭美

老太婆的裹脚布——又臭又长

茶壶里煮饺子——有货倒不出

茶馆里招手——胡（壶）来

驼子跌跤——两头不落实

癞蛤蟆想吃天鹅肉——痴心妄想

雨天背稻草——越背越重

麻袋装刺菱——里捣外戳

饭锅里的茄子——捡软的戳

拙呆子帮忙——越帮越忙

外甥打灯笼——照旧（舅）

又吃粽子又蘸糖——好处全占

鞋底抹油——溜之大吉

发酵的面粉——气鼓鼓的

看戏掉泪——触景生情

三个手指捏螺蛳——笃定

八步塘的鬼——跑不远

卖麻团的跌跟头——有多远滚多远

乌龟举石担子——龟龟举举（规规矩矩）

狗撵鸭子——呱呱叫

猪八戒照镜子——里外都不是人

泥菩萨过河——自身难保

小和尚念经——有口无心

哑巴吃黄连——有苦说不出

老公公背媳妇过河——吃力不讨好

小巷里扛木头——直来直去

竹筒倒豆子———干二净

小葱拌豆腐——一清（青）二白

擀面杖吹火——一窍不通

聋子的耳朵——摆设

坐飞机，吹喇叭——唱高调

鸡蛋里挑骨头——找茬子

万岁爷掉江里——不敢捞（劳）驾

断了线的风筝——东游西荡

宠了媳妇得罪娘——左右为难

出了南门（中华门）——尽是事（寺）

粪桶掉了底——一副臭架子

秃子打伞——无法（发）无天

胸口挂钥匙——开心

第二十三章　人物与荣誉

　　历史上南苑境内鲜有文物和"非遗"项目遗存，也无名人志士。直至南苑城市化建设取得成果，新居民加入，在政治、经济、文化、社会领域涌现一批有影响、有作为的人才，包括中国维和将领、国家杰出运动员、画家、南京吆喝第一人、劳动模范、道德模范、先进人物、先进集体，还有人大代表和政协委员等，以此名录形式载入志书，以彰后人。

第一节　人　物

【南苑街道名人录（共24名）】

以出生时间为序

李罗（1941—　），话园社区居民。1963年毕业于南京艺术学院中国画专业。江苏省文史研究馆馆员、中国书法家协会会员、江苏省花鸟画研究会顾问、南京市政协书画艺术协会副会长、南京市文联书画研究院特聘一级画师。擅长大写意花鸟画、书法和篆刻。

刘奎龙（1941—　），鹭鸣苑社区居民。南京吆喝第一人、"江、浙、沪'嘴上功夫'大赛亚军"、获南京首届"百名好市民"等殊荣。并与前国际奥委会主席萨马兰奇保持书信往来长达十年。他用40余年时间整理南京街头巷尾数十个吆喝段子和编写多篇南京白话。

孟庆福（1943—　），国泰民安社区居民，中共党员，原南京市粮食局第二分局退休职工。1996年帮扶安民村盲人王成满、安忠夫妇，悉心照顾20余年。孟庆福获得南京优秀好市民、南京市第三届道德模范称号。

黄建强（1943—　），话园社区居民。毕业于江苏省国画院。江苏省非物质文化遗产"南京泥人"代表性传承人。从艺50载，代表作品有《泥囡》《友爱》等传统题材作品和《新春爆竹》《共奔小康》等现代题材作品。2021年将400余件作品及相关文字、影像资料、设计的画稿等捐赠给南京市民俗博物馆。

赵映林（1945— ），爱达社区居民，中共党员。江苏省工运研究所研究员，江苏省总工会干部学校教授，江苏省委党校客座教授。2001年被评为全国工会干部教育培训工作先进个人，3次荣获江苏省总工会优秀教师称号，出版有《方孝孺评传》《中华美德故事》等著作10余部，在海内外发表学术论文、纪实、评论等作品200多万字，多次获全国、省优秀科研成果奖。

张志多（1946— ），吉庆社区居民，中共党员。雨花石收藏爱好者、鉴赏者，南京雨花石协会常务理事。举办雨花石展百余场。获"南京市关心下一代工作先进个人""建邺区十佳少先队志愿辅导员"。原省委书记彭冲曾为他的作品题字"张志多雨花石精品集"，南京雨花石协会会长戴宗宝誉他为"以石育人第一人"。

梅友堂（1952— ），鹭鸣苑社区居民，中共党员。长期在泰州市金融机构工作，曾任泰州市邮政局办公室主任、邮储银行泰州市分行办公室总经理、泰州市金融学会秘书长、泰州市银监协会秘书长等职。1985年荣获三等功。

吴东红（1954— ），鹭鸣苑社区居民，中共党员。1977年分别被南京市革命委员会、江苏省革命委员会授予"劳动模范"光荣称号。她在身患脑膜瘤和血管瘤期间，仍热衷慈善事业，并帮助身边人。

孙晋芳（1955— ），鹭鸣苑社区居民，中共党员。中国女子排球运动员，国家女排队队员。1976年任中国女排队长、主力二传手，带领中国女排多次获得世界锦标赛、亚洲锦标赛冠军。她本人亦获"最佳运动员""最佳二传手"称号。为中华人民共和国成立三十五年来杰出运动员之一。曾任江苏省体委副主任、江苏省体育局党组书记、江苏省人大常委会教育科学文化卫生委员会副主任。

唐乌香（1955— ），爱达社区居民，中共党员，副主任中医师，毕业于南京中医药大学，中国针灸学会临床分会委员。从事医疗临床30余年，擅长运用针灸牵引、结合骶管疗法治疗颈腰椎间盘突出症，独创"二针调督法"治疗周围性面瘫。曾获全国医药卫生优秀学术成果一等奖等。2012年被江苏省文明办授予"江苏好人"荣誉称号，2013年荣获南京市总工会颁发的"南京市五一劳动奖章"。

徐裕刚（1957— ），虹苑社区居民，祖籍安徽。别号竹翁。中国文物学会终身会员，中国美术家协会会员，国家一级美术师，《中国艺术品收藏最具实力艺术家》名誉主编。中国书画研究会书画大师、国家文艺名人等称号。入编《中国书画词典》《笔尖上的中国》等。入选一带一路世界文化贡献人物。江苏电视台拍摄有个人专访专题片。

穆耕森，（1959— ），鹭鸣苑社区居民，中共党员。南京师范大学毕业，曾任雨花台区教育局副局长、雨花台中学校长。现任南京金陵中学河西分校校长。并获全国百名优秀中学校长之誉。现为中国教育学会会员，南京市数学学会理事。在省级以上刊物发表学术论文20余篇，主持并参加多项国家级课题研究。

陈冰（1959— ），国泰民安社区居民，祖籍南京，无党派人士，原南京彩色印刷厂退休职工。陈冰卖房救母，义不容辞照顾哥哥，荣获2021年建邺区孝老爱亲"最美家庭"、2023年南京市"最美宁姐——巾帼孝老家庭明星"称号。

徐同林（1960— ），怡康社区居民，中共党员。1980年毕业于盐城师范学校，1990年获南京师范学院文学学士学位，1993年获苏州大学文学硕士学位，至2017年在国防科技大学国际关系学院任教，后返聘任上海外国语大学贤达学院英才班导师、南京传媒学院教授等职。曾任总参谋部高级专业技术职务评审委员会委员，江苏省大学语文研究会执行会长等。发表论著百余篇（部）。荣立三等功1次。

刘强（1961— ），怡康社区居民，中共党员，博士生导师。1979 年 9月入伍，2021年4月退出现役。历任解放军国际关系学院国际关系研究所所长、解放军国防科技大学国际关系学院战略与安全研究所执行所长，教授，大校军衔，中国维和部队司令等职。出版学术著作6部，主编著作8部，发表论文、评论300余篇。

蔡保华（1962— ），怡康社区居民，中共党员，本科学历。1981年10月入伍，在部队历任排长、指导员、教导员、政委（师职）等职。其间参加过首都大阅兵，对越自卫反击战等重大军事行动，多次受过嘉奖，先后荣立二等战功、三等功各1次，并分别被江苏省、南京市表彰为双拥工作先进个人。

成汉平（1963— ），怡康社区居民，中共党员，博士生导师。1980年 8月入伍，在部队历任解放军国际关系学院教研室主任、讲师、副教授、教授等职务，是国家社科基金重大项目首席专家、新华网军事专家、"军情观察"主讲专家等。并随国家领导人出访。主讲的"军情观察"节目的网络点击率突破十亿次。

徐文景（1963— ），兴达社区居民。字澎，号江东牛王，笔名文景。中国美术家协会会员，著名画家、书法家、美术评论家和书画品评家。美术学博士学位。现任人民日报社《人民论坛》杂志社文化专题部主任。参加全国第七届美展并获"徐悲鸿奖学金"二等奖。于人民出版社出版专著《当代中国画十论》《中国画品评》，发表学术论文10余篇。

吴显华（1963— ），话园社区居民。号玉宇堂，中国书法家协会会员，中国楷书艺术研究院研究员，获2015年全国首届魏碑书法大赛一等奖，第九届、第十届、第十一届江苏省"五星工程奖"银奖等。作品在《新华日报》《中华书画家》等报纸杂志上发表。作品被江苏、北京、西安等博物馆、美术馆收藏。

周晓红（1963— ），爱达社区居民，中共党员。原建邺区南苑街道健园社区党委书记，建邺区司法局专职人民调解员，南京市人民调解协会会长。江苏省劳动模范，全国优秀人民调解员，全国第五次民族团结模范个人。任中央电视台《夜线》、江苏省电视台《甲方乙方》、南京电视台《有请当事人》等调解类栏目的特邀嘉宾。

夏存喜（1964— ），鹭鸣苑社区居民，中共党员。原盐城市副市长、市公安局局长，江苏省公安厅副厅长，现任江苏省公安厅党委委员，江苏警官学院党委书记。

徐青（1968— ），爱达社区居民，中共党员，哲学博士，女企业家。2003年创立南京贝松电子科技开发有限公司，专注于数据中心机房的设计与施工，致力于为客户提供专业、高效的IDC领域技术服务。公司连续两年荣登"全国机房工程三十强"，她本人荣获"南京市十佳女创业明星""南京市好市民""南京好人"及"南京市三八红旗手标兵"等荣誉称号。

张彤（1972— ），兴达社区居民，中共党员。原宿迁市委（县级）办公室秘书，共青团宿迁市宿豫县委书记，共青团宿迁市委副书记、党组成员，宿迁市泗洪县委常委、组织部部长等。现任江苏省南通市委副书记，市政府市长、党组书记。

潘群（1976— ），鹭鸣苑社区居民，中共党员。大学学历、学士学位，高级经济师。原江苏省经信委江苏省招标中心处长，扬中市委常委、副市长，句容市委（县级）书记，现任镇江市委副秘书长、中国共产党镇江市第八届委员会委员。

【第十八届建邺区南苑街道人大代表名录（共34名）】

（2017—2021年）

表23-1

姓　名	性　别	出生年月	工作单位
汤倩一	女	1958.06	建邺区人大常委会主任
孙　琍	女	1971.03	南京市莫愁中等专业学校药学系主任、高级教师
陈　琏	男	1973.06	建邺区南苑街道党工委书记
李　彬	男	1966.07	建邺区人大常委会党组成员、办公室主任
张明浩	男	1975.07	建邺区环保局副局长
程　立	男	1970.05	南京市金陵中学河西分校初中部主任
许联潮	男	1960.12	建邺区人大常委会副主任、党组副书记
吴　炜	男	1972.12	南京市政府办公厅副秘书长
张宁新	男	1989.08	南京高等职业技术学院党委书记
丁少山	男	1971.05	建邺区南苑街道城市管理和公共服务科科长
秦雪峰	男	1979.09	南京市公安局建邺分局南苑派出所所长
韩翠银	女	1963.07	江苏圣典律师事务所律师
司明秀	女	1965.02	建邺区人大南苑街道工委主任
范　嵘	女	1971.12	建邺区南苑社区卫生服务中心主任、主任中医师
侯　峻	男	1968.01	建邺区委常委、纪委书记，南京河西新城区开发建设管委会纪检组组长、党组成员

续表23-1

姓　名	性　别	出生年月	工作单位
王启月	女	1971.12	江苏省第二中医院护理部副主任
宗守强	男	1957.07	南京通达橡胶厂厂长
高　峰	男	1977.02	建邺区新城科技园管委会工委副书记、主任
吴　非	男	1968.10	建邺区江东商贸区管委会党工委书记
张拥华	男	1978.02	南京金鹏驾驶员培训有限公司员工
尤佳春	男	1964.03	江苏开发大学副校长
周志强	男	1969.03	南京永达户外传媒有限公司董事长
高　波	男	1986.04	建邺区南苑街道吉庆社区党委书记
夏晓燕	女	1964.12	建邺区委常委、区政府副区长、党组成员，新加坡·南京生态科技岛管委会副主任
高宣颐	男	1971.12	南京市交管局机动大队大队长
潘亚平	男	1962.11	建邺区南苑街道庐山社区党委书记
刘东海	男	1963.10	建邺区人大南苑街道工委副主任
吴　捷	女	1982.04	江苏信达置业有限公司工程师
丁艳红	女	1975.11	南京晓庄学院实验幼儿园党总支书记、恒山路园执行园长
孙　婷	女	1988.08	南京金陵机动车检测有限公司职工
张　辉	男	1969.07	建邺区城市管理综合行政执法大队副大队长
马维珍	女	1954.03	建邺区南苑街道综治办调解员
张　静	女	1966.12	南京师范大学附属中学新城初级中学怡康街分校党支部书记、高级教师
梁　鹏	男	1971.02	江苏中烟工业有限责任公司南京卷烟厂副厂长、高级经济师

【第十九届建邺区南苑街道人大代表名录（共41名）】

（2022—2026年）

表23-2

姓　名	性　别	出生年月	工作单位
丁艳红	女	1975.11	南京晓庄学院实验幼儿园（南京市市级机关第二幼儿园）园长
马维珍	女	1954.03	南苑街道居民
王　伟	男	1987.08	南苑街道怡康社区党委书记、居委会主任
王　萌	女	1982.09	南京金基双创园园区管理咨询有限公司行政部经理
王光耀	男	1978.07	江苏中烟工业有限责任公司南京卷烟厂品质管理处工艺管理员
王启月	女	1971.12	江苏省第二中医院临床营养科主任护师
王承勇	男	1985.09	南京建邺城市建设集团有限公司工程部工程师
司明秀	女	1965.02	建邺区人大南苑街道工委主任
孙念军	男	1973.08	南京师范大学附属中学新城初级中学怡康街分校党支部书记、校长
刘雁丽	女	1984.10	金埔园林股份有限公司技术总监、研究院院长
李　莉	女	1975.09	宁波银行南京分行正高级会计师
李　晶	男	1983.03	建邺区南苑街道虹苑社区党委书记、居委会主任
李梦雨	女	1986.06	小米集团江苏公共事务负责人
吴　非	男	1968.10	建邺区人大常委会副主任
吴　捷	女	1982.04	江苏信达置业有限公司工程师
佘子微	男	1980.02	建邺区委常委、统战部部长
邹笑逸	男	1974.01	南京市公安局交通管理局机动大队大队长
沈　瑜	男	1967.12	建邺区人大常委会教育科学文化卫生委员会主任

续表23-2

姓　名	性　别	出生年月	工作单位
沈宪林	男	1968.02	南京正晴和餐饮集团有限公司董事长
张海燕	女	1972.05	建邺区南苑街道爱达社区党委书记、居委会主任
陈光辉	男	1972.06	建邺区委副书记、统战部部长、区政协党组副书记、区委党校校长
陈健华	女	1970.09	建邺区南苑街道泰山路社区党委书记、居委会主任
季　巍	男	1970.02	南京河西新城区开发建设管委员会副主任
侍得广	男	1977.06	建邺区江东商贸区主任
周志强	男	1969.03	南京永达户外传媒有限公司董事长
郑良宁	男	1971.11	江苏枫帆集团副董事长
胡立新	男	1966.01	建邺区人大法制委员会主任委员
柯茂泽	男	1968.07	建邺区南苑街道办事处四级调研员
施嫣涵	女	1981.06	南京师范大学附属中学新城小学北校区教导处主任
徐　铭	男	1984.12	南银理财有限责任公司副总经理
徐　楠	男	1983.05	绿地城开南京未畎科技发展有限公司副总经理
高　峰	男	1977.02	南京生态科技岛经济开发区管委会副主任、建邺区一级调研员
郭翠华	女	1972.12	建邺区南苑街道国泰民安社区党委书记
郭震环	男	1971.04	建邺区南苑街道党工委书记
黄峰峰	男	1978.11	南京市公安局建邺分局南苑街道派出所所长
葛　静	女	1980.09	中国银行江苏省分行行政事业机构部副总经理
韩翠银	女	1963.07	江苏圣典律师事务所律师、合伙人
喻华林	女	1973.09	建邺区人大社会建设委员会副主任
程　立	男	1970.05	南京市金陵中学河西分校工会主席
蔡国峻	女	1966.03	南京河西新城区开发建设管委员会副主任、党组成员
管　庆	男	1965.03	建邺区总工会常务副主席、党组副书记

【第十二届建邺区政协文史学习委员会（南苑街道组）名录（共39名）】

（2017—2021年）

表23-3

姓　名	性　别	出生年月	工作单位及职务
周　迅	男	1966.1	建邺区二级巡视员
于　刚	男	1963.10	建邺区政协党组成员
张志刚	男	1969.10	建邺区政协文史（学习）委员会主任
杨　莉	女	1970.1	建邺区政协南苑街道工委主任
丁鸣江	男	1976.9	江苏省供销合作社机关服务中心副主任
王小兰	女	1976.12	南京云停文化发展有限公司董事长 24小时美术馆馆长
叶　平	男	1987.3	江苏酒易淘信息科技有限公司董事长、总经理、法人代表
吕　杰	男	1985.8	南京辉豪科技合伙企业董事长
朱　莉	女	1977.6	南京正雅堂艺术有限公司总经理
朱春雷	男	1987.3	艾利斯文化发展（南京）有限公司总经理
刘　洁	女	1975.7	江苏银行南京分行泰山路支行行长助理
刘春华	男	1971.9	江苏优蜜健康科技有限公司董事长
刘烁廷	男	1987.10	江苏东印艺承文化传媒有限公司董事长
孙　燕	女	1985.9	江苏畅行线文化传媒有限公司执行副总裁
杨　峥	女	1970.2	金陵图书馆副馆长
李　祥	男	1971.5	南京公用发展股份有限公司党委书记、董事长
李　蕊	女	1986.9	南京曼尼菲克文化艺术有限公司总经理
李子墨	男	1982.8	南京拉普达文化传媒有限公司总经理

续表23-3

姓　名	性　别	出生年月	工作单位及职务
李世涛	男	1983.5	南京硬腿子网络科技有限公司总经理
李昌庚	男	1971.11	南京晓庄学院发展规划处处长
李春静	女	1979.5	江苏德擎律师事务所高级合伙人
李烽炜	男	1965.11	建邺区委党校常务副校长、区行政学校常务副校长
肖　瑶	女	1993.7	众远集团副总裁火柴实景云科技总经理
何　伟	男	1979.1	江苏路铁文化传媒有限公司董事长
沈　洁	女	1963.4	南京市人力资源和社会保障局养老保险处二级调研员
陈　励	男	1966.4	江苏钟山典当有限责任公司董事长、总经理
陈　悦	女	1991.3	南京报业集团金陵瞭望杂志社专刊编辑
邵春永	男	1979.2	南京大众书网图书文化有限公司（连尚文学）党支部书记、公共事务部总经理
罗震宇	男	1984.8	南京市司法局公共法律服务中心管理人员、管理岗律师
周文彬	男	1977.4	江苏新智慧旅游文化有限公司总经理
周宸宇	男	1977.10	江苏九畴文化投资有限公司董事长
郑　军	男	1981.12	建邺区兴隆街道党工委副书记、办事处主任
赵　鸣	男	1971.8	上海协力（南京）律师事务所首席合伙人高级管理人
赵云开	男	1980.3	南京市文化和旅游局办公室副主任
梁力中	男	1985.11	南京市文化投资控股集团南京大华影视文化传媒有限责任公司总经理助理
彭启明	男	1972.9	江苏未来鸿海教育科技股份有限公司董事长
裴　勇	男	1973.10	建邺区委宣传部常务副部长
潘巍松	男	1977.4	江苏南大五维电子科技有限公司董事长
穆克进	男	1980.7	三菱动力燃气轮机工程技术（南京）有限公司总工程师

第二节　荣誉

【先进集体名录】

2004—2022年南苑街道获国家（部门）级表彰先进集体名录

表23-4

获表彰单位	荣誉称号	授予单位	表彰时间（年）
兴达社区	全国先进"星光老年之家"	民政部	2004
兴达社区	全国绿色人居环境社区	国家环境保护总局	2006
兴达社区	全国老年工作模范社区	全国老龄工作委员会	2007
南苑街道	全国计生协工作先进单位	国家计划生育协会	2007
南苑街道	全国社区教育示范街道（乡镇）	国家成人教育协会、社区教育专业委员会	2008
兴达社区	全国妇联基层组织建设示范社区	中华全国妇女联合会	2010
兴达社区	全国残疾人文化进社区试点单位	中国残疾人联合会	2011
国泰民安社区	全国文明楼栋	中央精神文明指导委员会	2011
国泰民安社区	全国先进基层党组织	中共中央组织部	2011
兴达社区	全国综合减灾示范社区	国家减灾委员会、民政部	2012
国泰民安社区	全国创先争优先进基层党组织	中共中央组织部	2012
兴达社区	全国残疾人之家	国务院残疾人工作委员会	2014
吉庆社区	全国人口和计划生育基层群众自治示范村居	国家计划生育协会	2014
南苑街道	全国法治社区建设示范街道	国家社会联合会社区工作委员会	2015
南苑街道	全国和谐社区建设示范街道	民政部	2015

续表23-4

获表彰单位	荣誉称号	授予单位	表彰时间（年）
南苑街道	民政部社区治理观察点	民政部	2015
南苑街道	全国创新型社区建设示范街道	国家社会联合会社区工作委员会	2016
吉庆社区	全国科普示范社区	国家科学技术协会、财政部	2016
南苑街道	国家社会联合会社区工作委员会会员单位	国家社会联合会社区工作委员会	2017
吉庆社区	全国优秀儿童之家	中国关心下一代工作委员会	2019
国泰民安社区	全国综合减灾示范社区	国家减灾委员会	2020

2002—2022年南苑街道获江苏省（部门）级表彰先进集体名录

表23-5

获表彰单位	荣誉称号	授予单位	表彰时间（年）
南苑街道	江苏省科普文明街道	江苏省科学技术协会	2002
兴达社区	江苏省社区建设示范社区居委会	江苏省民政厅	2003
兴达社区	江苏省社区建设示范社区居委会	江苏省民政厅	2003
南苑街道	江苏省民主法治示范社区	江苏省依法治省领导小组	2004
南苑街道	江苏省2001—2003先进基层党校	江苏省委宣传部、江苏省委组织部	2004
南苑街道	江苏省婚育新风进万家活动先进集体	江苏省委宣传部、江苏省人口和计划生育委员会	2004
南苑街道	江苏省档案工作规范化建设一星级单位	江苏省档案局	2005
南苑街道	江苏省文明礼仪奖第二名	2006年和谐江苏·文明社区环省行活动组委会	2006
南苑街道	2005—2006年度江苏省精神文明建设工作先进单位	江苏省精神文明建设指导委员会	2006

续表23-5

获表彰单位	荣誉称号	授予单位	表彰时间（年）
南苑街道	江苏省规范化司法所	江苏省司法厅	2006
南苑街道	2003—2006年平安江苏创建先进集体	江苏省委、江苏省政府	2006
南苑街道	2006年度江苏省先进老年人协会	江苏省老龄工作委员会	2006
南苑街道	江苏省工会信访先进集体	江苏省总工会	2006
南苑街道	江苏省巾帼文明岗	江苏省妇联、江苏省城镇妇女"巾帼建功"领导小组	2007
兴达社区	江苏省充分就业社区	江苏省劳动和社会保障厅	2007
兴达社区	江苏省"五四"红旗团支部	共青团江苏省委	2007
兴达社区	江苏省和谐示范社区	江苏省和谐社区建设领导小组	2007
鹭鸣苑社区	江苏省充分就业社区	江苏省劳动和社会保障厅	2007
虹苑社区	江苏省充分就业社区	江苏省劳动和社会保障厅	2007
南苑街道	2005—2006年度江苏省精神文明建设工作先进单位	江苏省精神文明建设指导委员会	2008
南苑街道	2004—2007年度江苏省先进基层党校	江苏省委宣传部、江苏省委组织部	2008
南苑街道	江苏省优秀文化站	江苏省文化厅	2009
话园社区	江苏省先进村（居）协会	江苏省计划生育协会	2009
南苑街道	江苏省妇联基层组织建设示范街道	江苏省妇女联合会	2010
南苑街道	江苏省健身操比赛一等奖	江苏省全民健康生活方式行动办公室	2010
南苑街道	江苏省基层武装部规范化建设先进单位	江苏省军区司令部、政治部	2010
南苑街道	江苏省档案工作规范化建设三星级单位	江苏省档案局	2011

续表23-5

获表彰单位	荣誉称号	授予单位	表彰时间（年）
南苑街道	第六次全国人口普查省级先进集体	江苏省统计局、江苏省人口普查领导小组办公室	2011
国泰民安社区	江苏省和谐示范社区	江苏省民政厅	2011
国泰民安社区	江苏省节水型小区	江苏省住房和城乡建设厅	2011
国泰民安社区	江苏省党员干部远程教育示范站点	江苏省委组织部	2011
吉庆社区	2010—2013年度江苏省绿色社区	江苏省环境保护委员会办公室	2011
兴达社区	江苏省首批残疾人文化进社区建设达标单位	江苏省残疾人联合会	2012
健园社区	江苏省民族工作示范社区	江苏省民族事务委员会、江苏省民政厅	2012
国泰民安社区	江苏省"五四"红旗团支部（总支）	共青团江苏省委	2012
鹭鸣苑社区	江苏省节水型小区	江苏省住房和城乡建设厅	2012
国泰民安社区	江苏省示范妇女儿童之家	江苏省妇女联合会	2012
兴达社区	江苏省示范妇女儿童之家	江苏省妇女联合会	2012
国泰民安社区	江苏省和谐社区建设示范社区	江苏省民政厅	2012
健园社区	江苏省人口和计划生育基层群众自治示范村（居）	江苏省人口和计划生育委员会	2012
兴达社区	江苏省示范妇女儿童之家	江苏省妇女联合会	2012
南苑街道	江苏省基层残疾人组织先进集体	江苏省残疾人联合会	2012
南苑街道	江苏省和谐社区建设示范街道	江苏省民政厅	2012

续表23-5

获表彰单位	荣誉称号	授予单位	表彰时间（年）
南苑街道	江苏省安全社区	江苏省安全生产委员会、江苏省安全生产监督管理局	2013
吉庆社区	江苏省民主法制示范社区	江苏省依法治省领导小组	2013
国泰民安社区	2010—2012年江苏省文明社区	江苏省精神文明建设指导委员会	2013
南苑街道劳保所	江苏省档案工作规范化建设三星级单位	江苏省档案局	2013
国泰民安社区	江苏省档案工作规范化建设三星级单位	江苏省档案局	2013
吉庆社区	江苏省充分就业社区	江苏省人力资源和社会保障厅	2013
兴达社区	江苏省城乡社区校外教育优秀辅导站	江苏省精神文明建设指导委员会办公室、江苏省关心下一代工作委员会	2013
话园社区	话园社区老年时装队荣获江苏老年961频道"美丽人生"时装表演一等奖	江苏省文化厅、江苏省老龄委	2013
南苑街道	江苏省4A级数字档案室	江苏省档案局	2014
兴达社区	江苏省和谐社区建设示范社区	江苏省民政厅	2015
健园社区	江苏省级充分就业示范社区	江苏省人力资源和社会保障厅	2015
吉庆社区	江苏省科普示范社区	江苏省科学技术协会	2015
南苑街道	江苏省工商联商会先进集体	江苏省工商业联合会	2015
国泰民安社区	江苏省先进基层党组织	江苏省委	2016
南苑街道	首届江苏省社会教育百强单位	江苏省成人教育协会、江苏省社会教育服务指导中心、江苏开放大学	2017
虹苑社区	第一批省级创业型社区（村）	江苏省人力资源和社会保障厅	2017

续表23-5

获表彰单位	荣誉称号	授予单位	表彰时间（年）
吉庆社区	第一批省级创业型社区（村）	江苏省人力资源和社会保障厅	2017
鹭鸣苑社区	江苏省民主法治示范社区	江苏省委依法治省委员会	2018
话园社区	第二批省级创业型社区（村）	江苏省人力资源和社会保障厅	2018
健园社区	第二批省级创业型社区（村）	江苏省人力资源和社会保障厅	2018
吉庆社区	江苏省居民环境与健康素养监测优秀组织单位	江苏省环境科学会	2018
南苑街道	江苏省档案工作规范化建设五星级单位	江苏省档案局	2018
庐山社区	江苏省校外教育辅导站优秀特色活动推广项目和特色活动品牌一等奖	江苏省关心下一代工作委员会	2019
南苑街道	"颂时代楷模、赞中国精神"老少同台讲好中国故事朗诵工作先进单位	江苏省关心下一代工作委员会	2020
泰山路社区	党建引领物业管理服务工作省级示范点	江苏省委组织部	2020
吉庆社区	江苏省校外教育工作优秀校外教育辅导站	江苏省关心下一代工作委员会	2020
南苑街道	江苏省关心下一代工作优秀集体	江苏省关心下一代工作委员会、江苏省精神文明建设指导委员会办公室	2021
南苑街道	江苏省关心下一代工作优秀集体	江苏省关心下一代工作委员会	2021
庐山社区	2021年江苏省校外教育辅导站优秀活动视频一等奖	江苏省关心下一代工作委员会	2021
健园社区	2021年度省级宜居示范居住区	江苏省住房和城乡建设厅	2021

续表23-5

获表彰单位	荣誉称号	授予单位	表彰时间（年）
吉庆社区	江苏省教育课堂——吉庆"石"景课堂	江苏省教育厅	2021
国泰民安社区	党建引领物业管理服务工作省级示范点	江苏省委组织部	2022
国泰民安社区	江苏省文明社区	江苏省精神文明建设委员会	2022
怡康社区	"怡康社区少科园、放飞小小航天梦"优秀活动项目一等奖	江苏省关心下一代工作委员会	2022
泰山路社区	江苏省"博物馆+社区"共同体建设项目成员单位	江苏省文旅厅	2022

2002—2022年南苑街道获南京市（部门）级表彰先进集体名录

表23-6

获表彰单位	荣誉称号	授予单位	表彰时间（年）
南苑街道	2002年度建设新南京先进单位	南京市委、南京市政府	2002
兴达社区	2002年度南京市安全防范示范社区	南京市公安局	2002
兴达社区	2002年度南京市社区建设示范社区	南京市社区建设领导小组	2002
兴达社区	南京市先进老年人协会	南京市老龄工作委员会办公室	2002
兴达社区	南京市示范社区基层工会	南京市总工会	2003
兴达社区	南京市人口与计划生育工作示范社区	南京市计划生育委员会、南京市民政局、南京市计划生育协会	2003
南苑街道	2002年度南京市市容卫生优胜街道	南京市政府	2003
南苑街道	南京市安全生产先进单位	南京市政府	2003

续表23-6

获表彰单位	荣誉称号	授予单位	表彰时间（年）
南苑街道	2001—2002年度南京市社会治安综合治理先进单位	南京市委、南京市政府	2003
南苑街道	2000—2002年度南京市基层信访工作先进单位	南京市委、南京市政府	2003
南苑街道	2001—2002年度南京市环境保护先进单位	南京市政府	2003
南苑街道	南京市先进基层党组织	南京市委	2003
南苑街道	南京市创建国家卫生城、国家环保模范城先进单位	南京市委、南京市政府	2003
南苑街道	第二次全国基本单位普查市级先进单位	南京市第二次基本单位普查领导小组	2003
南苑街道	南京市学习型社区示范单位	南京市建设学习型城市工作指导委员会	2003
南苑街道	南京市2003年度创建"无毒社区"示范街道	南京市禁毒委员会	2004
南苑街道	南京市流动人口管理工作2002—2003年度先进单位	南京市流动人口管理工作领导小组	2004
南苑街道	南京市示范街道工会	南京市总工会	2004
南苑街道	南京市"星光计划"项目建设先进单位	南京市民政局	2004
南苑街道	2004年度建设新南京先进单位	南京市委、南京市政府	2004
南苑街道	2003—2004年度南京市文明社区	南京市委、南京市政府	2004
南苑街道	南京市关心下一代工作先进集体	南京市关心下一代工作委员会、南京公共关系协会	2004
兴达社区	2003年度南京市充分就业保障优秀社区	南京市人民政府	2004

续表23-6

获表彰单位	荣誉称号	授予单位	表彰时间（年）
鹭鸣苑社区	南京市2004年度南京市科普文明社委会	南京市科学技术协会	2004
兴达社区	南京市巾帼文明社区	南京市妇女联合会	2005
兴达社区	2003—2004年度南京市无刑事案件社区	南京市社会治安综合治理委员会	2005
南苑街道	南京市老龄工作先进街镇	南京市老龄工作委员会	2005
南苑街道	第一次全国经济普查市级先进集体	南京市第一次全国经济普查领导小组	2005
南苑街道	2005年度南京市绿化先进单位	南京市绿化委员会	2005
南苑街道	南京市爱国卫生先进单位	南京市爱国卫生运动委员会	2006
南苑街道	南京市建设学习型社区先进单位	南京市建设学习型城市工作指导委员会	2006
南苑街道	南京市新市民学校	南京市教育局	2006
南苑街道	南京市第十八届科普宣传周先进集体	南京市科普宣传周领导小组	2006
南苑街道	南京市双拥模范街道	南京市政府、南京警备区	2006
南苑街道	2001—2005年度南京市人口和计划生育工作先进集体	南京市委、南京市政府	2006
南苑街道	南京市关心下一代工作先进集体	南京市关心下一代工作委员会、南京市精神文明建设指导委员会办公室	2006
兴达社区	南京市新型婚育文明建设示范社区	南京市人口和计划生育委员会	2006
兴达社区	2004—2005年度南京市禁毒工作先进社区	南京市禁毒办公室	2006
兴达社区	南京市"三八"红旗集体	南京市妇女联合会	2007

续表23-6

获表彰单位	荣誉称号	授予单位	表彰时间（年）
兴达社区	南京市"六好"社区关工委	南京市关心下一代工作委员会、南京市精神文明建设指导委员会办公室	2007
兴达社区	南京市二星级青年文明社区	南京市"青年文明社区"创建活动指导委员会	2007
鹭鸣苑社区	南京市2006年度殡葬改革工作先进单位	南京市民政局	2007
南苑街道	2005—2006年度南京市文明单位称号	南京市委、南京市政府	2007
南苑街道	2005—2006年度南京市红十字工作先进集体	南京市红十字会	2007
南苑街道	南京市建设和谐社区示范街道	南京市和谐社区建设指导委员会	2008
南苑街道	2006—2007年度南京市创建无毒社区先进街道	南京市禁毒委员会	2008
南苑街道	南京市社区教育示范街道	南京市教育局	2008
南苑街道	南京市农民工工作先进集体	南京市农民工工作领导小组	2008
兴达社区	南京市企业退休人员社会化管理服务示范社区	南京市劳动和社会保障局	2008
兴达社区	南京市老年教育先进社区（村）	南京市委组织部、南京市委老干部局、南京市教育局、南京市文化局、南京市老龄工作委员会办公室	2008
兴达社区	南京市妇女工作示范社区	南京市妇女联合会	2008
南苑街道	2007—2009年度南京市关心下一代工作先进集体	南京市关心下一代工作委员会、南京市精神文明建设指导委员会	2009
南苑街道	南京市村（社区）文化活动室示范点	南京市文化广电新闻出版局	2009

续表23-6

获表彰单位	荣誉称号	授予单位	表彰时间（年）
兴达社区	2008年度南京市妇女工作示范社区	南京市妇女联合会	2009
南苑街道	2008年度南京市法治建设先进街（镇）	南京市依法治市领导小组	2009
南苑街道	南京市食品安全示范街道	南京市食品安全委员会	2010
南苑街道	2006—2010年度南京市红十字会系统先进集体	南京市红十字会	2010
南苑街道	南京市共享工程服务示范点	南京市文化广电新闻出版局	2010
南苑街道	南京市人口和计划生育信息化建设先进集体	南京市人口和计划生育委员会	2010
话园社区	南京市企业退休人员社会化管理服务"示范社区"	南京市人力资源和社会保障局	2010
虹苑社区	南京市企业退休人员社会化管理服务"示范社区"	南京市人力资源和社会保障局	2010
怡康社区	南京市市级民主法治社区	南京市依法治市领导小组	2011
南苑街道	南京市"十一五"人口和计划生育工作先进集体	南京市委、南京市政府	2011
南苑街道	南京市残疾人就业工作先进单位	南京市残疾人工作委员会	2011
南苑街道	南京市"十一五"期间残疾人工作先进街道	南京市残疾人工作委员会	2011
兴达社区	2010年度南京市先进团（总）支部	共青团南京市委员会	2011
兴达社区	南京市优秀校外教育辅导站	南京市关心下一代工作委员会、南京市精神文明建设指导委员会办公室	2011
兴达社区	南京市"六好"示范社区（村）关工委	南京市关心下一代工作委员会、南京市精神文明建设指导委员会办公室、南京市民政局	2011

续表23-6

获表彰单位	荣誉称号	授予单位	表彰时间（年）
南苑街道	南京市医患纠纷人民调解工作先进集体	南京市司法局、南京市卫生局	2012
南苑街道	2011年度南京市"五四"红旗团（工）委荣誉称号	共青年团南京市委员会	2012
南苑街道	南京市民政系统行风建设示范单位	南京市民政局委、市民政局	2012
南苑街道	南京市优秀安全街镇	南京市安全生产委员会	2012
南苑街道	南京市阳光计生行动示范单位	南京市人口与计划生育委员会	2012
南苑街道	2010—2012年度南京市老龄工作先进集体	南京市老龄工作委员会	2012
健园社区	南京市民族团结进步模范集体	南京市政府	2012
兴达社区	南京市残疾人文化试点工作先进单位	南京市残疾人联合会	2012
兴达社区	南京市气象灾害应急准备工作达标单位	南京市气象局	2012
兴达社区	南京市"平安家庭"创建活动示范社区	南京市妇女联合会	2012
兴达社区	模范职工之家	南京市总工会	2012
兴达社区	南京市"平安家庭"创建活动示范社区（村）	南京市妇女联合会	2012
话园社区	南京市模范职工之家	南京市总工会	2012
健园社区	南京市人口和计划生育基层群众自治示范社区（村）	南京市人口与计划生育委员会	2013
吉庆社区	南京市社区体育健身俱乐部	南京市体育局	2013
国泰民安社区	2010—2012年度文明社区	南京市委、南京市政府	2013

续表23-6

获表彰单位	荣誉称号	授予单位	表彰时间（年）
南苑街道	开展"四助"行动创建残疾人工作"博爱城市"活动先进单位	南京市残疾人工作委员会	2013
鹭鸣苑社区	南京市"五有五无"社区	南京市社会管理综合治理委员会	2013
南苑街道	南京市食品安全示范街道（镇）	南京市食品安全委员会	2013
南苑街道	南京市城市治理工作优胜街道	南京市城市治理委员会办公室	2014
健园社区	南京市"六五"普法中期先进集体	南京市法制宣传教育领导小组	2014
吉庆社区	2011—2013年度南京市流动人口服务工作市级品牌	南京市流动人口服务管理工作组	2014
南苑街道	南京市环境综合整治工作先进单位	南京市委、南京市政府	2014
爱达社区	南京市创建幸福家庭活动"示范社区"	南京市计生局	2014
话园社区	南京市创建幸福家庭活动"示范社区"	南京市计生局	2014
国泰民安社区	南京市创建幸福家庭活动"示范社区"	南京市计生局	2014
怡康社区	南京市志愿服务优秀组织	南京市精神文明建设指导委员会	2014
南苑街道	2013年度南京市"五四"红旗团（工）委	共青团南京市委员会团市委	2014
南苑街道	南京市城市治理工作优胜街道	南京市城市治理委员会办公室	2014
南苑街道	南京市环境综合整治工作先进单位	南京市委、南京市政府	2014
国泰民安社区	南京市社会领域基层党组织优秀服务品牌	南京市委组织部、南京市委社建工委	2015

续表23-6

获表彰单位	荣誉称号	授予单位	表彰时间（年）
南苑街道	南京市城市管理工作优胜街镇	南京市城市管理委员会办公室	2015
国泰民安社区	南京市社会领域基层党组织优秀服务品牌	南京市委组织部、南京市委社建工委	2015
健园社区	南京市民族团结进步先进集体	南京市政府	2015
兴达社区	2013—2015年度南京市文明社区	南京市精神文明建设指导委员会	2016
鹭鸣苑社区	2013—2015年度南京市文明社区	南京市精神文明建设指导委员会	2016
南苑街道	南京市五星级基层商会	南京市工商业联合会、南京市总商会	2016
南苑街道	南京市幸福家庭建设示范街道（镇）	南京市卫生计生委	2016
	南京市幸福家庭建设示范街道（镇）	南京市卫生计生委	2017
南苑街道	南京市征兵工作先进单位	南京市征兵领导小组	2018
南苑街道	2016—2018年度南京市关心下一代工作先进集体	南京市关心下一代工作委员会、南京市精神文明建设指导委员会办公室	2018
兴达社区	南京市优秀社区家长学校	南京市妇女联合会	2018
庐山社区	2017年度南京市既有住宅增设电梯工作优秀社区	南京市既有住宅增设电梯工作协调推进小组	2018
庐山社区	南京市百佳区域化妇联建设案例	南京市妇女联合会	2018
国泰民安社区	南京市"六好"示范社区关工委	南京市关心下一代工作委员会	2018
话园社区	南京市"微更新微幸福"项目优秀奖	南京市委社会建设工作委员会	2018

续表23-6

获表彰单位	荣誉称号	授予单位	表彰时间（年）
爱达社区	2017年度南京市既有住宅增设电梯工作优秀社区	南京市既有住宅增设电梯工作协调推进小组	2018
爱达社区	2017年度南京市第二届"群众最满意"老旧小区整治十佳项目最具幸福感整治小区	南京报业传媒集团龙虎网	2018
虹苑社区	南京市优秀社区家长学校	南京市妇女联合会	2018
南苑街道	南京市模范街道（镇）工会	南京市总工会	2018
南苑街道人武部	南京市基层武装工作先进单位	南京警备区	2018
南苑街道	南京市工会工作先进街道（镇）	南京市总工会	2018
南苑街道	2016—2018年度南京市文明单位	南京市精神文明建设指导委员会	2019
南苑街道人武部	南京市先进基层武装部	南京警备区	2019
南苑街道	2019年度南京市青少年暑期教育实践活动先进集体	南京市精神文明建设指导委员会、建邺区教育委员会、建邺区关心下一代工作委员会	2019
南苑街道	《爱在金陵祖国颂》残疾人书法摄影展一等奖	南京市残疾人联合会	2019
庐山社区	南京市"五一"巾帼标兵岗	南京市总工会	2019
庐山社区	2016—2018年度南京市文明社区	南京市精神文明建设指导委员会	2019
国泰民安社区	2018年度南京市工会"职工书屋"示范点、职工心理健康教育服务中心（站、室）	南京市总工会	2019
话园社区	2016—2018年度南京市文明社区	南京市精神文明建设指导委员会	2019

续表23-6

获表彰单位	荣誉称号	授予单位	表彰时间（年）
黄山路社区	南京市社区人防工作先进单位	南京市人民防空办公室	2019
黄山路社区	南京市计划生育协会工作先进集体	南京市计划生育协会	2019
泰山路社区	2016—2018年度南京市文明社区	南京市精神文明建设指导委员会	2019
南苑街道	南京市"创建全国双拥模范城"活动优秀集体	南京市双拥工作领导小组	2020
南苑街道	南京市公共机构节能示范单位	南京市公共机构节能领导小组	2020
庐山社区	南京市三八红旗集团	南京市妇女联合会	2020
庐山社区	2020年南京市校外教育辅导站优秀活动视频一等奖	南京市关心下一代工作委员会	2020
泰山路社区	南京市国际化社区	南京市民政局	2020
泰山路社区	南京市校外教育辅导站优秀活动视频一等奖	南京市关心下一代工作委员会	2020
虹苑社区	南京市十佳模范职工小家	南京市总工会	2020
吉庆社区	南京市示范妇女微家	南京市妇女联合会	2020
庐山社区	南京市先进基层党组织	南京市委	2021
庐山社区	2019—2021年度南京市文明社区	南京市精神文明建设指导委员会	2021
庐山社区	2021年度全市校外教育辅导站优秀活动视频一等奖	南京市关心下一代工作委员会	2021
庐山社区	南京市第二十六届中小学师生科技创新大赛科技实践活动一等奖	南京市中小学生科技活动基金会	2021

续表23-6

获表彰单位	荣誉称号	授予单位	表彰时间（年）
黄山路社区	2019—2021年度市级文明社区	南京市精神文明建设指导委员会	2021
泰山路社区	2020年度南京市最佳平安服务组织	南京市委政法委员会、南京市平安志愿者联合会	2021
泰山路社区	"宁姐月嫂"工作站示范点	南京市妇女联合会	2021
泰山路社区	2019—2021年度南京市文明社区	南京市精神文明指导委员会	2021
虹苑社区	南京市健康社区	南京市健康建设领导小组办公室	2021
虹苑社区	南京市民族团结进步创建示范基地	南京市民宗局	2021
健园社区	优秀职工志愿服务组织	南京市总工会	2021
健园社区	南京市"红石榴家园示范基地"	南京市委民族宗教工作领导小组	2021
南苑街道	南京市基础武装工作先进单位	南京警备区	2022
南苑街道	南京市住房和保障先进单位	南京市住房保障和房产局	2022
兴达社区	南京市绿色人居环境社区	南京市创建国家环保模范城市领导小组、南京市环境保护委员会	2022
鹭鸣苑社区	2021年度"最佳平安志愿服务组织"	南京市政法委、南京市平安志愿者联合会	2022
鹭鸣苑社区	2019—2021年度南京市文明社区	南京市精神文明建设指导委员会	2022
庐山社区	2022年度南京市示范网格	南京市创新网格化社会治理机制工作领导小组	2022
庐山社区	南京市儿童友好社区	南京市人民政府妇女儿童工作委员会	2022

续表23-6

获表彰单位	荣誉称号	授予单位	表彰时间（年）
庐山社区	"以奖代补"社区（村）关工委一等奖	南京市关心下一代工作委员会	2022
庐山社区	南京市校外教育辅导站先进科技活动小阵地	南京市中小学生科技活动基金会、南京市关心下一代工作委员会	2022
怡康社区	模范职工小家	南京市总工会	2022
怡康社区	南京市五一劳动奖	南京市总工会	2022
黄山路社区	2021年度南京市健康社区	南京市健康南京建设领导小组办公室	2022
泰山路社区	模范职工小家	南京市总工会	2022
泰山路社区	南京市"五四"红旗团支部	共青团南京市委员会	2022
泰山路社区	2021年度南京市健康社区	南京市健康建设领导小组办公室	2022
泰山路社区	南京市巾帼文明岗	南京市妇女联合会、南京市城镇妇女"巾帼建功"活动领导小组	2022
泰山路社区	南京市标准化建设示范单元	南京市城市治理委员会	2022

2002—2021年南苑街道部分获建邺区级表彰先进集体名录

表23-7

获表彰单位	荣誉称号	授予单位	表彰时间（年）
南苑街道	2000—2002年度建邺区文明单位	建邺区委、建邺区政府	2002
南苑街道	2002年度建邺区人口与计划生育工作先进集体	建邺区委、建邺区政府	2003

续表23-7

获表彰单位	荣誉称号	授予单位	表彰时间（年）
南苑街道	2002年度建邺区信息工作先进单位一等奖	建邺区委、建邺区政府	2003
南苑街道	建邺区"非典"防治工作先进集体	建邺区委、建邺区政府	2003
南苑街道	2003—2004年度建邺区文明单位	建邺区委、建邺区政府	2004
南苑街道	建邺区人口与计划生育工作先进集体	建邺区委、建邺区政府	2004
南苑街道	2003年度建邺区社会治安综合治理先进单位	建邺区委、建邺区政府	2004
南苑街道	2002—2003年度建邺区安全生产先进单位	建邺区政府	2004
南苑街道	2003年度建邺区信息工作先进单位一等奖	建邺区委、建邺区政府	2004
南苑街道	建邺区社会治安综合治理2004年度先进单位	建邺区委、建邺区政府	2005
南苑街道	2004年度建邺区先进基层武装部	建邺区委、建邺区政府建邺区人武部	2005
南苑街道	2004年度建邺区人口与计划生育工作先进集体	建邺区委、建邺区政府	2005
南苑街道	2005年度建邺区社会治安综合治理先进单位	建邺区委、建邺区政府	2005
南苑街道	2004年度建邺区信息工作先进单位一等奖	建邺区委、建邺区政府	2005
南苑街道	建邺区无障碍设施建设先进集体	建邺区政府	2005
南苑街道	建邺区迎接十运会建设新城区有功单位	建邺区委、建邺区政府	2005
南苑街道	2005—2006年度建邺区文明单位	建邺区委、建邺区政府	2006

续表23-7

获表彰单位	荣誉称号	授予单位	表彰时间（年）
南苑街道	2005年度建邺区人口与计划生育工作先进集体	建邺区委、建邺区政府	2006
南苑街道	2005年度建邺区招商引资工作先进单位	建邺区委、建邺区政府	2006
南苑街道	2004—2005年度建邺区安全生产先进单位	建邺区政府	2006
南苑街道	第一次全国经济普查区级先进单位	建邺区政府	2006
南苑街道	2003—2005年度建邺区信访工作先进集体	建邺区委、建邺区政府	2006
南苑街道	建邺区"十五"档案工作先进集体	建邺区委、建邺区政府	2006
南苑街道	2003—2005年度建邺区质量兴区工作先进单位	建邺区政府	2006
南苑街道	建邺区先进基层党组织	建邺区委	2006
南苑街道	2006年度建邺区招商引资工作先进单位	建邺区委、建邺区政府	2007
南苑街道	2006年度建邺区人口与计划生育工作先进集体	建邺区委、建邺区政府	2007
南苑街道	2006年度建邺区创建最佳投资创业区优胜单位	建邺区委、建邺区政府	2007
南苑街道	2006年度建邺区社会治安综合治理工作先进单位	建邺区委、建邺区政府	2007
南苑街道	建邺区妇女工作先进集体	建邺区委、建邺区政府	2007
南苑街道	建邺区社会救助工作先进单位	建邺区委、建邺区政府	2007
南苑街道	2006年度建邺区创建无毒社区先进单位	建邺区委、建邺区政府	2007
鹭鸣苑社区	2006年度建邺区防范和处理邪教工作先进单位	建邺区委、建邺区政府	2007

续表23-7

获表彰单位	荣誉称号	授予单位	表彰时间（年）
南苑街道	2007年度建邺区新闻宣传工作先进集体	建邺区委、建邺区政府	2008
南苑街道	2008年度建邺区人口与计划生育工作先进集体	建邺区委、建邺区政府	2008
南苑街道	建邺区创建"法治江苏合格区"2007年度先进单位	建邺区委、建邺区政府	2008
南苑街道	2006—2007年度建邺区安全生产工作先进单位	建邺区委、建邺区政府	2008
鹭鸣苑社区	2007年度建邺区防范和处理邪教工作先进单位	建邺区委、建邺区政府	2008
南苑街道	2008年度建邺区双迎双创先进单位	建邺区委、建邺区政府	2009
南苑街道	2008年度建邺区新闻宣传工作先进集体	建邺区委、建邺区政府	2009
南苑街道	建邺区工会工作先进集体	建邺区委、建邺区政府	2009
南苑街道	2008年度建邺区质量兴区活动先进单位	建邺区委、建邺区政府	2009
鹭鸣苑社区	建邺区防范和处理邪教先进集体	建邺区委、建邺区政府	2009
南苑街道	2009年度建邺区深化文明新城创建先进单位	建邺区委、建邺区政府	2010
南苑街道	2009年度建邺区安全生产工作先进单位	建邺区委、建邺区政府	2010
鹭鸣苑社区	2007—2009年度建邺区文明社区	建邺区委、建邺区政府	2010
南苑街道	2010年度建邺区深化文明新城创建先进单位	建邺区委、建邺区政府	2011
南苑街道	2010年度建邺区质量兴区先进单位	建邺区委、建邺区政府	2011

续表23-7

获表彰单位	荣誉称号	授予单位	表彰时间（年）
南苑街道	2010年度建邺区深化文明新城创建先进单位	建邺区委、建邺区政府	2011
鹭鸣苑社区	建邺区先进基层党组织	建邺区委	2011
鹭鸣苑社区	2010年度建邺区优秀社区	建邺区委、建邺区政府	2011
鹭鸣苑社区	2009—2010年度建邺区平安建邺建设先进单位	建邺区委、建邺区政府	2011
话园社区	建邺区先进基层党组织	建邺区委	2011
话园社区	2010年度建邺区优秀社区	建邺区政府	2011
话园社区	2011年度建邺区优秀社区	建邺区委、建邺区政府	2012
南苑街道	2011年度建邺区征兵工作先进单位	建邺区委、建邺区政府	2012
南苑街道	2011年度建邺区深化文明新城创建先进单位	建邺区委、建邺区政府	2012
南苑街道	2011年度建邺区安全生产工作先进单位	建邺区政府	2012
南苑街道	2010—2011年度建邺区统计工作先进集体	建邺区政府	2012
鹭鸣苑社区	2011年度建邺区安全生产工作先进单位	建邺区政府	2012
鹭鸣苑社区	2011年度建邺区优秀社区	建邺区委、建邺区政府	2012
鹭鸣苑社区	2010—2012年度建邺区创先争优先进基层党组织	建邺区委	2012
南苑街道	2012年度建邺区深化文明新城创建先进单位	建邺区委建邺区政府	2013
南苑街道	2012年度建邺区新闻报道先进单位	建邺区委、建邺区政府	2013
南苑街道	2011—2012年度建邺区法治建设先进单位	建邺区委、建邺区政府	2013

续表23-7

获表彰单位	荣誉称号	授予单位	表彰时间（年）
南苑街道	2011—2012年度建邺区社会管理综合治理先进单位	建邺区委、建邺区政府	2013
南苑街道	2011—2012年度建邺区信访稳定工作先进单位	建邺区委、建邺区政府	2013
南苑街道	2012年度建邺区"质量强区"工作先进单位	建邺区政府	2013
话园社区	2010—2012年度建邺区文明社区	建邺区委、建邺区政府	2013
话园社区	2014年度河西·建邺环境综合整治工作先进单位	河西新城区开发建设管委会、建邺区委、建邺区政府	2014
南苑街道	2013年度建邺区征兵工作先进单位	建邺区委、建邺区政府	2014
南苑街道	河西·建邺环境综合整治工作立功单位	河西新城区开发建设管委会、建邺区委、建邺区政府	2014
话园社区	2014年度建邺区征兵工作先进单位	建邺区委、建邺区政府	2015
南苑街道	2014年度建邺区基层规范化建设先进单位	建邺区委、建邺区政府	2015
鹭鸣苑社区	建邺区先进基层党组织	建邺区委	2016
南苑街道	2015—2016年度建邺区社会治安综合治理工作先进集体	建邺区委、建邺区政府	2017
国泰民安社区	2016年度建邺区党建工作"先进社区"	建邺区委	2017
国泰民安社区	建邺区共产党员"志愿之星"	建邺区委	2017

续表23-7

获表彰单位	荣誉称号	授予单位	表彰时间（年）
鹭鸣苑社区	2016年度建邺区党建工作先进社区	建邺区委	2017
话园社区	2016年度建邺区"质量强区"工作先进单位	建邺区政府	2017
话园社区	建邺区"新时代先锋"先进基层党组织	建邺区委	2018
国泰民安社区	建邺区先进基层党组织	建邺区委	2019
庐山社区	建邺区现代化国际性城市中心建设	建邺区委、建邺区政府	2021

【先进个人名录】

2020年、2022年南苑街道获国家（部门）级先进个人名录

表23-8

姓名	性别	出生时间（年、月）	工作单位	称号	授予单位	授予时间（年）
董黛	女	1985.07	吉庆社区	2019年度优秀辅助调查员	国家统计局	2020
车卫玲	女	1977.04	庐山社区	全国优秀城乡社区工作者	民政部	2022
				2022年港澳台大学生暑期实习活动优秀导师	国家项目管理办公室	2022

2018年、2022年南苑街道部分获江苏省（部门）级先进个人名录

表23-9

姓名	性别	出生时间（年、月）	工作单位	称号	授予单位	授予时间（年）
薛峰	女	1974.11	泰山路社区	全国流动人口动态监测调查优秀调查员	江苏省卫健委	2018

续表23-9

姓名	性别	出生时间（年、月）	工作单位	称号	授予单位	授予时间（年）
周 平	男	1987.10	黄山路社区	居民环境与健康素养监测优秀工作者	江苏省环境科学学会	2018
高琳慧	女	1982.11	吉庆社区	居民环境与健康素养监测优秀工作者	江苏省环境科学学会	2018
吴顺彬	男	1971.07	南苑街道	全民阅读十佳推广人	江苏省全民阅读办	2018
邢华艳	女	1987.01	吉庆社区	居民环境与健康素养监测优秀工作者	江苏省环境科学学会	2018
易海峰	女	1974.09	怡康社区	居民环境与健康素养监测优秀工作者	江苏省环境科学学会	2018
滕春翠	女	1969.10	泰山路社区	第七次全国人口普查先进个人	江苏省人口普查领导小组办公室	2021
朱 青	女	1984.10	吉庆社区	卫生健康系统行风监督员	江苏省卫生健康委员会	2021
范 涛	男	1987.10	话园社区	第七次全国人口普查先进个人	江苏省统计局、江苏省人口普查领导小组办公室	2021

2003—2022年南苑街道部分获南京市（部门）级先进个人名录

表23-10

姓名	性别	出生时间（年、月）	工作单位	称号	授予单位	授予时间（年）
滕春翠	女	1969.10	泰山路社区	南京市第二次全国基本单位普查市级先进个人	南京市第二次基本单位普查领导小组	2003
茅友明	男	1964.04	南苑街道	南京市红十字系统2003—2004年度先进工作者	南京市红十字会	2005

续表23-10

姓名	性别	出生时间 （年、月）	工作 单位	称号	授予单位	授予时间 （年）
李小军	女	1974.09	泰山路社区	优秀护绿员先进个人	南京市绿化办	2008
徐姗姗	女	1988.10	话园社区	南京市第六次全国人口普查市级先进个人	南京市第六次全国人口普查领导小组	2011
胡　进	男	1973.12	话园社区	南京市第六次全国人口普查市级先进个人	南京市第六次全国人口普查领导小组	2011
许　娟	女	1988.03	黄山路社区	南京市第六次全国人口普查市级先进个人	南京市第六次全国人口普查领导小组	2011
董　黛	女	1985.07	吉庆社区	南京市第六次全国人口普查市级先进个人	南京市第六次全国人口普查领导小组	2011
焦　瑞	男	1984.01	南苑街道	2013年度南京市优秀团干部	共青团南京市委员会	2014
丁少山	男	1971.05	南苑街道	南京市劳动模范	南京市委、南京市政府	2015
徐　静	女	1981.11	兴达社区	2014年度金金网"三优"评选优秀网格作品	南京市关心下一代工作委员会	2015
魏玉红	女	1937.05	国泰民安社区	魏玉红家庭荣获南京市幸福家庭	南京市计生委	2015
付燕飞	女	1987.05	话园社区	2015年度南京市青少年事务社会工作者优秀个人	南京市综治委预防青少年违法犯罪工作领导小组办公室	2016
葛　冬	男	1974.12	南苑街道	南京市劳动模范	南京市委、南京市政府	2018
吴昌凤	女	1980.09	南苑街道	2017年度南京市既有住宅增设电梯工作优秀个人	南京市既有住宅增设电梯工作协调推进小组	2018
季　芸	女	1988.08	鹭鸣苑社区	优秀通讯员	南京市关心下一代工作委员会	2018

续表23-10

姓名	性别	出生时间（年、月）	工作单位	称号	授予单位	授予时间（年）
张海燕	女	1972.05	爱达社区	南京市关心下一代工作先进个人	南京市关心下一代工作委员会、南京市精神文明建设指导委员会办公室	2018
刘锟	男	1982.07	爱达社区	2017年度南京市既有住宅增设电梯工作优秀个人	南京市既有住宅增设电梯工作协调推进小组	2018
朱青	女	1984.10	吉庆社区	南京市最美网格员	南京市委政法委员会	2018
王伟	男	1987.08	怡康社区	2017年度南京市既有住宅增设电梯工作优秀个人	南京市既有住宅增设电梯工作协调推进小组	2018
汪羽	女	1982.06	庐山社区	2018年度优秀通讯员	南京市关心下一代工作委员会	2018
许德平	男	1970.06	南苑街道	2018年度南京市优秀"专武干部"	南京市警备区	2018
刘佳	男	1981.05	南苑街道	2017年度南京市城市治理标准化工作先进个人	南京市城治办	2018
吴顺彬	男	1971.07	南苑街道	南京市关心下一代工作先进个人	南京市关心下一代工作委员会、南京市精神文明建设指导委员会办公室	2018
姚敏	女	1987.10	泰山路社区	南京市优秀团支部书记	共青团南京市委员会	2019
尹南	女	1988.12	南苑街道	南京市最美网格员	南京市创新网格化社会治理机制工作领导小组办公室	2019

续表23-10

姓名	性别	出生时间（年、月）	工作单位	称号	授予单位	授予时间（年）
陈健华	女	1970.09	泰山路社区	南京市创建文明城市优秀个人	南京市创建文明城市领导小组	2020
徐经华	女	1973.08	泰山路社区	南京市最美网格员	南京市政法委	2020
王进保	男	1979.11	南苑街道	南京市优秀工会积极分子	南京市总工会	2020
徐君	女	1983.09	鹭鸣苑社区	2019年度金金网"三优"评选优秀网格作品	南京市关心下一代工作委员会	2020
马维珍	女	1954.03	南苑街道	2020年度南京市最美平安志愿者	南京市平安志愿者协会	2021
李小军	女	1974.09	泰山路社区	南京市最美网格员	南京市政法网格办	2021
卢蕙	男	1986.08	南苑街道	南京市医疗保障工作先进个人	南京市医疗保障局	2022
张昊	男	1992.01	南苑街道	南京市住房保障工作先进个人	南京市住房保障和房产局	2022
车卫玲	女	1977.04	庐山社区	全省第二批"千名领先"村（社区）书记	南京市委组织部	2022
马洁	女	1983.09	虹苑社区	南京市优秀金融服务志愿者	南京市总工会	2022

2003—2022年南苑街道部分获建邺区级先进个人名录

表23-11

姓名	性别	出生时间（年、月）	所在单位	称号	授予单位	授予时间（年）
滕春翠	女	1969.10	泰山路社区	2002年度"禁毒"工作先进个人	建邺区委、建邺区政府	2003

续表23-11

姓名	性别	出生时间（年、月）	所在单位	称号	授予单位	授予时间（年）
吴顺彬	男	1971.07	南苑街道	2003年度体育工作先进个人	建邺区政府	2003
赵国平	男	1967.05	南苑街道	2003—2004年度精神文明建设先进个人	建邺区委、建邺区政府	2005
胡燕	女	1977.01	鹭鸣苑社区	第一次全国经济普查先进个人	建邺区政府	2006
王明霞	女	1970.08	话园社区	2007年度人口与计划生育工作先进个人	建邺区委、建邺区政府	2008
徐经华	女	1973.08	泰山路社区	2011年度安全生产工作先进工作者	建邺区政府	2012
付燕飞	女	1987.05	话园社区	2011—2012年度全区社会管理综合治理先进个人	建邺区委、建邺区政府	2013
沙莉	女	1972.12	话园社区	2011—2012年度全区社会管理综合治理先进个人	建邺区委、建邺区政府	2013
叶岚	男	1979.07	南苑街道	2013—2014年度信访稳定工作先进个人	建邺区委、建邺区政府	2015
滕巧妹	女	1971.11	国泰民安社区	优秀共产党员	建邺区委、建邺区政府	2016
张海燕	女	1975.05	爱达社区	优秀共产党员	建邺区委	2016
陈永瑾	男	1973.03	健园社区	食品安全工作先进个人	建邺区委、建邺区政府	2017
韩超	女	1986.01	健园社区	"社区服务之星"	建邺区委、建邺区政府	2018
李晶	男	1983.03	虹苑社区	"十佳"社区党组织书记	建邺区委、建邺区政府	2018

续表23-11

姓名	性别	出生时间（年、月）	所在单位	称号	授予单位	授予时间（年）
徐姗姗	女	1988.10	话园社区	2017年度优秀社区专职工作者	建邺区委、建邺区政府	2018
范璐	女	1977.05	健园社区	"十佳"社区主任	建邺区委、建邺区政府	2019
张颖宇	女	1987.06	国泰民安社区	最美网格员	建邺区委	2019
范涛	男	1987.10	话园社区	2018年度优秀社区专职工作者	建邺区委、建邺区政府	2019
丁丽娜	女	1985.12	话园社区	2018年度优秀社区专职工作者	建邺区委、建邺区政府	2019
陈健华	女	1970.09	泰山路社区	建邺法律服务产业园建设工作先进个人	建邺区委、建邺区政府	2019
刘绳	男	1987.06	南苑街道	2018年度优秀社区专职工作者	建邺区委、建邺区政府	2019
朱青	女	1984.10	吉庆社区	2019年度优秀社区专职工作者	建邺区委、建邺区政府	2020
王珺	女	1986.10	爱达社区	优秀共产党员	建邺区委、建邺区政府	2020
刘玮	女	1986.08	黄山路社区	2019年度优秀社区专职工作者	建邺区委、建邺区政府	2020
吕霞林	女	1981.09	黄山路社区	2019年度优秀社区专职工作者	建邺区委、建邺区政府	2020
史文君	女	1988.07	黄山路社区	2019年度优秀社区专职工作者	建邺区委、建邺区政府	2020
薛峰	女	1974.11	泰山路社区	优秀党务工作者	建邺区委	2020
王亚萍	女	1984.10	健园社区	优秀共产党员称号	建邺区委	2021

续表23-11

姓名	性别	出生时间（年、月）	所在单位	称号	授予单位	授予时间（年）
蔡　莉	女	1993.04	健园社区	2020年度优秀社区专职工作者	建邺区委	2021
何　蓓	女	1978.06	国泰民安社区	优秀共产党员	建邺区委	2021
陶　荣	男	1982.11	黄山路社区	现代化国际性城市中心建设先进个人	建邺区委	2021
车卫玲	女	1977.04	庐山社区	"十佳"社区党组织书记	建邺区委、建邺区政府	2022
郭翠华	女	1972.12	国泰民安社区	"十佳"社区党组织书记	建邺区委、建邺区政府	2022
季　芸	女	1988.08	鹭鸣苑社区	2021年度优秀社区专职工作者	建邺区委、建邺区政府	2022
谢玉玲	女	1977.07	泰山路社区	2021年度优秀社区专职工作者	建邺区委、建邺区政府	2022

综　录

一、文件选存

中共建邺区委南苑街道工委工作制度和议事规则

为进一步加强街道党工委的自身建设，坚持和健全党的民主集中制，正确贯彻执行党的路线、方针、政策，发挥党工委总揽全局、协调各方的领导核心作用，更好地实施对街道全面工作的领导，根据《中国共产党章程》和市、区委工作要求，现将街道党工委的工作制度和议事规则修订如下。

一、党工委会议制度

党工委会议一般每月召开1～2次或视情召开，会议由工委书记召集并主持。书记不能参加会议时，可委托副书记召集并主持。议题由书记确定或由书记委托副书记确定。

（一）议事范围

1. 传达、学习党的路线、方针、政策和上级党委的重要指示、决定及上级会议、文件精神，研究贯彻落实的具体措施；

2. 讨论确定街道国民经济和社会事业发展的指导思想、战略目标以及涉及全局性的改革和发展的重要决策；

3. 讨论制定街道精神文明建设总体规划、实施方案及思想政治工作的重要问题；

4. 讨论决定加强街道党的思想、组织、作风建设的重大措施和党建方面的其他重要问题；

5. 讨论决定街道党工委的工作计划和以党工委名义向区委的请示、报告；

6. 研究干部任免、提名和奖惩，研究决定人事调整；

7. 讨论财政专项经费的支出和重大资金的使用；

8. 研究决定召开街道党员大会，审定向街道党员大会的工作报告及有关决议、决定草案等；

9. 讨论决定街道办事处、纪工委提交党工委审定的重要事项；

10. 定期听取街道政法、综治、人武、统战、计生以及工、青、妇等群团组织的工作汇报，研究确定与之相关的重大问题；

11. 讨论决定其他需要集体讨论决定的重要事项。

分管副书记或党群科负责汇总需提交党工委会议研究的事项，提前2天请示街道党工委书记确定或报书记办公会研究确定。凡科室、单位提交党工委会议研究的方案，必须经主管领导审阅，有关材料按照要求的份数打印，并于会前2天送分管副书记或党群科。

除临时召集的外，党工委会议一般应提前2天将会议时间、议题以及材料书面通知各位委员。

（二）议事规则

1. 党工委会议必须有半数以上党工委成员到会方可召开。讨论干部问题时，必须有三分之二以上党工委成员到会方可召开，党工委成员因故不能出席会议，应在会前请假，其意见可用书面形式表达。

2. 党工委会议决定问题，按照民主集中制原则和保密制度的有关规定进行。会议进行表决时，按少数服从多数的原则，赞成票超过应到会党工委成员的半数为通过。表决可采取口头、举手和票决的方式。

3. 党工委会议在审议各类会议方案时，应围绕议题，简明扼要。

4. 党工委会议邀请街道相关领导列席。会议主持人可根据议题确定有关领导和人员列席。

5. 党工委会议由工委组织员负责记录，会议决定事项视情编发会议纪要，由书记或主持人签发。经会议讨论通过的以工委名义上报或下发文件，由书记或书记委托副书记签发。

6. 党工委会议决定事项的落实，由党工委成员按照分工负责的原则组织实施。承办部门应在办理时限内向党群科或分管副书记报送办理进展情况。党群科在分管副书记的指导下，定期对党工委会议决定事项的落实情况及存在问题进行汇总并报告党工委。

二、书记办公会制度

书记办公会一般在党工委会议之前，根据工作需要不定期召开，由党工委书记召集并主持。

（一）议事范围

1. 讨论需提请区委审批的重大事项；

2. 酝酿提交党工委会议讨论决定的重要议题；

3. 研究确定不需要提交党工委讨论的事项；

4. 对党工委会议决定事项的组织实施进行协调；

5. 交流日常工作情况。

（二）议事规则

1. 书记办公会不是一级决策机构，不应决定重大问题，主要为党工委会议讨论重大问题作准备；

2. 根据工作需要，街道纪工委书记可列席书记办公会，其他列席人员根据内容由书记确定；

3. 会议决定的事项，按书记分工组织实施，其他有关事项由街道党群科会同有关科室和单位落实或督查；

4. 书记办公会由书记指定人员负责记录，会议决定事项视情编发会议纪要，由书记签发。

三、民主生活会制度

党工委民主生活会每年召开一次，时间一般安排在每年的6月份，其他专题民主生活会按相关规定执行。民主生活会前，由纪工委、党群科进行调研，广泛征求基层干部群众对党工委班子及成员的意见和建议，并在民主生活会上进行通报。班子及其成员要针对分析排查出来的主要问题制定整改措施，民主生活会情况和整改落实情况要在一定范围内予以通报。召开民主生活会，要报请区委同意，并邀请区委和组织部的领导到会指导。纪工委和党群科配合做好会议记录，并将民主生活会情况及时整理上报。

四、民主决策制度

党工委会议必须实行民主、科学的决策，对重大问题的决策，一般应经过下列程序：

1. 在调查研究的基础上提出方案，重大问题应提出两个以上可供比较的方案。

2. 方案提出后，一般应征求下级党组织或有关方面的意见，重大问题还应组织专家、学者进行分析论证，作出评估。

3. 在充分发扬民主、集思广益的基础上，召开党工委会议充分讨论，进行表决。决策实施中如有重大调整或变更，由党工委会议决定。

4. 定期召开党工委务虚工作会议，对关系街道发展的带全局性的重大问题进行前瞻性研究，明确方向、提出思路，为民主科学决策奠定基础。

5. 街道党员大会作出的决策由党工委会议负责组织实施。党工委会议作出的决定，由党工委成员按照分工负责的原则组织实施。

五、中心组学习制度

党工委中心组每月集中学习2次，每次半天；自学每月不少于2天。由分管副书记或党群科根据年度中心组学习计划和区委阶段性学习布置，安排学习内容及集中学习的时间，并做好学习出勤登记和讨论记录。中心组成员每人每年完成12篇学习体会，提交2篇有质量的调研文章。

六、现场办公与调研制度

党工委成员要带领有关科室深入社区、村（公司）党委、党（总）支部和重点建设工地进行现场办公、开展调研，就地解决工作中一些具体问题。工委成员每月到基层调研不少于2次，通过调研，了解真实情况，掌握第一手材料，增强工作的预见性、主动性。工委成员每年要结合各自分管工作，通过深入调研，自己动手或指导有关部门撰写2篇有情况、有分析、有见解的调研报告。

七、研究党建工作制度

街道建立党建工作联席会制度，每年召开1次；社区党委、党（总）支部建立党建联席分会，每季度召开1次，邀请结对共建单位党组织负责人参加。通过党建联席会，逐步建立形成以街道党工委为核心，以社区党委、支部为基础，结对共建单位党组织和社区党员共同参与，条块结合、优势互补的党建工作格局。每月召开1次社区党委、支部书记参加的党建工作例会和思想动态分析会，每半年召开1次党风廉政建设和反腐败工作分析会以及思想政治工作联系会，及时了解基层党组织建设和思想政治工作情况及存在的主要问题，研究部署各项工作，交流反馈和总结推广基层党建工作的做法、经验，探索新思路、新办法。

八、定期听取专题工作汇报制度

党工委每年1～2次专题听取街道办事处和工、青、妇以及计生工作汇报。每年至少1次专题听取统战、党政校、人武工作汇报。每季度召开1次经济形势分析会，专题听取完成经济任务情况。每半年召开1次社会稳定分析会，专题听取和研究地区稳定情况。遇有重大事项可适时安排听取工作汇报。

九、跟踪督查制度

党工委每年要对年初所确定的工作任务、重点建设项目及为民办实事项目进行分解立项，确定分管领导、责任科室、责任人和完成时限。围绕街道重点工作，党工委每半年组织一次督查，促进重点工作的落实。党工委会议每月应总结上一个月重点工作落实情况，集中研究当月重点工作安排。党工委成员必须按各自分工抓好落实，分管副书记和党群科负责加强跟踪督查，督促承办科室和部委抓紧落实，并汇总通报进展情况。

十、重要情况通报制度

党工委定期把党内的一些重要情况和会议、文件精神，向街道机关干部、基层干部和辖区内党员进行通报，让他们及时了解掌握街道党工委各个阶段的工作思路和重点，听取他们的意见和建议。同时要求街道办事处定期向辖区人大代表、政协委员通报工作，主动接受人大的法律监督和政协的民主监督。

十一、组织原则和保密制度

1. 党工委委员必须自觉维护党工委的权威。对党工委会议作出的决定，必须坚决执行。如有不同意见或在工作中发现新情况，可在党工委会议上请求改变，如党工委会议坚持原决定，必须无条件执行，并不得公开发表不同意见。

2. 党工委书记负责组织党工委会议活动，副书记协助书记工作。书记、副书记应带头执行民主集中制，充分发扬党内民主，善于集中正确意见，自觉接受委员的监督。委员应支持书记工作，接受书记对自己工作的检查、督促。

3. 必须严格遵守各项保密法规和制度，不能泄露应该保密的会议内容和讨论情况，在外事活动中要注意保守国家秘密；秘密级以上文件应在办公室阅办，外出公务不得携带密级文件和密级资料。

十二、党工委委员挂钩联系制度

党工委委员每人挂钩联系一个社区、村（公司）党组织，负责指导所挂钩单位党组织开展工作，并定期与挂钩点一起分析研究党建、经济等方面工作的实际问题，加强工作指导。平时必须经常深入挂钩点，扎扎实实地解决一些群众反映强烈的热点难点问题，办几件得民心顺民意的好事、实事。同时协调挂钩单位与街道科室工作人员联系工作。对党工委委员在挂钩点开展的工作，挂钩点党组织负责人应做好登记。

十三、领导请假报告制度

街道主要领导公务出差以及因私离开本市应向区委、区政府请假；副职领导公务出差以及因私离开本市，须经街道党工委书记同意。因公出国（境）须按照有关程序报批；凡因事（病）不能参加街道会议，须在会前向会议主持人请假。

中共建邺区委南苑街道工委

2004年12月28日

南苑街道"七五"普法工作规划

2016—2020年是在全面建成更高水平小康社会基础上探索开启基本实现现代化新征程的关键时期，是推动"迈上新台阶、建设新建邺"的战略机遇期，是在"后青奥"新起点上建成现代化国际性城市中心取得重大进展的关键时期。为贯彻落实建邺区第十一次党代表大会精神，全面推进法治建邺建设，南苑街道依照市、区普法法制宣传规划要求，结合街道实际，制定本规划。

一、指导思想

高举中国特色社会主义伟大旗帜，全面贯彻党的十八大和十八届三中、四中、五中、六中全会精神，以马克思列宁主义、毛泽东思想、邓小平理论、"三个代表"重要思想、科学发展观为指导，深入贯彻习近平总书记系列重要讲话精神，协调推进"四个全面"实现"五位一体"的总体布局，坚持创新、协调、绿色、开放、共享的发展理念，紧扣"十三五"时期经济社会发展的目标任务，围绕深入推进社会矛盾化解、社会管理创新、公正廉洁执法三项重点工作，深入开展法制宣传教育，大力推进依法治理，进一步维护宪法和法律权威，为全街道经济、社会全面发展营造良好的法治环境。

二、工作目标

（一）教育实效进一步增强。公民知晓宪法法律、法治精神和社会主义核心价值观的基本内容，普遍了解法律援助的途径和程序，全民法治观念和全体党员党章党规意识明显增强，法治宣传教育的知晓率、满意率分别达到90%。

（二）工作体系进一步完善。法治宣传教育全覆盖工作体系提质增效，街道建成法治宣传教育中心，社区100%建有法治文化阵地，法治宣传教育服务群众的能力水平更加符合全社会学法用法的新需求，互动型、服务型、创新型工作模式有效运行，公民获得法治宣传教育服务的渠道畅通便捷。

（三）区域法治环境进一步优化。运用法治方式统筹社会力量、平衡社会利益、调节社会关系、规范社会行为、监管经济秩序，推动形成有利于社会主义市场经济发展的法治环境。

（四）法治信仰进一步提升。领导干部敬畏法律、尊崇法治、捍卫法治。国家机关坚持用法治思维和法治方式推动工作，严格规范权力运行体系和职责边界。广大人民群众充分相信法律、自觉运用法律，全社会厉行法治的积极性和主动性明显提高，形成守法光荣、违法可耻的社会氛围。

三、工作重点

（一）突出抓好宪法的学习宣传，着力提高公民的法制意识。宪法是国家的根本法，是治国安邦的总章程。深入学习宣传宪法，进一步增强公民的宪法意识、爱国意识、国家安全统一意识和民主法制观念，使宪法在全社会得到共同遵行。党员领导干部和工作人员要带头学习宪法，自觉遵守宪法，忠实执行宪法，维护宪法权威。树立党的领导、人民当家作主和依法治国有机统一的观念，树立在宪法和法律范围内活动的观念，树立国家一切权力属于人民的观念，树立国家尊重和保障人权的观念。

（二）深入开展法律法规的学习宣传，着力提高依法保障和促进经济社会发展的能力和水平。要紧紧围绕区"十三五"规划总体目标，把法治宣传教育融入经济社会发展各个领域，渗透到法治建设各个环节，推动全社会形成法治思维和法治行为习惯，为推进法治政府、法治市场、法治社会一体化建设服务。

（三）切实抓好重点岗位人员的法制宣传教育，着力增强宣传教育的针对性。在普及对社区干部进行法制宣传教育的同时，重点加强对基层干部、青少年、企业经营管理人员和行政执法人员的法制宣传教育。

（四）坚持法治教育与法治宣传相结合，着力提高全社会的法治化管理水平。要努力深化基层依法治理，围绕平安建设、和谐社会建设，针对群众关注的社会热点、难点问题，深入开展专项依法治理活动。要学习宣传维护社会和谐稳定的相关法律法规，要加强《宪法》《人民调解法》《中华人民共和国治安管理处罚法》《义务教育法》《民法》《劳动合同法》《人口与计划生育法》《婚姻法》等法律法规的宣传力度。深入开展以"学法律、讲权利、讲义务、讲责任"为主要内容的公民法制宣传教育，促进公民、法人和其他组织依法行使权利、履行义务，自觉用法律规范行为，形成遵守法律、崇尚法律、依法办事的社会风尚。

（五）坚持各部门融合发展，着实提高治理效率。落实"谁执法谁普法、谁主管谁负责"的普法责任，培育发展法治宣传类社会组织，推动法治宣传教育与精神文明创建、国民教育、基层依法治理深度融合，形成政府主导、社会协作、互动共治的大普法工作格局。

四、普法对象和要求

（一）领导干部和公务人员。坚持把领导干部带头学法、模范守法作为培养全社会法治信仰的关键。街道工委将通过法制讲座、网上学法、中心组学法等多种形式开展法制学习，中心组学法每季度不少于1次，并有学法记录，法制讲座每年不少于2次，科以上干部每年学法时间不少于40小时，把学法用法情况列入公务员年度考核重要内容，领导班子和领导干部在年度考核述职中进行述法，推动领导干部自觉在全面推进依法治国中发挥"关键少数"作用，牢固树立宪法法律至上、法律面前人人平等的观念，带头尊崇法治，敬畏法律，做遵法的模范。

（二）青少年。坚持从青少年抓起，要根据青少年的身心特点和接受能力，在学校法制教育的基础上，各社区要充分利用第二课堂和社会实践活动开展"法治夏令营""小手拉大手""模拟法庭"等青少年法治教育活动，强化学校、家庭、社会"三位一体"的青少年法治教育格局，引导青少年学习掌握法律知识、树立法治意识、养成法治行为习惯。

（三）企业经营管理人员。发挥企业在法治市场建设中的主体作用，推动企业经营管理人员不断提升诚信守法、防范法律风险的能力和水平。培育深化企业法治理念，使"依法、合规、公平、诚信"成为企业普遍认同和行动自觉，提高重点领域和关键环节法律风险管理能力，强化依法经营意识。

（四）社区居民和外来人员。社区居民和外来人员是法制宣传的重要对象，是提升全社会法治意识的重要保障。各社区要充分依托"宣德堂"、法治讲堂、广场活动等阵地积极开展法制宣传活动，每年开展宣传教育活动不少于6次。司法所要积极协调相关部门开展"法律六进"活动，每年开展不少于12场法律咨询活动，注重加强对民工和新市民的法治宣传教育，提高外来人员的法律素养，每年至少开展1次进工地法治宣传。民政、妇联要针对妇女、儿童、老年人、残疾人的特殊性，开展法制宣传，提高其依法寻求法律帮助、维护合法权益的能力。司法所要加强对社区服刑人员、刑满释放人员等特殊人群的法治宣传和法律服务，促使他们学法守法，更好地回归社会。

（五）行政执法人员。从不同群体的特点出发，有针对性地开展法治宣传教育。城管、环保等行政执法部门要积极落实"谁执法谁普法、谁主管谁普法"的普法责任制，结合自身职能和特点，确定普法重点对象，制定普法任务清单和时序进度并抓好实施，定期把各部门的工作上报街道普法办。

五、主要任务

（一）深入学习宣传习近平总书记关于全面依法治国的重要论述。学习宣传习近平总书记关于全面依法治国的重要论述，增强走中国特色社会主义道路的自觉性和坚定性，增强全社会厉行法治的积极性和主动性。深入学习宣传以习近平同志为核心的党中央关于全面依法治国的重要部署，宣传科学立法、严格执法、公正司法、全民守法和党内法规建设的生动实践，使全社会了解和掌握全面依法治国的重大意义和总体要求，更好地发挥法治的引领和规范作用。

（二）突出学习宣传宪法和中国特色社会主义法治体系。坚持把学习宣传宪法摆在首要位置，在全社会普遍开展宪法教育，弘扬宪法精神，树立宪法权威。深入宣传依宪治国、依宪执政等理念，宣传党的领导是宪法实施的最根本保证，宣传宪法确立的国家根本制度、根本任务和我国的国体、政体，宣传公民的基本权利和义务等宪法基本内容，宣传宪法的实施。落实宪法制度，认真组织好"12·4"国家宪法日集中宣传活动，推动宪法家喻户晓、深入人心，提高全体公民特别是领导干部和国家机关工作人员的宪法意识，教育引导一切组织和个人都必须以宪法为根本活动准则，增强宪法观念，坚决维护宪法尊严。深入宣传中国特色社会主义法律规范体系、法治实施体系、法治监督体系、法治保障体系，推动全社会在中国共产党领导下，贯彻中国特色社会主义法治理论，坚定不移地走中国特色社会主义法治道路。大力宣传宪法法律至上、法律面前人人平等、权由法定、权依法使等基本法治理念，破除"法不责众""人情大于国法"等错误认识。

（三）深入学习宣传党内法规。适应全面从严治党、依规治党新形势新要求，切实加大党内法规宣传力度。突出宣传党章，教育引导广大党员尊崇党章，以党章为根本遵循，坚决维护党章权威。大力宣传《中国共产党廉洁自律准则》《中国共产党纪律处分条例》《中国共产党问责条例》等各项党内法规，注重党内法规宣传与国家法律宣传的衔接和协调，坚持纪在法前、纪严于法，把纪律和规矩放在前面，教育引导广大党员做党章党规党纪和国家法律的自觉尊崇者、模范遵守者、坚定捍卫者。

（四）推进社会主义法治文化建设。以宣传法律知识、弘扬法治精神、推动法治实践为主旨，积极推进社会主义法治文化建设，充分发挥法治文化的引领、熏陶作用，使人民内心拥护和真诚信仰法律。把法治文化建设纳入全街道公共文化体育事业体系，推动法治文化与地方文化、行业文化、企业文化融合发展，全面创造新城发展新环境。繁荣法治文化作品创作推广，培育具有建邺特色法治文化精品。利用重大纪念日、民族传统节日等契机开展法治文化活动，组织开展法治文艺展演展播、法治文艺演出进社区、进工地等活动，满足人民群众日益增长的法治文化需求。把法治元素纳入社会治理和服务创新项目，与基本服务供给同部署、同规划、同建设，加强基层法治文化公共设施建设。

六、工作步骤和安排

根据"七五"普法规划的总体部署，第七个五年法制宣传教育工作从2016年开始实施，到2020年底结束。共分三个阶段：

（一）宣传发动阶段：2016年下半年，要根据自身实际制定本单位的五年普法规划，报区普法办备案同时要健全和加强普法工作领导机构及其办事机构。

（二）组织实施阶段：2016年下半年到2020年。依据本规划确定的目标、任务和要求，结合各单位和各社区实际，制定法制宣待教育年度工作计划，突出年度工作重点，做到部署及时、措施有效、指导有力、督促到位，确保"七五"普法规划全面贯彻落实2018年要开展中期自查活动，重点检查在前三年的"七五"普法规划的落实与组织实施情况。

（三）检查验收阶段：2020年，在街道工委、办事处的统一领导下，按照本规划确定的目标、任务和要求对七五普法工作进行总结。按照区普法办制定的七五普法工作验收标准，对照检查自身工作并对在七五普法工作中涌现出来的先进个人和社区集体进行表彰。

七、组织领导和保障

（一）组织领导

建立以街道工委书记为组长的"七五"普法领导小组，调整充实"七五"普法领导小组成员，由街道领导小组负责指挥和决策工作。在司法所设立普法领导小组办公室，具体负责普法日常工作。主要职责是：

1. 承担法制宣传教育的日常工作；

2. 拟订法制宣传教育计划、阶段性总结报告和相关文件；

3. 组织落实有关规划、年度计划等各项任务；

4. 组织采购普法学习教材，举办普法学习培训班；

5. 每年收集各科室、社区普法活动资料并进行汇总；

6. 对执行规划情况进行检查、总结、验收及表彰。

各单位、各社区也要调整和充实领导小组，并确定具体工作人员，切实承担起工作。

（二）保障措施

1. 加强领导，抓好落实。建立健全普法依法治理领导机构和办事机构，建立和完善领导机构定期会议、年度工作汇报和工作普查等制度，把普法工作纳入本单位的议事日程，做到有部署，有检查，保障规划的落实。

2. 建立法制宣传教育激励监督机制。逐步建立普法工作评估考核机制，开展普法规划实施的年度和阶段考核工作，把普法依法治理工作的成绩作为评选先进单位和先进个人的重要条件之一。开展法制宣传教育表彰奖励工作，建立健全激励监督机制。

3. 落实法制宣传教育的经费。各单位要把普法依法治理工作经费列入本单位的财政经费预算，专款专用，确保普法依法治理工作的顺利进行。

4. 培养法制宣传教育队伍。开展法制宣传教育工作者学习培训活动，提高法制宣传教育工作者的政治、法律素质和业务能力，保障普法工作全面实施。

中共建邺区委南苑街道工委
建邺区人民政府南苑办事处
2017年1月16日

南苑街道安全生产专项整治三年行动工作方案

为认真贯彻落实习近平总书记关于安全生产重要论述和一系列重要指示批示精神，根据《建邺区安全生产专项整治三年行动工作方案》要求，结合街道实际，从现在起至2022年12月，在辖区内深入开展安全生产专项整治三年行动。具体方案如下：

一、指导思想和目的

以习近平新时代中国特色社会主义思想为指导，全面贯彻党的十九大和十九届二中、三中、四中全会精神，深入贯彻习近平总书记关于安全生产重要论述和对江苏工作的重要指示批示精神，牢牢把握"继续抓整改不放松、不达目的不放松"总要求和"务必整出成效"总目标，深刻吸取"3·21"等事故教训，树牢安全发展理念，强化红线意识和底线思维，坚持问题导向、目标导向和结果导向，坚持源头治理、系统治理和综合治理，把排查整治与建章立制贯穿全过程，把学习提高与狠抓落实贯穿全周期，把压紧压实责任与细化实化措施贯穿全链条，完善和落实"从根本上消除事故隐患"的责任体系、制度成果、管理办法、重点工程和工作机制，坚决防范遏制重特大事故，发现并整治一批重大安全风险隐患，全面提升本质安全水平，加快推进安全生产治理体系和治理能力现代化，全面维护人民群众生命财产安全，为推动全区高质量发展走在前列，加快建设现代化国际性城市中心提供坚实的安全保障，以抓好安全生产的实际行动和良好成效践行"两个维护"。

二、主要任务

通过深入学习宣传贯彻习近平总书记关于安全生产重要论述，进一步强化街道领导班子成员、安委会成员单位和生产经营单位安全发展观念，解决思想重视不够、安全发展理念不牢和抓落实存在差距等突出问题，推动安全发展理念落地生根；通过持续强化落实《企业落实安全生产主体责任重点事项清单》，推进企业安全生产由被动接受监管向主动加强管理转变、安全风险管控由政府推动为主向企业自主开展转变、隐患排查治理由部门行政执法为主向企业日常自查自纠转变，推动企业主体责任落地生根；各社区和科室要按照分管领域开展安全大检查，切实履行属地监管责任，使"管行业必须管安全、管业务必须管安全、管生产经营必须管安全"和"谁主管谁负责、谁审批谁负责"成为刚性要求，推动分级监管、责任监管落地生根。

三、组织领导和机构职责

（一）组织领导

认真落实《南苑街道2020年安全生产工作意见》，对照《南苑街道工委、办事处领导班子成员2020年安全生产重点工作任务清单》相关任务要求，在街道工委、办事处的领导下，按照"安委办统筹调度、各科室牵头行业监管、各社区具体负责区域管理"的工作模式，负责统筹推动安全生产专项整治三年行动工作，协调解决安全生产推进过程中的重难点问题。

（二）机构设置及职责

1. 领导小组。成立由街道党工委书记刘天鹏为组长，街道分管安全生产领导周志林为常务副组长，其他班子领导为副组长，各社区、各科室负责人为组员组成的专项整治领导小组，并设立安全生产专项整治三年行动工作专班。

2. 专班办公室。设在街道安全生产监督管理科，由办事处副主任周志林担任办公室主任，安全生产监督管理科科长焦瑞担任副主任。

主要职责：负责专班办公室日常工作；统筹协调街道三年行动工作；定期收集汇总报告工作情况；适时召开会议进行工作调度；牵头推进隐患排查治理体系建设三年行动专题及专项整治工作。负责学习宣传贯彻习近平总书记关于安全生产重要论述专题，牵头推进专题片宣传、集中开展学习教育、深入系统宣传贯彻、落实安全生产责任制、防范化解安全风险、加强安全监管队伍建设、完善体制机制等任务。

3. 专项整治对接组。根据《南苑街道各科室安全生产工作职责清单》，各科室负责承接区22个行业部门涉及街道层面的工作任务：

党政办对接区委办、区政府办、区委宣传部；安全生产监督管理科对接区应急管理局、区市场监督管理局、区消防救援大队、区建设局；城市管理和公共服务科对接区城管局；社区建设与社会保障科对接区民政局、区教育局、区文化和旅游局；综合治理和信访科对接区委政法委、区公安分局；环境保护科对接建邺生态环境局；河长办对接区水务局；物业管理科对接区房产局；企业服务办对接区发改委、投促局、区商务局、区金融管理局；财务室对接区财政局；劳动保障所对接区人社局。

主要职责：

（1）认真贯彻落实街道安委会确定的专项整治三年行动工作目标、任务、措施和要求；

（2）统筹协调、监督管理所属行业领域的安全生产日常工作，制定并组织实施月度、年度安全生产监督管理工作计划；

（3）建立健全所属行业领域安全生产责任体系，统筹协调、督促落实；

（4）定期分析形势，研究解决所属行业领域安全生产存在的薄弱环节和突出问题；

（5）协助区职能部门落实安全生产检查，开展本行业领域安全生产专项整治，及时消除事故隐患，严防重特大事故发生；

（6）加强安全生产应急管理，所属行业领域发生安全生产事故后，按照法律法规要求及时组织应急抢险救援，并按规定报告；

（7）每月向街道安委会报告所属行业领域安全生产工作情况和工作信息；

（8）完成街道工委办事处、安委会交办的其他事项。

四、整治重点及责任分工

专项整治行动坚持条块结合、联动推进，覆盖全辖区重点行业领域和机关职能科室、各社区。

（一）学习宣传贯彻习近平总书记关于安全生产重要论述专题。一是全面开展学习教育。街道党工委召开理论学习中心组安全生产专题学习交流会，将习近平总书记重要论述纳入干部学习和日常教育培训重要内容。二是全覆盖开展专题宣讲。街道党政领导带头安全生产专题宣讲，组织开展"百团进百万企业"宣讲活动。三是全方位组织宣传贯彻。街道工委和社区党组将宣传贯彻习近平总书记重要论述纳入宣传工作重点，部署开展经常性、系统性宣传贯彻；组织开展"从根本上消除事故隐患"大讨论和"领导干部说安全"活动；把学习宣传贯彻习近平总书记重要论述纳入"安全生产月"活动。四是落实安全生产责任制。认真落实街道领导班子成员责任和部门监管责任，健全完善街道安委办工作制度体系；完善事故调查处理、整改评估和企业生产经营全过程安全责任追溯制度。五是防范化解重大安全风险。建立安全风险评估制度，严格落实"三同时"制度，加强各类危险源安全管理；开展危险化学品、消防等重点行业领域专项整治，推进安全发展示范城市创建；全面运行南京市应急管理"181"信息化平台，摸清安全风险隐患底数，推进危化品安全生产风险监测预警系统建设。六是加强安全监管干部队伍建设。加强安全监管力量建设和人才培养，提高监管干部专业能力；对承担安全生产专项重要工作、参加应急救援和抢险救援等方面作出显著成绩和重要贡献的安全监管干部适时褒奖激励。七是健全完善体制机制。街道人大委会加强安全生产领域工作监督和法律监督；街道政协围绕安全生产专项整治开展民主监督和协商调研；建立和完善安全生产网格化巡查职责、监管责任考评标准体系；落实安全生产有奖举报制度。（街道安委办牵头、安委会成员单位按职责分工负责）

（二）落实企业安全生产主体责任专题。一是严格落实企业主体责任20项重点事项清单，建立生产经营单位主动报告安全生产风险制度；严格安全责任追究，持续开展安全生产督导巡查，强化安全生产约谈、督办、警示提示等五项制度。二是压紧压实企业第一责任人的责任，推动企业严格执行《企业落实安全生产主体责任重点事项清单》。加强安全管理机构和人员配备，督促危险化学品等重点行业领域达到一定规模的生产经营单位配备安全总监、注册安全工程师。2021年推动重点行业领域企业通过自身培养和市场化机制全部建立安全生产技术和管理团队。三是督促企业加大安全投入力度，用足用好企业安全生产费用提取使用、实施安全生产责任保险、支持安全技术设备设施改造等有关财税政策，重点用于风险防控和隐患排查治理，推进各重点行业领域机械化、信息化、智能化建设。四是加强企业安全生产基础管理。督促企业制定落实安全生产主体责任若干规定和安全管理制度，督促企业依法生产经营，认真执行安全生产"三同时"制度，加强职工安全防护、外包等业务、复工复产、各类危险源和危险作业等安全管理，确保始终处于安全可靠状态。五是推动企业完善风险防控和隐患排查机制。建立安全风险管控制度，定期开展安全风险评估和危害辨识，严格执行《江苏省工业企业安全风险报告规定》，针对高危工艺、设备、物品、场所和岗位等，加强动态分级管理，落实重大危险源防控措施，实现可防可控，2021年各类企业建立完善的安全风险防控体系。建立完善隐患排查治理体系，规范分级分类排查治理标准。（街道安委办牵头，各社区和负有安全生产监管职责的科室按职责分工负责）

（三）危险化学品安全专项整治。一是贯彻落实《中共中央办公厅、国务院办公厅关于全面加强危险化学品安全生产工作意见》和省、市、区实施意见，制定街道工作方案，推动各项工作措施落地见效。二是深化危险化学品安全综合治理，落实《危险化学品企业安全风险隐患排查治理导则》，分级分类排查治理安全风险和隐患，2022年底前涉及重大危险源的危险化学品企业完成安全风险分级管控和隐患排查治理体系建设。三是积极推广应用泄漏检测、化工过程安全管理等先进技术方法，2022年底前所有涉及硝化、氯化、氟化、重氮化、过氧化工艺装置的上下游配套装置必须实现自动化控制。四是大力推进危化品企业安全管理信息平台建设，完成重大危险源监测监控、可燃有毒气体检测报警、安全风险分区分级管控。五是深入排查加油站等涉危企事业单位或场所的风险隐患。（安全生产监督管理科牵头，安委会成员单位按职责分工负责）

（四）消防安全专项整治。一是协助区消防救援大队组织开展打通"生命通道"工程，制定实施综合治理方案，2022年底前分类分批完成督办整改。二是摸清高层建筑、人员密集地下空间、大型商业综合体等重点场所底数，协助相关部门制定实施消防安全能力提升方案，2022年底前实现标准化、规范化管理。三是聚焦老旧小区、老旧市场、电动车、家庭加工作坊、"群租房""三合一"场所、物流仓储等突出风险，分阶段集中开展联合排查整治，2022年底前全面落实差异化风险管控措施。四是着力夯实基层火灾预防基础，加大基层火灾隐患整治力度，推进社区公共消防基础建设，强化基层消防监管力量建设，促进基层火灾防控责任落实落地。五是组织社会单位开展消防安全标准化达标创建活动，实行全员消防安全责任制。协助重点行业部门建立完善落实行业消防安全管理规定，明确三年整治目标任务，推动本系统单位提升消防安全管理水平。六是全面实施全民消防安全素质提升工程，建立惠及广大群众的"均等化"消防教育培训工作机制。聚焦"全灾种、大应急"任务需要，持续加强消防队站、装备器材和实战能力建设。七是深化重点环节消防管控。加强电动自行车管理，集中整治占用堵塞生命通道、飞线充电等违法行为，完善全链条监管机制，持续深化电器火灾综合治理，全面排查，推动安装电器火灾监控系统，并接入消控室。推动高层建筑和高层住宅小区应急演练，按照"三知四会一联通"要求，每半年至少开展一次应急疏散演练，切实提升快速反应和应急处置能力。八是完善消防设施。推动老旧小区增补和维修市政消火栓，全面梳理，仔细排查本区域消防设施瘫痪的住宅建筑存在的突出风险，逐一采取有针对性的防范措施。（安全生产监督管理科牵头，安委会成员单位按职责分工负责）

（五）城市建设安全专项整治。一是开展对建筑年代较长、建设标准较低、失修失养严重的城市危险房屋和老楼危楼的排查整治工作，全面排查利用原有建筑物改建改用为公共设施等人员聚集场所安全隐患，依法查处违法建设、违规改变建筑主体结构或使用功能等造成安全隐患行为，严格落实房屋安全主体责任，排查整治安全隐患。二是明确建筑物所有权人、房屋建筑和市政工程参建各方的主体责任以及相关部门的监管责任。三是强化燃气行业管理，排查瓶装液化气非法储存行为，餐饮店等燃气使用场所燃气用具、连接软管、减压阀和燃气泄漏报警装置等存在的安全隐患，以及擅自拆除、改装、迁移、暗埋燃气设施和用具等问题，完善燃气工程技术标准，健全事故防范长效机制。四是配合相关部门开展城市地下空间利用和市政基础设施摸底调查，完善城市地下基础设施信息数据。五是督促企业落实主体责任，配合区相关部门依法打击建筑市场违规行为。（街道安委办牵头，物业管理科、安全生产监督管理科、城市管理和公共服务科等科室按职责分工负责）

（六）危险废物安全专项整治。一是全面开展危险废物排查。对属性不明的固体废物进行鉴别。重点对危险化学品单位及危险废物处置单位进行监督检查，严厉打击违规堆存、随意倾倒、私自填埋危险废物等问题，确保危险废物贮存、运输、处置安全。二是完善危险废物管理机制。建立完善危险废物由产生到处置各环节转移联单制度。配合区相关部门做好危险废物产生、收集、贮存、转移、运输、利用、处置等全过程的监管。（环境保护科牵头负责）

重点环保设施和项目、"煤改气"、渣土、污水处理、粉尘企业等：一是组织开展企业重点环保设施和项目的全面摸排。督促企业开展安全评估，制定防范措施并组织实施。组织开展对评估和治理结果的监督检查。二是开展"煤改气"过程中安全风险排查治理。协助港华燃气公司合理确定"煤改气"工程燃气管道走向、敷设方式和燃气设备设施的布局，配合区相关主管部门做好施工安全管理，增加入户检查指导的频次。三是配合相关部门开展污水处理过程中安全风险排查治理。积极协调第三方公司，安排专人落实辖区道路夜间渣土管控。四是加强粉尘企业安全风险管控。进一步排查涉爆粉尘企业底数和安全状况，配合相关部门开展有针对性的专项执法。深入开展尘肺病易发高发行业领域的粉尘危害专项治理工作。（街道安委办牵头，各职能科室按分工负责）

五、时间安排

（一）新增2个专题和1个专项。按照国务院安委会和省、市、区相关部署要求，"南苑街道学习宣传贯彻习近平总书记关于安全生产重要论述专题实施方案"（责任科室：党政办）、"南苑街道落实企业安全生产主体责任三年行动专题实施方案"（责任科室：安全生产监督管理科）和"建邺区城市建设安全专项整治三年行动实施方案"（责任科室：物业管理科、安全生产监督管理科和城市管理和公共服务科）从2020年7月至2022年12月，分四个阶段进行：

1. 动员部署（2020年7月至8月）。深入学习宣传贯彻习近平总书记关于安全生产重要论述和对江苏工作的重要指示批示精神，采取多种形式和方法，开展全覆盖专题宣讲和宣传活动。按照全区安全生产专项整治三年行动工作方案要求，制定工作方案和各专题、专项实施方案，明确具体目标任务、时间进度和保障措施，对开展专项整治三年行动作出具体安排，并召开会议进行动员部署。

2. 排查整治（2020年8月至12月）。坚持问题导向与目标导向相结合，坚持自查自改与督查整改相结合，着眼长效机制，逐项梳理出在政策层面、制

综　录　·467·

度方面需要研究的事项，明确牵头部门、责任人和措施建议，及时作出制度性安排，不断夯实监管责任，切实消除监管盲区。对查出的问题隐患具备整改条件的，要求立查立改、应改尽改；暂时不具备整改条件的，要制定整改方案，紧盯进度，推动整改落实。对国务院和省、市督导组现场指出和移交的问题隐患要立即整改销号。

牵头科室要及时梳理汇总工作进展情况，形成的问题隐患和制度措施清单于每月1日前报送区安全生产专项整治行动领导小组办公室（以下简称"区整治办"）。

3. 集中攻坚（2021年）。坚持举一反三抓整改，持续推进国务院和省、市督导组反馈问题隐患以及本地区本部门排查发现问题隐患的整改落实，加强对重点区域、重点行业、重点企业的督查检查，特别是对突出问题和重大隐患的整改实施跟踪督办、闭环管理，推动问题隐患整改落实，进行整改销号。

4. 巩固提升（2022年）。聚焦为党的二十大顺利召开营造良好的安全生产环境，全方位全领域纵深推进风险隐患排查整治。深入总结全辖区安全生产专项整治经验，提炼固化为长效机制，形成系统完备、成熟定型的安全生产制度体系，并加以复制借鉴推广。

（二）已开展的3个专项。危险化学品、消防、危险废物3个安全专项整治，在前期整治的基础上，时间延续至2022年12月，分三个阶段进行：

1. 集中攻坚（2020年）。抓好国务院和省、市督导组反馈问题隐患以及国务院督导组移交"四张清单"的整改落实。紧盯重点行业领域、重点单位场所和关键环节，深入推进安全风险隐患排查整治，建立问题隐患和制度措施"两个清单"，明确整改责任单位、整改要求、整改时限，全面彻底抓好闭环整改。分层分级分行业领域建立问题隐患整改台账，完成"一年小灶"隐患整改任务。

2. 持续整治（2021年）。动态更新"两个清单"，针对重点难点问题，进一步加大专项整治攻坚力度，坚决啃下一批安全生产"硬骨头"。采取突击检查、明察暗访、随机抽查、回头检查等多种方式，加强对重点区域、重点行业、重点企业的督导督查，特别是对突出问题和重大隐患的整改实施跟踪督办、闭环管理，推动问题隐患整改落实。

3. 巩固提升（2022年）。结合区方案要求和街道实际，街道制定工作方案，各社区、相关科室结合自身实际根据街道方案开展相关工作，年度做安全生产专项整治工作情况报告，于每年11月底前汇总街道安委办后，报区安委办；专项整治三年行动总结报告，于2022年11月3日前汇总街道安委办后，报区安委办。

六、工作要求

（一）健全组织，强化领导。在街道工委、办事处领导下，将已成立的"南苑街道安全生产专项整治行动领导小组"调整为"南苑街道安全生产专项整治三年行动计划暨专项整治行动领导小组"，原安全生产专项整治行动领导小组办公室及三个工作组延续运行至2022年底。要提高政治站位，深刻认识做好专项整治三年行动的重要性，强化组织领导，全面落实责任，加强统筹协调，定期研究专项工作，协调解决重大问题。

（二）推广技术，强化保障。充分应用安全生产工作政策支撑体系，健全安全风险监测监控手段，加快推进"互联网+安全监管"进程，完善安全事故隐患排查治理信息系统，推广应用"181"信息化平台。在高危行业领域全面推广实施安责险制度，推动保险机构落实事故预防技术规范，切实发挥参与风险评估管控和事故预防功能。

（三）严格检查，强化监管。坚持街道班子领导带领职能科室开展"四不两直"明察暗访，对辖区内重点企业、重点区域进行拉网式检查督导，对突出问题、重大隐患盯住不放、一抓到底，督促闭环整改；落实好社区党委书记、居委会主任带队开展管辖区内安全检查，严格落实网格责任人职责，实现安全生产分级管理、常态巡查、全员参加的长效机制；督促企业自查自纠，建立健全隐患排查治理机制；鼓励和引导广大群众特别是企业职工举报重大隐患和违法违规行为，形成全社会参与支持、群防群治的良好局面。

（四）源头防控，强化整改。加强安全生产源头管控和安全准入，最大限度降低和减少系统性重大安全风险。严格督导企业问题隐患存量整改，严查久拖不决、敷衍应付、弄虚作假等行为。定期组织安全风险隐患进行大检查，对排查发现的问题隐患，坚持从严从快立查立改，对发现重大安全隐患要制定整改措施，及时上报对口职能部门，确保隐患整改实效。

（五）落实责任，强化问效。全面落实《关于中央纪委国家监委纪检监察建议整改工作方案》，积极配合上级开展安全生产专项巡视。在专项整治过程中，要结合自身实际，根据专项整治的工作目标、要求和科室职能，严格落实专项整治工作责任，把专项整治三年行动的动态检查和过程监督，纳入街道党政领导干部、各社区、各相关科室年度综合考核内容，推动取得实际成效。充分运用"181"信息化平台，推进对企业公共风险源的安全生产监督。

中共建邺区委南苑街道工委
建邺区人民政府南苑街道办事处
2020年7月26日

南苑街道学习宣传贯彻习近平总书记
关于安全生产重要论述专题实施方案

为深入学习宣传贯彻习近平总书记关于安全生产重要论述，推动辖区各社区、各科室和有关单位树牢安全发展理念，切实把安全生产摆到重要位置，根据国务院安委会《学习宣传贯彻习近平总书记关于安全生产重要论述专题实施方案》和省、市、区《安全生产专项整治三年行动工作方案》，制定本实施方案。

一、总体目标

深入学习宣传贯彻习近平总书记关于安全生产重要论述和对江苏工作的重要指示批示精神，深刻理解其核心要义、精神实质、丰富内涵、实践要求，用习近平总书记重要论述武装头脑、指导实践、推动工作，做到内化于心、外化于行，增强从根本上消除事故隐患、推动安全生产形势稳定转向好的理论自觉、思想自觉和行动自觉；坚持解决思想问题与解决实际问题相结合，强化目标导向、问题导向、结果导向，坚决杜绝重特大事故、大幅减少生产安全事故起数和死亡人数、发现整治一批重大安全风险隐患、全面提升本质安全水平；牢牢把握"两个不放松"总要求和务必争出成效总目标，切实扛起打赢安全生产专项整治硬仗、推动辖区安全生产治理体系和治理能力现代化走在前列的政治责任，努力交出一份让人民群众满意的合格答卷，以实际行动和良好成效真正做到"两个维护"。

二、主要内容

将深入学习贯彻习近平新时代中国特色社会主义思想置于首位、贯穿始终，将习近平总书记关于安全生产重要论述和重要讲话指示精神作为做好安全生产工作的根本指南、时时对标。原原本本学习习近平总书记关于树立安全发展理念、建立安全生产责任体系、坚持最严格的安全生产制度、必须把防风险摆在突出位置、从根本上消除事故隐患等重要论述；及时跟进学习习近平总书记关于安全生产最新重要讲话和指示批示精神；联系实际学习习近平总书记关于安全生产风险并不随着经济发展水平提高而自然降低，安全生产任何时候都忽视不得、麻痹不得、侥幸不得，专项整治继续抓整改不放松、不达目的不放松等对江苏工作系列重要指示要求，做到学深悟透、弄通坐实。

三、重点任务

（一）推进学习教育全覆盖

1. 提高认识、统一思想。街道党工委理论学习中心组、各社区、各科室要组织观看《生命重于泰山——学习习近平总书记关于安全生产重要论述电视专题片》，围绕安全发展、严守底线、强化责任等主题开展专题研讨，研究落实举措。各级中心组成员要先学一步、学深一层。召开街道党工委理论学习中心组安全生产专题学习交流会，切实增强抓好安全生产工作的责任感、使命感。

（二）推进专题宣讲全覆盖

2. 领导干部带头宣讲。街道党政领导班子成员、各负有安全监管职责的科室要开展一次安全生产专题宣讲，系统宣讲习近平总书记重要论述。

3. 组织开展"百团进百万企业"宣讲活动。一是由街道党政主要领导带头讲，对各科室、各社区和行业领域重点企业负责人开展专题宣讲；二是由街道安委会成员单位分管主任、安全生产专项整治牵头科室负责同志，对所属企事业单位领导干部和基层监管人员开展专题宣讲。重点宣讲习近平总书记重要论述、安全生产法律法规等，基本实现辖区安全监管部门执法人员、规模以上企业关键岗位人员、安全管理人员、主要负责人和规模以下企业主要负责人、实际控制人宣传教育"全覆盖"。

（三）全方位组织宣传贯彻

4. 组织开展主题宣传。街道党工委要将宣传贯彻习近平总书记重要论述纳入党工委宣传工作重点，精心制定方案，部署开展经常性、系统性宣传贯彻，形成宣传声势。要围绕"从根本上消除事故隐患"主题，组织党政领导干部、专家学者、企业负责人、一线职工开展大讨论，进一步凝聚推动社会安全发展的思想共识。

5. 开展群众性宣教活动。把学习宣传贯彻习近平总书记重要论述纳入"安全生产月""青年安全生产示范岗""春风行动""安康杯"等竞赛活动的重要内容，通过在人员密集场所、重点区域设置显示屏、广告栏、专题展板，推进安全宣传进企业、进社区、进家庭。

（四）落实安全生产责任制

6. 落实党委政府领导责任。认真贯彻落实《地方党政领导干部安全生产责任制规定》《建邺区党政领导干部安全生产责任制规定实施办法》《南苑街道党政领导干部安全生产责任制规定实施办法》，严格落实街道领导班子成员年度安全生产重点工作清单。

7. 落实部门监管责任。严格按照"三管三必须"的要求，依法依规履行安全监管责任。各科室要严格执行安全生产工作职责清单，认真落实新产业、新业态方面的监管责任，切实消除监管盲区漏洞。

8. 落实企业主体责任。严格落实企业主体责任20项重点事项清单，在压紧压实企业主体责任方面提出新举措，深入推进安全生产专项治理，通过开展"创先争示范"评选，推进生产经营单位建立主动报告安全生产风险制度，健全企业全过程安全管理制度，推动构建危险源辨识、风险评估、全员参与、过程控制、持续改进的安全生产预防控制体系，全面推行安全生产承诺制度。

（五）防范化解重大安全风险

9. 强化重点领域整治。突出危险化学品、建筑施工、消防等重点行业领域开展专项整治，标本兼治消除事故隐患。加强重大工程和设施安全风险防控，强化规划设计、建设施工、运营管理等环节安全措施的落实。推进安全发展示范城市创建，构建综合性、全方位、系统化、现代化的城市安全发展防控体系。

10. 创新安全监管方式。积极推广"大数据+网格化+铁脚板""四不两直"明察暗访等监管方式，提高监管效能。全面运行"南京市应急管理181信息化平台"线索管理系统，推进对接危化品等安全生产风险监测预警系统，积极争取上级政策和资金支持，推广应用移动执法终端系统。

（六）加强安全监管干部队伍建设

11. 加强安全监管人才培养。定期组织检查人员开展专业知识培训，鼓励在岗监管检查人员参加注册安全工程师职业资格考试和安全相关专业在职学历提升。

四、时间安排

从2020年7月至2022年12月，分四个阶段进行。

（一）动员部署（2020年7月—8月）。各社区、科室和有关单位结合实际制定细化实施方案、工作计划，明确目标任务、时间进度和责任措施，做好宣传发动和工作部署。

（二）组织实施（2020年8月—12月）。采取多种形式组织开展学习教育、专题宣讲和宣传贯彻，系统学习习近平总书记重要论述，推动总书记重要指示精神落地生根，推动各社区、科室、单位落实安全生产责任制、有效防范化解重大安全风险。

（三）重点推动（2021年）。常态化学习宣传贯彻习近平总书记重要论述，对安全生产专项整治"小灶""大灶"重点任务落实情况开展督查。

（四）巩固提升（2022年）。总结各社区、科室和有关单位学习宣传贯彻习近平总书记重要论述情况，宣传推广一批整改成果、制度成果、政策成果、理论成果，加强示范引导，带动提升安全生产整体水平。

五、保障措施

（一）强化组织领导。各社区、科室和有关单位要把学习宣传贯彻习近平总书记重要论述作为重要政治任务，进一步提高思想认识。各级领导干部要以身作则、以上率下，精心部署安排，亲自推动落实，确保取得实效。

（二）强化统筹协调。坚持学习宣传贯彻工作与防范化解重大安全风险相结合，与推动安全生产重点任务落实相结合，做到两手抓、两促进。各科室要各司其职、密切配合，形成齐抓共管合力。

（三）强化宣传引导。综合运用多种手段，多层次多角度宣传各社区、科室深入学习宣传贯彻习近平总书记重要论述的新举措新成效，推动工作开展，引导社会各界关心安全生产、参与安全发展。

中共建邺区委南苑街道工委

建邺区人民政府南苑街道办事处

2020年7月26日

二、报刊文章选存

全市首个社区助餐点试运营
老人刷市民卡就餐，最便宜套餐3元

从今年起，我市尝试由政府出资，鼓励企业参与，在社区设立老年人助餐服务点，满足高龄、独居、空巢等老年群体用餐需求。前天，全市首家社区助餐点在建邺区国泰民安社区试营业。助餐点为老人提供什么样的就餐服务？昨天，记者进行了采访。

由企业采购加工，保证营养健康安全

昨天中午，在建邺区国泰民安社区助餐点，40名老人正在吃中饭。不少老人吃的是红烧带鱼、玉米鸡丁、炒菠菜、芹菜炒干子套餐，每份8元钱。

"我今年74岁了，儿女不在身边，去菜场买菜不方便，以前就凑合着在家随便吃点。"家住该社区的胡育才说，"有了助餐点，以后都能吃到荤素搭配、营养可口的饭菜了，真是方便多了。"

建邺区民政局负责养老工作的龚明祥告诉记者，他们通过招标选择了餐企仁磊，"餐饮企业为老人提供餐食，从'全素+汤'到'两大荤一小荤一素+汤'，分为6个档次，每份价格从3元到15元不等。"

"这是全市首个引入餐饮企业为老人服务的助餐点，也是新的尝试。"龚明祥介绍，企业有严格的采购、加工流程，保证老年人中午、晚上都能吃到营养、健康、安全的饭菜。

为就餐老人建档，就餐只要刷市民卡

"这几天都是试吃服务，不收费。"美特康智能居家养老中心负责人陈炼宜介绍，中心会对就餐的老人建立档案，对有忌口、牙口不方便的老人，提供个性化配餐服务。

老人如何申请订餐和配送服务？记者看到，申请由"信息流转程序"开始，到"餐食配送流程"结束。陈炼宜解释，老人每天吃什么，有无特殊要求，可以提前打电话或到社区居家养老服务中心预订，工作人员录入信息平台，传入餐饮企业。企业根据标准进行加工，再配送到社区助餐点或给老人直接送餐上门。五类特殊老人可免收"上门费"。

"就餐老人只要刷一下市民卡，就可以吃到饭菜了。"陈炼宜说，老人刷卡只用于记录消费次数和价格信息，不用于实时支付，消费信息实时传送至市12349信息平台，由市信息平台扎口支付，杜绝人为干预。

（载于2014年3月14日《南京日报》）

整合资源 就地取材
南苑街道文化品牌特色凸显

吉庆的雨花石，爱达的文化墙，兴达的体育广场，话园的红色收藏展览馆……提起其中任何一个，当地居民都引以为豪。据悉，今年以来，南苑街道工委紧贴建邺区委提出的基层党建提升年工作要求，整合区域资源，就地取材，每个社区都有了属于自己的文化品牌。

南苑街道工委负责人介绍，街道工委还将进一步强化社区文化事业发展，从而提升居民文化素养，适应河西新城大发展的需要。

半个月前，兴达社区刚结束一场"全民健身节"活动，来自7个小区的232位居民报名参赛，参赛选手中年龄最小的14岁，最大的74岁。据兴达社区副主任徐静介绍，兴达拥有1.8万平方米居民广场，配备练功房、体育馆、健身器材等，居民还自发注册成立兴达体育健身俱乐部、兴达七彩文工团等社会组织，活动内容来源于群众，服务于群众。

对于以老旧小区为主的社区来说，场地不足是制约文化活动开展的一大难题。南苑街道倾街道之力将资源下沉到社区，从财力物力上解决了社区的燃眉之急。

话园社区党委书记钱忠说，他们通过基层走访，挖掘到小区居民惠宏的私人收藏——大批改革开放前十年的居民家庭生活用品，如毛泽东像章、画册、家电、泥塑等，但苦于缺少展览场所。街道得知情况后，立即对话园进行实地调研，并在话园附近找到一所空置的三层楼商铺房，总面积约300平方米。街道出面拿下房子，免费提供给话园做红色文化展。今年7月1日，"话园社区红色收藏展览馆"正式开馆，组织居民群众参观学习，弘扬红色文化精神。

同样是利用社区现有资源打造特色文化，吉庆社区为纪念中国人民抗日战争胜利70周年，在其雨花石科普馆内举办了"三爱"主题雨花石展。健园社区现有8个少数民族居住，为了更好融合多民族文化，由民乐队、舞蹈队、合唱队、快板小品队组成的民族之家艺术团定期开展文化活动，社区被评为江苏省民族工作示范社区。爱达社区、国泰社区则分别建立起孝道文化墙和廉政文化一条街，广受辖区居民肯定。

南苑街道负责人表示，他们将继续弘扬传统文化为特色，着力促进特色文化，确保文化工作落地生根、扎实有效。

（载于2015年9月24日《南京日报》）

12个社区分别形成个性鲜明、创意十足的社区党建品牌
"一社一品"，南苑街道社区党建走出特色路

为强化社区党建，去年以来，建邺区把"一社一品"社区党建创新创优列为区委书记项目，鼓励全区各社区党组织结合实际，通过创新项目化手段，形成一批具有影响力的社区党建品牌。

南苑街道始终坚持党建引领，深化社区治理，鼓励支持社区党组织深化

党建创新创优，帮助每个社区认真梳理服务特色和工作亮点，紧贴上级要求的重点、自身工作的难点和党员群众的关注点，积极探索社区党建工作新思路、新方法，打造特色，形成品牌，一批具有鲜活基层生命力的党建工作创新项目脱颖而出。街道党工委每年年底对社区党建创新项目进行检查验收，采取实地检查、项目汇报、组织评审、总结表彰的步骤评选"社区党建创新项目奖"，充分调动了社区抓党建创新的积极性，百花齐放的社区党建创新氛围逐步形成。街道先后荣获"全国学习型社区示范街镇""全国体育先进单位""全国社会救助工作示范街道""全国和谐社区建设示范街道""全国法治社区建设示范街道""全国创新型社区建设示范街道""江苏省文明单位"等多项称号。现将南苑街道12个社区的特色党建品牌整理刊登，以飨读者。

特色一

国泰民安社区："五心"平台为民服务更"暖心"

针对老旧小区多、企业离退休人员多、空巢独居老人多、弱势群体多等问题，国泰民安社区党委以居民需求为导向，围绕服务型党组织建设，创新"四五六"工作法，坚持"四用"服务理念，搭建党员活动、居民服务、群众文化、健康养老、残障关爱"五心"平台，开展"六大员"志愿服务。

社区打造了全区首家24小时书屋，引进"江苏大众书画院"和"金陵九闲书画院"，对辖区书画爱好者开展书画培训；结合大走访活动，在辖区所有单元安装网格化党建公示牌，推进网格化管理；开设"四点半"课堂、国学堂、绘画艺术培训班、机器人培训班、晓荷社工师工作室等，关注辖区孩子的身心健康和教育需求；引进社会组织南京乐德特殊儿童康复中心，为辖区内的残障人士提供精细的助残服务；引进悦心养老产业集团，为社区有服务需求的1000多名老人开展助餐、助医、助乐等服务；日常开展健康理疗，每周开展免费血糖血压检测，不定期开展健康讲座，不断提高辖区老人自我保健能力；结合传统节日和敬老月，开展系列文化体育活动，丰富社区老人的精神文化生活。

特色二

虹苑社区："积分管理"党员考核更加精细化

为促进党员管理考核更加精细化，虹苑社区党委推行党员积分管理制度，将社区党员参加学习情况进行量化计算，以积分考核党员的"学"与"行"。

社区通过组建"邻里守望"党员志愿服务队伍，提升党员参与社区党建、社区事务的参与度，发挥"一名党员就是一面旗帜"的模范带头作用；建立积分档案，通过对固定学习日积分、党员申报积分、志愿服务积分的量化，设置严格的积分制度，党员学习以及志愿服务情况严格归档，做到考勤、内容、时间"三统一"，党员积分与党报赠阅相挂钩、与年度考核相挂钩、与争先评优相挂钩。

同时借力网络平台，将"五微"共享社区党建平台与党员互动积分和社区党员积分管理制度紧密结合，抓牢年轻在职党员带头作用，线上线下相辅相成。

特色三

兴达社区："七彩党员志愿队"带来"七彩生活"

"在我们社区，不论遇到什么麻烦事，都可以找'七彩党员志愿服务队'帮忙！"这支让兴达社区居民信赖和认同的"七彩党员志愿服务队"，是由兴达社区党委发挥党员志愿者特长，为群众排忧解难，提供常态化、专业化、规范化便民利民服务的、为红色党员互助关爱服务志愿者队伍。七支队伍分别为红色互助关爱服务队、橙色党员关心下一代服务队、黄色党员普法宣传服务队、绿色党员环境保护服务队、青色党员助老助残服务队、蓝色党员平安服务队、紫色党员文艺宣传服务队。通过这个平台，每年都要策划组织若干为民服务活动，密切社区党群关系。

特色四

爱达社区："五心"服务中心提供特色志愿服务

面对社会老龄化加速、辖区内困难群体数量上升的现状，爱达社区党委根据党员自身特点，整合社会资源，打造满怀"爱心、耐心、真心、恒心、责任心"的"五心"党员服务中心，设置"助老服务站""癌友港湾服务站""爱心桥互助服务站"3个特色品牌阵地，为小区居民提供全方位服务，激发社区党组织的生机和活力。

社区成立的汇康养老中心，为2000余名60周岁以上老人、100余名高龄空巢老人提供午餐预订、康复理疗、老年学堂、日托照料、棋牌娱乐、文化旅游等多项服务，使他们的生活质量达到显著提高目标。"爱心桥"互助服务站更是通过"一助一"结对帮扶，搭建了一座党员与困难群众互帮互助的爱心桥梁。

特色五

怡康社区："三室一站"工作圈形成"三有"特色

怡康社区党委秉持"党建+民生"的治理理念，构建成立了红色讲习室、支部活动室、党员服务室和党建工作站的"三室一站"工作圈，让党建在社区"有旗帜、有阵地、有活力"。

"红色讲习室"运用现代化的视讯传媒手段，将全国典型红色教育基地的主体思想搬过来，将党员教育"走出去"和"引进来"有机结合，为党员群众打造了"家门口的红色基地"。"支部活动室"让社区各支部的"三会一课""两学一做"有序展开，并上墙进行公示，成为接受监督和面向居民的窗口。"党员服务室"不仅通过给党员过生日和慰问帮扶特困党员等细致的服务，让党员感受到党组织的温暖，还经由"微心愿墙"，调动党员参与社会活动、服务基层群众的积极性，让党员服务室成为一个可视化的"五微"共享社区线下实体阵地。"党建工作站"则对"三室"日常运行进行指导考核，促进了社区党建"有旗帜、有阵地、有活力"的"三有"形成。

特色六

话园社区："党建引领三爱在话园"促进居民自治多元化

"我们是有自己的收藏馆的社区！"这个"家门口"的红色收藏馆是话园社区居民的自豪。以践行社会主义核心价值观为主题，打造"红色化收藏馆"，让居民重温红色文化精神，了解党和国家的艰辛历程和伟大成果，社区党员群众还自发成立了爱国宣传小队和爱国合唱团，广泛开展形式多样的爱国主义教育，实现"爱祖国，固本强基"。

话园社区党委紧紧围绕打造特色服务型党组织工作目标，以感恩、互助为内核，引导党员、群众实践出以"爱祖国、爱家园、爱彼此"为主题的"三爱在话园"党建特色创新项目，努力打造和谐宜居的新社区。

社区为创造和谐幸福家园，在实践中不断摸索新的服务模式，变传统单一的行政化力量为主体间的多元协同，形成多元主体共治的局面。

特色七

鹭鸣苑社区："四家园心连心"调动党员积极性

辖区老旧小区无物业自管小区多，基础薄弱，居民弱势群体多，空巢独居老人多……针对实际情况，鹭鸣苑社区党委充分发挥党员作用，着力打造了党员"四个家园心连心"工作站。设置八大岗位，明确岗位职责，由党员、居民根据自身实际情况，自我申报选择岗位，择优配岗使社区党员"有岗有责、有职有为"，共同带动小区居民创造环境整洁、管理有序、邻里和睦的美好家园。

实施小区自治管理新模式，打造"美丽家园"；整合白鹭艺苑队伍资源，打造"快乐家园"；引领党员群众志愿服务，打造"阳光家园"；号召邻里互帮互助，打造"温馨家园"。结合辖区金鹰天地、欧尚超市、乐基广场以及即将落成的世茂等商业项目，积极打造商务党建联盟，共建"心连心"舞台。

"四个家园心连心"工作站建设，提升了群众满意度，构建了和谐、文明的平安社区。

特色八

吉庆社区："党员志愿服务中心"打造宜居幸福社区

告庆社区党委以"党建引领，文化润民，全力打造宜居幸福社区"为工作目标，打造党员志愿服务中心，为居民群众提供宜居宜业的综合性服务载体。

先后出台了《南苑街道吉庆社区党员志愿者魅力排行榜考核实施细则》和《南苑街道吉庆社区志愿者服务站管理办法》，通过开展"十佳魅力党员志愿者""十佳优秀志愿者""十佳爱心公益团队"评选活动，让党员亮出身份，为党员设岗定责，开启"党建+民生"网格服务模式，鼓励和动员更多的党员居民参与到现代社区建设之中，不断提升社区治理服务水平和能力。

同时社区党委引进了王维创就业工作室、林霖新市民工作室、熊晓荣家庭医生工作室、朱宝源便民服务工作室、庞娟律师工作室、张志多雨花石科普工作室、李伟新媒体工作室等一批以共产党员命名的志愿服务工作室，为居民提供了多项帮助，满足居民的文化精神和生活需求。

特色九

庐山社区："红色℃伙伴"促区域共建共享共治

庐山社区辖区内有多家省市级机关和企事业单位，驻区资源十分丰富。社区党委将辖区省机关和单位的党组织联动起来，打造"红色℃伙伴"区域党建联盟；积极探索"组织全覆盖、服务全响应"的区域化党建模式，开展党建工作联抓、社区资源联享、精神文明联创、服务难题联解、公益事业联办、生活环境联建的"六联"活动，形成资源共享、互联互动、共驻共建共享的区域化"大党建"新格局，凝聚起推动发展、保障民生、服务群众、促进和谐的强大合力。搭建了区"五微"共享社区520驿站，让每位在职党员进社区成为社区的"红色℃伙伴"，在线上有"五微"，下线有"驿站"的服务平台。服务联办共同策划和筹备不同类型活动，打造党建阵地、科技基地、520驿站等有实体的服务载体，开展形式多样的文化活动。

特色十

健园社区："五服务一关爱"让多民族社区更和谐

"我们带来的表演是民族服饰走秀！"在今年的新春文艺会演上，健园社区的民族服饰"维密秀"将民族文化的多样性表现得淋漓尽致。

作为南苑街道的多民族聚集社区，针对各民族居民在受教育程度、风俗习惯、社会心理以及宗教信仰上存在差异，社区党委以响应居民需求和促进各民族和谐为出发点，以党建为引领，以"为民、便民、利民、聚民"为宗旨，充分发挥党员志愿者的先锋模范带头作用，成立以社区民族之家党员为主的"五服务一关爱"党员志愿服务队，提供治安巡逻、便民利民、环境保护、文艺宣传、民事调解的五项服务；设置了关爱弱势群体帮扶基金，为社区居民带来优质、高效、贴心的服务，不断推动社区工作迈上新台阶。

特色十一

泰山路社区：党建引领物业服务打造和谐小区环境

泰山路社区现有招商雍华府、涟城、金隅紫京府三个新商品房小区，业主维权意识强，需求更加高层次、多元化。结合物业公司与业主中党员人数较多的实际情况，泰山路社区党委通过党建引领开展物业服务，发挥党员模范作用，鼓励党员进物业、进业委会，打破党组织覆盖盲区，将实现党建工作与社会治理创新的深度融合。

通过健全组织架构，打牢"红色"基础，社区党委指导物业公司成立党支部、划分党小组，认真开展组织生活。定期召开物业公司管理层联席会、党群议事会，集思广益、群策群力，及时调整基层治理思路以及未来物业服务方向。建立"服务驿站"，营造"红色"氛围，充分运用宣传栏、桁架、党风长廊等传播"红色"文化。物业公司成立党员服务突击队，同社区党员共同参与辖区的抗灾抢险、应急抢修、治安巡查、绿化环保、帮困帮扶等志愿活动。

党建引领开展物业服务，整合社区、业委会、物业公司等多方资源，打造信息、资源共享新格局，有效转变物业公司和业主的对立局面，共同营造和谐、文明的小区环境氛围。

特色十二

黄山路社区："点滴志愿，融建惠民"多元服务社区

黄山路社区属新型社区，空地多、厂房多、流动人口多、失地农民多，为更好地服务群众，发挥党建引领民生服务作用，社区党委打造"点滴志愿融建惠民"党群志愿者服务发展中心，通过整合社会公共服务资源，把居民党员、驻区单位党组织、共建部门等进行统筹，从"封闭式社区治理"转向"开放式社区治理"亲热模式，形成有制度、有规模、有创新的多元化社区治理服务体系。

通过上门走访、电话、座谈等形式收集信息，把每名党员群众志愿者的特长、家庭情况、意愿、建议、困难等情况进行了收集归档，建立"一员一档"制；建立党建联动、党建联盟、党建联心的"三联"机制，结合"两学一做"、"三会一课"、组织生活会等，开展"共上一堂党课、共过一个党日、贡献一片爱心、共建一个家园"为主要内容的"四个一"活动进行党建联动，形成支部联动机制。

根据志愿者服务机制及流程，完善志愿者工作服务制度，设立黄山路社区"融爱之家"党员群众积分兑换制度、"融爱之家"共建单位服务监督、回访制度，对于党群志愿者参与的社会公益实践的时间、服务居民户数、解决问题数量、志愿者工作日记、公益服务与服务效果等进行量化统计，作为党群志愿者积分兑换服务表彰等的重要参考依据。

（载于2018年7月11日《南京日报》）

探访南京建邺封控小区：居民生活、就医有保障

"感动！心疼！泪目！"一条网络短视频中，一名穿着防护服的志愿者坐在大雨中休息。这一幕发生在南京市建邺区思园小区。

7月24日，思园小区一居民核酸检测初筛结果为阳性，随后被确诊，小区开始实施封闭管理。7月25日，建邺区南苑街道所街26号即思园小区由低风险地区调整为中风险地区。

思园小区一共有40个单元，480户人家，居住人口为1000多人。居家隔离后，老百姓的生活能否得到保障？人民网日前进行了探访。

送菜、送药、取快递、陪伴就诊……目前，共有110名志愿者在小区内，轮流24小时不间断为这里的居民服务。居民们在微信群里自豪地说："我们不羡慕别人，我们始终是隔离界的头牌待遇！"

"所有人员每日都要进行体温自测和健康监测，日常生活产生的垃圾，在规定时间，统一放到单元门口……"7月29日下午，刚进思园小区门口，就看见一架无人机正高悬空中向小区居民喊话，贴心提醒起一些注意事项。小区内，志愿者们穿着防护服正忙着分拣快递，准备给居民们送货上门。这些志愿者包括区、街道、社区的工作人员，还有来自公安干警以及学校的志愿者。

思园小区是个老小区，居民楼并未安装电梯。在高温下，志愿者们穿着不知道里外湿透多少回的防护服，拎着几十斤的菜楼上楼下地送，帮助居民处理日常生活垃圾；在暴雨中，志愿者们趁着夜色处理起白天给居民做完核酸检测的医疗垃圾与居民们日常的生活垃圾；凌晨2点，一位被隔离的居民睡不着看向窗外，一名志愿者正背着消毒器械在对小区车辆进行消杀。

"菜太多了，我们也吃不完，够再吃一两天的了。""看看我烧的鱼，卖相不错吧！"微信群里，还时常有居民晒厨艺。为了保证居民营养，建邺区联系了附近的所街、虹苑农贸市场进行食材专采，要求荤素搭配。所街菜场相关负责人告诉人民网，每天上午7点前，菜场就会完成对思园小区食材的配送工作。根据街道要求，菜场每天按照4样素菜、2样荤菜、1样汤菜进行配菜，

包括蒜苗、土豆、西葫芦、紫菜、毛豆、新鲜鸡腿肉、鱼等时令蔬菜及肉类。

思园小区封闭管理后，除保障居民日常生活外，如何保障老年人、残疾人及患病居民的就诊问题，也是社区管理的关键。7月27日晚上10点左右，居民王阿姨打电话向志愿者求助，家里74岁的老伴刚才突然晕倒。小区所在的吉庆社区书记朱青得知后第一时间和工作人员到了王阿姨家，在征求疾控中心意见后，迅速拨打120，并按防控要求穿上防护服，把老人送到南京市第一医院就诊，直到凌晨2点，老人才转危为安。下着大雨的凌晨，社区工作人员又平安把老人送回了家。采访中，老人一直在道谢："太感谢社区的工作人员了，我佩服你们。"

此外，南苑街道还专门开辟了绿色通道，为有需求的居民及时送医、送药。朱青表示，接下来，街道和社区将继续帮助解决居民所急所需，做好特殊时期的生活保障工作。

（载于2021年7月31日《人民网——江苏频道》）

擦亮"红治苑"，精治"新南苑"

置身"全面建设人民满意的社会主义现代化典范城市"新坐标，基层社会治理现代化之路怎么探？这是"十四五"期间，南京各街道必须做优、做好的"必答题"。

5月26日，建邺区南苑街道正式发布"红治苑"党建品牌矩阵，以"红"为底色构建区域化党建大格局，以"微网格"为抓手汇聚多元力量共治，以人民为中心推动全域高质量发展。基层党建与社会治理深度融合的"南苑实践"，蹚出了一条推动基层治理体系和治理能力现代化的新路子。

"'红治苑'是街道在党建引领基层社会治理实践中，探索凝练出的全新党建品牌。"南苑街道党工委书记郭震环说，"红"重在培根铸魂强化基层社会治理向心力，"治"旨在深耕善治激发基层社会治理创造力，"苑"寓意"绣花功夫"增强基层社会治理亲和力，通过加强党建引领，推动共建共治，打造幸福南苑，为全区"聚焦'两个建成'奋力走在前列"做出南苑贡献，以实际行动迎接党的二十大胜利召开。

谁来干——做强"大工委"，聚合"红"的元素

5月24日上午，省第二中医院护士周晓清"如约"来到南苑街道话园社区一卧床居民家中，为其进行鼻饲管更换。居民家属连连点赞："手机预约，上门服务，真是太方便了！"

省第二中医院是南苑街道"大工委"成员单位之一。加入街道"大工委"以来，医院先后在南苑辖区开展"互联网+护理"、社区义诊、疫苗接种宣传等服务。党建引领、街院共舞，越来越多的居民在家门口享受到了优质医疗服务。

党建引领聚合力，南苑有特殊实际。辖区位于建邺老城向新城过渡地带，既有老旧小区也有高档小区，既有高端商贸综合体，也有大量亟须提档升级的低端业态。"供"的能力与"需"的多元不匹配，推动治理体系和治理能力现代化，亟须借力聚力。

南苑街道党工委认为，构建区域党建大格局，扩容基层治理"朋友圈"，首先要回答好"谁带着干"。在街道层面，南苑广泛吸纳辖区大单位党组织加入街道"大工委"，河西管委会机关党委、江苏银行南京河西支行党支部等6个"大工委"单位共驻共建，通过集中议事、现场办公，为群众、企业解难题、办实事。在社区层面，庐山社区"海誓山盟"、怡康社区"红色合伙人"等社区"大党委"联动机制走深走实，区域化党建逐渐从"红色点"走向"红色面"、全覆盖。

党建引领基层社会治理，还要回答好"谁来干"。在南苑，议政代表、南苑乡贤、红色物业、社区党员积极分子等多元力量广泛参与、群策群力，居民群众既是基层社会治理的受益者，更是亲历者和主人翁。

5月26日上午，南苑街道议政代表会揭牌现场，首届议政代表马维珍说："深入了解民情民意，全力当好人民群众的'代言人'和'热心人'。"当天下午，"红治苑"党建品牌矩阵发布仪式上，街道社会组织联合党支部书记任莎莎现场感言："充分发挥社会组织专业优势，挖掘、培育更多居民志愿者，全面融入全街建设发展大局。"

通过做实做强"街道大工委—社区大党委—网格大支部—楼栋党小组—党员楼栋长"主线，发挥人民群众在基层治理中的主体作用，南苑已实现红的机制落地生根，红的力量众志成城。近年来，街道先后打造"37℃红色街区"、"雨花石科普馆"、党建楼宇等载体，一批红色阵地"百花齐放"。

怎么干——织密"微网格"，彰显"治"的功能

上个月起，庐山社区兴宏园小区退休居民许宁生多了一个新身份——助理网格员。她的"责任田"是小区5～7栋，上岗仅一个多月，她已多次参与60岁以上老人疫苗接种、居民抗原自测、人员信息摸排等工作。

许宁生的"责任田"被称为"微网格"。南京城市社区网格以300～500户为基本单元，南苑街道以庐山社区为试点，对网格再"细化"、再"瘦身"，每个"微网格"仅100~150户，并配备1名社区专职网格员和若干助理网格员，更注重机制建设与契约管理，推动"单一劳动关系"向契约管理下的"多元劳动关系"转变，"固定工作时间"向责任清单下的"弹性工作时间"转变，"神经末梢"织得更密，"毛细血管"扎得更牢，"以党建为引领，以居民为中心，以志愿为前提"的"微网格"治理模式初步形成。

"用基层党建的'神经末梢'打通民生服务'最后一米'。"庐山社区党委书记车卫玲说，机关退休人员、社区积极分子、老党员等组成的助理网格员队伍，就生活在"微网格"中，除承担疫情防控、信息采集等"5类10项"正面工作清单，还能及时、迅速发现问题，担当社区的"千里眼""顺风耳"。疫情期间专职网格员高负荷连续作战，助理网格员已成服务民生力量的有力补充。

"微网格"是南苑创新社会治理体系的生动镜头。南苑街道党工委深知，社会治理的主体不是一元的而是多元的，走好走实共建共治共享之路，才能将矛盾纠纷化解在基层，将和谐稳定创建在基层，实现基层治理安全稳定"治未病"的目标。立足"多元共治"建设"新枫桥"经验试验田，南苑将打造一支由"专业的律师团队、专业的医师团队、专业的社工师团队"组成的"三师"工作团队，建设"老朱福馨工作室""马大姐工作室"等载体，协助解决居民群众的操心事烦心事。

更多探索正在南苑开展。去年，辖区多家企业成为"南苑合伙人"，街企结成了紧密的发展共同体。突出"互助社"共治，5月26日，街道再签6位"合伙人"，将搭建街企互助、企企互助平台，持续扩容红色朋友圈，绘广治理同心圆。

干什么——扛起"新担当"，共筑"苑"的美好

打造"红治苑"党建品牌矩阵，探路党建引领下的基层治理，南苑街道

党工委有着深层次的考量。

一方面，南苑街道是建邺区委研究确定的贯彻落实南京市委"十项举措""强力工程"试点单位。为全区乃至全市基层治理现代化探路，进而形成可复制推广的经验，是全街上下必须扛起的使命担当。

另一方面，南苑街道街情实际较为复杂，老旧小区面广量大，对照区第十二次党代会提出的未来五年"治理能力明显提升"部署要求，对照人民群众对美好生活的新期待，必须聚合最广泛资源，形成最强大合力，持续提升辖区治理能力和治理水平。

更重要的是，建邺区是省会城市的"城市客厅"和"城市中心"，"建邺之治"要代表"南京水平""江苏水准"。南苑街道治理得好不好，事关"建邺之治"的成色，事关南京人民满意的社会主义现代化典范城市建设。

"'红治苑'党建品牌矩阵的出发点和落脚点是通过党建引领和共建共治，精绘一幅高质量发展、高水平治理的'幸福南苑'图。"郭震环说，党建引领解决了"谁来干"，共建共治解决了"怎么干"。归根结底，是要坚持以人民为中心的发展思想，不断满足人民群众日益增长的美好生活需要。

5月26日，一批"红治苑"重点项目集中签约，每一个都和居民生活密切相关，直击人民群众的"急难愁盼"。"e康养"项目聚力打造线上线下相结合的智慧养老服务模式，为居家老人提供全天候健康咨询、膳食调理、机能康复等康养服务；"爱启萌"项目针对辖区内0~3岁的适龄婴幼儿家庭，开展普惠制早期教育及托育服务。

当下，城市建设逐渐由"增量扩张"步入"存量更新"。贯彻落实区委、区政府"更新北中"决策部署，南苑街道编制了《城市更新专项规划》，将用好为民服务资金实施"微改造、微整治"，重点打造"幸福河滨""河畔市集"等项目，推动街面城管进入老旧小区、环卫保洁走近"门前三包"、物业名企参与周边街巷管理，全面系统提升城市颜值和气质。

一个城市治理体系和治理能力的现代化水平很大程度上体现在基层。南京市社科院相关专家评价，建邺区南苑街道党建引领基层社会治理，走出了一条基层党建与社会治理深度融合的强基固本之路，探出了一条多方资源共同参与的多元共治之路，蹚出了一条服务发展、聚合民心的为民解忧之路。

（载于2022年5月30日《新华日报》）

南苑街道"议政代表会"议出美好生活

近日，南京建邺区南苑街道52名议政代表在街道议政会分组讨论时争相发言，就垃圾分类、学校周边环境整治等问题各抒己见，议政代表所提意见建议交街道办事处及有关单位办理，承办单位需要在3个月内办理并答复。"有了一种责任感""反映问题更有底气"……新上岗的议政代表纷纷表示。

打通民主监督"最后一公里"

街道是区一级政府的派出机关，不设人大代表，街道各项工作如何监督？街道议政代表会，正填补了这一空白。根据《南苑街道议政代表会议事规则》，议政代表会一年要开2次，听取并讨论本辖区的经济社会发展、财政收支、重点项目安排及其执行、区人大街道工委工作情况等报告。

在南苑街道议政代表会成立大会暨第一届议政代表会第一次会议上，建邺区南苑街道办事处主任掌少波报告了2022年民生实事项目推进情况。他说："截至目前，民生实事项目总体进度较之去年同期相对偏慢，主要原因受上半年疫情的影响，另外还有几个因素不容忽视，一是部分场地设施实际建设成本与前期预算有出入，二是社区缺乏专业型人才……"

对于不少街道议政代表而言，能如此明确地了解一项民生工程滞后的复杂原因还是第一次。街道议政代表、南苑街道泰山路社区党委书记、居委会主任陈健华很有感触："确实，社区对工程类项目估计不够准确，对项目实施的相关流程不够了解，导致项目推进速度偏慢都是我们遇到的实际问题。知道了问题所在，大家才可以更好地提出建议。"

畅通民意表达"快车道"

"没想到街道动作如此迅速！"南苑街道怡康社区党委书记王伟有些意外之喜。日常生活中，他发现原本用来登记车辆信息保护进出安全的小区、停车场道闸，被"包装"成了广告投放设施，这些广告不仅没有审批手续，还存在可能误导消费的隐患。4月初当选为街道议政代表后，他便提出了有关治理建议。南苑街道城管迅速开展拉网式排查，建立道闸广告详细清单，制定针对措施和具体整治计划。不到一个月，通过物业自拆+城管助拆等方式，已顺利拆除道闸广告60余处，切实提升了城市秩序和停车环境。

建邺区人大常委会人代联委主任章金仓表示："街道议政代表会是一种在街道党工委领导下，由街道人大工委实施的居民民主议事新机制，它创建了一个新平台。"

议政代表朱华富是退休社区书记，后因为与社区居民打成一片，便响应街道工委的要求成立了"老朱福馨工作室"。居民的大小事情都会求助于他。他介绍说："此前遇到居民的'急难愁盼'，往往会通过'代表接待日'等活动向人大代表反映。今后便可以自己直接向街道提出。有了制度化保障，他们必须回复，提出解决的办法，而不是靠我个人去找对应的部门。"

夯实基层之治，议出美好生活

南苑街道52名议政代表中区人大代表17名，驻街企事业单位人员5名，社区工作人员12名，社区群众12名，党代表、政协委员及科室人员6名。议政代表中妇女28人，占54%；非党员12人，占23%。

目前，建邺区六个街道均已完成街道议政代表的民主推荐工作，共产生议政代表286名。"各个街道议政代表名额比例不全都一样，我们有一个大的原则。"章金仓介绍说，"议政代表人选的推荐以人大代表为主体，占1/3以上；辖区企事业单位、居民群众占1/3左右；党代表、政协委员和街道社区人员占1/3左右；妇女和党外人员应占一定比例。各个街道在这个原则下根据各自的特点再去分配，老旧小区多的可能社区群众多一点，新小区集中的就企事业员工多一些，这样更加贴近基层实际，满足基层的民主需求。"

下一步，建邺区人大常委会将适时召开各街道推行议政代表会经验交流会，形成可复制、可推广的典型经验，积极践行全过程人民民主，促进地方经济发展和社会全面进步。

（载于2022年6月10日《学习强国》）

织密精网微格　共创幸福南苑

省第十四次党代会明确了今后五年江苏现代化建设的六个主要目标任务，其中之一是"实现社会治理效能显著提升"。提升治理效能，主抓手是夯实"基层之治"。

着眼"治未病",服务"零距离",今年以来,南京市建邺区南苑街道对300~500户为基本单元的城市社区网格进行细化,以每100户左右为"微网格"单元,配备1名社区专职网格员和若干来自本小区、本楼栋的微网格员,推动"单一劳动关系"向契约管理下的"多元劳动关系"转变,"固定工作时间"向责任清单下的"弹性工作时间"转变。

"党建引领'微网格'治理,将发现问题的'神经末梢'植得更深,解决问题的'毛细血管'织得更密。"南苑街道党工委书记郭震环说,对照南京市委"十项举措""强力工程"部署,对照区第十二次党代会"治理能力明显提升"要求,对照人民对美好生活的向往和期盼,着力构建"红治苑"党建品牌矩阵,深入推进治理能力和治理体系现代化,以实际行动迎接党的二十大胜利召开。

听民意,从"碎片化"到"全覆盖"

"10栋603室的房子最近卖掉了。""8栋1单元车库渗水"……上午9时许,南苑街道庐山社区党群服务中心会议室内,身穿蓝马甲的微网格员们你一言我一语,交流着上周"责任田"里的"大事小情"。

"最近天气热,网格里的独居空巢老人都上门看过了吗?""上周居民反映的楼道杂物,有没有清理?"庐山社区党委书记车卫玲一边询问,一边记录下微网格员反映的新情况、新问题。

问题千头万绪而社区人力资源供给不足,是当下基层治理面临的普遍难题。以庐山社区为例,辖区人口超1.2万人,却仅有社工12人,因承担疫情防控、社会救助、劳动保障等诸多任务,多数社工被事务性工作"困"在办公室,难有精力深入小区、走进网格,导致社区与居民联系得不紧,社情民意了解得不清。

破题"网格空心化",南苑街道以庐山社区为试点,调整网格、打破界限,配齐配强微网格员,并承担疫情防控、信息采集等"5类10项"正面工作清单,执行"不统一时间、不固定点位、不常态坐班"的"三不"弹性工作制。机关退休人员、社区积极分子等组成的微网格员队伍成为社区的"千里眼""顺风耳",让基层治理的"神经末梢"真正触达居民。

织密"精网微格",南苑辖区有了一系列"微变化"

社情民意更畅通了。在兴宏园小区微网格员靖宽华的日记本上,密密麻麻写满了"责任田"的动态，谁家搬走了、哪户漏水了、楼栋近期什么情况，全部摸得一清二楚。庐山社区每周一以小区为单位召开微网格员例会，集中汇总收集的情况、发现的问题，社区网格员初审，网格长审定并协调处置，非职能范畴的提交街道、区相关部门处理，社情民意搜集从碎片化变为全覆盖，数据处理形成了"采集、上报、处置、考核"的工作闭环。

人员底数更清楚了。"实行'微网格'治理以来，我们对辖区居民家庭全部走访了一遍，微网格员每周动态更新、每季度全覆盖，生小孩的、搬家的、出租的，只要发现，随时和专职网格员调整。"社区事务服务中心主任刘文龙说，底数摸清了，治理工作更加高效，在60岁以上老年人疫苗接种工作中，庐山在全区率先达标。

管理对象变成了治理力量。兴宏园小区居民金汉珍过去经常帮社区"挑刺"，因热心公共事务吸纳为微网格员后，成了居民与社区的"连心桥"。随着试点工作不断深入，人大议政代表、"五老"志愿者、政法网格员等广泛参与到"微网格"治理中。

解难题，从"看急诊"到"治未病"

近日，靖宽华在走访时了解到，小区4栋两户人家因空调漏水发生争执。她动之以情、晓之以理，在长达3小时、连续近十趟奔走后，终于解开了两人心结。

"问题早发现、需求早了解，根本目的是实现矛盾早化解。"车卫玲说，以往基层社会治理普遍"看急诊""打地鼠"，哪个问题先冒出来就打哪个，哪个事情最紧急就先处理哪个。在庐山社区，微网格员就是居民的邻居、熟人，双方充分信任，矛盾还在萌芽状态时就能快速处置、高效反映，从而实现安全稳定"治未病"。未来，社区所有小区都将利用物业办公用房打造微网格工作站，让居民在"家门口"就能解决问题。

在南苑街道党工委看来，社会治理的主体不是一元的而是多元的，充实"微网格"力量，必须激活基层治理中的每一个细胞。街道创新推出马大姐工作室、老朱福馨工作室等基层调解示范品牌，依托南苑派出所和交警四大队"警格+网格"融合治理2.0版，与区保安公司签约共建"平安联盟"24小时巡防，邀请政法网格员、下沉机关干部、法律顾问进社区、入网格，为居民群众提供法律法规咨询、矛盾纠纷调解等服务，把矛盾问题吸附在基层、解决在属地。

微网格员不仅是化解矛盾的重要力量，还是服务民生的重要补充。刘文龙介绍，今年疫情期间，发挥人熟、地熟、情况熟的优势，外地来宁人员居家健康监测时，购买生活必需品等都是直接联系微网格员。社工需要8小时坐班，微网格员不固定点位，实行弹性工作制，随时随地为居民排忧解难。

网格力量充实了，社区有了更多精力开展个性化服务。针对商品房小区年轻人多、孩子多，庐山社区举行了"清凉一夏，泳池泡泡趴"，吸引众多年轻家长和孩子参与到泡泡狂欢中。在一次次活动中，居民与社区、居民相互之间有了更多交流，来自五湖四海的陌生人变成了熟人，睦邻友好社区有了现实模样。

办实事，从"独奏曲"到"大合唱"

创新"微网格"治理，南苑街道有基础、有需求。

看治理基础，从2020年南京第一例聚集性疫情，到2021年两个小区封闭管理，在疫情大战大考中，南苑居民"睦邻"共助、干群深度融合，基层治理创新有了"厚实土壤"。

看街情实际，南苑位于建邺老城向新城的过渡地带，街道居民构成多元，治理情况复杂、任务繁重，亟须创新治理模式，融入多元力量，提升治理能力和治理水平。

更重要的是，南苑是建邺区委研究确定的贯彻落实南京市委"十项举措""强力工程"试点单位。为全区乃至全市基层治理现代化探路，进而形成可复制推广的经验，是全街上下必须扛起的使命担当。

今年夏天，南京持续高温天气，每天中午前后，辖区环卫工人、快递小哥等都会到庐山社区"宁小蜂"驿站吹吹空调歇个脚，让人意外的是，驿站内所有设施全部由辖区单位捐赠而来。

这是庐山社区整合专属网格资源办实事的生动实践。南苑以庐山为试点社区，一个关键因素是辖区省、市机关单位、非公企业资源丰富。持续推进"微网格"治理走深走实，社区从"联"字做文章，在"融"字上下功夫，为民服务从社区"独奏"变为区域"合唱"。

策划"微项目"，与省青少年科技中心签订为期三年的"科普服务进社区"；打造"微载体"，与区发改委共建"桂香园"教育实践基地；参与"微志愿"，疫情防控期间，多家辖区单位积极参与小区门岗登记、测量体温等志愿服务。"解决群众的急难愁盼，不能靠社区单打独斗，更要搭建街与企、社与企、企与企间的互动平台。"车卫玲说。

当下，南苑街道正在凤凰文化广场建立专属网格工作站，结合楼宇党建推动"支部建在格上"；建立联合党支部，推行支部委员和"楼委会"交叉任职。未来，街道还将分步探索专属网格力量参与综合网格治理、做强综合网格反哺专属网格有效路径，实现综合网格和专属网格互融共促、协同提升。

南京市社科院专家评价，以"微网格"撬动"微治理"，以"微治理"共创大平安，织密"精网微格"的"南苑实践"充分践行了以人民为中心的发展思想，蹚出了一条人人参与、人人尽责、人人共享的基层社会治理新路子。

（载于2022年8月8日《新华日报》）

三、文史资料选存

幸福河水润心田

庄稼人一辈子离不开土地，土地无时无刻又离不开水。没有水，庄稼生长不了；水多了，会造成洪涝灾害。毛泽东同志早就指出："水利是农业的命脉。"庄稼人说得也好，水是农家命。

在江东乡南片沙洲圩区内，有一条水利动脉，它东迎赛虹桥涵洞流来的内秦淮水；西连二道桥北长江边黑桥闸口，全长约7公里。横贯江东乡的河南、东林、白鹭等村，使沿途28个生产队有3000多亩良田受益。它使江东这块绿野肥润生辉，使江东这里人民幸福安乐，所以大家称为"幸福河"。

说起幸福河，老一辈村民会深情地向你描述它的悲欢历史。河南、东林一带旧称"石后村"，是整个沙洲圩地势最低的地方。白鹭村大多也是"洼地多如坑，三步两个塘"。每年六月梅雨一到，就变成"三天水漫埂，五日田穿盆"（划菱盆代步）。内涝易成灾，十年九不收。

解放后，村村队队都兴起个新名字，这里的人们把心底翻身的欢悦和美好的愿望结合在一块，给自己的大队取名为"幸福大队"。谁知，1954年一场大水，这里一片汪洋，黄苍苍的水一直漫到了上新河镇街边。面对此情景，有人说："幸福（指队名）不幸福，有苦说不出；口服心不服，一天两顿粥。"江东乡政府的领导们，抓住治水这个关键，立下了壮语："幸福队要真幸福，嘴上服心里更要服；三顿白米饭，外加鸡鸭鹅。"

1963年，经上级批准，在乡长李传忠的带领下，决定工程分两期进行。第一期从白鹭到东林，开挖一条灌水主渠，旱可以引江水入圩，涝可以排积水。

治水碰到第一个难题，资金严重不足。整个工程粗略算一下要30万元。朴素憨实的人们记住这话：众人拾柴火焰高。对，集资。政府拨一些，大队、生产队凑一些，群众自愿掏一些。很快凑足了开工需要的数字，于是在低洼的圩地里破土动工了。

第二个难题是技术问题。人们请当地老农凑了一些"土行家"，成立一个勘察施工小组。边比画，边勘察，边动工，拉绳子划粉线，走步子量距离，遇塘改沟，遇坑深挖，遇地改河，分段开工，逐段接通，农忙停工，农闲开工，就这样用了较长时间粗略地开了一条河。在第二期工程中，又东延至赛虹桥，西延至黑桥闸口。在没有一件"洋设备"的情况下，硬是肩挑人挖，挖土14万立方米，修成全长7000米、宽18米、深2米的幸福河。赛虹桥和黑桥的排灌站也是请当地的土铁匠、土瓦匠、土木匠一阵上，居然敦敦实实地守卫住东西大门，20年来没出过毛病。

第三个不是难题的难题，是领导们担心挖河开沟，毁田拆房，总要牵涉到一些人的切身利益。但是，人心齐泰山移，尽管长7公里、宽18米的河道，要占用许多土地，然而，祖辈的惆怅，儿孙的幸福，燃起这一代人战天斗地的勇气和胆识。大家一致表示，要门板工具只管拿，要毁地开河只管挖，要拆房屋只要打招呼。积善六队，这个是圩区里的穷队，硬是在队长刘永喜的带领下，挖去庄稼600亩，经济损失按现在算有数万元。几年后年老了的刘永喜在病危时，还叫人弄个竹椅让他坐在家门口，望着这条河出神。

60年代后期，这条河又进行了小范围的改造，以便适应改水稻为菜地的需要。村民们说得好，我们这里除地势低，没有变以外，其他都变化得多了。现在是旱涝保收，旱情几十天，抽长江水入河，降雨24小时300毫米雨量也不会涝。1991年夏江苏地区遭受百年未遇的水患，而这里圩内几千亩良田安然无恙。难怪人们俏皮而自豪地唱道："大圩喊号子（指其他地区抗洪），石后圩收稻子。"

多么甜美的顺口溜啊！幸福河潺潺流水道出了农民们的幸福的心声。

〔注：2002年，幸福河划归南苑街道。2018年，实施幸福河—云锦路—湖西街段清淤工程，街道将其淤泥、杂物、垃圾等清理干净，还居民一个清澈的幸福河。2022年，实施幸福河（江东中路—文体路段）绿道景观工程，打造、升级幸福河河边景观，增加栈道、绿化，休息区、健身点等，给居民增添休息、纳凉、散步、锻炼、娱乐的好去处。〕

写于1984年

鲜血洒在赛虹桥

——纪念家父程智抗战牺牲50周年

南京城西南角，残存的古城墙掩藏在绿树丛中，时隐时现。秦淮河绕着城墙角拐向西北，缓缓流入长江。钢筋水泥结构的赛虹桥雄踞水上，联系着南北交通，车水马龙，行人不绝，一派繁荣景象。可是50年前，中国军民曾同日本侵略军在这里进行了一场恶战，血雨腥风，河水为之变赤。家父程智，在这一战斗中壮烈殉国。

程智，字国弼，湖南醴陵人，1907年生，早年在长沙岳云中学读书时，就受到进步思想的影响，后在家乡醴陵，与族叔程潜先生有过多次接触，决心投笔从戎，遂于1926年春步行到广州，投考黄埔军校第五期，毕业后曾在基层任排、连长。抗战初期，在王耀武部第51师第302团任团长。

1937年七七事变发生后，全国人民抗日热潮空前高涨，程智也渴望着能早日走上抗日战场，打击日本侵略者。8月程智率部随第51师开赴上海罗店作战，行前写信给家母说："总算等到了与日寇交手的一天，此正是男儿报国之时，余决心以七尺之躯许国。唯盼吾妻能顺利分娩，所生勿论男女，望善抚之，以继余志。"11月12日上海沦陷后，程智又奉命率第302团随第51师撤至南京，驻守南郊及水西门外一带。

从12月5日起，第51师即与气焰嚣张的日军展开了多次激战，仅淳化镇，即激战三昼夜，使日军"伤亡极重，尸横遍野"，经反复争夺，才失陷。

12日拂晓，打红了眼的日军，急于占领南京城，遂集中炮火轰击赛虹桥，又以坦克10余辆、飞机20余架掩护步兵发起进攻，此时，程智率部坚守赛虹桥已激战6天，战斗中右手三指被打断，血流不止，脸色蜡黄，副官劝他退下，他推开副官，只稍事包扎，又回到阵地。程智身先士卒，大声呼唤全团官兵："南京是我国首都，城内有我父老兄弟，决不能让鬼子前进一步，我们要与阵地共存亡，死在这里就是死得其所！"话音未了，腹部被日军机枪击中9弹，肠断而去，壮烈牺牲，时年30岁。当时由已经负伤的第306团团长邱维达，找了个大木盆，将父亲埋于赛虹桥旁。

程智团长的英勇献身，更激起了全团官兵的昂扬斗志，是役，赛虹桥虽数次为敌所占，但每次均被中国军队夺回，直至南京卫戍司令长官唐生智下令撤退时，赛虹桥上的中国军旗仍傲然飘扬于硝烟之中。据军事档案资料记载，在赛虹桥战斗中，共毙敌500余名，缴获轻重机枪10余挺，步枪40余支，击毁敌战车4辆；而中国军队亦伤亡1700余名。

家父在天之灵，若能看到赛虹桥今日之繁荣景象，祖国社会主义事业之兴旺发达，当含笑于九泉。

写于1984年

述古论今话所街

所街是江东乡的一个行政村，位于江东门外，古白鹭洲南侧。

所街有杨姓、石姓等等，却没有姓所的。许多人以为所街的"所"是金锁银锁的"锁"，其实是"所以"的"所"。总之，所街这个名字似乎透着一点儿怪。

年龄在50岁左右的江东人都记得，在他们小时候，茶亭还很荒凉，江东也十分冷清，而当时的所街却有一条真正的街。有店铺、街石，还有一座很大的当铺以及学校、尼姑庵等。外地人来这里经商，附近农民来这里出售农产品，买回自己需要的日用品。每年端午赛龙舟的盛况，更是十分热闹。各村的龙船，扎彩挂花，齐集在所桥下边。这里是龙舟比赛的起点，终点在上新河。现任江苏省作家协会书记处书记的成正和同志，是江东乡白鹭村人。他小时候认为"上街"的概念，就是上所街。那时他觉得所街是个五颜六色的世界，可以看到要把戏的热闹玩意儿，可以买到糖葫芦……

只是随着历史的演进，所街衰败了，所桥消失了。然而当今的所街人，正以坚定的信念，建设着新的所街。

解放后，所街人在兴修水利、建房造屋时，常在地下挖出古墙的墙体、墙基。挖出的砖虽然没有标明是哪朝哪代的产品，但由于墙体是用糯米粉和石灰合缝的，还挖出用"凹"字形的砖对扣起来连接成的地下下水道，显然，这不是现代人用的下水道。现在的所街小学，原来是广济庵。这座庵堂是一百多年前光绪年间建造的。广济庵旁曾有一棵大榆树，很有年岁了，据说几个人合抱不过来。现在的老爷爷们说，他们的爷爷、老爷爷辈很小的时候就见过这棵树，可见是一棵古树。可惜这棵树在解放后不久就被挖掉了。离大树不远处，曾有过一座朝北的圈门，面对古白鹭洲。据说这是老所街的北街门。这座门直到1955年还矗立着，这年大水破圩时才被拆除了大部分，拆下的砖石都上了河堤，残留下的门基，是60年代初"人民公社化"时拆除的。拆除时在门基下挖出一个蛇洞，有上百条大蛇。圈门外原来有一座桥，那便是所桥。所桥架在运粮河上。现在桥也没有了，河也填平了，出现了一片居民楼房。在原来的桥头边，现在有一家个体户开的小杂货店，取名叫"古桥杂货店"。前些年平整土地时，曾在桥基处挖出许多2公尺（米）左右长的桩木和大量长方石料，和江东桥老桥基下出土的木材、石料差不多。现在所街西口，是新修的从江东门大街通向兴隆村的新马路，路西便是西闸的原址。西闸本是一座很大的古闸，早已不存在了。但闸基处尚残留着大约50公尺（米）长的一段古运粮河的河道。

在圈门两边的门墙上，还留下了八个字：一边是"人杰地灵"，一边是"古典牧所"。

"人杰地灵"的意思是指某一地点是某杰出人物的出生地，或某杰出人物到过这里并留下了遗迹。从历史上看，所街并没有出现过什么杰出人物，也没听说有什么杰出人物到过所街。据传说，梁山泊好汉石秀是所街村石家庄人，但这仅仅是传说而已。"古典牧所"的"所"字，应当是地名或机构的名字，而这个"所"字又和所街的"所"相同。为了弄清所街历史的来龙去脉，就要查清"古典牧所"的来历。经查证，历史资料向我们提供了一个线索。

据清《同治上江志》记载，明代在这里曾设立了典牧所，还有一座古典牧所节制的桥。

公元1368年，明太祖朱元璋建立了明朝。开国之后，朱元璋和他的谋臣刘基改革了兵制，采用历代征兵和募兵的长处，确定了耕战结合（既是军队，又能种田）的方针，创立了卫所兵制（部队编制的制度），并在全国设立了许多卫和所。所以卫和所都是军事单位。驻军的地点，也就用卫、所来命名。如南京的孝陵卫，就是明代警卫明孝陵部队的驻军地点。雨花台区红花乡的广洋村，也是明代驻军的地点，曾名广洋卫。所街圈门上的"古典牧所"中的"古"字是后人加上去的，以便和"人杰地灵"四个字对称，可见所街是典牧所驻军地点，它在明代的名字应当是"典牧所"。至于后来如何演变为所街，就很难说清楚了。

现在江东乡的白鹭村，就是古白鹭洲。明朝建立后，曾将这里辟为军卫屯田处（按现在的称谓即军垦农场），典牧所就是屯田处的领导机构。"典"，是主管、执掌的意思；"牧"，可作官职来用，如州牧（州长），还有一个意思是远郊之地。从现在来看，白鹭洲是近郊，但在明初，交通不便，白鹭洲可说是金陵城的远郊了。

从历史记载来看，典牧所不光是主管屯田的。元、明以来，南京城西地区有好多条通江的水道，其中有一条是秦淮河支流，沿西护城河经赛虹桥、拖板桥、毛公渡至所桥，再经江东桥、北河口入江。这是一条军事运输和人员出入的通道。

所以对所街、所桥来说，"所"也有主管水上交通枢纽的意思。还有一条水道，即大胜关通向毛公渡的运粮河。运粮河是元代至元年间开通的，原名阴山河。这条河开通以后，就成为南京地区长江通内河的主要航道。长江上游各省运来的木、竹、麻等货物，均由运粮河折入内河转运入城及各地。所桥便是横架在运粮河上的一座大桥。

如果说通向北河口的水道是侧重于军事运输，那么运粮河则为民间水上通道，湖南、江西、皖南等上江地区，通向南京的运输全部要通过所桥。而所桥又是由典牧所节制的，因此可以推断：典牧所是明代在这里设置的主管交通的监督检查机构。正因为如此，典牧所才有自己的所桥。《同治上江志》把毛公渡、典牧所、所桥记载为同一个地区，说明典牧所节制的范围是包括赛虹桥、拖板桥、毛公渡在内的。"牧"这个字，除上面的解释之外，还有官方派出的视察、观察的人员和机构的意思，这是完全符合典牧所作为主管和监督交通机构这样一个含义的。

说到所桥，还有一个引人注目的情节；明代的所桥是一座石桥，后毁。到了清同治五年（1866），李鸿章重建所桥，改成一座木桥，并架起了上下两座浮桥。李鸿章为何重建所桥？一时说不出什么具体原因。但可以肯定，同治五年，清朝和太平天国的战争已经结束了两年，据查当时南京并无战争，只能说是正常交通的需要。一座所桥能引起大清国总督的重视而重修，所桥在交通上的重要性也就可以想象的了。另外，众所周知，桥是沟通陆上交通的。明朝为典牧所修了所桥，李鸿章又重修所桥，可见明清时代，所街的交通是畅通繁忙的。商业的发达是市场繁荣的主要标志。当年的所街，处在交通要冲，无疑，所街是一个流动人口聚散之地，其繁华程度也是可想而知的。

白鹭洲的面积是否就是像今天白鹭村这么大，很难作出准确判断，但军卫屯田处的面积肯定比今天的白鹭村大得多，屯田处修建了水府祠，而水府祠在现在的河南大街。龙舟比赛，历代相传是以所桥作为起点的。这样我们可以设想：江东村的南部，河南村的一部分，包括所街在内，甚至现在的叶圩村的一部分，都是屯田处的范围。中心则是所街（不是地理上的，而是政治、文化、经济的中心）。我们从现在所街人对一些地点的称呼，也可以看出所街当时的轮廓，现在所街三队的一片土地，所街人管它叫前街，所街一队的土地叫后街。所街二队位于所街小学（原为广济庵）西面。所街人管这里叫西边。小学东面一带则叫东边，顾名思义，街就是街，就要有店铺、门市、摊贩、市场以及酒馆、菜馆等各行各业。"东边""西边"当然也是就人口聚居处而言，否则是形不成这种称谓的。

当年所街的兴盛，应当说主要是运粮河带来了生机，典牧所设置，屯田处的开辟，则增加了"风水"。至于到了清代，它开始衰败，这一演变则和江心洲有关系。

在宋、元时代，江心洲虽已形成洲滩，但不像现在有这样大的规模。由于江心洲的扩大，形成了江心洲到江南岸之间的夹江。夹江水流轻缓，适宜船舶停靠。加上夹江江面比运粮河宽得多，更适宜木排、竹排的停靠。于是优势转移了，古老的所街也终结了自己的兴盛。

所街度过了六百多个春秋，经历了漫长的兴衰变化，所街人也发生了很大变化。据说，老所街人多死于清军和太平军作战的战火中；现在的所街人，大多是从上江迁移过来的，有的是随太平军到南京后在这里落户的。

解放以后，所街成为江东乡的一个生产大队。三中全会以后，党在农村的经济政策落实了，所街人又奋发了。1983年总收入达到50万元，几年来连续翻番，今年的总收入突破了500万元大关。

经济力量雄厚了，他们决心再建一条新所街。节能设备厂、工业电炉厂、冷铆焊厂已在路边投产多年；南湖商店、迎湖饭店、所街商店、所街饭店、理发店、裁剪店等等，已使一条新街显示了新的风采；村委会的办公楼，也给新的所街增加了气势；一座崭新的幼儿园更给所街增添了生机。走进村民居住区，路北是早几年盖起的平房，排列整齐，门前是随风飘摆的杨柳、清水荡漾的鱼塘。路南是近两年后起的楼房，路北的人无不羡慕地说："真是后来居上。"真的，鳞次栉比的一片楼房，式样新颖，显示出农民在建筑设计上的才能。

现在已有省、市属的16个企业单位和所街订了合同来所街办厂。江苏省能源学院的首届学生已于1986年开学。

精神文明建设是党支部、村民委员会议事日程上的重要项目。他们除注重发动青年组织有关的活动外，在基本建设上也舍得投资。所街小学一幢20余万元的教学大楼正在施工，村委会大楼旁边空地上，正在兴建村民俱乐部。

所街的"街"又出现了！

2002年所街划归南苑街道。

2008年所街拆迁。2016年和2017年，建于该地块上的乐基广场和河西金鹰世界两大商业综合体落成开业。至此形成所叶路商业街。

（注：1999年、2004年、2008年建邺区政府3次投资对所街路及其东延道路进行改造，内容包括拆迁、道路拓宽及排水系统、路灯系统、交通信号、景观绿化等配套设施建设。改造后，其路幅宽达24米，沿街建有大中小学校、企事业单位、农贸市场、商店和新老住宅区等。）

写于1986年

南烟雄起歌大风

在河西新城区，占地400多亩的一座现代化的新厂房拔地而起，雄姿初现。它就是崛起在外秦淮河畔的大型卷烟企业——南京卷烟厂。

南京卷烟厂的前身是华东军区后勤部所辖的随军烟厂。当初既要保证部队官兵的供给，又要满足百姓的需求，双重任务的压力激发出高昂的斗志。简陋的厂房，狭窄的车间，破旧的办公条件，需要用手工摇动的卷烟机，丝毫阻挡不住经历战争硝烟洗礼的人们的劳动热情。数十名员工以促进经济建设、支援抗美援朝的美好情怀，忘我工作。一根根的烟卷，经过他们粗糙的大手，潮水一般从机器的槽口中跳落下来，运往前线，运往各地。仅在1950—1951年两年时间里，这个年轻的烟厂上缴货物税和营业额就可购买10余架战斗机，可购买40余门榴弹炮，可再造三座当时同等规模的烟厂。

1964年经过政府批准，启用了南京卷烟厂名至今。相对稳定的经济环境，促成了南京卷烟厂不断长大、成熟。此时已拥有职工400余名，总产值达到568万元。

20世纪70—80年代，南京卷烟厂生产的"南京""雪峰"牌卷烟，因为质量优良被轻工部评为名优产品，一时间声誉鹊起，畅销大江南北，出现了供不应求的局面，需凭票购买。80年代中期，卷烟年产量高达27万大箱，是该厂在计划经济背景下的鼎盛时期。90年代，在改革开放大潮的冲击下，大批企业开始大规模转型，南京卷烟厂在时代变革的大潮里落伍了，计划经济的经营观念束缚了南烟人，原有的运行体制不能快速反映人们的需求，产品严重不适应市场，质量缺乏稳定，曾经的辉煌被市场经济的大潮涤荡得无影无踪，南京卷烟厂的经营状况急转直下。卷烟产量从1987年最高峰的27万箱跌落到1994年的13.6万箱。企业连年巨额亏损，资不抵债、税不抵亏，背上数亿元债务，只能靠政府返税发放工资。

1995年，是南京卷烟厂"一个具有历史性的年份，一个终结亏损，扭亏为盈的年份"。正是从这年开始，南烟人以改革的魄力，走向市场，振兴振作，唱出一曲昂扬向前的发展之歌。

在这一年里，张岩磊受命于危难之际，走马上任，作为党委书记厂长的他，就像一只善于识途寻路的领头雁，带领1700名员工搏击长空，肩负起重振南烟雄风的重任，与命运进行不屈的抗争。深谙经营之道的张岩磊首先围绕"树厂名、抓管理、创品牌、争市场、求教益"，采取了一系列措施，演绎一出新凤凰涅槃。他提出"与其在黑暗中消失，不如在烈火中重生"。广大员工解放思想，认准的事大胆地试、大胆地干。亏损的产品即使有市场也坚决砍掉，没有适销的产品就下大力气开发。

这一年，企业建立严格的生产管理制度，成立了由上百人组成的选叶车间，从事手工选叶劳动。企业从原料质量把关入手，按照工艺要求对原料一包包、一把把、一片片地选，拒收不符合等级的烟叶。一系列改革、一项项举措，催生了一个个质量响当当的新品牌。也是这一年，新包装的南京牌香烟诞生。这一品牌在以后的岁月里苗壮成长，从一棵幼苗长大为一棵参天大树，支撑起了南烟的半壁江山。

南京牌的新生，因缘际会。在法国考察时，张岩磊在埃菲尔铁塔上偶遇一位外籍华裔姑娘，当提及他曾工作过的地方徐州时，姑娘却说："我只听说过中国江苏有个南京，能否告诉我徐州在南京的什么地方呀？"一个简单的问题，却让他有了很大的感悟。品牌代表着企业的形象，是企业通向市场、占领市场的名片。它不仅仅是单纯的产品名称，还蕴含着文化南京，六朝古都，蕴含了太多的历史烟云；古往今来人杰地灵、江山锦绣南京总统府上人民解放军军旗的升起，宣告了一个时代的结束；南京长江大桥的建成，让华夏子孙扬眉吐气；南京紫金山天文台观云测雨，洞悉世界万千气象。生长在南京的南京卷烟厂没有理由不打闻名天下的"南京"牌！

在全国只知道云烟的情形下，南烟人以过人的魄力和胆识，推出了20元一包的"南京"烟。"南京"的口味好！一传十、十传百、百传千。几何级增长的口碑让改造后的新"南京"烟名声不胫而走。随着品牌知名度的提高，"南京"烟很快形成价格不等的系列烟，并迅速被省内外消费者所接受。近几年来，尽管其产量逐年大幅上升，仍然经常供不应求。

质量上乘造就了过硬的品牌，优秀的品牌令百姓趋之若鹜，顾客青睐为企业赢来无限生机，企业从1995年的四季度开始扭亏为盈后，其产量以平均每年20%的速度递增，其利税以平均每年45%的速度递增，2002年创下产量42.7万箱，利税20.4亿元的历史新高，反映企业经济运行质量的综合指数从20世纪90年代初的排名垫底一举跃登为2000年和2001年全国卷烟工业企业之首。2002年，企业成为江苏省第一纳税大户，并在全国纳税百强企业排行榜上名列第19位。

自1999年，从南京河西高高的打桩机落下第一桩重锤起，经过700多天奋战，高起点规划、高起点设计、高起点建设，一个融入美好意愿和智慧的现代化园林式新南烟厂屹立了起来。

新落成的2万多平方米的生产车间没有一根立柱，宽敞明亮，设备排放整齐，激光制导的机器人穿梭其间。每分钟卷接1万支烟的CD121卷接机组引自意大利，嘴棒成型工艺采用的是德国虹尼公司生产的最新一代嘴棒发射机组，装封线配备有当今世界速度最快的意大利封箱机。切片线引进的是意大利OMAS公司设备，梗处理线引进的是英国DICKSON公司的超级润梗机。与各条生产线相配套，现代化的质检中心、新品开发研制中心及计算机集成制造系统、物流配送系统也投入使用。去过美国、英国烟草企业的客人，看过

"新南烟"后也说，其现代化水平与国外著名卷烟厂不相上下。今日之南烟不仅成为南京工业中的旗舰，也成为全国烟草行业中格外引人注目的一颗新星。

（注：2022年，该厂占地面积47.2万平方米，拥有国内先进水平的卷烟生产设备和现代化的卷烟生产车间，在岗职工1100余人，年生产卷烟能力80余万箱。企业先后荣获"全国精神文明建设先进单位""江苏省企业文化建设先进单位"等荣誉称号。）

写于2004年

毛公渡战事

毛公渡位于原兴隆街道向阳村东南400米处，横跨南河。西晋始称"麾扇渡"。民间传说，因有毛姓老人在此摆渡而得名。南宋《景定建康志·江宁县之图》有毛公渡，为夹江（今南河）古渡，西为白鹭洲。元代浚夹江为运粮河道，毛公渡在其北端。《洪武京城图志》标为茅翁渡。明代置有毛公渡厢。明周晖《续金陵琐事》载："毛公渡旁关庙，殿宇甚卑隘，神极灵。"旧有毛公渡桥，今不存。史载，广陵相陈敏在镇压了石冰之后，自恃功高，阴有据江东之志，率众渡江，扬州刺史刘机、丹阳内史王旷皆弃城而去。敏乃自称楚公，修吴故宫而居之。其部下顾荣、周玘等人供怕祸及自身，向西晋征东大将军刘准告密，表示在政府军前来镇压陈敏叛军时，他们可作内应。刘准接到陈敏反叛的情报后，当即准备前来镇压。由于顾荣等人不慎，他们的行动为陈敏弟陈昶所觉察，报请陈敏立即捕杀顾荣、周玘。陈敏认为，顾、周二人平时很听自己的调度和指挥，自己也对他们不差，不相信周、顾会出卖自己，对其弟的告发一笑了之，没有采取任何防范措施。这时，刘准派刘机出历阳（今安徽和县）讨陈敏。"敏使其弟昶屯乌江，宏屯牛渚以拒击机。周玘令钱广杀昶，夺其军还至朱雀桥南。敏使甘卓率精卒拒广。周玘说卓背叛敏，卓即断桥敛舟，与玘、荣并军淮南。敏自将万人出军淮水北。"于是，顾荣利用自己的名声和地位，鼓动敏军反水。正当"敏众狐疑未决，荣以白羽扇挥之，众皆溃去"。陈敏一看自己的部队已经失去控制，知道大事不好，便带了几个亲信落荒而逃。

2002年，毛公渡划归南苑街道。南河桥因位于原拆除的毛公渡桥址不远，也称之为毛公渡桥。

选自2007年《建邺文史》

鹭鸣苑名出白鹭洲

"鹭鸣苑"得名于古地名白鹭洲。《一统志》称："白鹭洲在应天府西南江中。"《丹阳记》载："白鹭洲在县西三里大江中，多聚白鹭，因名其洲。"《水经注》云："江宁之新临浦，西对白鹭洲。"三国孙吴时白鹭洲形成长江一沙洲，东晋时沙洲扩大并相对稳定下来，唐时成为金陵一自然风景区，秋日芦花开，常有白鹭群栖，故名"白鹭洲"。大诗人李白就曾多次到这里饮酒赏景，并留下"三山半落青天外，二水中分白鹭洲""朝别朱雀门，暮栖白鹭洲"等千古名句。南唐时白鹭洲已有部分与长江南岸相连，宋时更是与现在的江心洲（古人称它为梅子洲，或永定洲）相连合并。后沙涨水落，洲与岸相连，聚成村，称为"白鹭村"。古白鹭洲的自然景色十分优美，绿草茵茵，林木蔚然，白帆掠影，白鹭翔集，为文人墨客瞩目之处。明、清时白鹭洲仍为金陵著名风景区之一。康熙、乾隆二帝游江南时，也都到过白鹭洲。

随着江水西移，白鹭洲渐渐消失，但从这一带纵横的河道、水沟上，仍然可以看到它的影子。而白鹭村正坐落在这里。1995年白鹭村地块拆迁，1999年由南京市建邺房地产开发公司开发建成白鹭花园，分为凤栖苑、凤鸣苑、莺歌苑（属莫愁湖街道）和鹭鸣苑4个小区。鹭鸣苑社区于2003年6月成立，辖区总面积约0.6平方公里。下辖11个居民小区，有住宅楼64幢，居民4205户，人口约1.2万人，并有河西金鹰世界、乐基广场等多家商业综合体。

（注：有关白鹭洲资料摘自《南京地名源》。）

写于2022年

以上文史资料摘自2012年12月方志出版社出版的《建邺史话》

编 后 记

自2022年5月至2024年8月，历时2年余，《南苑街道志》与广大读者见面了，这是一件值得庆贺的事情。

《南苑街道志》共23章，77节，366目和各类综述等约35万字，95张表格，184幅图照，其中随文图照20幅，地图2张。

《南苑街道志》编纂成书，得益于街道党工委、办事处的高度重视。在街道决定编写志书前，尝试采用公开招标方式，选择了江苏弘毅道远信息科技有限公司为承编方。同时，《南苑街道志》编纂工作领导小组成立，街道党工委书记任组长，副书记任副组长兼编纂办公室主任，配备2名联络员。制定《南苑街道志》编纂方案、编写工作责任分工和编写人员一览表，明确志书编写的指导思想、时限、体例和任务，为志书编写明确了目标和方向。得益于建邺区地方志办公室（以下简称区方志办）对志书的编纂给予悉心指导。编写前区方志办根据南苑街道成立20年来的历史进程和发展变化，草拟了《南苑街道志》框架供编写之用。在编写短暂停顿期间，区方志办领导一行深入街道调研，针对问题，聘请有近30年编志经验的建邺区原政协常委、文化局调研员傅庭龙和建邺区档案局原局长、方志办主任庄会柏二位同志全程参与志书的编纂工作，并对书稿进行全面式梳理、调整；在收到志书初稿时，又认真审稿、把关、纠错等，为创精品良志作出了不懈的努力。得益于编写人员的尽心、作为。他们在街道20年积存的文档中查询历年总结、会议记录、文件汇编、资料长编等。在此基础上，编写人员按照志书章、节、目要求，孜孜不倦地在文字中书写着南苑。当编写遇到难点、疑点，编写人员通过走访基层、上门入户、询访知情人获得第一手资料，使志书更具有真实性和完整性。

《南苑街道志》编纂成书，凝聚了无数人的心血和汗水。它是集体智慧的结晶和成果的展示。在《南苑街道志》即将发行之际，我们谨向各级领导、各相关单位和部门，以及所有对志书的编纂给过关心和无私帮助的人们，表示衷心的感谢。

当我们双手捧起一本厚重的《南苑街道志》时，心中倍感欣慰，但也有一丝遗憾。那是青涩的编写人员承担着首次编志的重任，不足之处在所难免，敬请赐教、见谅。

编　者
2024年8月30日